本田安次著作集　第二十巻

日本の傳統藝能

日本の祭り
アイヌの藝能
アジア採訪

錦正社

1.　伊東市新井神社の例祭　神輿の海上渡御（本文 145 頁）

目次

日本の祭り

第二篇　祭り探訪

アイヌの藝能

アジア採訪

第一篇　韓國

寫眞・圖版目錄

目次・目録　終

日本の祭り

第一篇　折々の祭り

一、日本の祭り

神の依代

日本にはいま、色々の祭りが行はれてゐる。家の祭り、氏族の祭り、民族の祭り……。民族の祭りは、終戰前までは國の祭りでもあつた。官幣社（もと神祇官が幣帛を奉つた）、國幣社（もと國司が幣帛を奉つた）、或は府縣郷村社などの社格もあつて、公の費用で祭りが營まれた。

神社の數は、古く延喜式神名帳に載せられたものだけでも、天神地祇三千一百三十二座ある。然し實際には、式外、無格社を交へて、市町村の數に倍して甚だ多く、それらの祭りは、年中を通じて、ほとんど毎日、どこかには行はれてきたわけである。

神社祭式は、明治八年はじめて國の制定あり、明治四十年には、神社祭式行事作法に關する內務省告示もあつて、これが昭和二十三年の神社本廳制定の現行規程のもとになつてゐる。

修祓、開扉、獻饌、祝詞奏上、玉串奉奠、直會……

しかし、かうした全國の祭式劃一は、有難いやうな有難くないやうなことであつた。祭の情緒に敏感な人たちの多い、たとへば秋田縣の仙北地方などでは、舊來の祭式を宵宮に行ひ、官制祭式を祭當日の午前中に行ふといふ措置をとつてゐる。それはともあれ、舊例祭式は、劃一制令で失はれる筈のものではなかつた。また當局でも、舊祭式をや

2.　廣島縣荒神神樂、神迎への幣と祠

めさせようといふ意圖は少しもなかつた。ただ、一定の祭式の前後に、それぞれの宮獨特の舊儀が晴々と行はれてきたのであり、當局でもむしろそれを奬勵してゐた。また、氏子ばかりあつて、公の神職の居ない宮では、別に一定の祭式にこだはることもなかつた。

祭りをとり行ふ神道は、宗教といふよりは民族の信仰であり、生活、習俗の中に浸透してゐる心の一つのよりどころでもあつた。祭りは言はば、その生活と信仰の中に、素朴に、或は豪華に花咲いたものであつた。

「祭り」とは一體何なのであらうか。「まつり」の語源については色々に言はれてゐる。「まつらふ」、即ち服從の意、「まつる」即ち自ら爲ることなどである。しかし、語源は何であれ、先づ祭りそのものをよく觀察してみることが大切である。

祭りは、結局、神を勸請し、神に對して人々がひたすらに祈願をしようとする、その祈願の姿ではなかつたか。また、「神」をうやまふ情をあらはすことも「祭」の名に呼ばれた。——神をうやまふといふことは、結局は自らの命を大切にすることにもなる。その「祭」のことを明かにするには、先づ祭りの最も重要な要素である「神」とは何かといふことを考へねばならぬ。

日本の創世紀にあらはれる天之御中主神《あめのみなかぬしのかみ》、天照大御神、建速須佐之男命、大國主神……など、皆日本の神々とされてゐる。かうした神々をまつつた神社も多い。しかし日本の人々の心には、かうした個性的な神とは別の「神」を、昔も今も感じてゐることはたしかである。

天の岩戸の故事に於いて天宇受賣命《あめのうづめのみこと》が、空笥《うけ》伏せて踏み動響《とゞろこ》し「神懸り」したとあるその「神」といふのは一體何であつたのだらうか。これこそ創世紀の神々とは別の「神」であつたに違ひないし、太古より今日に至る變らぬ民間信仰の「神」に外ならなかつたであらう。

太古の人たち――我々の祖先たち――は、「神」とは强力な魂と考へてゐた。人が生れるのはこの魂の一部がたまたま肉體を得てこの世に生活をはじめることであり、死は、魂が肉體を離れる現象と考へられてゐた。

3. 山口縣三作神樂、神送りの祠と依代

沖縄の信仰によると、「神」は天にも、海の彼方にも、或は山にも居ますと信ぜられてゐた。神は人間の乞に應じて、いつも指定の場所にあらはれ、人間を護り、人間の願ひ事を聞きとどけて下さるのであつた。この沖縄の信仰は、本土の古い信仰でもあつた。

神を招くには、神の依ります所がなければならない。これを神籬《ひもろぎ》或は依代《よりしろ》などといふ。神座である。然らば何がこの神座になり得るかといふことが一つの問題であつた。

太古の人々は、神の存在を何によつて感じたであらうか。大自然の數々の神秘の中にも、人が生れるといふ神秘は最も古代の人の心を引いたことゝ思はれる。――生命の神秘は、今もなほ、充分には解明されてゐない謎であるのだが――そしてそこに神のゆきかひを見た。

4. 神の依代（昭島市拝島町日吉神社神輿渡御繪卷）（金山正好氏撮影）

——神は男柱に、そして神祕の奧所に。

これが古代の人たちの感じとつたことであつたと思はれる。

男柱の信仰は、信州諏訪の御柱ともなつた。五丈五尺、ないし四丈といつたとてつもなく長い太柱、これに强力な神が宿ると考へられたものゝやうである。諏訪の各社に、拜殿があつて本殿がないのは、この拜殿の四隅の太柱こそ神の依ります所と考へられてゐたからであらう。

幣束が依代であるのも同じことであつた。幣束は幣串が大切なのであつて、後世色々切り方の工夫された紙の部分は、その幣串の性格を語るに過ぎなかつた。榊、松、竹、柳など、枝葉があつても、同じく神の依代であつた。すべて棒狀のもの、桿狀のもの、鉾狀のもの——梵天、幟、旗——など、みな男柱の象徵とすることができた。

これらのものを、ふつくらとした土壇に、塚に、或は岩に、盛砂に、又、餅に、臼や籾俵にさしたことにも大切な意味があつた。「みたまめし」と呼ばれるものなどは、小さなおにぎりに箸を立てたものであつた。婚禮や葬禮の一膳飯も、山

5.　神の依代（大阪天満宮天神祭繪巻）（天滿宮文庫藏、大正年代）

盛りの御飯に箸を立てたものであり、かういふ例は限りなく多く見出される。

神は人間にも宿つた。妙齢の女性に、或は妙齢ならざる女性――少女、老女――にも、或は兒童、青年、老人等にも宿つた。そしてこれら人間の口を通じて、神の意志を傳達した。これを託宣《たくせん》といふ。

祈り

神座を設け、神を下し申して、古代の人たちは何をお祈りしたのであらうか。そのお祈りの仕方によつて、祭りの様相も色々に變つた。

その第一は長壽といふことであつた。正月行事はこの長壽を祈る最も古くからの庶民的な祭りであつた。一年の生活に疲れた人々が、「正月様」と呼ばれる神を迎へて、神より新魂をいただき――神の分身を身につけ、自らの魂を補強し、――さて力強い生活をはじめようとする。この魂の補強を、「鎭魂《たましづめ》」、或は「招魂《たまふり》」と呼んだ。宮中に於ける「鎭魂祭」、「御神樂《みかぐら》」も、天皇の御魂を補強しようとする祭りであつた。

宮中で最も重い祭りとされてゐる「大嘗祭」、「新嘗祭」も、つゞまりは鎭魂の祭りであつたと思はれる。

人が病氣になつたり、老衰したりするのは、魂が人體より抜け出ようとする現象と考へられてゐた。このやうなとき、臨時に人集つて鎭魂の祭りを行つたり、招魂したりすることがあつた。これを臨時祭りと稱した。

關西地方に今も多く行はれてゐる「宮座」は、氏神を民家にお呼び申し、氏族集つてその家の主、頭人の長壽を祈り、鎭魂を行ふ祭りであつた。稔りの秋などに、神輿の渡御する祭りが多いが、これも氏神の御靈代を神輿にのせて里に迎へ、里人たちの鎭魂を願ふことに外ならなかつた。もつとも、喧嘩神輿などといふのは、男神と女神との出逢ひ、とつぎであり、それによつて五穀の豊穰や子孫繁榮を祈らうとするものと理解されてゐるが、しかしこれとて、神迎への强力な表現であり、それによつて「みたまのふ（增）ゆ」を祈らうとしたものと見られる。

第二は、日々の我々の命をのべてくれる五穀の豊穰を祈ることであつた。

正月には、長壽を祈ると共に、五穀の豊穰をも豫祝した。二月の耕田種蒔の折、五、六月の田植のときも、田の神を勸請し、樂を奏し、歌をうたつて豊作を祈つた。沖繩にはなほ、節祭、種取り、豊年祭など、豊作を祈る祭りが多い。

漁獵の祭りも、今日多くはないが、若干殘つてゐる。猪の首を神前に供へる。或は海の漁を供へて、更に豊漁を祈る。これらは古く感染《シンパセティック》呪術《マジック》に出てゐるやうである。

第三は、災厄をのがれようとしたこと。罪なくして罪せられ、怨みを呑んで沒した人々の魂は天に歸らず、厲《れい》となつて人に障碍をなすと考へられてゐた。

世に御靈會《ごりやうゑ》と呼ばれたのは、怨みをのんで亡びた人たちの靈を弔ふ盛大な靈祭りであつた。京都祇園會の起りもこれであつた。京都紫野のやすらい祭りも同じく御靈會に發してゐる。

日本に佛教が公式に入つてきたのは、欽明天皇の十三年（五五二）とされてゐるが、盆の靈祭りは、むしろ日本風の祖先崇拜に、佛教的なものが交つたものと見てよいであらう。この日佛壇を設け、盆提燈をともし、「神」ならで、亡き魂を招んで供養をする。

潔齋

神を祭るには、先づ心身ともに淸らかでなければならなかつた。罪や穢れは、魂をむしばむものと恐れられてゐた。それ故、穢れをはらふことだけを目的とした祭りもあつた。

罪穢れをはらふ方法には色々あつた。祓戸の神に祈願することの外に、眞水をあびること（諾尊が黃《よ》泉《み》の國から戻つて、日向の橘の小門《をど》の阿波岐原に禊をしたといふ故事による）。海水に浴すること。海水は禊《みそぎ》に一層效果があると考へられてゐた。海水の代りに鹽を用ひてもよかつた。――お濱降りとて、海に出、海水に浴するのもこのことであつた。神輿を人間並《なみ》に海中に浮

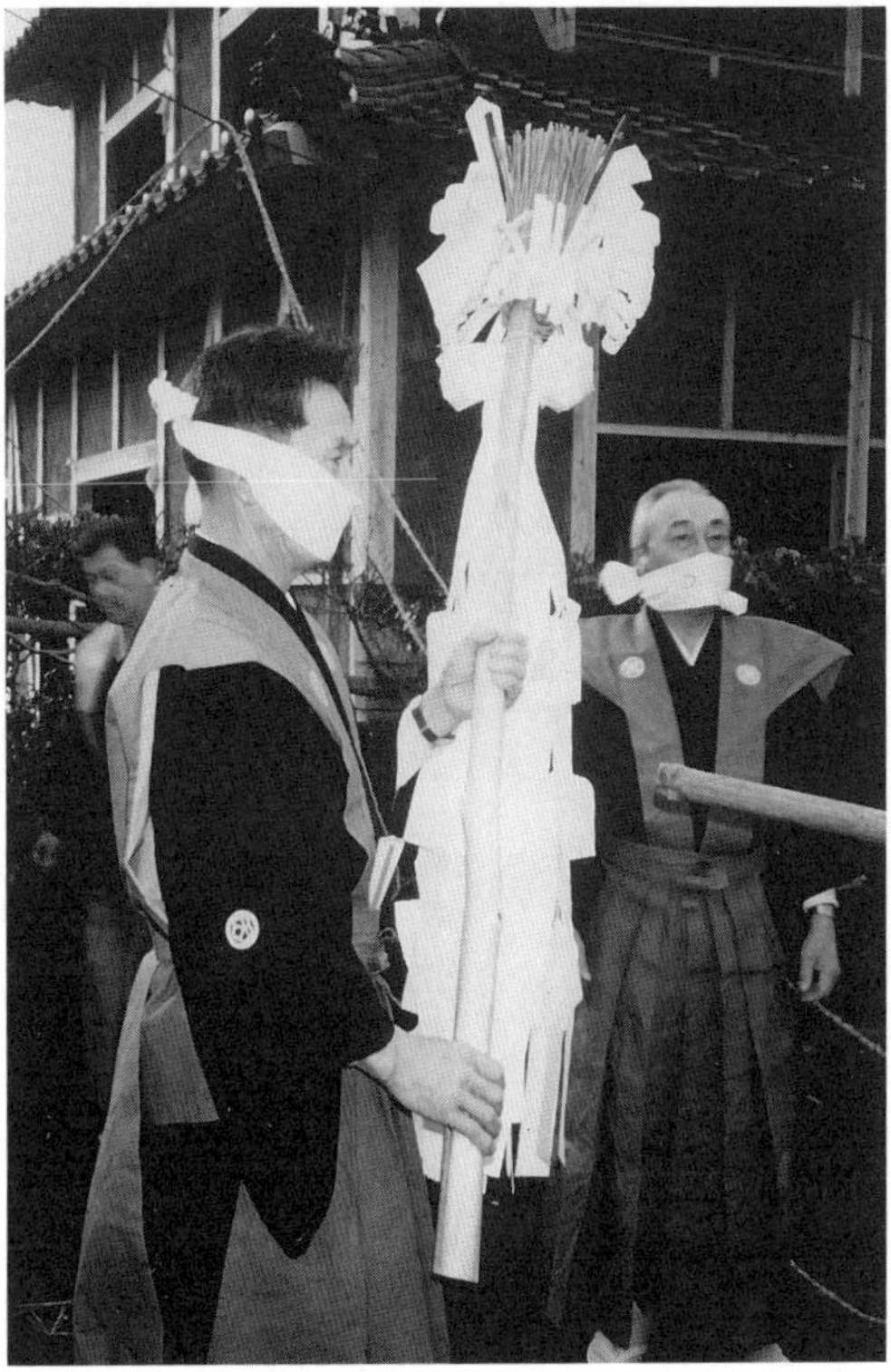

6. 宇波西神事の神の依代オハケ（173頁參照）
長い竹の先に結びつけて立て、神を迎へる。

べる祭りもある。湯をあびること（西域の咒法に出るか）。湯が沸騰するとしきりに水蒸氣が立のぼる。水蒸氣を含む玉を湯花と云つた。その湯花を笹や藁束につけて信仰者に振りかける。舞を舞ふこと。自らを潔めるためには、周圍から囃されて無念無想になるまで舞ふ。無念無想になることが神懸りになる一つの要件でもあつた。

火は、後述のやうに、もと神迎へのものであつたと思はれるが、轉じて火による潔めも考へられるに至つた。春日若宮の御靈代は、御祭《おんまつり》の宵、松明の火に潔められた道を、御旅所にお渡りになる。

一定の期間忌み籠ることには二つの意味があつた。一は神事に際して他の穢れに觸れないやうつゝしむこと、二には暫く母の胎内にこもり、やがて生れ出ようとすることに因む信仰行事に基づく。

潔齋せるものゝしるし（それは神迎へするものゝ資格をあらはすと云つてもよい）には、額や頰に紅をつけ、或はほくろを描き、鍋墨を塗つたりした。これが墨塗祭などにも展開する。鼻の頭にお白粉をぬつたり、化粧をしたりするのも、同樣の意味を持つてゐよう。

神迎への神座――依代――には、他の同じものと區別して、それが神聖なものであることの表示をすることがあつたが、それも、はじめは單に紙をはさんだり、下げたりする程度であつたのが、やがてつくりものを添へ、それが風流化して種々美麗なものともなつた。

神迎へ

駒の鞍に幣束をたてゝ行列するのも、神迎へであつた。その幣束の代りに、童男、童女であることもある。その童男、童女が居眠ればなほ神がついたしるしとして喜ぶところもある。ちやぐ〳〵馬こなども、神迎への獨立した形のものであらう。馬の代りに手かきの籠であることも、又、これに車をつけることもある。

依代が人形であることもある。神迎へ人形の傳統は隨所に見られる。

神輿は神の乗る輿で、神社の御靈代をこれにお乗せ申し、里に迎へようとするものである。以前は幣や榊に御靈代をうつし、むき出しのまゝ氏子達が行列して神迎へをしたもので、今もその古風を殘してゐる所が少くない。その神輿の渡御に、更に幣を持ち、榊を持ち、鉾を持つ（その鉾には面などをかける所もある）のも、古風な神迎への方法が交替せず、二重、三重に神を迎へようとしてゐるのである。正月迎への習俗などにも同様の複合を見る。

火祭りには、那智や鞍馬のものゝやうに神迎へのためのものと、正月のどんどや左義長《さぎちやう》のやうに、神送りのものとがある。庭燎《にはび》、齋燈、迎へ火など神迎への火であつた。祭の宵宮に提燈を下げるのも同じく神迎へであつた。祇園の宵宮に山や鉾に提燈を多く吊すのも、その床しい古風であり、提燈祭りはこの行事の强調されたものであつた。西浦《にしうれ》田樂や新野の雪祭りなどでは、正月の松飾等を集めて大松明をつくり、祭りの庭にこれを燒く、正月を送るものと思はれる。また、京都市郊外各所の盛大な火祭りや送り火のやうに御靈を送るものもある。

神迎へ行事が獨立して、一つの奇古な祭りになつたものもある。東北地方各所の蘇民祭、岡山市西大寺《さいだいじ》の會陽《あやう》など、肉彈相打つ裸祭りは、多く神迎への祭りであつた。秋田縣の梵天、岩手縣のお山參詣なども、變つた神迎へ行事である。水掛け祭り、どろんこ祭りなども、要するに、魂の振興を願つたものであらう。

饗宴

饗宴は祭りの大切な部分である。新たにかもした酒をいたゞく。或は新穀をいたゞくといふことは、先にも誌したやうに、鎭魂の意味をもつたものと思はれるが、また、神懸りの一つの要件でもあつた。行事のはじまる前に、冷酒一杯をいたゞくのは、行事に携る資格を得ることであつた。水掛論に負けた親が、聟夫婦に向つて、來年から祭りには招ばぬぞよと口惜しがりをいふのも、祭りには招宴がつきものであつたからである。祭りの御馳走は、古くこの鎮魂に結んでゐることを考へておきたい。

饗宴の意味は色々に分化してゐる。能登の「あへのこと」では、目に見えぬ神を家に招いて、御馳走をし、家族たちも同じ御馳走をいたゞく。又、日々神棚に御馳走を供へるところもある。晴の食事は、穀靈を、神にも、また人間自らにも附與せんとする古い心意が働いてのことではないだらうか。

直會《なほらひ》は、祭事濟んで後の御苦勞振舞のやうに考へられてゐる。しかし、「御苦勞振舞」といふのは後の考へ方で、やはり神饌頂戴といふことに鎭魂の印象が殘つてゐるやうに思ふ。

わざをぎ

「わざをぎ」は、神を招《を》ぐ態《わざ》といふことである。巫女が神懸りするための舞踊や態が正にこの名にあたる。藝能はそのわざをぎを模倣するところに發する。「日本書紀」では、この「わざをぎ」に「俳優」の文字をあてゝゐるが、俳はたはむれ、或はたはむれ事をする人、優は優雅な藝をする人、既に態《わざ》即ち藝能をも意味してゐた。

「古事記」天の岩戸の條に、「高天原動《ゆす》りて、八百萬の神共に咲《わら》ひき」とあるのは、天宇受賣命《あめのうづめのみこと》の神懸りの様が可笑しかつたのでは必ずしもなく、別に可笑しなことを云ひ合つたのだと思ふ。

藝能は人々を夢中ならしむる一つの手段であつた。神祭りに於ける古い藝能は、各自持ちよりの即興的なものであつたと思はれるが、後には定つたものともなつた。その藝能には各種のものがある。

神送り

祭りが濟むと神送りをせねばならなかつた。神送りは、神座を燒くのが一つの方法であつた。或は飾付を外す。また、依代を川や海に流す。少女達が依代の人形と別れを惜しみ、人形を川に流すこともある。ねぶたは眠りの魔を七夕中もてなし、最後に神送りをする行事で、つくりものを燒くか流すかするのが本來であつた。行進をする盆踊りは、多く盆に招かれてきた精靈を、盆が過ぎて送る踊と考へられる。疫病や惡靈は、その依代を村堺まで運んで送らねばならぬ。虫送りも同じ式による。

よい神は送つて、更に招くべき折を期し、惡しき神は再び來ざらんことを願ふ。しかし祭りの興奮は、なほ人々の生活に活氣とうるほひを與へて、年毎の、或は何年か毎の祭りの折を期待させてゐる。信仰は薄れても、なほ、祭りの興奮は觀光などとも結びついて、人々の共同の生活のある限り、つゞいて行くであらう。集落こぞつての大きい祭りではなくとも、正月行事をはじめ、初午、三月節供、五月節供、七夕、重陽など、日本にはいはゆる年中行事も多い。それらの行事を、家族喜んでとり行つてゐた頃は、何と心持も豊かであつたら う。忙しいだけでは決して誇りにはならない。心の豊かさこそ望まれる。ゆとりこそ貴重である。良風美俗は是非後世にも殘して行きたいものである。

註　この項第一巻4頁及び193頁以下參照

二、東京の祭り

江戸が東京と改まつたのは、慶應四年（一八六八）七月、江戸遷都決定に際してであつた。江戸の歴史も古い。文京區の本郷彌生町の貝塚から發見された彌生式土器が語つてゐるやうに、四、五世紀の頃にはすでに農耕生活者が居り、荒川、江戸川周邊に水田を營んでゐたであらうことが考へられる。又、伊豆諸島にも、彌生文化の趾を見るところから、これら諸島間、又、本土との往來も相當にあつたことが考へられる。六、七世紀になると、田園調布、芝、淺草、藏前等に、古墳を殘した豪族たちも居たやうである。又、大化の改新の頃はかなり多くの民衆が江戸の地に住みついていたらうと思はれる。

武藏國の中心となつた國府は、今の府中のあたりにあつた。六所明神、大國魂神社は式外社であるが、早く國造《くにつこ》によつて齋《いつ》かれたもの。國分寺、同尼寺は天平十三年（七四一）聖武詔勅により創建。淺草寺はそれよりも早く大化元年（六四五）に、勝海上人によつて建てられたものと云はれてゐる。

平將門のいはゆる天慶の亂がおこつたのは天慶二年（九三九）七月、源頼朝が征夷大將軍となり鎌倉に幕府を開いたのが建久三年（一一九二）であつた。平安末から鎌倉期に於ける豪族江戸氏が館を構へた所に、室町時代に至り、扇谷上杉家の家老太田道灌が築城し、これが完成したのが長祿元年（一四五七）四月であつた。これを江戸城と稱し、道灌は品川館より移つた。しかし文明十八年（一四八六）七月に道灌は讒にあひ、主上杉定正に謀殺された。天正十八年（一五九〇）八月、德川家康が江戸城に入り、慶長八年（一六〇三）には家康征夷大將軍になり、幕府を江戸に開いた。

7.　大國魂祭りの神輿渡御

武蔵野の一閑村であった江戸が繁昌に趣いたのは、道灌の築城以來であつた。道灌の死とともに城下も一時衰微したが家康入府するに至りにはかに活氣を呈し、その後明暦三年（一六五七）、安永元年（一七七二）などの大火にもかかはらず、その度によく復興して大都市へと發展して行つた。大東京では今なほ古來の祭りが行はれてをり、車の頻繁に通る都大路にも神輿は渡御し、大ビルでは致し方もないが、裏通りには軒並みしめ繩を張り、祭禮提燈をともし、神靈を迎へやうとしてゐる。各種の藝能も絶えてはゐない。

祝福藝

江戸時代には、德川氏の故鄉である三河から萬歳が上つてきて、正月十一日に「御門開」といふ式を行つた。これは早朝、城門の外に行き、

　鍵入らず、戸ざさる御代のあけの春
と萬歳が呼ばはると、門内で
　思はず腰を伸ばす海老錠
と呼應し、目出度く開門するのであつた。三河萬歳は、苗字

8.　利島八幡社の「やぶさめ」

帯刀御免で關東を巡回することを許されてゐた。萬歳は袋持ワキ役の才藏を伴つたが、『守貞漫稿』(嘉永六) などによると、この才藏は多くは總州の者で、年末江戸日本橋四日市に集まり、太夫が選んで雇つた。これを才藏市と云つたといふが安政六年 (一八五九) の頃にはそれはなくなつた。鳥追、大黒舞なども祝福にまはつてゐたが早くに絶えた。太神樂の獅子舞のみは、「壽獅子」などと稱し、今もお得意先をまはつてゐる。

おびしゃ祭り

弓を射ることによつて惡魔退散の祈願としてゐる所が方方にある。大田區東六郷の六郷神社では、一月七日「子供やぶさめ」を催す (十一巻740頁)。大きな的に、丸の中に四對の八方睨みの目を書き、十三歳以下の男兒が帯刀、裃姿で介添の大人に手をとられ、その目を突きさすといふ神事であるが、射手になつた子供の健康と出世を願ふといふ。鎌倉時代からの行事と云はれてゐる。「やぶさめ」と呼んではゐるが、別に馬に乗つて射るわけではなく、世にいふ「お歩射《びしゃ》」である。九月十六日の江東區龜戸、天祖神社の「やぶさめ」も、五歳ないし十歳の小兒が、蛇の目に見立てた直徑四尺の的を約二間を隔てて射るが、もとは十五歳の少年が馬に乘つて射たといふ。伊豆利島には、正月元日八幡社に於て、境内に直徑六尺の的をたて、これを數間隔てて射る行事がある（十九巻651頁）。一回に三本宛射、子供の矢取に矢をとらせ、これを三十一回繰返す。矢取は大病をして命拾ひしたものなどから進んでつとめるといふ。新宿區西落合、同中井の御靈社では共に一月十三日、二羽の烏を描いた的をたてて、大人による「おびしゃ」が行はれるが、中井では、その後の年番渡しに、お寶と稱する大根で作つた陽物を三寶にのせてうやうやしく參列者一同にいただかせることがある。

變つた「やぶさめ」は、以前淺草神社にもあつた。若月紫蘭氏の『東京年中行事上』（明治四十四）などによると、正月五日の午過ぎ、社で祝詞や神樂の後麻裃を着た男が鬼といふ字を書いた的を竹の先につけて持ち、鬼の面をかむつたものの前驅をして共に走り廻つた。と狩衣姿の騎馬の者が出て鬼を追ひ拂ひ本堂を一周し、その年の惠方からはじめて天地四方へ作りものの弓で六筋の矢を射たといふ。矢は雷除けになると云つて爭つた。

なほ、明治神宮に於ては、一月十五日成人を祝ひ「百々《もも》手《て》式」と呼ばれる弓を射る式が射場であり、十一月一〜三日の秋の大祭には古式の「流鏑馬《やぶさめ》」が奉納される。又、靖國神社では十月十日體育の日に「草鹿《くさじし》式」といふ鹿の形の的を射る古式の行事がある。

因に、明治神宮春（五月三〜五日）及び秋（十一月一〜三日）の祭りには各種の藝能が奉納になるが、五月三日（ない年もある）、十一月一日には、宮内廳樂部による舞樂が神前組立の舞臺で奉奏される。

じんがんな祭り

原義郎著『東京わが町歳時記』三巻（昭和五十三）は、今日の東京の民俗や藝能を丹念に撮影した美しい寫眞に、くはしい記錄を添へた貴重な書であるが、それによると、足立區西保木間《にしほきま》の大乘院に於て、一月七日、「じんがんな祭り」と呼ばれる住民持ちよりの藁で作つた蛇綱を山門脇の銀杏の木に掛ける除災と惡病除けの祭りがある。この蛇は掛け替へられるまで一年間そのままにしておく。「じんがんな」の意味は不明であるが、出雲や石見地方に多く見られるこの蛇綱行事が、關東にも來てゐることが判る。これと同樣の行事は稻城市百村《もむら》の妙見寺にもあり、八月七日、ここでは村人たちが茅で蛇を編み、祭りの名も「綱より」と稱してゐる。以前には雨乞にも出したことがあるといふ。又、九月十四日、世田谷區奧澤の奧澤神社でも藁で編んだ約七メートルの大蛇をかつぎまはり、厄除け祈願とする。風流三匹獅子舞の出る清瀨市中清戸の七月十五日の日枝神社祭にも、その宵宮に、神社入口の榊の木にこの藁蛇がむすびつけられる。蛇が獅子舞の笛を好む故といふが、何故つくるかは明らかでない。

神樂

神樂には、巫女神樂、湯立神樂、出雲系神樂、獅子神樂等があるが、東京にはその何れも傳へられてゐる（三巻392—524頁）。關東で里神樂と呼ばれてゐるのは、いはゆる出雲系の神樂で、神話や緣起を題材とした「岩戸開」や「大蛇退治」などの一種の能を演ずるもの。例へば藏前の若山社中では六十餘番の演目を持つ。この流の神樂は、關東でははじめ埼玉縣鷲宮に傳はり、これを土師《はじ》流神樂と呼んだが、その名稱ともに江戸に傳はり、江戸風に洗練され、これが更に關東諸所に流傳されるに至つた。これの簡素な演じ方をするものを太々神樂と稱し、もと各社の神主たちが祭ごとに寄り合つて演じたが、維新後はこれも神樂社中に讓られ、神田明神、品川神社、根津權現等の祭りに、拜殿に於て、祭式中に演ぜられる。しかし、青梅市御嶽山の御嶽神社でいふ太々神樂は（三巻515頁）、講中奉納を意味し、ここのは里神樂のも一つ古風な形のものであつた。寛延二年（一七四九）の『御神樂記』の演目によると、湯供樂《ゆくら》、舞種《まいた》散供《さご》、神招などの素面の舞を傳へてをり、これをコカグラと云つた。府中大國魂神社の神樂（三巻471頁）にも巫女舞や素面の採物舞を傳へてゐる。

9. 御嶽神社の太々神樂

巫女神樂は、戰前までは山王日枝神社（三巻429頁）や虎の門の金刀比羅宮において行はれてゐたが、今は里神樂の社中に一部が傳承されてゐるに過ぎない。

齋藤月岑編『東都歳事記』（天保九）などによると、正月、二月は各所に神樂が行はれ、「賑ひいふばかりなし」と誌されてゐるが、今はむしろ四月以降の諸社の祭りに神樂社中によつて夫々の神樂殿で演ぜられてゐる。

清められた湯を振りかけられることによつて清まるといふ一種の禊の行事、湯立《ゆたて》は、關東では今は珍しくなつた。

大田區西嶺町の天祖神社では、四月二十一日の祭りに、江戸でいふ太々神樂の一種、禰宜舞が、禰宜によつて舞はれるが、その後、境内の一角で湯立がある。大きな釜に湯を沸かし、笹を以て周圍にふりかける。終戰前まで

10. 板橋區下赤塚の田遊用具
（永江維章氏撮影）

は西日暮里の松本社中でもこの湯立を傳へてゐた。八丈青が島では今も卜部の祈禱の際、神集めと稱してこの湯立を行ふ。又、明治までは正月十七日に淺草神社の拜殿前でも湯立があり、その折巫女の神託があつた（『東京年中行事上』）。

太神樂は獅子神樂の一種で、もと伊勢や尾張に出たが、今、鏡味小仙社中の傳へてゐるものは尾張派に屬し、伊勢派はその家元が藤澤に移つてゐる。獅子は今は正月に得意先をまはつて舞はしてゐるが、他には不定期に持藝の曲藝を寄席や特別の催しなどに演じてゐる。

田遊び

正月の豫祝行事。今年もかくの如く豊作でありますやうにと、歌と物眞似とで耕田種蒔から田植、収穫に至るまでを演じ、以て五穀の豊穰を祈る行事は、もと伊勢兩宮の二月の耕田種蒔の行事に發したもののやうである。信濃、三河、遠江の山間や佐渡などにも傳へてゐるが、東京では二月（もと舊正月）十一日の板橋區德丸（八巻411頁）、同十三日の下赤塚（八巻414頁）、四月九日（もと舊正月十六日）の練馬區仲町、氷川神社（八巻434頁）に傳へられてゐる。ひらに置いた大太鼓を田の面にたとへ、餅とにわとこの木で作つた鍬をもつて耕田のさまを演じたり、木製の牛の面を顔の前にしたものが出て、太鼓のまはりを二まはりし、代掻きとしたり、のびよのびよと稚兒の早乙女を胴上げして田植としたりする。童心満々たるものがある。かくて町歩調べから倉入れに至り、駒、獅子、弓矢などの附たりの舞も入る。下赤塚ではまた、正月の飾付を燒くどんども同じ境内で行はれ、これが田遊びの篝火にもなる。

亡者送り

一月十八日、淺草觀音で「亡者送り」があるといふが、これは十二日から一七日《いちなのか》、天長地久、當山安全、百災消除の御祈禱として修せられる「溫座陀羅尼祕法」の結願の夜の行事であつた。一山大衆により千手陀羅尼文が唱へられる一方、脇座で餓鬼に供養する神供作法がすすめられ、やがて二人の錫杖師が壇上の供物を桶に入れて錢塚地藏脇の穴へ埋めに走る。その先導役に、隈取をした二頭の鬼が松明をもつて出るのであるが、それがいつか神供送りの後からとび出し、その神供を埋めた穴に至つて松明を投げ入れる式にかはり、これを「亡者送り」と呼ぶやうになつた。

松平冠山編『淺草寺志卷十五』（文化十）には次のやうにある。

一、十八日結願の日酉の刻幔をまき、道場の令勤供物前の如く、修法順次修し畢て、導師登壇又密法一座を修す。是二百六十八溫座滿願す。此の時二人の僧檀上の供物餅穀香華を賫らし、二僧松明を挑け、頻に走て奥山熊野權現の後に至り、地を穿ち供物を灰塵し、般若心經を讀誦し、天地四方を拜し、一心三昧して、酒時に歸り來て檀を毀ち、一百八燈一時に滅し、又幔帳を覆ふ。此時導師出堂、衆僧列居して、參詣の老若信得度者のために十念を授け、各退散。導師別席におゐて、衆僧の勤勞を撫す。僧侶相共に賀す。

註に、「是夜供物を灰塵する儀を世俗亡者送りと稱せり」とある。

節分

昔は毎年大晦日の夜、追儺或は鬼儺《おにやらひ》と云つて疫鬼をはらふ式が朝廷に於て行はれてゐた。鬼を追ふ黄金四つ目の假面をかむり、矛と楯とを持つた方相氏が出、振子《しんし》と呼ばれる大勢の子供たちもこれに従つて鬼を追つた。今民間では立春の前日の節分に、門口に、柊《ひいらぎ》や田作《たつくり》をさし、「福は内、鬼は外」と唱へて豆をまく。寺や神社では、人氣ものの年男を呼び、大勢の参拜者に向かつて豆をまく。

都内にはなほ夫々色彩ゆたかな節分行事が行はれてゐるが、中でも龜戸天神、五條天神、喜多見の氷川神社、江戸川の香取神社、柴又帝釋天《たいしやくてん》等では、神官と鬼との問答があり、調伏された鬼が年男たちに豆を投げつけられて退散するといふことがある。前二者には四つ目の方相氏も出て鬼に立向ふ。

> 十二間四面に花のお社を建て、八間に神殿の餝羅網を張り、天下泰平國土安全の神事をなす所へ不思議なるもの見えて候

と神官が言ひ、青鬼赤鬼をとがめ、神道のいはれを語り、幣杖をもつて鬼を打たうとすれば、鬼ははうはうの體で、「元の山へ歸り候」と云つて逃げて行く（龜戸天神—『東京年中行事上』）。この節分の能は、三河の花祭や中國地方の神樂の中に行はれてゐる鬼の能と關連を持つやうに思はれる。

山車の出る祭り—山王祭り・神田祭り

千代田區永田町鎭座の山王權現日枝神社は太田道灌の勸請。徳川家康入城の際、これを産土神《うぶすながみ》とした。六月十五日例祭。千代田區神田宮本町の神田明神は江戸の總鎭守と稱したが、もと芝崎村の鎭守で、古くは江戸、太田兩氏の崇

11. 神田明神祭禮繪卷の山車

敬を受けた。元和年中に現在の湯島臺に移されたが、例祭は以前は九月十九日、今は五月十五日。この山王權現と神田明神の祭りは、天和元年（一六八一）より隔年交互に大祭を行ひ、大祭でない年のを陰祭と稱した。そしてこの兩大祭を天下祭とも稱し、祭りの行列が城中に入り、將軍家の觀覽を得た。この祭りの行列には、神輿の外に町内より多くの山車、練物の類が出た。齋藤月岑編、『武江年表』（嘉永三）に當つてみても、

元和元年　六月十五日、山王御祭禮、出し練物始て御城門へ入る

元祿元年　九月、神田明神御祭禮、神輿練物始て御城内へ入る

などとあり、以下、根津權現、白山權現、下谷坂本小野照崎明神、高田穴八幡宮、駒込明神宮等の祭禮にも、屋臺、山車、練物、花萬度、地車等が出たことが記錄されてゐる。これらはやがて禁止され、或は費用を多く要したため中絶したものが多かつたが、明治以後は交通や電線の關係で、天下祭の山車や練物も出なくなり、それらの山車の類は、周邊の町村に買はれて行つたものもある。四月二十七、八日の青梅市住吉神社祭り（十一巻726頁）、六月初旬の品川神社夏祭り、八月第一日曜の八王子祭り、九月第三日曜の昭島市日吉神社祭り等には今も山車や屋臺が出る。何れも惡疫消除を願つての祈りが風流化したものであつた。

祭囃子

祭囃子はもと山車の上ではやされた。元和年間から寛永初年にかけて刊行されたと思はれる『きのふはけふの物語』によると、山王祭の山車のはやしは、はじめは「大宮の橋はのんのやのんのや、山王祭すこすこすこすこや」などと聲がけしたやうであるが、その後、笛、太鼓、鉦などによるやうにもなつた。尤も、三味線、笛、鼓、大鼓、鉦などを伴奏に小歌を以てはやしたこともある。今日山車が出なくなつても、いはゆる祭囃子として民間にひろく行はれてゐる系統のものは、『新修葛飾區史』(昭二十六) によると、享保初年、葛西金町村の鎭守香取明神 (今、葛西神社) の神主能勢環が、村内の若者たちを集めて「和歌ばやし」と稱する一種の囃子を教へたにはじまるといふ。これが時好に投じ、やがて周圍にもひろまるに至つた。葛西囃子、神田囃子、目黑囃子、奥澤囃子、船橋囃子、等々力囃子、阿佐谷囃子、三つ目囃子など。五人囃子と稱し、大太鼓一、〆太鼓二、笛一、鉦一を一組とする。

打込、屋臺、聖天、鎌倉、四丁目、屋臺

を一連とし、これを繰返すのが葛西囃子や神田囃子であるが、各所少しづつの異同を生じてゐる。以上の外、祕曲、間もの、靜《しずか》ものなどと云つて、

宮正傳、間波正傳、きりん、龜井戸、かいでん、夏祭り、神田丸、かっこ、なげあひ

などの曲があり、これらを前の一連の間にはさんで演奏することがある。又、お宮の鳳輦の渡御には「鎌倉」を、町内神輿の送迎には「なげあひ」を以てするとしてゐる所もある。これらは大きくは、祇園囃子に則るものと見てよいであらう (十一巻694頁)。

12. 浅草三社祭りに繰り出した浅草ばやし

三社祭り

三社権現浅草神社の祭り。三社権現は浅草寺本尊の観音像を江戸浦より拾い上げて奉安した檜前《ひのくま》濱成・竹成兄弟及び土師《はじ》眞中知《まつち》を主神とする。近年は五月第三日曜を最後の日とした四日間行はれるが、昭和五十五年度によると、第一日五月十五日（木）が午後三時、各町神輿の御靈遷し、第二日十六日午後一時大行列、同二時びんざさら神事、第三日十七日午前十時例大祭祭典、午後一時約百基の各町神輿の連合渡御、第四日十八日午前五時、本社三基の神輿出御の儀あり、同六時宮出し、日没に宮入りの次第であった。この最後の日には、暗い内から神輿の擔ぎ手がぞくぞくと繰込み、境内をうづめつくし、擔ぐことが困難なほどである。

昭和五十六年度はこの祭りの順序が變った。即ち第一日五月十五日（金）の儀は五十五年度のと同じであるが、五十五年度第二日の儀を第四日に、（びんざさらの神事はこの日）第三日の儀を第二日に、第四日の儀を第三日（日）にとり

13. 王子田樂

行つた。神輿の宮出し、宮入りを日曜にあてる都合によるやうである。

びんざさら神事

いはゆる田樂躍《でんがくおどり》である（九巻314頁）。この宮にいつ傳へられたかはやはり不明であるが、拍板《びんざさら》三、腰太鼓二、笛一、大太鼓一、それに二人立の獅子雌雄二頭がつく。その舞ひ方を文化十年の『淺草寺志巻十五』に「拍板の次第」として具體的に誌してゐるので、次に引いておかう。

一、未刻拍板興行は、拍板者以下中谷より南馬道を本坊に入支度し、鎗十筋を立て二王門を入る。鎗は本堂の下番所に立掛をく。笛太鼓を奏し、本堂の西より東の方へ回り舞臺へ上る。舞臺は前日より假に建立す。二間半四方なり。拍板者三人、笛一人、腰太鼓二人、大太鼓一人大太鼓は、赤頭を冠獅子舞四人袴を着。獅子は紺（青カ）者にて塗り、雌雄二つ也。雄獅子より舞出し、次に雌獅子を舞す。それより雌雄一度に舞ひ、二獅子の尾を交ゆ。此時囃は笛と大太鼓のみ也。次に大太鼓をやめ、笛と腰太鼓二人にて囃す。拍板者一人起て舞を行ふ。扇の地紙の間に赤き紙を細かに切たるを夾み、三度これを振畢て本座に復す。又三人共に起ち、舞臺の正面にて拍板の舞を行ふ。東の方より西へ周り、腰太鼓二人も従ひめぐる。一周りして本座に復り踞く。此時笛は坐ながら吹き、太鼓は元の如く坐す。又拍板三人舞を行ふ。此時も腰太鼓二人は従ひめぐる事初の如し。畢て拍板三人と囃子方殘らず舞臺を下り、又笛太鼓にて二王門を出づ。

王子田樂

この田樂躍は、北區の王子權現にもあつた（九巻270頁）。昭和十六年の祭事を最後に絶え、戰後もしばらく復活し得ずにいたが、昭和五十八年、神社も立派に再建され、その祭式中に、田樂躍も花々と復活奉納された。ここでは八月（以前は七月）十三日（昭和五十八年には八月七日）の例祭に行はれたが、その前日社殿前の舞殿で試樂あり、演者は氏子の少年達で、ささら四、太鼓二、小鼓二（子摩歸と名付く）、外に大太鼓一、笛二であつた。曲目には、

中門口、道行腰筰《こしざさら》、行違腰筰、背摺腰筰、中居腰筰、三拍子腰筰、默禮腰筰、捻《ひねり》三度、中立腰筰、搗筰腰筰、筰流、子摩歸

の十二段があつた。田樂躍は今全國各所に六十か所ほど小異大異を以て傳へられてゐるが、通じて言へることは、太鼓やささらや小鼓、銅鈸子などを持つたものが、配列を色々に改へ、舞樂風に躍るといふことである。歌はもともとなかつた。恐らく大陸より渡來のものであつたらう。

武藏總社の闇祭り

武藏總社とも云はれた府中市宮町の六所明神大國魂神社の闇祭りも古來有名である。四月三十日早朝、宮司以下品川の荏原《えばら》神社に至り、潔齋用の潮水を汲んでくることから祭りははじまる。五月三日の午前、八基の神輿を庫より出して廣庭内に配列し諸種の裝飾を施す。午後七時、數頭の走馬の儀あり、昔は消燈したが今は危險を慮つてこのことはない。四日に古例の神饌を奉り、神輿に御綱をかけ、鹽湯行事で各神輿を清める。これを御綱掛《みつなかけ》祭りといふ。五月五日が本祭り、午前祭典中、以前は內庭で古式の巫女舞があつた。午後五時、動座祭とて古例の神饌數十臺（昔は七十五臺）を供へて今夜神幸の曲を奉告する。式中拜殿において古式の七座の舞を奉奏。午後九時から十一時の間に、それまで盛に打鳴らしてゐた（神の降臨を促す一種の亂聲であらう）講中の大太鼓をとめ、町の燈を悉く消した暗闇の中で、神輿に御靈を遷し、午後十一時、行列をととのへて一之宮より順次御本宮までの神輿の渡御あり、甲州街道に添ふた御旅所に向ふ。素盞鳴尊《すさのをのみこと》をまつる御靈宮の神輿のみは、御本宮につづいて最後に出御するが、別の道を御旅所に向ふ。御旅所では御膳催促のことなどがあり、奉幣がある。その後宮司以下野口假屋に趣き、當主より饗應を受ける。野口假屋は、蘇民將來に似た話（やはり牛頭天王說話の變化であらう）で大國魂の神が一夜を過された宿にかたどるといふ。かくて御旅所に戻り、ここに宮司の流鏑馬の式あり、乗馬三回、的を射、そのまま宮に歸る。既に六日の曉になつてゐるが、つづいて各神輿が還御になる。このときは町內一齊に點燈する。實は、今は風紀上その他から、はじめから消燈はせず、闇祭りではなくなつてゐる。神輿渡御の時間も早められた。なほこの祭りをお出合ひ祭りとも言つたのは、この闇祭りの夜には若い男女の交遊が自由であつた故とも云はれてゐる。

御田植祭り

以前は右の闇祭りにつづく六日に御田植祭りがあつた。御刀代田《みとしろだ》の神事とも稱せられたが六所明神御供田のお田植である。明治維新に神領地が失はれてしまつてから廢絶したが、近頃復興の氣運もあり、珍しいお田植でもあるので、猿渡盛厚氏の『武藏府中物語上』（昭三十八）によつてここに附記しておく。

御供田は神社の東方約一町ほどの所にあり、坪數が一町二段二十四歩ほどであった。六日早旦、御本殿で祭典の後、神職一同及び神領地の村長らが、早乙女數十人、田夫數百人を促して、楓の若葉で飾った傘鉾の上に白鷺の形を造り立てたものを持ち、男の兒が先導で太鼓を打鳴らしながら田植歌「せんばい小路の唐傘　さすやまのこれもの」と歌いながら一同御供田に下りて田植をはじめる。植田の中では男の兒大勢が裸になって植えた苗を踏み荒しながら相撲をとる。又、誰でも苗を一株でも植えればその年は病氣災難にかからないばかりか、自家の農作物もよく出來るというので、近郷近在の人たちが銘々自家の苗代から苗を携えてきて競って植える。特に江戸城の大奥からも姫君たちが來て、手ずから苗を植えたという。相撲で荒された苗も、銘々勝手に植えた苗も、翌朝には繩を張って植えたように井然となっていたといい、これが六所明神七不思議の一つにも數えられていた。

大國魂神社の神事は、猿渡容盛著『武藏總社法』（慶應四）などによると、年中大小九十四に及んでゐる。そのうち七月十二、十三日、秋節神事と稱し、武藏國中の神職がこの宮に集まり、著到簿に名を誌した後、天下泰平の御祈禱として青袖、杉舞の舞を舞ひ、祭りをとり行つた。維新後しばらく絶えてゐたが、その後以前の形式にならつて復活され、最後まで著到簿についてゐた稻城市矢の口の式内社穴澤天神社の山本氏が今奉仕してゐる。又、七月二十日には、李子《すもも》祭があり、五穀豐穰、惡疫防除の祭りとされ、當日は宮から烏扇、烏團扇が出る。李子祭とは、神饌の李子

14. 佃祭り

から出た名稱のやうである。

品川天王祭り・佃祭り

品川區北品川の品川神社を北天王、同荏原神社を南天王と稱す。兩社の祭りは六月六、七、八の三日間であるが、今はそれに近い日曜日を中心にしてゐる。南天王を河童《かっぱ》天王ともいひ、例年七日、神輿の海上渡御がある。目黒川から神輿を船に乘せ、海上に向かひ、神輿が海に降され、裸の若者たちによつて海中に揉まれる。やがて品川橋袂の寄木《よりき》神社前のお假屋を御旅所とし、以前はここに一泊、翌日還御になつた。神輿のお濱降りであり、禊《みそぎ》の行事であつた。各町内から多くの供奉船も出、祭囃子もにぎやかに奏せられる。なほ神輿の屋根の頂上には、寶暦元年（一七五一）に漂流してきたといふ神面をとりつけ、豊漁を祈る。

北の天王祭りには神輿は海に入らないが、明治十七年に地元の職人たちが精魂込めて作つたといふ臺座の一邊四尺四寸の大神輿の渡御がある。その屋根にも、國常立尊の神面と稱する舞樂の腫面《はれめん》をゆはへつけてゐる。疫病を祓ふといふ。

神輿の海の禊は、三年毎の八月六、七、八日（今はそれに近い日曜を中に）の佃島の住吉神社や、八月十五日の品川區東大井の鮫洲八幡などの祭りにもかつて行はれてゐたが、今は海がよごれてきたこともあつて中止されてゐる。

佃祭りには、神輿渡御の道筋を清めると云つて、初日、大獅子の宮出しがあり、中の日の神輿渡御には、海中渡御が出來なくなつた代りにと、各家々でバケツの水を神輿に注ぎかける。神輿は勝どき二丁目の御旅所に一泊する。

夏越の祓

六月祓《みなつき》とも呼ばれる六月晦日の夏越しの祓は、十二月大晦日の大祓と共に、人々の罪や穢れを祓ふ祭りとされてゐる。紙を人形《ひとがた》に切つたいはゆる形代で體を撫で穢れを移してこれを神社に持つて行き、或は燒いたり流したりする。又、茅の輪をくぐることも行はれてゐる。罪や穢れは人の魂をむしばむものとされ、これを祓ふことは古來神道の大切な行事の一つであつた。茅《ち》の輪《わ》は牛頭《ごづ》天王說話の茅の輪との結びつきがあると思はれるが、もともとは蛇を形どつたものと思はれる。先に誌した蛇綱との關連が考へられよう。

なほ、『東京わが町』によれば、形代を海に流すことを神事として盛大に行つてゐるのが、臺東區鳥越の鳥越神社である。前日の夏越の祓ひで納められた氏子の形代を、翌七月一日、神職の乘る御座船を先頭に、三十隻の供奉船に二十三か町の氏子の者が乘り、明治の頃までは隅田川の厩橋邊で行つたといふが、今は葛西沖まで出、唐櫃に納めた約四萬枚の形代を祓の後海上に播いて流す。御座船が供奉船のまはりを三まはりした頃悉く播き終へる。後、船中でお直會《なおらひ》がある。

盆

盆の靈祭りには、農村地帶では盆棚を設けて祖先の御靈を迎へるが、無緣佛の御膳をも盆棚の下の片隅に供へる所があるのは古風で床しい。招かれずしてさまよひ出る靈をも饗さうといふのである。

江戸で盆に風流踊を踊つた記録はあるが、「盆踊」といふ名の踊は、佃島のを除いては踊られてゐない。佃島は江戸初期に攝州佃村から移住してきた人たちが町をなした所で、踊も關西風である。盆三日間の最後の晩は、様々に假裝しても踊る。農村地帯も含めて、今東京各所に櫓《やぐら》を設けなどして盛大に催されてゐる盆踊は、「東京音頭」や、「炭坑節」などいはゆる新民謡に振をつけたものが多く、現代風ながらやはり納涼をかねた盆の一つの風俗をなしてゐる。

來迎會（東都歳事記）

15. 新鳥越念佛院

お面かぶり

佛教行事として珍しいのは、世田谷區奥澤淨眞寺九品佛の二十五菩薩來迎會（十六巻544頁）、俗にいふお面かぶりである。これは三年毎の八月十六、七日頃、日を定めて行はれるが、二十五菩薩が來迎して現世の念佛行者を引接し、浄土に戻られるさまをあらはしたもの。ここでは三佛堂中央の上品堂を浄土に擬し、それに相對する本堂を現世として、この間に白道にたとへる三十六間の木の橋をかけ、上品堂より本堂に善の綱を張り、信者が佛菩薩の面をかけてこの橋を渡り、上品堂より本堂へ、そして開山珂碩《かせき》上人のお厨子をおもりして本堂より再び上品堂へと戻る。奈良の當麻寺のをうつしたものと思はれる。この行事は、かつては全國にもひろく行はれ、江戸でも、新鳥越念佛院や、回向院などで、年忌や御開帳に臨時に行はれたことが『武江年表』などに見えてゐる。

地藏盆

八月の地藏の緣日、二十四日のいはゆる地藏盆は、京都をはじめ關西地方に多く行はれてゐるのを見るが、關東では少なく、『東京わが町』には保谷市住吉町のが擧げられてゐる。ここでは講中が主になり、夕刻、僧に地藏堂の前で經をあげてもらひ、鐘の音を聞いて集まつてくる子供たちに菓子などを配る。その後「念佛申し」といつて、百萬遍の數珠ぐりが講中によつて行はれる。この念佛申しや念佛講、或は雙盤講などは、あまり知られてはゐないが、祭囃子などと共に、民間に割合ひろく行はれてゐる模樣である。

神輿渡御

『東京わが町』には、春、夏、秋にわたつて、多くの宮の神輿渡御の模樣が夫々見事に捉へられ收錄されてゐる。神輿《みこし》は宮の御靈代を乘せ奉る輿《こし》である。關西地方に多い宮座では、御靈は榊や幣束にお依《よ》りいただいたまま頭屋に迎へる。又古風な宮では、馬の背に立てた幣束、馬に乘せた稚兒、或は劍鉾や四神鉾などに神靈を依らせ、お旅所まで行く。それが後世には立派な神輿を作り、これに御靈代を乘せ、氏人たち、その神輿をかついで、神輿渡御の盛儀が行はれるやうになつた。その神輿をかつぐことが、疫氣をはらひ、健康を祈ることにもなると信ぜられるやうにもなつた。御靈代が里宮やお旅所に一泊されるのは、元來そこに氏人たち參集して祭りを行ひ、氏人たちの健康を祈り、息災延命をはからうといふのであつた。家々にしめを張り、門毎に榊を立てるのも、その榊に神のおとどまりを願ふためであつたと思はれる。

榊祭り

昭島市拜島町の日吉《ひよし》神社に、榊祭りと呼ばれる珍しい神事がある。本社滋賀縣大津市坂本町の日吉大社四月の大祭の大榊神事に則ると思はれるが、こちらでは九月十九日に近い第三日曜日の曉早く、前日に準備をしておいた境内の大榊を若者たちがかついで町内をもみながら巡幸する。再び神社に戻つてくると、榊につけた御心筒（御幣を麻紐で束ねたもの）や、四垂《しで》のついた榊の枝をもぎとり、大勢でうばひ合ふ。それを得たものは持ち歸つて神棚などに納めるが、除災招福とされてゐる。

16.　拜島町日吉神社の榊祭り
榊の枝を奪ひ合ふ

式三番

西多摩郡檜原村小澤、同笹野に、「式三番」が傳承されてゐる（十七巻347頁）。前者は九月第一土曜日の伊勢清峯神社祭に神主峯岸家の舞殿で、後者は九月十四日の神明社祭に頭屋野村家の座敷で、夫々天下泰平、國土安穩の御祈禱として催される。

この舞がいつ頃から行はれてゐるかは明らかでないが、前者小澤には「明和七年庚寅八月吉日」と誌した翁の衣裳と、安永三年銘記の面箱の蓋が傳へられ、後者笹野には「永祿四年」の墨書ある小鼓役着用の袴の腰板が保存されてゐる。今なほ役の者は別火潔齋をし、演技のはじまる前に舞臺で翁飾りがあり、出演者一同神酒を汲みかはす。

小河内の鹿島踊

東京都の水道源、小河内ダム建設のため、その水底に沈んだ舊小河内村岫澤《くきざわ》、日指、南に傳へられてゐたもの。以前には九月十五日を中心とした加茂神社及び御靈神社の祭りに奉納されてゐた。又、古くは祇園踊と云つて、舊六月十五日の祇園祭りにも演ぜられた。今はもつぱら同じ九月十五日の、戰後諸社を合祀して建てられた奥多摩町の小河内神社の祭りに、四散した人たちが集まり同社拜殿で踊られる。

小河内鹿島踊は、神奈川縣及び伊豆半島の海岸沿ひに傳へられてゐる鹿島踊とは別もので、ただ最初に踊られる「三番叟」がそれに當り、そのためこの名がある（十一巻652頁）。

鳳凰の舞

西多摩郡日の出町平井の九月二十九日に近い日曜日の春日神社祭りに、鳳凰の舞が奉納される（十一巻679頁）。元來雨乞ひに出されたが、今は悪疫退散の祈禱とされてゐる。

當日、町の集會所から萬燈を先頭にして、白鉢巻、赤襷、白扇と木太刀を持つた少年の奴十六名、鳳凰の冠をつけ、白襷、兩手に桴《ばち》を持つた青年四、赤頭巾、赤襷のささら摺り四、同じく軍配、小太鼓一宛が行列をして神社まで行く。笛、太鼓をはやす。神社の境内で、奴は先ず輪になり、可笑味のある「ねじり奴臺詞《やっこせりふ》」を次々に言ふことあり、これが引くと、大太鼓をかこみ、少しづつころばしながらこれを打つて鳳凰の組が踊る。鳳凰の舞は全國を見ても他にはない。

三匹獅子舞

一人立の風流の獅子舞は、東日本におびただしく傳へられてゐるが、關東にも多く、東京だけでも、昭和三十年代の調査で六十五、その後なほ二十か所が記錄されてゐる（十一卷505～602頁）。

獅子は一人立。頭に獅子頭をかづくが、關東ではこれを猪頭、龍頭とするところが多く、稀には鹿頭と稱してゐる所もある。腹に小太鼓或は羯鼓《かっこ》をつけ、兩手に桴をとつてこれを打鳴らしながら踊る。その獅子は太郎、次郎、雌獅子の三頭、他に布を垂れた美しい花笠を頭からすつぽりとかづいた女装少年のささら摺が四人もしくは六人立つ。獅子は花笠にかこまれて、笛及び自らが打つ太鼓によつて花々と狂ふ。蠅追ひや大團扇振りや道化などの出る所もある。神社、寺、もしくは頭屋を獅子宿とし、多く萬燈などを先だてて道行をし、社寺をめぐり、又各所で踊る。

中野區江古田の獅子舞は（十一卷599頁）、隔年十月二十九日の氷川神社祭に出る。頭屋から神社に至り、町の要所要所で舞ひ、神社の境内では夜おそくまで舞ふ。悪魔退散の御祈禱といふ。蒼龍、白虎、玄武、朱雀のいはゆる四神の作りものをのせた笠をいただいたものが、團扇太鼓や銅鈸子をもつて加はるのが他と變つてゐる。

他に、大田區大森嚴正寺の水止獅子舞、國立市谷保天神、奥多摩町白髭神社、青梅市上成木、八王子市狹間・石川、昭島市熊野神社、立川市諏訪神社、清瀬市日枝神社、稲城市青渭神社などの獅子舞が私には印象深いものであつ

17. 八王子市石川の獅子舞

た。(いずれも第十一巻505頁以下參照)

冬の祭り

十一月の酉の日に、臺東區千束、鷲神社、足立區花畑、大鷲神社、目黑區下目黑、大鳥神社等に祭りがあり酉の市が立つ。花畑の大鷲神社がもとといふが、今はむしろ千束の方が盛大で、年々七十萬ないし九十萬の人出があるといふ。各社で開運出世、商賣繁昌の熊手の護符を出し、境内には熊手市が立つ。

冬至は一年中で晝が最も短い日。新宿區西早稻田の穴八幡では、この日「一陽來復」の護符を出す。この日より再び日中がながくなるお祝ひといふ。その護符を受けようと大勢の人が參詣する。

木場の角乘りは江東區木場の材木業者たちの間に行はれるに至つた一種の散樂《さんがく》(曲藝)。德川初期の頃からといふ。水に浮べた木材の上に乘つてバランスをとり、水に落ちないやうにする面白さをねらつたもの。

一本竿、梯子乘り、駕籠かき、高齒乘り、傘乘り、三寶乘りなどの藝もあり、祭囃子ではやす。不定期であるが、今は大東京祭や江東區の文化祭などに、黑船橋下などで催される。

木遣はもと木や石の運搬に歌はれたものであるが、江戸では鳶職の間に主として行はれてきた。地形に、上棟式に、或は橋の渡り初め、山車を引くとき、神輿の渡御、手古舞、祝事等に。又、消防出初式にもうたはれ、このときは梯子乗りなどの曲藝もある。掛け聲、即興的な歌、或は流行歌などもとり入れてをり、今日殘つた歌の中には、曾て江戸時代に流行したと思はれる歌の多くも含まれてゐる。

眞鶴、手古、さらば、古郭《ぐるは》、のぞき、ちょちょけぶし、田歌、黑がね、輕井澤……

など、江戸消防木遣保存會では、歌詞百十數曲を傳へてゐる。

東京都には、以上の外にもなほ多くの祭りが行はれてをり、又、八王子の車人形、説經淨瑠璃、結城・竹田の糸操り等の洗練された藝能も傳承されてゐる。

祭りや藝能は我々の生活に潤ひをもたらす。祭りや藝能には遠い傳統があり、祖先達の息吹がこもる。傳統は一種の力であり、地域の人達の心と心を固く結び合せてきたものであつた。我々のロマンの心を育ててくれる神祕なものをも持つてゐる。

我々はこれらを暖く保護し、傳承して行くべきものと思ふ。民俗の心をゆるがす價値高い新しい立派な藝能は、これらを踏まへてこそやがて創られて行くであらう。

三、睦月《むつき》如月《きさらぎ》の祭り

萬歳

正月には、萬歳、春駒などの祝言職が町をまはる。日本には言靈《ことだま》と言つて、言葉にも魂があり、目出度いことを言はれゝばその人の運はひらけ、呪《のろ》ひの言葉をかけられると、その人に災がかゝると古くから信ぜられてゐた。祝言職は、この言靈の力によつて、人々に祝福をもたらさうとするものであつた。

萬歳には、三河萬歳（十四巻344頁）をはじめ、秋田萬歳（十四巻355頁）、會津萬歳（十四巻383頁）、加賀萬歳、野大坪《のおおつぼ》萬歳、尾張萬歳、知多萬歳、大和萬歳、伊豫萬歳などが知られてゐる。正月から二月にかけて、お得意の家々をめぐつては祝福してまはるのだが、大抵は、太夫と才藏の二人づれである。太夫がうたへば才藏は鼓《つゞみ》を打ち、囃子《はやし》言葉を入れる。謠が終ると、卽興的な滑稽問答になり、或は舞になることが多い。

〽鶴の千年、龜は萬劫《まんこう》

と、先づ祝つて後、

〽かやうに目出度き寶の君の御屋形の材木をとらんと、入ける山はどの山、須彌山《しゆみせん》と檀特山《だんとくせん》と靈鷲山《りやうじゆせん》の麓まで分け入らせたまへば、取ける木の名は何々、我朝の檜《ひのき》さはらをさておいて、千年過ぎたる杉の木、萬劫榮える松の木、六億經たる楠の木、棟木なんどと定めて……

これは、秋田萬歳が傳へる「家建萬歳」（十四巻358頁）即ち家讃《ほ》めであるが、かうした目出度い言葉を、物語の上に長々とつらねる。

雪祭りと田樂

長野縣下伊那郡阿南町新野《にひの》の雪祭り（十六巻356頁）なども、長壽をことほぎ、五穀の豊穰を祈る春の神事の代表的なものである。神事は一月一日の門開式にはじまるが、一月十一日の早朝には、伊豆神社の拜殿で神降しの儀があり、面を入れた長持を中心とした行列が、御旅所の諏訪神社にお成りになる。もとは神主の伊東家がお旅所であつた。十三日は諏訪神社の祭りで田樂があり、翌十四日の夕方、再び行列が町を練つて、伊豆神社に至り、ここに夜通しの祭りが行はれる。

この神事を雪祭りと呼ぶのは、この祭りには必ず雪がなければならないとされてゐるからで、もし年により雪が降らないことがあると、約六キロ隔てた平谷峠の山に雪をとりに行くといふ。そして田樂躍の折、この雪を投げ散らしながら、「大雪でございく／＼」と呼ぶことがある。この夜の舞は、神樂殿や拜殿で

晝田樂、論舞、萬歳樂、宣命、順の舞、中啓の舞

など、また、家々の正月の松竹を集めてこしらへた大松明《たいまつ》の燃えさかる境内で、

夜田樂、競馬《きやうま》、お牛、翁、松影、しようじつきり、海道下り、神婆《かんば》、天狗、八幡、しづめ、鍛冶、田遊び

などがある。

長野、愛知、靜岡三縣の、天龍川上流の地帯は、山また山の奥である。このやうな所にも人が住むかと思はれる隱《かく》れ里《ざと》にも似た集落が多く、案内者なしにはたうてい目的の所には達し得まいと思はれる所が少くない。しかし、修驗

者たちは、かうした山奥に住む人たちをも對照に、その精神的な支《ささ》へとなり、祈禱をも行つてきた。また、世をのがれた猿樂、田樂者流のものも山に入りこんで、安住の地を求め、神事に所傳の藝能を託したもののやうである。雪祭りも、さうした神事の一つであつた。もとは單に「御神事」とのみ呼ばれ、伊豆神社の神主と、二善寺の住僧とが協力してとり行つたものであつた。

18.　寺野觀音堂

19.　寺野觀音堂祭りの鬼の舞

春神事とも呼ばるべきこの種の祭りは、外にも、静岡縣の西浦《にしうれ》田樂（八巻453頁）、寺野（八巻85頁）、神澤（九巻461頁）、懷山のおこなひ（二巻73頁、九巻461頁）、川名の火踊（九巻461頁）、愛知縣鳳來寺（九巻463頁）・西薗目などの田樂、黑澤のおこなひ（九巻463頁）などがあつた。これらのうち、「田樂」と總稱されるものも、實は田樂の色が濃いだけで、その内容はやはり春のはじめの御祈禱を、藝能を通して行ふものであつた。中にも西浦の田樂は、地能三十三番、はね能十二番といつて、多くの曲目があり、夜を明かすが、はね能には閏の舞、高砂、觀音の御法樂（田村）、八島、野の宮などがあり、これらは古風な舞を伴ふ能であつた。

愛知縣の田峯《だみね》の田樂（九巻462頁）は、田遊びをほぼ純粋の形で傳へてゐるものと見てよい。即ち、こゝのは、晝田樂、夜田樂、朝田樂（庭田樂）に分れてをり、晝田樂は、舊一月十七日の晝、天狗にさゝげて舞はれる舞、夜田樂が、十干《えと》祭り、水見、種選び、扉入、田打、代搔き、代

20.　田峯の朝田樂「惣田樂」（J.モーヤー氏撮影）

21. 鳳來寺の田樂「苗引ぼこ遊び」
（高橋正雄氏撮影）

ならし、芽づら取り、大足、籾播き、よなどう、鳥追ひ、柴刈り、田植女、晝飯、田植などの、田の行事をはじめから順を追つて行ふいはゆる田遊びである。夜明け近く行はれる朝田樂が、面形の舞の出るいはゆる餘興風な催しであつた。ここでは、餘興風な催しを、田遊びの中に交へないで別々に行つてゐるのが特色である。

愛知縣北設樂郡内に、二十ヶ所ほども分布してゐる「花祭り」は、實は花の祭り、といふことではなく、「花山祭り」であつたらしい。平安朝の半頃、花山院が政治的の理由でこの山にのがれてこられ、王入《わうにう》（現大入）で歿せられたと傳へてゐるが、後、里人がその供養にこの祭りをはじめたと言ふ。花山權現の祭り、卽ち、花山祭りと言つたのを略して花祭りと呼ぶに至つたと、大入《おほにう》集落では傳へてゐる（六巻310頁）。本來は霜月（舊十一月）の祭りであるが、太陽暦になつてから、或る所では十二月、また一月にも行ふやうになつた霜月祭り（六巻193頁）、冬祭り（六巻240頁）、遠山祭り（一巻118頁）、お潔め祭りなどと呼ばれる長野、愛知の祭りは、皆同じ系統の、この湯立の祭りと見てよい。湯立といふのは、竈《かまど》に湯をわかし、その湯をあびることによつて一年の穢れをはらふといふ神事で、この祭りは民家の土間を舞庭とし、夜を通して行ひ、祈禱、湯清め、湯立の他に、やはり面をつけたものも出て神事の庭をにぎはす。そのいはゆる面形の舞には、鬼が出たり翁が出たり姫が出たり道化が出たりする。参拝者の家の外に庭火を焚いて暖をとりながら、互に、この祭りのときだけ、天下晴れて悪口を言ひ合つたり、押し合ひをしたりなどしながら、我れ人ともに興奮を重ねる。

かうして我を忘れ、お祓をし、やがて正月を迎へ、長壽を祈るといふのであつた。

延年

千秋萬歳を祈る春の神事は、お寺にも行はれてゐる。奥州平泉の毛越寺《もうつ》は、嘉祥三年（八五〇）慈覺大師の開基と言はれてゐるが、堀河天皇の勅願により、時の領主藤原清衡、基衡父子が再興、秀衡に至つて更に增築。堂塔は四十餘宇、禪房五百餘宇と「吾妻鏡」にも誌されてゐる。しかし、今は昔の建物は殘らず、礎石だけになつてゐるが、ただ、慶長二年の燒失後、間もなく再建された常行堂があり、こゝに祕佛摩多《また》羅神《らじん》をまつり、正月の常行堂會には、

22. 鳳來寺の田樂「扇の拜み」（高橋正雄氏撮影）

23. 長瀧延年

開基以來行はれてきたといふ常行三昧供《じやうぎやうさんまいく》が修せられ、その結願の二十日の夜、この堂内で延年《えんねん》の催しがある（十五巻117頁）。「延年」は、遐齢延年《かれいえんねん》、すなはち、長壽を祝つた言葉から出てゐるが、勤行が濟んだ後、一山の僧達が、參拜者の壽命長久を祈つて藝能を演ずる催しである。毛越寺では、この催しが今も比較的古風をとどめて行はれてゐる。

田樂躍、祝詞、唐拍子、若女、老女、兒舞、京殿有吉舞など。明治維新前までは、留鳥《とどめどり》、卒都婆小町、女郎花、伯母捨山などの珍しい能も行はれた。

岐阜縣郡上郡白鳥町長瀧、白山宮の、正月六日の六日祭り（十六巻429頁）も、古風を傳へた延年であつた。この宮は、加賀白山妙理大權現に詣る南麓、美濃口の社で、養老六年（七二二）、泰澄大師の創立と傳へてゐる。神佛兩部で、寺を長瀧寺と呼んだ。一時は神殿佛閣三十六宇、滿山衆徒三百六十坊と言はれたが、今日あるのは、明治三十二年類燒以後のものである。はじめ拜殿に菓子臺が出て、菓子ほめといふことがあつて後、たうべん、露拂、亂拍子、田歌、花笠、しろすり、大衆舞などの次第があり、以前は開口、立合、倶舍なども演ぜられた。

〽櫻狩　雨は降りきぬ同くは　ぬるとも花のかげに宿らん　ぬるとも花の

〽雪しばし重げなる　ぬるとも花のかげに宿らん　ぬる共花の……(花笠ねり哥)

かうした古風な歌が歌はれるかと思へば、

〽戀のむつごと新枕〳〵　おもひ初たる其行衞　兼て習はぬうき別れ　とりを限りの關守は　今朝の情を留めよかし〳〵（立合）

などの哀怨の歌もあつた。

チャッキラコ

三浦半島の突端、城ヶ島を望み見る三浦三崎に、「チャッキラコ」(十巻310頁、十一巻636頁)と呼ばれる踊が傳へられてゐる。「チャッキラコ」とは「コキリコ」を訛《なま》つたもので、これは竹二本の樂器の名であるが、この名で總稱されてゐる踊は、一種の風流小歌踊である。

正月十五日に、仲崎、花暮兩集落の少女たちが十人ほどづゝも、老女たちの歌ふ歌に合せて、扇を一本、或は二本、またはコキリコをとり、或は何も持たずに、はじめ本宮で、次に海南神社の拜殿で踊つた後、兩集落は分れてそれぞれ有志の家をまはる。

〽花を擔《かつ》がば　卯《う》の花を擔がれよ　櫻花よけれど　早く散りそや（はついせ）

〽十七が忍ぶ細道　小藤がからんで忍ばれぬ　その藤をきりり〳〵と　まるいてかさねてさよ明かす（鎌倉節）

その歌には愛《かな》しいユーモアもある。

幸若舞

福岡縣山門郡瀨高町大江には、また幸若舞が殘つてゐる。この舞は謠曲とならんで、戰國時代の武將たちに好まれたものであるが、その後だんだんすたれて、今はただ一ヶ所、この大江に傳はつてゐるだけである。

正月二十日、大江天滿宮の社前の舞臺で奉納されるが、これは長い物語を、鼓に合せて、普通は三人のものが墓前に立つて語り、時折、眞中の太夫が舞臺を足拍子を踏みながら鼓形にふみまはるもの。

日本紀、濱出、扇の的、安宅、和泉城、高館、八島、夜討曾我などを今も演じ得るが、謠本は皆で二十册ほど保存されてゐる。（十四卷8頁、36頁）

追儺

節分は、けふから春といふ立春《りつしゆん》の前の日のことで、大體二月の三、四日頃に當る。節分は季節の變り目をいひ、夏、秋、冬にもあるわけであるが、今はただ春の變り目ばかりをさう呼んでゐる。

節分には豆をまき、また、鬼を追ふ行事が各所に見られる。しかしこれは、實は追儺《つひな》と呼ばれる別の行事で、これが早くから春の節分と一緒になつたものであつた。追儺は、もとは正月の前の晩、卽ち大晦日《おほみそか》に行はれた。災厄や疫病をはらひのけて、お正月を迎へようとしたのである。

この追儺のいはれには、色々の說があるが、中國の「山海經」といふ怪談本によると、むかし、顓頊《せんぎよく》といふ帝に、三人の子があつた。これがにはかに亡くなつて、それぞれ病をおこさせる鬼になつた。そして一は川に、二は谷に、三は宮中の室の隅に住むやうになり、宮中では十二月にその鬼を追ひはらふ式をはじめたのであるといふ。

日本では、文武天皇の慶雲三年（七〇六）に、諸國にはやり病があつて、百姓が多く死んだとき、はじめて土牛《どぎう》をつくり、追儺をしたと、「續日本紀」に見えてゐる。しかし、宮廷で、中國風の式を行ふやうになつたのは、平安時代以後であつたらしい。大晦日の夜、鬼に裝つたものが出、これを、金色、四つ目の面をつけ、手に矛《ほこ》と楯《たて》とをもつた方相氏《ほうさうし》と、大勢の侲子《しんし》と呼ばれる子供たちが出て、鬼を追ひやるさまを演じた。この式が民間にも入り、やがて色々の變つた形のものも出來た。

追儺は奈良の法隆寺や興福寺のものが人によく知られてゐるが、京都市上京區の盧山寺《ろざんじ》では、節分の午後、昔、弘法大師から傳へられたといふ惡魔退散の祕法の追儺式を行つてゐる。これを「鬼の法樂」ともいふ。鬼は三頭出るが、赤鬼は松明《たいまつ》と劍、青鬼は斧《おの》、黑鬼は槌《つち》をもち、太鼓と法螺《ほら》の音につれて出て本堂に入る。本堂では松葉をしきりにくすべるので、鬼が煙にむせて堂からとび出すところを、大勢が縁から豆をなげて追ひ出す。

神戸市長田町、長田神社のは、また變つた追儺式であつた。節分の當日、拜殿左右に、柳の大枝に小餅と橘の實を吊《つる》した餅花を立て、また、泰平餅とも日月餅とも呼ばれる榊葉を以て飾つた大鏡餅をかけ、日本六十餘州にあてた小餅六十四個をも榊葉にはさんでかけ、別に、鬼の餅或はかげの餅とも云ふ十二ヶ月に配した十二の餅を六つづゝ、蔓苧で結んでまな板の上に供へる。かうして海水で身を清めた鬼七頭が、境内戌亥《いぬゐ》の隅の鬼室《おにむろ》に入り、ここから出て、踊りながら順に神殿のまはりをめぐる。鬼の名は、一番太郎鬼、赤鬼、呆助《ほうすけ》鬼、姥鬼、青鬼、それに大役《たいやく》と呼ばれる餅割鬼と尻くじり鬼である。皆々麥稈《むぎわら》の火を持ち、餅割鬼は別に手斧を、尻くじり鬼は木槌《づち》を持つ。やがて五鬼は拜殿で太刀役から太刀を渡されるが、群衆に追はれて鬼室に逃げ入る。大役の餅割鬼は、泰平餅を割らうとするが、尻くじり鬼に邪魔され、兩鬼は持物の斧と木槌とを取かへることなどあり、とど餅割鬼はむなしく、まな板を打つて、兩鬼も追はれて鬼室に逃げ入る。

田植神事

舊正月の十五日を小正月といふ。この前後には、田植神事や田遊びが多い。田植踊は、田遊びが花やかに舞踊化されたもので、東北地方に、それぞれの特色をもつて、ひろく行はれてゐる。たとへば、福島縣二本松市石井のもの（八巻303頁）などは、乙女たち、青年たち、年寄りたちが一團をなし、大太鼓、小太鼓、笛、拍子木、鉦、三味線等をにぎやかにはやしながら、家々をめぐつて豊年を祝ふ。

〽ハア花がせのナ　ざくざく石の上には　マコトニナ　コノコノコノヤレ
ハア花も榮ゆるナ　黄金の花も三つ咲く　イヨオソリヤ　マコトニナ
ヘンヤ三つ咲くぞ　マコトニナ　ヘンヨイサアサ　サーコラサ　コノヨイヨイサ（花がせ）

久六《きうろく》と呼ばれる口達者な口上言ひの口上についで、花がさの早乙女と、手に花がせを持つた鉢巻の奴《やつこ》とが、花々と踊る。

花がせ、五葉松、今日の田植、田耕《たうな》ひ、搔《か》き方、しめ方、住吉、種蒔《たねまき》、河原島、苗取、田植、十七八、稲刈、稲干《ほ》し、稲ゆひ、稲こき、籾《もみ》よし、唐箕《とうみ》吹き、するす、俵ゆひ、米搗き、鶴どの龜どのなど、そして最後を「上りはか」に収める。農事一通りを、口上と歌と踊とによつてあらはすのである。

その歌は、各所共通のものが多いが、古い田植歌や、民謡などがとり入れられてゐることに氣づく。

〽お苗代の一の水口に　咲いたる花は何花　錢の花とこがね花と　咲いて長者になり花（陸中見前）

〽若松の一の小枝に　殿のお鷹《たか》が巣をかけ　巣の中を見でて見れば　黄金玉は九つ　一つとりておがに上げて八つで長者と呼ばれた（陸中谷内）

24.　森八幡宮の田神祭りの獅子舞

〽向ふ通るか　かふ和子《わこ》さまの　小脇差が目につく
目にもつかばナ　抱いても寝ろや　小脇差を枕に
（陸前栗原）

〽お目出度や蕎麦《そば》の種　茎赤く花白く　みかどそろへて
お目出度や薯《いも》の種　茎長く葉丸く　孫子そろへて
（磐城鹿島）

岐阜縣益田郡下呂町の森八幡宮では、二月十四日に田神祭りを行ふ（九巻405頁）。ここの歌は古雅な趣きを傳へて、すでに「飛州志」や「斐太後風土記」などにも紹介されてゐるが、今もそのまゝ歌はれてゐる。變つた歌もある。

〽廣い渚《なぎさ》で貝ひろを　小貝ひろを　貝ひろを
〽橋の上に降りたる鳥は何鳥で　時雨《しぐれ》の雨に　ぬれしこれ〱
〽水もなき山へ鯉《こひ》が上りける　五葉の松の露を頼みに
〽沖にぞ波はあり　鯨《くぢら》ぞ潮《しほ》を吹け

睦月神事

同じ二月十四日、福井縣丹生郡清水町大森では、四年ご

25.　睦月神事の獅子舞

とに、睦月神事《むつきしんじ》（八巻46、484頁）といふのを行ふ。睦月は正月のことで、これは正月神事といふことである。やはり古風な田遊びを中心とした初春の行事であつた。

私は昭和三十年と三十四年の二度つゞけて見學に行つた。四年に一度といふのは、もと、ここを志津の庄といつたが、志津の庄九ヶ村のうち八ヶ村が、二ヶ村づゝ組んで氏神賀茂神社の祭りの當番を次々につとめてきた。卽ち、祭りは毎年であつたが、番がまはるのは四年に一度であつた。それが、いつか他集落のが絶えて、お宮の所在地大森のだけが今も四年ごとに神事をとり行つてゐるのである。祭り前十日ほどは、毎夜のやうに、宿の家を定めて祭りの稽古がある。宿は毎夜かはる。私も先の年、稽古の様子を一晩見た。夜半近く、一通りの稽古が終ると、地狂言などを演じた。ほのぼのとした正月の樂しい雰圍氣がただよつてゐた。

祭り當日は、午前九時頃、舞子一同のお宮參りがあり、それより行列で庭元に行き、神酒をいただいて後、準備をとゝのへて祭場の大森家に渡り、こゝで夕方まで神事がある。大きな家の中央に、一間四方の舞臺をつくり、こゝが中心になる。舞臺では稚兒の田樂躍や、青年の田遊びがあり、臺所では、「扇本《あふぎもと》」といつて、大きいつくりものの扇形をひろげたその下で、青年達大勢が古風な謠をうたふ。また、田遊びの間々には、大勢が大太鼓に合せて、家のまはりを大きく輪にまはつて唱言をする。田囃子、蠶養《こがひ》囃子、獻魚囃子など。最後には、十二段文といつて、臺所の衆が、早拍子で、手拍子を打ちながら謠ふ詞がある。これらは、古い謠ひものが殘つたもののやうである。

（田囃子）

〽是より南に　山も候　山の中に　谷も候　谷の中に　池も候　池の名は又　何とや申　正寶田の池とや申　池の中に　島も候　島の中に　はえたる木は又　何とや申　幾世見ずひきに　さつと山吹　日本一の目利手利……

右の一句ごとに、「デンガイゴウト」といふ囃子言葉を皆で入れる。これが家一ぱいにひびきわたる。

あま田樂

睦月神事の翌十五日は、同じ福井縣の、今立郡池田村水海の鵜甘《うかん》神社の祭りで、「あま田樂」（八巻530頁）と呼ばれる神事がある。

からすとび、祝詞、あまじやんごこ、あまつゞいて能數番が舞はれる。

「あま田樂」は、西明寺時頼が諸國遍歷の途次、ここによつて一冬を過し、お禮にこれらを傳へて行つたとの傳説もあるが、正に能よりは古い延年風の仕組みをもつたものである。「からすとび」は烏帽子をつけた一人が出て、太鼓につれて、つぼめ扇を右に左にかつぎ、跳びながら舞臺を一巡するもの、「祝詞《のつと》」は翁面のものが祝詞をとなへるもの、「あまじやんごこ」は「あま田樂」の訛《なま》りであらうが、白、黒、赤のしやぐまをつけたものが、それぞれ手拭で覆面して出て、こごみ腰にびんざさらを摺りながら舞臺をまはる。最後の「あま」は、黒いあま面をつけ、寶數へを含んだ文を唱へ、後、舞臺をめぐつて、鈴と扇とで舞ふ。笛、小鼓、太鼓がはやされる。このあま面は大層古いもののやうである。このやうな神事も、あまり人に知られずに、今日まで行はれてきた。

四、彌生卯月の祭り

雛祭

三月三日は雛の節供《せつく》。內裏《だいり》様、官女、五人囃子など、美しい雛をかざり、菱餅やあられや白酒を供へなどする。しかし、これは近世の風で、以前は天勝《あまかつ》、這子《はふこ》など、またなんともない手作りの雛をかざつた。そして雛祭りがすむと、これを川や海に流す風もあつた。元來節供といふのは、三月に限らず、一月、五月、七月、九月にもあり、ともに惡氣のはびこる時とされ、中國では供物をささげておはらひをする。その風習が古く日本にも入り、日本風にもなつてゐるのである。

「嬉遊笑覽六」によると、相州敦木（厚木）の里では、少女たちがよく古雛の損じたのを持ち出し、白酒で離杯をくみかはし、別れを惜しんで哀しみ泣くさまなどをし、俵の小口などにのせて、相模河に流したといふ。雛は、撫《な》でもの、形代《かたしろ》などとも呼ばれ、それに穢れを背負はせて流すものと考へられてゐた。鳥取の流し雛はよく知られてゐるが、これは穢れをうつした女雛男雛の一對《いつつゐ》を、さんだはらに乗せて川に流すのである。

しかし、人形は元來神迎へのものであつたと思はれる。神聖な依憑《よりまし》の棒に、目鼻を書いたものが、發生的には古い人形であつたらう。

26.　藤守の田遊祭り「猿田楽」（須藤功氏撮影）

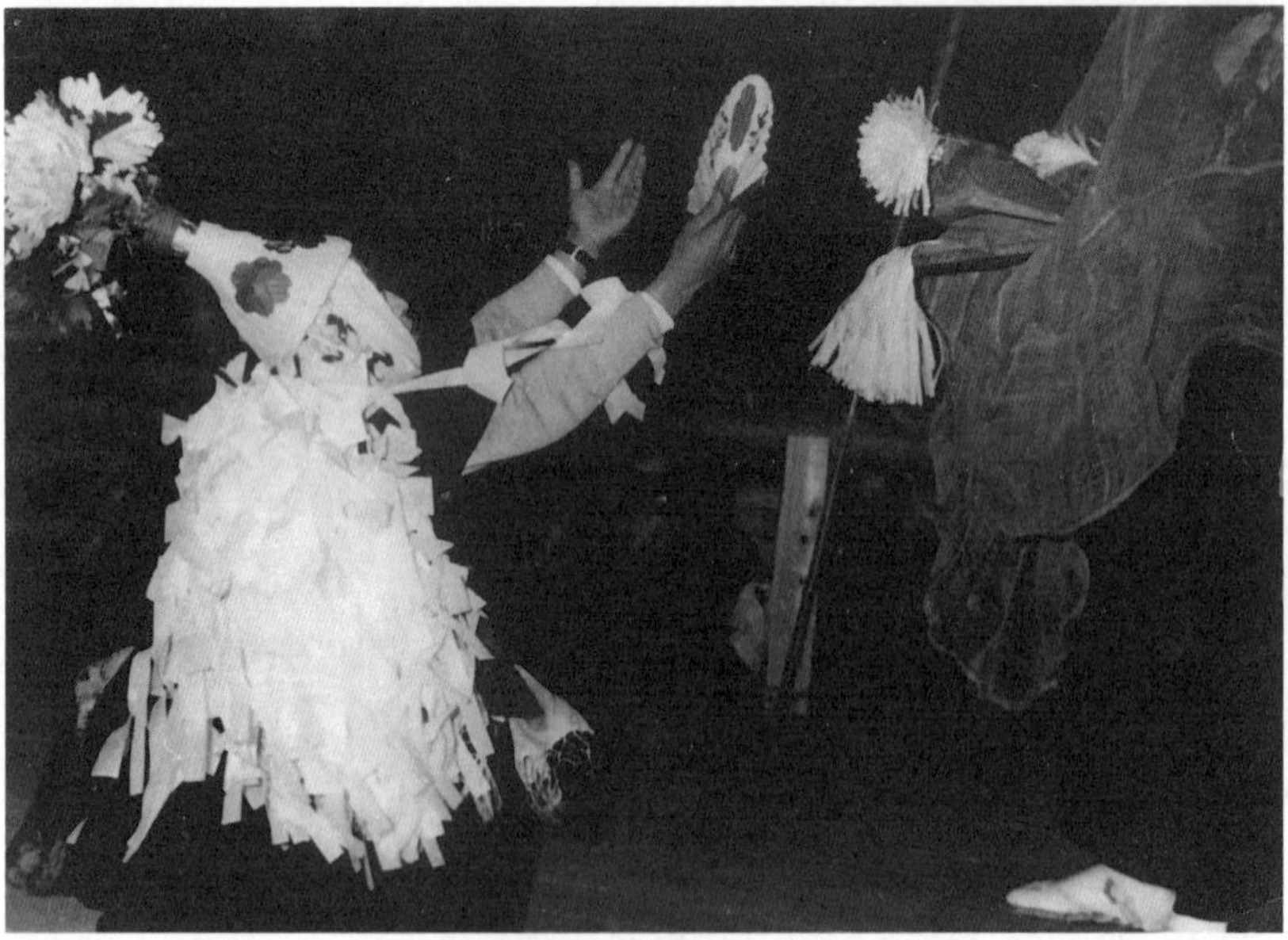

27.　同上「御獅子」

田遊び

田遊びが三月に持ちこされてゐるところがなほ若干ある。三月三日の埼玉縣秩父市蒔田の椋神社（九巻454頁）、靜岡縣森町五川の小田神社、奈良縣橿原市大谷町の畝火山口神社、七日の福岡市住吉町の住吉神社（九巻479頁）、十五日の奈良市春日大社（八巻559頁）、福岡縣糸田町の金村神社（九巻478頁）、同添田町の英彦山神社（九巻478頁）、十七日の靜岡縣大井川町藤守の大井八幡（八巻474頁）のものなどである。

藤守大井八幡の田遊びはもとやはり舊正月に行はれた。當日午後一時ごろより祭りがはじまるが、内的《うちまと》、外的《そとまと》と呼ばれる、神を招じての饗宴があり、その後、午後八時ごろより夜半まで田遊びがある。

天狗先拂、長刀、振取、御獅子、鍬入、荒田、寄塗、水口申、鳥追、山田、麥搗、田植……など、みなで二十七の次第があり、中でも「猿田樂《でんがく》」などいふのは、人間の演ずる田樂躍《でんがくをどり》なるものを、猿も眞似て躍つてみようといふので、花を周圍に枝垂れたしよつこをかぶり、八匹が手に何も持たず、向ひ合つたり輪になつたりして、ユーモラスに、また花々と踊る。「山田」「高野殿」などは一種の能ともいふべき問答體のもので、この能は田遊びに直結してゐるのが特色である。前者は田打ち、後者はさなぶり祝ひを内容としてゐる。

小田樂

田樂と云へば、茨城縣の東西金砂に、七年ごとの三月下旬、小田樂《せうでんがく》がある（九巻318頁）。小田樂に對する大田樂《だいでんがく》は、七十三年ごとに行はれる。最近の大田樂は昭和六年三月に催され、故折口信夫先生がごらんになつた。このときには東西それぞれ數日を隔てて御神幸あり、西金砂のは磯出と稱して遠く水木の濱まで行つた。その途中の宿々で田樂を奏し、水木濱の沖合では御神體をとりかへる深祕の行事があつた。

この東西兩金砂山は夫婦であるといはれてゐる。東金砂は標高三四二米、西金砂はその西方に細い溪谷を隔てて相對する三二七米の山で、東が男神、西が女神、西が東へ嫁入つたのであるといふ。ともに山上に山王權現を祀り、昔は修驗の一大根據地であつた。

「精粹堂雜錄」や「田樂古事」などによると、第一回の大祭禮（大田樂）は仁壽元年（八五一）であつたとしてゐる。昭和六年のはその第十六度目に當る。七十三年目では、一生に二度その祭りに會ふことはまづむづかしいであらう。氣の遠くなるやうな話であるが、實は大田樂と云つても小田樂と云つても、藝能の內容は今は同じで、それも大へん簡略なものになつてゐる。

（東社）四方固、獅子舞、巫女舞、亂聲

（西社）四方固、獅子舞、種蒔き、高足

しかし、ともかく、かうした傳承がつゞけられてゐるのは有難いことである。

彼岸獅子

彼岸には、福島縣會津若松や喜多方在から獅子舞が出る（十一卷226頁）。天寧、青木、小松、瀧澤、荒久田、下柴、中村などの集落で傳へてゐるものであるが、これはいはゆる三匹獅子、一人立の風流獅子の一種である。

この一人立の風流獅子は、信州以北、津輕にまでひろく行はれ、宮城や岩手のはこれが八匹の鹿《か》のしし踊りにもなつてゐる。多くは盆や秋祭りに舞はれるのに對し、會津では春の彼岸、どうかするとまだ雪の殘つてゐるころに、町場の家々をめぐつて舞ふ。

獅子は太夫獅子、雄獅子、雌獅子と呼ばれ、それぞれの獅子頭をいただいて腰には小太鼓をつける。別に「幣舞」のとき、幣舞小僧と呼ばれる獅子あやしの子供が出たりする。昔は花笠や萬燈もあつたといふが、今はない。囃子は笛と太鼓が數人づゝ。

28. 下柴の彼岸獅子（懸田弘訓氏撮影）

庭入り、大切《ぎり》、山おろし、柴探し、女獅子隠し、袖舞、弓潜り、幣舞……

など、みなで十數曲あり、その舞には舞樂風の美しさがあるのが特色である。

上田敏が、「海潮音」の扉に記した獅子舞歌と小異の歌が、ここにも歌はれてゐる。

〽大寺の香の煙りは細くとも　天にのぼりてむら雲となる

北原白秋は、「參りきて」とうたひ出す獅子舞の讃め歌を面白いものに思つて、その類歌を幾つかよんだことがある。各所にある歌であるが、

〽參りきてこれのお庭を眺むれば　黄金小草が足にからまる

〽春風に　玉のみすだれ吹き上げて　花のやうなる女臈《じよらふ》百人

所詮《しよせん》、お獅子の世界は古風である。

29. 小泊祭りの「神男・老女・若女」

小泊祭り

宮城縣栗原郡金成町小泊《をばさま》の、舊曆三月三日の小泊祭り(十六卷65頁)も、ひそやかな祭りであつた。ここに大同二年、田村麻呂が鎭め祭つたといふ白山宮あり、その別當寺を勝大寺といふ。

この白山宮に古くから特殊神事があり、すべて勝大寺の衆徒が携つた。祭りの前日に御神幸あり、白山宮の神輿が小泊から金成にかけてまはり、その夜は勝大寺に一泊する。三日の當日には、勝大寺の本堂で法要あり、大御酒が出た後、午後二時ごろから行列をととのへて寺より白山宮へと向ふ。これをお山詰《やまづめ》といふ。このお山に三間四方ほどの土壇があつて、それを舞臺とし、こゝで延年風の催しがある。次第七番があるが、珍しいのは、「神男・老女・若女」といふ曲である。長烏帽子、翁面、僧服の神男と呼ばれるものが、巻物を後衿《えり》にさし、樂屋の長床から出て、御幣を捧ぐる者を從へ、舞臺に至り、御幣をとつてお宮及び三方を禮拜し、のち、巻物を讀む。この巻物には深祕の文が記されてゐる。このとき元妻《もとめ》とよばれる白髪をつけた老女と、裏妻《うらめ》と呼ばれる黒髪をつけた若女とが、本ものの馬にまたがつて出、馬上でお齒黒や白粉をつけ、髪をつくろふさまなどをしながら、神男を待つ。神男が祝詞を讀み終へて來ると、馬より降りてこれに付きまとひ、兩者神男を得んとして爭ひ、扇の打合ひなどをする。しまひに兩女は鬘《かつら》をぬいで丸坊主になつて樂屋に入れば、神男も同じく鬘をとつて入る。

實馬を用ひるのは珍しいが、「馬乘渡し」にも實馬が用ひられる。これは那須與一の扇の的《まと》を仕組んだもので、源頼朝、畠山庄司重忠、千葉ノ介常胤、和田小太郎義盛、那須與一宗高、後藤兵衞實元などに扮した六人の者が順次馬に乘つて出、問答がある。與一は實甲冑《かつちう》をつける。やがて與一は馬上のまま、大きい的を射る。その途端に、群集がこの的の奪ひ合ひをする。これを手に入れた集落は、その年の生物《なりもの》が豐作であるとも、それを祀つておくと火災豫防になるとも云はれてゐるからである。この能風のものは、頼朝が平泉征討の後、鎌倉に歸らうとしてこゝにやすみ、つれづれの慰みに催したにはじまるといひ、大將には、義經の代りに頼朝が出るのである。

鹿島の祭頭《さいとう》祭り

茨城縣鹿島町鹿島神宮の春祭りの神事である。もとは二月の初申の行事であつたが、今は三月九日に行ふ。祭りの當番の村を祭頭と云ふ。氏子六十六村落を二分し、その兩方から毎年神占によつて翌年の祭頭が定められる。祭りの當日、當番の兩村では七、八歳の稚兒に甲冑を着せ、これを祭頭新發意《さいとうしんぼち》と名づけ、青年の肩車にのせてこれを大將に擬する。旗幟、警固、兵卒ら、大ぜいの若者が出る。兩村を左方右方と呼ぶが、左右、ときには各々五、六百人にもおよぶ。みなみな幟や高張や鼓や法螺貝《ほらがひ》、太鼓、樫棒などをたづさへる。隊長がゐて、軍配をあげては部下を指揮する。

兵卒は一齊に聲をあげ、「鹿島の豐竹トヨホヨホエー」などとうたひながら、纒《まとひ》を振り、棒を打ち合せて揉《も》み合ふ。

かうして鹿島神宮にお参りし、神殿を一周して各町を囃してまはる。夜は幾千の提燈《ちやうちん》が社頭に亂れ、二本の大豐竹を荷ひ、唱へ言をしながら假殿をまはる。上古の神軍をかたどつたもの、或は防人《さきもり》の鹿島立の模様をうつしたものなどともいはれてゐるが、やはり一種の豐年豫祝の祭りなのであらう。

30.　やすらい祭りの花傘　この中に入ると厄をのがれる
（芳賀日出男氏撮影）

やすらい祭り

京都今宮神社のやすらい祭りはやすらい花の祭りともいふ。民間に於て古くから行はれたいはゞ藝能を伴つた疫神しづめの祭りであつた（十巻65頁）。

31.　やすらいの踊　太鼓や鉦などを囃しながら亂舞風に踊り狂ふ
（渡辺良正氏撮影）

この「やすらい花」は、傘の上に美しい風流の花をさしたいはゆる風流傘を中心に、男女大勢のものが集つて、笛、太鼓、鉦などをはやし、勝手な歌をうたひながら、亂舞風に踊り狂ふもので、要は疫癘神を喜ばせておいて、うまく神送りをしようといふのであつた。迷惑な神の神送りは、つまり追拂ふことなのである。風流傘はこの神の神座であつた。ひとたび神の宿つた花は、後で流すか燒くかしたであらう。

今もこの祭りは、四月第二日曜日にやゝととのへられた形で、相變らず今宮近在の人たち幾組かによつて行はれてゐる。

やすらい祭りの歌は、はじめ卽興的なものであつた筈であるが、平安朝の頃は田歌がはやつたと見えて、それが歌はれてゐる。

花や咲きたるや　や　すらい花や
や、富草の花や　や　すらい花や

「すらい花」といふのは、「白い花」といふことのやうである。それを「や」の添へ聲につづけて祭りの名

32. 久田見神明社の山車

稱にもなつてしまつた

やすらい花や　あすない花や

世の無常をちよつぴり詠嘆したかと思へば、

借りたぞ小袖　いばらにかけな

おまへさんの小袖は借りものだね、いばらにかけて引き裂くな、などと餘計なおせつかひをした歌なども記錄に殘つてゐる。このやすらい花風の亂舞が、後々の大勢で踊る風流系の踊をすそひろに展開させるに至つてゐる。

曳山祭り

祇園風の曳山《ひきやま》祭りも、やすらい祭りと呼應するやうに、四月、そちこちに行はれてゐる。栃木縣日光二荒山神社の花屋臺、富山縣石動町神明社、同八尾町八幡社などの曳山、岐阜縣高山市日枝神社の屋臺、同關市春日神社・神明社の山車《だし》、岐阜市伊奈波神社、美濃市八幡神社、加茂郡八百津町久田見神明社などの山車、愛知縣犬山市針鋼神社、名古屋市東照宮などの山車、滋賀縣長濱市八幡神社の山車など枚擧にいとまがない。

高山、關、犬山、久田見などは、山車に操《あやつり》人形がとりつけられてゐることでも知られてゐるが、四月十六日に祭りのある久田見のものなどは、屋臺の屋根に、特に梵天《ぼんてん》様の旗を幾本も立てることが人の注意を引いてゐる。旗、幣束など、神の依代《よりしろ》であることがかうして見ても明らかである。
また、長濱の曳山祭りは、子供歌舞伎で名高い。（200頁參照）

舞樂

四月には各所に舞樂の催しがある。大阪四天王寺では、この寺を建てられた聖德太子の德を偲《しの》んで、毎年その命日である二月二十二日に、舞樂を織り込んだ盛大な法會を行つてきたが、今は四月の同じ日に催してゐる。これを聖靈會といふ（十四卷662、十五卷59、十六卷473頁）。天王寺は、京都、奈良とともに三方樂所と呼ばれた一つで、正統の舞樂を傳へたものであるが、この舞樂を稚兒も舞ひ得るやうに若干の手を加へ、音樂も簡素な形にしたものがまたひろく行はれてゐる。

四月二日、三日に祭りのある靜岡縣森町、天宮神社の舞樂は、もと同じ森町の小國神社のと同じであつたと傳へられてゐる。小國神社のも、この月の十七、十八の兩日、神社の舞殿で奉納される（十六卷330頁）。

花の舞、振舞《えんぶ》、色香舞《しきかうまひ》、蝶の舞、鳥の舞、太平樂、新靺鞨《しんまか》、安摩《あま》、二の舞、抜頭《ばとう》、陵王、納蘇利《なそり》、獅子舞などの曲があり、中でも「色香舞」は、異國風な美しい菩薩舞である。樂は、笛と太鼓と伏せ鉦のみ、それでゐて巧みに雅樂の感じを出してゐる。「色香舞」や「二の舞」は大人が舞ひ、他は多く稚兒が舞ふ。いはゆる稚兒舞樂である。

新潟縣彌彥村彌彥神社の大々神樂も、同樣の稚兒舞樂であつた（十六卷240頁）。年中、講社の奉納があるが、四月十八日をこの舞樂のある祭りとしてゐる。

地久樂、戟舞、弓舞、陵王、臨河《りんが》、安摩、神面舞、二の面舞、泔州、抜頭、大納曾利、小納曾利、太平樂など。樂も舞も簡素なままに洗練されてゐる。同縣糸魚川市天津神社（十六卷314頁）、同能生町能生白山神社の稚兒の舞（十六巻320頁）、富山縣立山町岩峅寺《いはくらじ》の稚兒舞、同宇奈月町明日《あけび》法福寺の稚兒舞（十六巻424頁）、山形縣寒河江《さがえ》市慈恩寺（十六巻206頁）、同平鹽熊野神社、宮城縣名取市高舘熊野堂（十六巻213頁）などのも、何れもこの月に行はれる舞樂である。出雲流の神樂がひろまる前には、ひろく舞樂が、靈祭りの春の法會、或は健康を願ふ春の祭りに行はれてゐたもののやうである。

神樂

埼玉縣鷲宮町鷲宮神社の神樂（一巻75頁）は、土師《はじ》流と呼ばれ、江戸の神樂のもといはれてゐる。歌をうたふところから「催馬樂神樂《さいばらかぐら》」などとも呼ばれるが、「天照國照太祝詞神詠之段」をはじめ十二座と番外一座があり、もとは三十六座あつたとも言はれてゐる。囃子は大太鼓、小太鼓、笛、大拍子。享保十一年（一七二六）に大宮司藤原國久が誌した神樂傳書も殘つてゐる。江戸の神樂のもといふのは、淺草三社權現の社家、神事舞太夫の頭、田村八太夫が、「海錄」の著者山崎成美に語つてゐるやうに、「今用ゆる神樂の十二座など云へる舞は、土師《はじ》の舞とて、おほかた百五十年ばかりも前かたにいで來にける也」。

八太夫のいふ「百五十年ばかりも前かた」は、ほぼ寛文から貞享（一六七〇―八七）の頃に當る。關東の神樂はほとんど出雲流の神樂で、この鷲宮、もしくは江戸の神樂がひろまつたものと見てよいであらう。鷲宮では四月十日をはじめ、年十七回の神樂奉納の定めがあつたが、今は演者の數が少くなつて、あまり演ぜられてゐないのは殘念である。

傀儡田樂

四月十日はまた、山梨縣甲府市の郊外、下鍛冶町諏訪神社の「お船祭り」である。この日朝早く、祭りの奉仕者たちは、小瀬町の天津司《てんづし》神社に集り、奥殿から御神體と考へられてゐる九體の等身大よりはや〻小さい人形をとり出し、古風な田樂躍の着物を着せる。いはゆる傀儡田樂《くわいらいでんがく》で、田樂躍が世にはやった頃の仕組みと思はれるが、人形の名も、一のささら、二のささら、一の太鼓、二の太鼓、一の笛、一の鼓、鹿島、姫、鬼、などと呼ばれる。仕度ができると定刻に、人形はかつがれて、顔を赤い布で蔽はれたま〻、道行の笛、太鼓につれて、左右に菜の花畑のひろがるお成道《なりみち》を、三、四百メートルはなれた諏訪神社に渡る。まことにのどかな風景である。諏訪神社の境内には「お船形」とよばれる幕をめぐらした一角があり、人形はその中に入り、やがて幕上から人形が出て、舞臺をめぐる。この折、仕掛の糸を引いて、ささらを鳴らし、太鼓を打つ。幕内の人々全員が、手拍子を打ってはやす。一つの人形は、一人で遣ふのもあるが、大部分は三人がかりである。

能と狂言

岐阜縣本巣郡根尾村能郷は、福井縣境にも近い山間《やまあひ》の村であるが、ここに白山神社がまつられてをり、その四月十三日の祭りに、古風な能と狂言とが、村人たちによつて、鳥居内の假設の舞臺で演ぜられる（十七巻328頁）。

翁、高砂、難波、田村、八島、百萬、放下僧、羅生門……

また、狂言には、

百姓狂言、夷子毘沙門《えびすびしやもん》、粟田口、鐘引、烏帽子《えぼし》折、大名花見、鹽賣、鎭西八郎爲朝、謎《なぞ》狂言

などがある。慶長三年の奥書ある狂言本も殘つてゐるが、それに見える「夷子毘沙門」では、毘沙門が山のものづくし、夷三郎が海草づくしをのべるところなどあり、なかなか興味深い。

狂言と言へば、京都には壬生《みぶ》狂言（十七巻379頁）、嵯峨狂言（十四巻680頁）、閻魔堂狂言などがある。

33. 能郷の能「翁」

中京區壬生梛ノ宮町の寶幢三昧寺地藏院、通稱壬生寺は天平寶字五年（七六一）の創立と傳へられてゐる。中興の祖、圓覺上人が伽藍を修繕し、融通大念佛會をひらいて寺の興隆をはかつたといふが、狂言はこの融通大念佛會に行はれてきたものである。今も四月下旬の一週間から十日、年々日を定めて行ふ。

曲は皆で三十番ほど傳へてゐるが、花折、節分など能狂言から轉じたもの、道成寺、紅葉狩など能を引きなほしたものなどの外に、壬生狂言獨特のものもあり、これらはすべて一言も發せず、身振り、物眞似で筋をはこぶといふ特色をもち、また登場人物全體が面をつける。

「桶取」は古來有名であるが、生れつき左手の指が三本しかない片輪な、しかし美しい上臈《じやうらふ》が、宿世のつたなさを嘆き壬生の地藏尊に日參する。それを見かけたあたりの大《だい》盡《じん》がこれをくどき落とさうとするが、はじめなかなか落ちない。しかし結局靡《なび》いて、共に踊つてゐる所に大盡の女房が出て大いに燒餅をやく。大盡は女房をこかして二人ともに去る。あとに女房は口惜しがり、私とてお化粧をすれば美しくなれるはずと、色々おめかしをしようとするが、顔の造作はどうにもならず、結局鏡を捨てて入る。また「大黑狩」は「道念《だうねん》」とも呼ばれるが、寺の坊主が隱し女をしてゐるのを檀家の者に見つかり、ひどく折檻《せつかん》される。女はどうして仲を割かれなければならないのかと、泣き泣き橋懸りを去る。この二曲などは、おかしいよりは悲しい曲である。

「山端《やまはな》とろろ」は、男女が山の茶屋に來て泊つてゐる夜更け、その茶屋に盜人が入る。酒を買ひに行つた下男が戻つてくると、互ひに鉢合せをし、だんまり模樣に色々あるうち、とど、とろろの鉢をひつくりかへし、皆々辷《すべ》り辷り橋懸りを去るといふ。これなどは罪のない可笑味を舞臺にみなぎらせる。囃子は鉦、太鼓、笛。ガンデンデン、ガンデンデンとのどかなひびきを春の京都の空にひびかせる。そこには世の中を忘れた童心に似たものがある。

壬生では今も子供たちが喜んで見、又、キラレ（出て行つて切られて倒れるだけの役）やヌガサレ（出て行くと盜賊に衣服を剝ぎとられるだけの役）などのエキストラに出るが、嵯峨では年寄狂言になつてしまつて、子供たちもあまり集らず、ここ數年で絶えようとしてゐるのは、名人の古老がゐるだけに、如何にも惜しい。

五、初夏の祭り

雲浜の獅子舞

福井縣小浜市雲浜《うんぴん》の獅子舞（十巻210頁）は、寛永十一年（一六三五）領主酒井忠勝國替の折、武州川越よりその行列につき従つてきて傳へたものといふ。忠勝はこの獅子舞を愛し、演技者三十餘人を國に歸さず、扶持米を與へて舊雲浜村竹原の一郭に居住せしめた。そして關東組と名づけ、藩主の產土神《うぶすな》である廣峰神社の祭りに演ぜしめたのであつた。明治維新後一時中絶したが、明治四十一年に再興され、今は五月一日の小浜神社の祭りに行はれてゐる。

一人立で、腹に羯鼓《かつこ》をつけた獅子舞は、信州以北、津輕に至る東日本にひろく行はれ、西日本では僅かにこの雲浜のと、四國の宇和島に仙臺のを傳へた八つ鹿踊があるのみである。

雲浜獅子は老獅子、若獅子、雌《め》獅子の三頭、赤い水引幕を垂れた菅笠《すげかさ》を被つた笛吹數名、それに獅子追ひとも呼ばれる歌をうたふ役のものがやはり數名出る。武州川越では今、「雌獅子隱し」の一曲のみを傳へてゐるが、この雲浜のもまさにそれのみである。すると寛永頃にも川越では主として「雌獅子隱し」を演じてゐたといふことにならう。

囃子《はやし》歌は色々ある。

〽なりをしづめてよく聞きやれ　森も林もうぐひすの聲

〽白鷺が　海のとなかに巣をかけて　波にゆられて跡たち候

〽獅子の子は　生れ落つると膝を折る　われも見まねにこがね折りひざ
〽荒川の鮎《あゆ》の魚さへもんどり打つ　われも見まねにもんどり打たばや
跳びはねつゝ、長々と躍る獅子である。

博多どんたく

五月三日から五日までは、博多どんたくがある。もとは松囃子と稱した(十巻25頁)。「松囃子」といふのは、正月の門松を切り出す折の囃子に發するともいはれてゐるが、實際には、松の內に門々を祝福して歩く一團の囃子もののことであつた。博多でも、もとは舊正月に行はれたが、今は港まつりをかねて五月に行つてゐる。朝、櫛田神社の境內に、各町內からの出しものが勢揃ひする。長頭の福神、大黑、えびす、女えびす、以上は馬に乘る。稚兒、これは小さい屋臺に乘せられる。福神たちは道々謠をうたひながら行き、稚兒は所々に止つた折、屋臺から下りて、謠に合せて舞ふ。そのほか、傘鉾、地走《ぢばし》りなどがつく。かうしてこの行列はお城の方まで行き、町々をまはる。一方、夕方から夜にかけては、多くの「流し」が町をまはる。三味線で肥後ばやしなどをはやしながら、數人のものが一組となり、陽氣に流して歩くのである。博多つ子は、この流しの音を聞くとむずむずして、自分も紐をつけた三味線を肩に、少くとも一まはりはして來たくなるといふ。かうしてどんたくの日には、博多の町中がにぎはふ。博多にはいかなども、町の舞臺や、客を招じたお座敷などにまねかれて、笑の渦《うず》を巻かせる。

藤原祭り

奥州の岩手縣平泉町では、同じ五月四、五日の前後、一週間ほどに亘つて、藤原祭りが行はれる。藤原氏三代の華

34. 博多どんたく、馬に乗る長頭の福神（落石栄吉氏提供）

35. 同、お城から再び町に向ふ傘鉾

36. 同、屋臺を下りて囃す稚兒たち

やかだつた昔をしのび、中尊寺、毛越寺等でそれぞれ古傳の舞を披露し、けんばい、鹿踊など、附近の郷土藝能も町に出て踊り、祭りを目ざしてくる旅人たちを喜ばす。観光的といへばさうもいへるが、むしろ、これは奥《おく》の風流の今日的な表現である。

　中尊寺の鎮守は白山權現である。もとは舊四月の初午未が白山宮祭り（十五巻435頁）であつたが、今は五月四、五日頃の二日間をあててゐる。「平泉雜記」などによると、昔は午の刻（正午十二時）に、宮殿の内に山吹の枝葉ともに長さ一尺程のを一束納める例であつた。また、田《でん》樂《がく》、お一つ馬などもあつたが、これらは絶え、今は白山宮の拜殿代りにある能舞臺で、獅子舞をはじめ、開口、祝詞、若女、老女などの舞がある。開口以下をここでは故實舞と稱してゐるが、いはゆる延年で、「老女舞」などの面白さは、腰の著しく曲つた百年の姥《うば》が、氣持はかくの如く矍鑠《かくしやく》たるものであるといはんばかりに、橋懸と本舞臺とでとてつもなく大きい足拍子を踏む。これらの故實舞の後には、能が舞はれる。この能はもとお山流と稱

37.　毛越寺の延年「老女」（明日實氏撮影）

し、このお山に傳はる古い能を、坊さんたちが獨自に演じてゐたが、伊達政宗が領內巡視にこのお山に立寄つた際、お聲がゝりがあり、古い能に代るに、仙臺藩おかゝへの金春流にとつて代らせたといふ。後喜多流となり、維新の際は仙臺藩のお亂舞師（能役者）たちがまたこのお山に來てゐる。今はワキは高安流、狂言は和泉流。番組は年々變るが、初日には「竹生島」を脇能に出すことが多い。これは明治九年、明治天皇御巡幸の折、「開口」とともにこの能をお目にかけた縁による。なほ近年は新作能「秀衡」を毎年加へて演じてゐるやうである。

延年風の催し

山形縣東田川郡羽黒町高寺には、能より一段古い延年風の舞が傳へられてゐる（十六巻74頁）。こゝの鎭守を、今は雷電神社といふが、昔は高寺山大權現と云つた。五月八日の例祭に、花笠舞を中心にした行列が頭屋《とうや》を出て、道々笛、太鼓をはやしながら、村中をめぐり、神社に至る。これを「くねり」といふ。その要所々々で「長刀舞」のもの二人が舞ふ。露拂

38. 日光輪王寺の延年舞　二人が短刀を背負つて舞ふ（今村美博氏撮影）

ひの古風な形である。神社に至ると、簡素な舞樂舞臺で、
　大小舞、長刀舞、花笠舞、稚兒舞
の四つの舞が舞はれる。そしてこれを「田樂」と總稱してゐる。しかし、「田樂」の名を負ふのは、實は「花笠舞」だけである。もとはこれに納曾利、蘭陵王、閻門浮などの舞樂もあつた。

「大小舞」は、直面《ひためん》、狩衣《かりぎぬ》、袴《はかま》の二人の者が、右手に扇をとつて舞ふが、はじめ二人とも劍烏帽子を前に置き、色々にはね、次にその烏帽子を持つてはね、終りにこれを被つてはねるといふ特殊な舞ひ方をしてゐる。これと同様の舞を、日光の輪王寺にも傳へ、これを輪王寺では「延年の舞」と云つてゐる（十六巻215頁）。「大小舞」と呼ぶ理由は高寺では舞人の劍烏帽子の大小をさすといふが、日光では二人が短刀を背負ふところを見れば、或はもと大小を背負つて舞ひ、これがその名の出所ではなかつたかとも思はれる。日光のこの舞は、五月十六日に、輪王寺前の假屋で舞はれる。その翌日は東照宮の春の大祭である。

延年風の催しは、この五月、山形縣の蕨岡（十六巻83頁）、新山權現（十六巻88頁）及び吹浦《ふくら》の大物忌神社口の宮（十六巻80頁）

39.　日立風流もの

また秋田縣小瀧の金峯神社（十六巻92頁）等にも行はれてゐる。

風流もの

五月九日から三日間、茨城縣日立市神峯神社の祭りに、「風流もの」と呼ばれる山車《だし》が出る。戰前までは氏子の各町内から出たが、戰後一基だけ復興された。見上げるばかりの五階づくりの山車で、これに安宅の關、扇の的、壇の浦、五條の橋、神峯神社御遷宮などの人形が仕つけてあり、裏側は突兀《とつこつ》たる山の體で、桃太郎の鬼退治のところがつくられてゐる。何れも山車の中から綱を引いて、この人形を動かす。日立鑛山花やかな、十六世紀後半の頃より、かうした大がかりな祭りも行ふやうになつたのであらう。

山車の人形の操《あやつり》は、一しきり全國的にはやつたものらしく、名古屋祭り、犬山祭り、高山祭り、また古川祭りなど、いづれも操人形がしかけてある。岐阜の久多見祭りなどは、各山車とも年々人形が變る。各組、祭り當日までその工夫を祕密にして、當日多くの參拜者をあつといはせようとするのである。日立の風流ものも、古くは年々その趣向を變へたやうである。氏子總代の家には、人形の頭が澤山保存されてゐる。

二十五菩薩來迎會

世に二十五菩薩來迎會と呼ばれるものは、奈良縣當麻《たいま》村の當麻寺をはじめ、方々の寺に行はれてゐる。練供養《ねりくやう》、菩《ぼ》薩練道《さつれんだう》、引接會《いんぜふゑ》などとも呼ばれるが、西方淨土より二十五菩薩が來迎し、娑婆の人間を淨土に迎へとる有樣を演ずるもので、かの惠心僧都の名畫のまゝである。

當麻寺では、古くは三月であつたが、今は五月十四日に、村々の講中から選ばれた者が二十五菩薩に假裝し、天人、地藏菩薩、龍樹菩薩に先行され、音樂につれて、曼陀羅堂《まんだらだう》の極樂堂から臨時に架けられた來迎橋を渡つて娑婆堂に入り、中將法如の像の胎內佛である小さな勢至菩薩の像をとり出し、これを奉じて、今度は觀音、勢至を先頭に、再び極樂堂に歸つて行く。この折、觀音、勢至は歡喜の身振りをする。

四國室戸市、吉良川町の御田八幡の御田祭《おんだまつり》は隔年（偶數年）五月三日に行はれる（八巻562頁）。

當日午前中は、びんざさらを持つた八人の田樂衆が「ねり」と稱して、附近の堂社をめぐり、その前、もしくは拜殿で田樂躍を演ずるが、御田の名があるやうに、午後よりは御田八幡の拜殿で、數々の御田の舞を舞ふ。

女猿樂、三番神、翁、牛、田打、えぶり指、田植、酒絞り、田刈、小林、魚釣、地堅めなど、全體としてはいはゆる田遊びの色が濃く、酒絞りには、力んだ拍子に子供が生れるところを演じ、その生れた子供に型どつた人形を子なき女性たちが、このときだけ拜殿に上ることを許されて、爭ふといふ行事もついてゐる。この爭ひは眞劍である。その人形を得たものは、子寶にめぐまれるといはれてゐるからである。この田樂は、口碑では鎌倉時代、頼朝の頃から行はれてゐるといはれてゐる。

六、花田植と水無月の風流

花田植

六月は田植の季節である。田植に田樂《でんがく》を奏することは、平安朝の「榮花物語」や「今昔物語」などにも既に見えてゐる。田樂といふのは、もと田鼓《たつづみ》、卽ち田で鳴らす太鼓のことを意味してゐた。「榮花物語」に、「このたつづみといふ者は、れいの鼓にも似ぬ音して、こほこほとぞならしいくめる」とあるから、音のあまり冴えない多分は澁紙貼りの太鼓ではなかつたかと思ふが、その太鼓方を中心にした一團のものを田樂衆と言つた。

この田植に田樂を奏する古風が、より一層花やかな形で、今日まで殘つてゐるのは興味深いことである。それは、廣島、島根の山間地帶で、これを花田植、囃し田などと言つてゐる（九巻339頁）。一般の田植のはじまる前に、神田、もしくは集落の代表者などの田を、田樂をはやしながら花々と植ゑ、その年の豐作を祈るのである。

例へば廣島縣山縣《やまがた》郡大朝《おほあさ》町新庄では（九巻341、345頁）、六月中旬頃日を決めて、集落の共有田、もしくは招待先の田の田植を行ふが、はじめ美しく飾り付けした牛が幾頭も出て、田を掻きならす。その後早乙女たちが田に入つて一列に並び、後に退りつゝ田を植ゑる。さんばいさんと呼ばれる音頭取が前にゐて、ささらを摺りながら早乙女たちと掛合ひに田植歌をうたふ。その早乙女たちの後に青年たちが同じく一列に並び、腹には大きな「田植つづみ」を下げ、これを、白い馬毛を兩端につけた桴《ばち》で打ちながら、早乙女たちの田植をはやす。拍子がだんだん早くなると、田植歌

40.　廣島縣新庄の花田植（新藤久人氏撮影）

も、早乙女たちの手も早くなるわけである。田植つづみの外に、笛、小太鼓、銅鈸子なども入る。歌には朝歌、晝歌、晩歌などがあつて、田植は一日かかるわけである。

なぜ田植に、かうして音樂を奏するのであらうか。これは早乙女たちの田植の勞苦を忘れしめるといふことばかりではなかつた。皇大神宮の舊五月の御田植に「鼓吹而祭㆓御歳神㆒」（皇大神宮年中行事當時勤行次第）とあるやうに、先づ神降しのためであつたやうである。これは早乙女たちのうたふ田植歌にもよくあらはれてゐる（九巻345頁）。

（おろし）歌のはじめにまづサンバイに參らせう
（親歌）サンバイはやあれ　今こそおりやる宮の方から
（子歌）宮の方からやあれ　葦毛《あしげ》の駒に手綱よりかけ
（おろし）葦毛の駒にサンバイ乘せていさませう

「サンバイ」は田の神とも云はれてゐる。また、「葦毛の駒に手綱よりかけ」は、古くからの有名な神降しの歌である。

（親歌）なんと早乙女　今日の代《しろ》のよいのは

（子歌）搔手が搔いたやら　今日の代のよいのは

（おろし）よいも道理よ　サンバイの神の搔かれた

早乙女たちの勞苦を忘れさせるやうなをかしい歌もたくさんうたはれる。

〽今朝殿の見送りに　銀のかんざし落いた　落いたも道理やれ　殿に心とられた

今朝のかんざし　朝草刈が拾《ひろ》うた

〽京櫛買うてたもれ京櫛こそな　髮もしなえや京櫛こそな

櫛は買うたぞ髮かいけづれ

若い女子が身長《たき》より髮がながうて　長髮やれ步めば草履にもつれて

なんとなく樂しいこんな歌が、各所に今も多く傳へられてゐる。

早乙女たちの田植を、單なる田樂ではなしに、藝能を以てはやしてゐる所も方々にある。六月廿四日の伊雜宮《いざふのみや》の御田植祭（八巻534頁）などもそれである。早乙女たちと青年たちとが交互に並び、苗代のまはりをめぐつて後、苗を取ることあり、その苗を以て神田を植ゑる。早乙女たちの後の方には田舟に乘つた稚兒が太鼓を打ち、その前で二人の少年たちが、田に入つて歌に合せて鳥さし踊を踊る。別に猿樂衆が、笛、大小鼓ではやしながら、猿樂の小謠をうたふ。一定の廣さだけ田が植ゑられると、一同は田から上り、早乙女たちを中心にして、前後に若者たちや囃子方が並び、お宮まで行列を以て戻つて行く。田植の大役をすませた菅笠姿の早乙女たちが、淸らかに美しく、顏をほてらせながらしづ〳〵と進み、男たちが歡聲をあげてうたひつ囃しつ行く樣は、非常に印象的であつた。大地に苗を挿入し

41. 大阪住吉大社御田植祭りの植女

て、秋の稔りを祈る早乙女たちは、司祭者と言つた感じを強く受けた。

伊雜宮より早く、六月十四日に、大阪住吉大社の御田植祭（八巻550頁）がある。この御田植も、藝能を以て祈禱とするものであつた。はじめ本社に於て式典があり、祈禱を受けた苗が植女に渡される。その植女は、今は新町の廓から出るが、以前は堺の乳守の遊女たちが奉仕する習はしであつた。植女達は美しい風流の花笠をつけ、苗を持つ。この植女達を中心に、八乙女、風流武者、住吉踊などの人たちが、行列して近くの御神田まで行く。御神田の中には長い橋懸りのある舞臺ができてをり、また朝のうちから牛が入つて田をならす。行列は一まはり田のくろをめぐり、やがて田植がはじまる。美しく裝つた植女は實際には田に入らず、菅笠を被つた替植女が、植女から苗をもらつて代りに植ゑる。舞臺では、八乙女の田舞をはじめ、色々の藝能が披露され、田のくろでも棒打合戰、住吉踊などがある。昔は田樂の能も舞臺で演ぜられた。觀覽の人たちは大勢、御神田のまはりをかこむ。かうしてみんなが藝能に氣をとられてゐるうちにいつの間にか田には一面そよ〳〵と若苗がそよぐ。大勢の人の集つてゐる前で植ゑられた苗は、力強く成長すると信ぜられたもののやうである。この五月、六月には、各所にこのやうな御田植神事が行はれる。

花笠踊

廣島縣の藝北地方にはまた、虫送りや豐年祝ひの踊りがひろく行はれてゐる。千代田町本地の花笠踊は（十三巻135頁）、ひろげると四疊半一ぱいになるやうな華麗な枝垂れの花笠を銘々がかぶつて踊る。もとは、豐年に限つて、十年振位づゝに日を定めて踊られてきた。豐年踊の名もある所以である。踊り子は皆青年で、これが女裝をする。花笠は中央に心花を立て、その周圍に二十八本乃至三十本の枝垂の花を下げる。心花には、あやめ、ぼたん、けし、きくなど、思ひ〳〵のものを踊り子の工夫によつてつける。踊り子は腹に小太鼓を下げ、これを打鳴らしながら踊る。笛方と銅鈸子方は、この太鼓十人位に一人の割で所々に混る。別に音頭の者が大勢居て、歌をうたふ。村こぞつての催しで、大豐年には百人位も出て一つの輪になる。狭い庭では輪が二重三重にもなる。道行、シヤギリ、御山掛り、柳の下、伊勢濱など、色々の曲がある。

ささら踊

風流と言へば、五年に一度づゝ行はれる千葉縣安房郡千倉町白間津のささら踊（十一巻642頁）も可憐で美しいものであつた。私は昭和三十年にこれを見學したが、村の氏神、日枝神社の舊六月十四、十五、十六日の三日間の白間津祭りに催される。歌は大人たちがうたふが、踊はすべて少年少女たちによる。中立《なかだち》と呼ばれる日天月天の立物《たてもの》を背負つ

42. 廣島縣本地の花笠踊（喜多慶治氏撮影）

た少年二人を中心に、十二、三歳以下の少女たち六、七十人が花笠をかぶり、手に、曲により、ささらその他を持つて踊る。はじめ道行でねりこみ、神社の境内に至り、大きい輪になつて踊るのであるが、

　ふりこみ、お寺踊、白間津踊、山伏踊、扇踊、六角
　踊、小切子踊、綾踊……

など、皆で十二の曲がある。

〽サア美濃の國の六角殿は　音に聞えし長者様よ　黄
金の臼を七から立て〽　ヤア百人連で米をうつちや
る〳〵
どれが目につく旅の殿よ　どれといふたら隠れがあ
らうか　かちん前掛八織襷《やつおりだすき》に　くくしの帷子《かたびら》目につ
いた
サア　お目についたらお請《う》けて召されよ旅の殿よ
お請けて召すには錢《ぜに》がなし　錢がござらずば　御腰
のまはりを御賣りなされ　お腰の廻りを賣りようと
すれば　まだはる〳〵の旅の道（六角踊）

ユーモアもある、まさに一種の譚歌《バラッド》である。かうした物

43. 德島縣西祖谷山の太鼓踊

語小歌は、鎌倉、室町の頃はやつたと思はれるのに、ものの記錄には殆ど殘らないでしまつた。しかし幸ひ傳承歌謠の中に澤山殘つてゐる。これらを注意深く採錄して、日本の歌謠文學の中に正しい位置を與へることは大切なことであらう。

風流小歌踊は、一つには歌を聞かせるものであつた。踊の振は、比較的單純であることが多い。一定の振を、繰返し繰返し、いはば體全體で歌の拍子をとらうとしたと言つてよい。しかしこの白間津のものなどは、割合、振にも工夫のあるもので、見ても樂しい進んだ形のものであつた。このやうにして小歌も面白く、振も複雜になつた頂點が、かの出雲の阿國などが踊つた歌舞伎踊であつた。

神代踊

四國、德島の西の奥地、平家の落人たちが住みついたと言はれる西祖谷山《いややま》に殘る踊も（十三卷291頁）、この種の風流踊の一つであつた。今は神代踊と呼ばれてゐるが、これは大正十一年にこの踊を、時の攝政殿下にお目にかけて以來で、もとは單に笠踊、或は太鼓踊と呼ばれた。

〽祖谷《いや》の葛橋《かづらばし》や　くもの巣のごとく　風も吹かんのに　ゆらゆらと
　吹かんのに　吹かんのに　風も風も吹かんのに　ゆらゆらと

といふ民謠もあるやうに、祖谷溪にかけられた葛でつくつた吊橋などが名物の、山深い所である。

こんな山の中のこの踊は、やはり風流花やかな折に入つてきたものであらう。大きな太鼓を紐で肩にかけて、これを打つもの五人、乃至八人、花笠を冠つた女性の踊子が二、三十人。これらを中心にしたもので、太鼓打が太鼓を打ちながら風流歌をうたへば、花笠の踊子たちが踊る。それに采振り、天狗、露拂ひ、獅子、薙刀使ひ、棒振、奴、草履とり、鉦叩、カチカチ、笛吹、山伏などのお付きも大勢出る。さびしい山の中が、舊六月二十五日の天滿宮の祭りになると、にはかにわき立つ。

〽あの畝越えて　鷹の羽を拾うた　うれしや殿の　まと矢にしよう
〽來い來い小女郎　髮ゆてとらしよ　小松の下で　ちやんとゆてとらしよ
〽樣の三度笠　振上げておめし　少しお顏を　おがみたい

昔はやつた流行歌が、踊歌にとり入れられて、今日になほうたはれてゐる。

七、秋冬の祭りと行事

神嘗・新嘗・大嘗

宮廷の最も大切な往古からの祭り、新嘗・大嘗の祭り（十五巻78頁）も、この鎮魂の信仰がもとにあつてこそ今日に續けられてきたものと思ふ。新嘗祭は今日は十一月二十三日に執り行はれるが、初穂の稲や栗を炊《かし》ぎ、又酒に醸し、生魚・干魚・汁鮑《あはび》・海藻・菓子などと共に神前にささげ、天皇も召上る。神靈並びに天皇の鎮魂であつた。もと新嘗も大嘗も同じ意に用ひられたが、天武天皇の頃からは、大嘗は踐祚の折の新嘗の意に用ひられ、稲穂も悠紀・主基に指定された二國より上せることになり、十一月の卯の日より四日に亘る儀となつた。遠國の初穂は、中央の初穂に比してなほ強力と考へられてゐたやうである。大嘗には、貞觀の「儀式」などによると、田舞・風俗・和舞・國栖舞・久米舞・吉志舞・五節舞などの歌舞も行はれ、夜あかしの琴歌神宴もあつた。

出雲杵築大社にも古傳の新嘗祭があり、毎年十一月二十三日夜（もと霜月中卯日）に行はれてゐるが、この夜は宮司が御飯及び醴酒《ひとよざけ》を捧げて四方を拝し、後相嘗の式を行ふ。御飯は新玄米、醴酒は新白米で醸す。續いて宮司の百番の舞及び禰宜の釜の神事があるが、釜の神事には、禰宜が初穂の稲と醴酒を入れた瓶子とを兩天秤《てんびん》に下げて釜の周りを三べんまはる。秋田縣保呂羽山などにも、寛保二年（一七四二）の年號の入つた「新嘗祝辭」が殘されてゐるが、それによつても、諸國にも行はれてゐた民間新嘗の心持を汲みとることができる。

なほ神嘗祭は、新嘗祭以前、今は十月十七日に宮廷において行はれるが、天皇が天照大神に新穀を奉られる儀で、伊勢では神田から新穀が調進され、外宮が十月十五日、内宮は十六日の夜から、それぞれ翌日正午にかけて式がある。

八朔

秋はともあれ五穀稔り、收穫の時である。その收穫の祭りの最初は八朔と見てよいであらう。八朔は舊暦八月朔日であるが、今は多く月遅れの九月一日に行はれてゐる。土地により、派生したいろ〳〵の行事もあるが、先づ注意すべきは、稲の穂ばらみを前にしての新穀の豊熟を祈る行事である。田面《たのも》・田實《たのみ》・憑《たのみ》の行事、或は八朔節供などと呼ばれ、例へば熊本縣御所浦《ごしよのうら》島では、この日稲の穂を一束だけ刈つて神に供へる。熊本・大分兩縣などでは、この日の朝早く、家の主が田畠の作物を見てまはり「頼みます頼みます」と言つて歩く。又、八朔參宮といつて、早朝、米粟などの初穂を抜いて伊勢神宮に參拜し、これらを神前に供へる風もあつた。大阪府堺市甲斐町三村明神の田實神事は、今は九月十三日、もと八朔の行事で、農家から稲の初穂が獻ぜられる。島根縣大田市物部神社の田面祭は、豊かな神饌を供へる特色があるが、末社一瓶社では穂燒祭といつて、二把の稲穂を燒くことがある。未熟な稲の故であらう。栃木縣芳賀郡などでも、八朔に早稲を少々とつて燒米をつくり、老人たちがそれを持つて觀音堂などに集つて念佛をする。燒米念佛といふ。八朔に、奈良縣高市郡におけるやうに風祭りを行つたり、鳥取縣西部の農村におけるやうに鳥追ひをしたりする所もある。又、「たのむ」といふところから、たのむ人に種々の贈物をしたりもする。静岡・埼玉などでは生薑《しやうが》を葉付のまゝ贈るので、生薑節供の名もある。八朔人形を八朔雛・憑《たのも》人形・タノモデコなどともいひ、京都地方では姫瓜に目鼻を描いて遊び、そのため姫瓜の節供とも呼ぶ。又、香川縣で初めて男の子の生れた家で、初

44. 古要神社の傀儡神舞「神相撲」（喜多慶治氏撮影）

午と稱し、米の粉でいろいろの馬の形を作つて飾る。廣島縣福山市附近では、馬の節供といつて團子をつくり、男の子の家では張子の馬をつくり、女の子の家では切紙の人形を飾る。九州一般では、七夕と同様に笹に短册や種々の下げものをして飾る風もある。八朔は、正月に次ぐ大切な日と考へてゐる所もある。

八幡祭り

舊八月（今は大方九月十五日）は、八幡祭りが盛大である。大分縣の宇佐八幡宮では、「宇佐宮緣起」によれば、「扶桑略記」を引いて、養老四年（七二〇）お託宣によつて、合戰により多くの殺生をした供養にと、この時より諸國放生會が始められたと傳へ、「榊葉集」には、天平寶字五年（七六一）八月十五日、宇佐宮放生會を修すとある。今は十月九日より三日間の仲秋祭の中の日、この儀があり、滿潮時に神輿が浮殿《うきどの》に出御し、明治以前は導師が放生陀羅尼・大乘經文を唱へる間に魚貝を放つたが、今は祝詞の後、茅の薦に包んだ蜷《にな》貝を放つ。應永二十七年（一四二〇）の「宇佐宮寺造營記」によると、この日八幡古表社《こへう》（福岡縣吉富町吹出濱）及び古要神社《こえう》（大分縣中津市伊藤田）兩社の船が和間の濱に出て、それ〴〵船中で傀儡戲を演じたといふ。今は毎年といふわけには行かないが、吉富町の古表社の方が時折招ばれて船中で演じ、（昭和五十一年には兩社が招かれた）別に古表社では四年に一度（以前、三年に一度、或は五年に一度のこともあつた）八月七日の夜、神舞殿で演ぜられる（最近は昭和五十一年、次は五十五年）。中津市の古要神社では、閏年毎の十月十二日に演ぜられる（十七卷495頁）。

放生會は、京都の石清水八幡宮にも傳へられ、貞觀五年（八六三）に始められたが、今も九月十五日午前二時よりの石清水祭りの後、行列が山を下り勅使に迎へられて、午前七時半頃、御旅所下院において奉幣祭の後、放生池に鯉・鮒・鱒《どじやう》、また小鳥などを放つ。

福岡市筥崎宮では九月十二日から十八日までの秋祭りの最後の日に、放生池において鯉や鳩を放つ。門司市甲宗八幡宮では、十月十四日に神前に螺をまつり、十六日に放生池にこれを放つ。八女市福島八幡宮の九月秋分前後三日間の「放生會」には、といつても放生のことはなく、いはゆる燈籠人形奉納を祭の中心にしてゐる。鎌倉の鶴岡八幡でも、石清水にならつて文治三年（一一八七）に放生會を始めたといふが、今はそれはなく、祭翌日の九月十六日の流鏑馬《やぶさめ》神事がよく知られてゐる。

なほ、もと舊八月十五日、今は九月二十五、六日の、熊本縣阿蘇神社の田實神事《たのみ》（八卷101頁）は、民間放生會とも呼ぶといふが、夏の五穀豐穰を祈る御田植神事に對し、秋の稔りを祝ひ、新穀を奉獻し、神恩を奉謝する祭―豐穰祭―とされてゐる。四基の神輿の渡御があり、神前齋庭で願の相撲及び神前馬場で古式の流鏑馬が行はれる。

御座替祭り

出雲佐陀神社には、古來數々の神事があつた（三巻321頁）。永正九年（一五一二）の「佐陀奥院文書」によると、「年間七拾餘度之祭」とある。御座替祭りは、その中でも大切な祭りとされてきた。伊勢神宮や出雲杵築大社では、二十年毎に祭神の鎮もる宮を建てかへるが、佐陀神社では、四十一年目毎といはれてをり、但し年毎に神の御座を新しく替へ奉る神事が行はれる。これが御座替祭りで、もとは舊八月（今九月）二十四、五日、本社三殿をはじめ攝末社合せて十八社の御座を替へるのである。御座は神田の一部を齋田として、そこに栽培された藺草をもつて編んだ一疊の出雲藺席で、敷き替へるに當つては、先づそれを清めることがあつた。卽ち、それを採つて舞つたのである。しかし、「御座」だけを採つて舞つたのではなく、その前後にも舞や祝詞があり、これを七座の神事と稱した。七座は時により變更があつたが、現行によると次の如くである。

剣舞・散供・御座・清目・勸請・祝詞・手艸

この順序は入れ替つてゐるらしい。しかし、ともかく舞臺を清め、祓の神を勸請し、祝詞も讀んで、さて御座清めを行つたのである。もとは十八社の御座をそれぐ＼に採つて舞つたと思はれるが、今は惠曇の伊弉諾濱で鹽垢離の際、竹筒に汲んできた鹽水を藻鹽草で御座に振りかけることによつて清めをし、「御座の舞」は別に七座の中で採物舞として舞ふ。卽ち、祭りを前日の夜半に濟ませ、後の日には七座と神能とがつゞけて國廳と呼ばれる神樂殿で舞はれる。

御座替祭りそのものは古色蒼然たるものであるが、七座がいつ頃から仕組まれたかは明らかでない。舞は何れも手のこんだ洗練されたものである。「御座の舞」は明らかに採物舞であるが、採物舞は古く宮廷の園並びに韓神祭りな

45.　出雲佐陀神社御座替祭りの神能「八重垣」（芳賀日出男氏撮影）

どにもあつて、これは天元五年（九八二）に六十九歳で沒した左大臣源高明の撰「西宮記」や、長和・寛仁（一〇一二―二〇）の頃書かれた藤原公任の「北山抄」などにも見えてゐる。宮廷の內侍所の御神樂は、採物歌のみを歌つて、それを採つて舞ふことはないが、（別に「韓神」と「其駒」の歌の折、採物をとつて人長が舞ふ）かうした採物の舞は民間にも既にあり出雲をはじめ、ひろく中國地方にも行はれてゐたものと思はれる。御座は特殊の採物であるが、榊・幣・劍・鉾などは依代であり、これを依代たらしむべく採つてもつて清め、つゞいてそれにより祈禱をすることになる。七座の神事は、御座を中心に、さうした採物の舞を仕組んだものと思はれる。

　この御座替祭りには、いはば餘興の猿樂も、出雲の猿樂太夫によつて舞はれてゐた。然るに、永正九年（一五一二）以前、佐陀の社人が京都に上つた際、當時はやりの觀阿彌・世阿彌大成の大和能を習ひ覺へ、出雲の神話や大社緣起を能に仕組み、これを祭執行のために集つてくる佐陀社支配の楯縫・伊宇・秋鹿・東島根など出雲三郡半の神主たちに教へ、これを祭りに上演せしめた。この能はことのほか好評であつたやうで、たちまち周圍にひろがつた。もと猿樂太夫たちが演じてゐた能と、この新作の能とは形式が異つてゐたが、古い能も合せ演ぜられてきたのである。そしてこれらを神能と呼んだ。佐陀では七座も神能もそれぞれ〳〵の名に呼んで、「神樂」とは以前には殆ど云はなかつた。八乙女の舞や湯立の舞を普通神樂と稱してゐたからである。

しかし、祭りに採物の舞と神能とを合せ演ずる風は、九州の果から奥羽の果にまで近世ひろく行はれた。神樂殿を設け、或は舞臺をその時々に假設して、採物舞に加へて岩戸開・大蛇退治・國讓など、神々の登場する能をミラクルプレーのやうに演ずるのである。そしてこれを岩戸神樂・神代神樂・太々神樂などとも呼んだ。私はこの種の神事舞を便宜上出雲流神樂の名に一括した。

因みに神樂には外に巫女の神懸りの舞に發した巫女神樂、湯による潔めをもとゝした湯立神樂（伊勢の神樂がもととなつたと思はれるので、伊勢流神樂とも）、獅子を權現とし、戸毎に惡魔をはらひ、泊りの宿においては古風な舞曲を演ずる山伏神樂・番樂、或は同じく戸毎に獅子をまはし、辻々に曲藝や狂言を演ずる太神樂などの獅子神樂、などの種類があるが、通じては神樂は、神を勸請し清めをし、息災を祈る神事といつてよく、巫女や神樂役の社家や山伏たちが携はつてきたものであつた。內侍所の御神樂は、十二月のよき日に、公卿たちが主に行つてきたが、これにはなほ天皇鎮魂の面影が殘されてをり、伊豆新島の本村及び若郷には、それと殆ど同じ様式をもつた神樂が、おかぐら・みかぐら・みうたなどと呼ばれて老女たちによつて今も行はれてゐる（十九巻546頁）。

重陽

陰暦九月九日。九月節供、菊の節供などとも呼ばれる。重陽の宴に、延命長壽の菊酒をいただくことはすでに唐代の宮廷に行はれ、これがわが國にも傳はつた。民間でも五節供の一つとして各種の祝がある。

石垣島の白保では、酒に菊の葉を入れたものや、小豆餅《あづき》・花米などを神に供へる。菊は、菊の花がまとまつて咲くやうに、家庭圓満であれとの願ひを意味し、小豆餅は男の健康の願ひであるとしてゐる。

東北の秋田縣下では、八日に餅搗きをし、九日を初節供といひ、菊の花を酒にひたして神に供へる。嫁は新米の餅を持つて里に「節供禮」に歸る。埼玉縣北葛飾郡あたりでは、新穀で甘酒をつくり、この日の祭りを甘酒祭りといふ。岐阜縣關市肥田瀬でも、十月九日に甘酒を作つて供へ、同じく甘酒祭りといふ。和歌山縣有田郡・日高郡などでは必ず栗飯をたべるので栗節供といふ。大分縣國東半島でも栗御飯を神佛に供へ、初穂を親方や親類に持つて行く。鹿兒島縣屋久島では、九日をほぜの節供といひ、粽《ちまき》をつくる。九州地方から兵庫・和歌山縣にかけては、報賽《ほうぜ》・方在・方祭・豐祭・ホウゼイ・ホウゼンなどとも呼び、收穫祭の色が濃い。

九州地方ではまた、この日をオクンチといふ。例へば長崎市諏訪神社の、長崎おくんちは、十月七日より九日まで行はれる。(本書242頁)

佐賀縣唐津市では、「おくんち」は「祭」の同義語とされてをり、今は十一月二日から四日までの唐津明神の秋祭りを稱してゐる。この兩日、豪華な十四臺の曳山が各町内から、神輿渡御にお伴して出る。

舊九月九・十日の兩日、鹿兒島縣硫黄島では熊野權現の祭りに、俊寛の靈を慰めるとて、島の處女たちが九月踊を踊る。これは疱瘡踊(十三卷544頁)とも結びついてゐる。

「お九日《くんち》」は、實は九月九日にとどまらず、同十九日、二十九日をもいひ、東北ではこの三日を三《さん》九日、關東では三《み》九日とも稱す。秋田市附近では、この三九日を刈上の節供といひ、刈稻と鎌とを供へる。新潟縣では二十九日を神刈上げと稱し、收穫祭を催す。尤も秋田・新潟とも初節供・中の節供・しまひ節供などと三度祝つて、新米の餅を搗く所もある。岩手縣和賀郡あたりでは九日を初クニチ、十九日を中のクニチ、二十九日を刈上げのクニチと呼び、ともに休んで稻荷樣をまつる。

なほ、伊豆の東伊豆町稻取地方では、九日の夕方濱萬年青《はまおもと》の葉で家族の數だけつくつた人形を川に流す行事もある。三日節供や八朔節供の、同樣の行事とも對比すべきである。

秋祭

取入れも濟んだ頃、いはゆる氏神の秋祭りが方々で行はれる。神輿の渡御があり、神輿は里の御旅所に渡り、そこに幾日か滯在することもあり、或は小憩の後、その日のうちに還幸になる所もある。屋臺が出、その中ではいはゆる祭囃子が囃され、或は踊や歌舞伎芝居などがある。町には種々の催しが見られる。軒なみにしめ繩をめぐらし、祭提燈を下げ、氏人たちは客を招じて酒宴を催し、御馳走をする。祭りに招ばれることは大きい喜びであつた。

神はお招きすればいつでも神座に降りられたのであるが、いつか森の奧處などに祠をたて、玉や鏡を御神體とし、或は幣や榊を依代として、いつでも神を拜めるようにした。祭りにはその御靈代を神輿に載せ申し、前述のやうに里までお出まし願つて、そこで氏人たちが集り、祭りをすることが多い。關西に多くその名で行はれてゐる宮座の行事は、神を里に迎へる古風な形をとどめてゐよう。たゞ、宮座では頭人を中心とし、町村の秋祭りは元來が氏族全體の祭りであつた。

神を里に迎へ、客も招び、新穀の酒を醸し、新穀を炊ぎ、海山の御馳走をもとゝのへて神前に供へ、又皆でいただくのは、それによつて守護神を強め、氏人・客人たちも強くならうとするもの、即ち、宮座の場合と同様、一種の鎮魂であつた。新嘗の祭りと同じことなのである。藝能を演ずるのも、それによつて神・人をはやす古意が無意識に傳承されてきてゐるのであつた。夏祭りに出る山鉾や壇尻《だんじり》・屋臺等は、もと疫神の神座であり、疫神をなだめ、體よく神送りをするためのものであつたが、秋祭りのは自然それとは性格を異にして、里に迎へた神靈の活動を一段と強めようとするものゝやうである。

もと神靈の里への渡御は宮座の場合の如く、或は古風を傳へる春日若宮御祭りの御靈代の渡御の如く、依代に神を依らせ申し、氏人或は神主たちにまもられて頭屋或は御旅所に至り、頭屋或は御旅所の依代に収まるといふやうに、簡素な方法によつたものであるが、京都の石清水や賀茂の神幸は、「廿二社本縁」石清水の項にも見えてゐるやうに、すでに平安朝の頃から石清水や賀茂へのいかめしい天皇の行幸に準ずるやうになり、その風が諸國にもひろがつてゐる。鎌倉・室町の風流華やかな時代を經て、獅子もお伴につき、田樂や風流も從つた。德川時代以後は大名行列を模するお供の出る所さへできた。

この神輿の渡御には、例へば榊や、鉾や、薑毛の駒の背に幣束を立てたものや、いはゆるお一つものなどが同時に出る所もある。神靈は神輿に収まつてゐる筈であるのに、神迎への依代が二重三重に出てゐるのは、付加へるのみで、舊を省くことがなかつた故と思はれる。御旅所における儀式こそ秋祭りにあつては最も大切なものと思はれるが今は簡略化されてゐることが多い。御旅所の意義が一般に忘れられてゐる故であらう。

何れにせよ秋祭りは、豊年感謝の祭りといふよりは、豊年の秋を迎への里人たちの鎮魂であつたことに氣付くべきである。

これらの祭りは、多く舊暦八、九月に行はれてゐる。舊十月は神無月。神々が出雲の佐陀社に参られるといふ。出雲は神在月。從つて舊十月（月遅れの十一月）には、出雲を別にして、佛關係のものを除いては、祭りはもと〲殆ど行はれてはゐなかつた。尤も旅立たない留守居の神もあつて、伊豆などでは十月十四日、家々から團子を苞に入れて、留守居の道祖神に供へる所もある。

秋祭りの藝能

秋祭りには、全國を通じて多くの特色ある藝能が行はれてゐる。神樂は、この期間には出雲流の神樂が多い。關東地方のその一派、土師《はじ》流の神樂などは、埼玉縣鷲宮町の鷲宮神社を經て近世ひろまつたもののやうであるが、その演目も多く、東京においても、近頃は度少くなつたとはいつても演ずる機會は比較的多い。例へば藏前の若山社中では、年間約三十五回のうち、秋祭りの期間には十一回、諸社の祭りに社頭の神樂殿などで演ずる。今は採物の舞を殆ど省き、神々の假面の舞を演じてゐる。神賑の奉納神樂の色彩が濃い。

田樂系の藝能では、田遊び、田植踊、御田植神事とも、主として正月、もしくは田植時の豫祝に演ぜられるが、秋祭りには田樂躍が行はれてゐる所がある。別に豫祝とは關係がないからである。田樂躍は大陸から散樂《さんがく》などと共に入つたものと思はれるが、それが古く祭禮などに行はれ、田囃しにもとり入れられ、御田植風流の一部ともなり、それらがそれ〲の形で傳承されてきた。並びを變へつゝ踊る一種の舞樂風のものであるが、例へば九月十五日には隱岐美田八幡において、十月一日には和歌山縣廣川町廣八幡において、十月十五日には京都府矢代の日吉神社においてそれぞれ演ぜられ、十月十八、九日には佐賀縣川久保白鬚神社で、兒《ちご》田樂が（九巻337頁）、また兵庫縣上鴨川の住吉神社では十月四、五兩日、他の藝能とも〲行はれてゐる（十七巻255頁）。なほ、大分縣國東半島では舊八月、或は新十月に、御田植祭を行ふところがあるが、これは何かの都合によるのであらう。

風流《ふりう》は近世のものであるだけに、各種のものが傳承されてゐる。先にも觸れた山車《だし》・屋臺・壇尻《だんじり》・太鼓臺の類が、秋祭りにも引き出され、祭禮を華やかなものにしてゐる。秋田縣角館の飾山《おやま》囃子（十一巻438頁）は九月七、八、九の三日間、神明社の祭りに各町内から十三臺出、外に置山三、何れも歌舞伎人形などを飾り、その前でおばこ達の美しい踊がある。十月第二金曜日から三日間の、囃子のにぎやかな千葉縣の佐原囃子（佐原市諏訪神社祭）、九月九、十日の飛騨高山八幡社の華麗な屋臺十一臺が出る秋の高山祭り、伊賀上野の十月二十三日より三日間の、九臺の樓車《だんじり》の出る天神祭り、十月九、十日の滋賀縣大津市の、十三基の山車の出る大津祭りなど、一々擧げる煩に耐へないであらう。

練りものの風流を除くと、太鼓踊・小歌踊・念佛踊などの系統が風流の主なものであるが、太鼓踊系では十月六―八日三重縣廣瀬の羯鼓踊、十月十日同山畑勝手神社の神事踊（十二巻557頁）、十月十七日兵庫縣氷上町の新發意《しんぼち》踊、九月十日山口縣湯本の南條踊（十三巻218頁）、九州地方の樂・浮立・臼太鼓踊などと呼ばれるものなどおびたゞしい。信州より東北にかけて、所によつては各集落といつてもよいほどに曾ては分布し、今も少からずある一人立の風流獅子舞も、盆前後から秋祭りに出ることが多い。惡魔拂ひ・雨乞ひ・供養などのためといふ。小歌踊には九月十五日新潟縣柏崎市の綾子舞（十二巻247頁）、十月十一日京都市八瀬秋元神社の赦免地踊（十三巻100頁）――八月二十四日に踊られる京都市久多の花笠踊はもと同じものであつたと思はれるが、一段の古風を殘してゐる――、福岡縣星野村麻生神社のはんや舞（九月十八日）、宮崎縣五ヶ瀬町三ヶ所神社の荒踊（九月二十九日）など。踊念佛は盆の催しであることが多いが、なほ、山形縣天童市佛向寺の雨乞念佛（九月五日）、同寺及び村山市松念寺の踊躍念佛（十一月十一〜十八日）、奈良市鳴川町德融寺の十夜念佛踊（十一月十五日）、山口縣秋芳町別府嚴島神社の念佛踊（九月八日）など、何れも秋の季節に催される。

46.　神奈川縣神明社のお峰入り

神奈川縣足柄上郡山北町の五年目ごと（最近は昭和四十八年）位に行はれてきた十月十六日の神明社祭のお峰入り（十巻410頁）、三年ごと（寅・巳・申・亥の年）の十月十三日より三日間の靜岡縣島田市の帯祭り（本書255頁）なども、各種の風流をとり入れてゐる。

十月四、五日の兵庫縣社町上鴨川住吉神社の宮座の藝能は、神樂・りょんさん・獅子・田樂・一連の翁舞などからなり、藝能を演ずることがむしろ祭りの本體をなしてゐる（十七巻255頁）。九月二十九日の長野縣湯原の「式三番」、十月十四日の埼玉縣閏戸の「式三番」（十七巻343頁）。十、十一月などの伊豆諸方の人間並びに人形による「式三番」も、それが、天下泰平・國土安穩を祈る祈禱の手段であつた。十月八日の奈良市奈良坂の三人翁舞も同樣である。十月十二日夜に演ぜられる奈良縣都祁《つげ》村上深川の題目立《だいもくだて》は、宮座入りした十七歳の青年達によるものであるが、年毎に演者は替る（十四巻274頁）。

もと伎樂にも舞樂にもあり、恐らく散樂にもあつた獅子舞は、早くから一般にも親しまれ、祭禮などにもとり入れられてゐたが、それだけに變化も多い。九月二十一、二日に出る長野縣駒ヶ根市赤穗大御食神社の獅子練りは、獅子の後に種々假面のものがつく。鎌倉市坂の下御靈神社の九月十八日の面行列も、二頭の獅子頭を先頭に、エキゾティックな假面のものがぞろ〳〵とつゞく。伎樂の面影を見ないわけには行かない（十巻419頁）。九月五日から八日にかけての岐阜縣馬瀬《まぜ》村數河の獅子舞（十六巻602頁）、十月第一日曜の愛知縣知多町の梯子獅子（十六巻789頁）なども注意に價し、四年毎十月十日から三日間の靜岡縣掛川市の掛川祭には、仁藤から大獅子が出るが、百三十人がこの獅子を支へる（十六巻786頁）。

稚兒舞樂も秋祭りに行はれる所がある。新潟縣糸魚川市根知山寺日吉神社の九月一日の祭りには、風流のおてこ踊と稚兒舞樂その他が、同じ舞殿で演ぜられる（十六巻324頁）。延年風の仕組みである。富山縣射水郡下村加茂神社の稚兒舞も、九月四日に舞はれる（十六巻427頁）。

八月十九日から十月十八日までつゞく阿蘇霜宮の御火焚神事、十二年毎午年の舊十一月十五日から四日間、沖繩久高島で行はれるイザイホー（十九巻141頁）、舊十月以降の庚申《かのえさる》以後、二十五日にわたる與那國島のカンブナガの祭り（一巻230頁）など、注目すべき祭りはなほ多い。

霜月祭り

霜月は收穫完了の季節である。鹿兒島縣出水郡では霜月を村々の氏神祭の月とし、田の神を田から家へ迎へ入れる。霜月（今は十二月）五日の能登半島のアエノコトにも似てゐる。又、神御衣替《かんみそがへ》といつて、神體の石に添へた白紙をとりかへる式もある。北九州で霜月の丑の日祭りといふのは、田に刈り殘しておいた稻を主人自ら刈取つて歸り、臼を祭壇にして稻束を飾り、餅・神酒・大根などを供へて祭るのであつた。福島縣棚倉町都々古別神社には、十一月一日から五日まで、參詣者は新穀を藁苞に入れて社殿に納め、一苞を翌年の種子用に借受けて歸り、翌秋返納する行事があり、これを霜月祭りといふ。又、奄美・吐噶喇《とから》・沖縄などの島々では、里芋・山芋・甘藷などを供へてまつる芋の收穫祭になつてゐる。

なほ、霜月の二十三夜を大師講と呼び、關東の北部から中部一帶、山陰地方にかけて、霜月粥と稱し、小豆粥を煮たり、團子をつくつたりして供へる所もある。

舊霜月はまた、神樂月である。秋田縣保呂羽山の波宇志別神社では、今は新暦で行つてゐるが、霜月七日の夜から八日朝にかけて霜月神樂が行はれる（六巻3頁）。これは明治維新に絶えた伊勢外宮の湯立の神樂の樣式をかなりよく殘してゐるもので、代々の神主大友氏の家の神殿を神樂座とし、伊勢神宮・保呂羽三山をはじめ、氏子信仰の神々を勸請し、繰返し巫女が、それ〴〵神樂役による湯潔めの後湯立を行ふ。多くの神歌もうたはれ、託宣もある。湯立半ばの頃、神樂座に隣る參詣者たちの居る間の中央に米俵を二列に並べ、この上に「だし」と稱する二尺幅、長さ一間程の臺幾つかに、參拜者たちの奉納した供物を山のやうに載せたものを運び込む。米・餅・魚・野菜・神酒・果物などがその主なものであるが、これらが全部積み重ねられた樣は壯觀である。このとき齋主は神前で「御饌《みけ》祝詞」を奏し、こちらでは大蠟燭を燈して、これら奉納の品名と奉納者の氏名とを一々に讀み上げる。翌朝、神樂終つて後、座を改め、奥座敷で齋主夫妻を正座に、樂人・巫女達一同が並び、齋主夫妻の三々九度の盃事があり、御酒をほめる歌や「肴歌」をうたひ、一同にも御酒がまはる。酒つぎの巫女は德利をとつて神歌をうたひ、舞を舞つてから酒を注ぐ。最後に納歌がうたはれ、「解齋」の打ちとけた直會になる。

保呂羽山の霜月神樂は、比較的よく古風を殘してゐるが、この湯立は周邊にもひろく行はれ、湯立による潔めをすると同時に、秋の收穫を神々にさゝげ、神々の御利生を願ふ。

47. 信州遠山祭り、上町の「火の王・水の王」（橋都正氏撮影）

信濃・三河の山間《あひ》、天龍川の流域に行はれてゐる霜月祭り・お潔め祭り・花祭り・多祭り・御神樂・遠山祭りなどと呼ばれる神事も、この湯立を主にしたものであつた。中で信州坂部の多祭り（六巻240頁）が最も古風を受繼いでゐるが、信仰の神々に對し、繰返し湯立を行ひ、夜明けの頃、山かげの火王社から長持に入れて迎へてきた面形をつけて舞や狂言が演ぜられる。この神事に携はる者は、宮守の禰宜を中心とした十三歳以上の氏子の男子で、これを神子《かみこ》とも宮人《みやうど》とも呼ぶ。宮人の資格は、幼少の折などに病氣で苦しみ、十三歳になれば舞上げをし、神の子になるから命をとりとめていただきたいとお願《ぐわん》をかけ、その願を果そうとする者に限られてゐる。さういふお願をかけないでしまつたものは神役の義務も資格もなく、祭りには飯場方などにまはり炊事や人夫役を受持つ。なほ、女子は舞上げをして神子になるが、祭りの神役はなく、又十三歳以上になつてからもお願をかけることがあれば、そのお願を果すべく神子にならねばならない。一村の鎭魂が、このやうな形に仕組まれてゐるのである。三河大谷の御神樂も坂部の冬祭りに最も近い形で傳承されてゐたが、今は湯立が繰返しは行はれない。三河北設樂郡に二十ヶ所もある花祭りも、元來は同じ霜月神樂であつたが、禰宜の祈禱・湯潔め・湯立・面形の舞などが交り合つて、一段華やかに、變化あるものになつてゐる。しかし、もとの形が察せられないほど變つてはゐない。信州遠山地方の遠山祭りについても同様のことがいへる。

伊勢にも、保呂羽山にもなかつた面形の舞は、この山間に入つた藝能者たちが、修驗者たちの祈禱に加へて祭りを華やかにしたものと思ふ。大きな眞赤な面をつけた鬼が出たり、古風な唱へ言をする翁が出たり、道化や獅子なども出る。柴燈衆と呼ばれる參集のものは、舞處や庭燎を圍んで、互に惡口をいひ合つたり、酒の勢で禰宜の歌や宮人たちの舞を邪魔したりする。一種獨特の雰圍氣の中に夜を明かし、いつか我を忘れ、神の往き來を無意識の中に感ずる。また、昔は木の根祭りなどといふこともあつて、身をもつて神を感じたのであつた。

もうまはり神樂はなくなつたが、昭和初年までは岩手縣の早池峰麓や三陸沿岸の山伏神樂[(1)]では、霜月より霞の家々をめぐつた。九州高千穗の夜神樂などでも、今も霜月に民家の神樂宿の一間を莊嚴して神樂を演じてゐる。

（「日本祭禮地圖」Ⅲ、秋季編、昭52・12）

註

（1）宮古市の黑森神樂では、普代村の鵜鳥神樂と交替に、南まはり北まはりと稱し、三陸沿岸（北は久慈市の小袖・久喜、南は釜石市の白濱・室濱まで）を南北交互にめぐり、それが今日も繼續してゐることが最近明らかにされた。（盛岡市の阿部幹男氏による）

八、隠岐の神々と祭り

焼火《たくひ》の霧

島根縣隱岐郡西ノ島町美田の燒火《たくひ》神社は、燒火山の中腹、麓の波止《はと》から約二キロほど急な山路を上つたところにある。昭和五十六年七月四日、前夜は松浦康麿宮司のお宅に御厄介になり、ひとりで二十七年振りにお山に上る。神社は燒火大神を祀るといふが、大磐石を刳りぬくやうにして建てられたお宮である。紀州熊野の神倉山や有馬の花の窟のやうに、往古は巨岩を依代として信仰されていたものゝやうに思はれる。平安より中世にかけては、修驗者たちによつて燒火權現とたゝへて奉祀されてもゐたといふ。

燒火山には霧がかゝり、鶯がしきりに鳴いてゐた。二十七年前の七月二十三日の夜には、山上の社務所で夜明かしの隱岐神樂を見たことであつた。その社務所兼宮司の家もその麓に移り、建物は廢屋同然になつてゐるが、例祭には今も神樂が行はれるといふ。その神樂も、一時絶えようとしたのを松浦宮司たちの努力で、この程やうやく復活したのであつた。この宮には又、舊曆大晦日の夜、海上より御神火が示現するといふのでこれを拜まうと人々の集る龍燈祭もあり、以前のやうに大勢ではなくなつたが、信仰深い大漁祈願の人たちが夜籠りをする。

ふと見る舊社務所前、神社側に、僅かに高く石で圍つた中に、立石三箇が夫々木の下に鎭つてゐたが、これも古代信仰の神宿る陽石ではなかつたかと見た。

48. 霧の燒火山

牛突き大會

磐石を刳りぬくやうにして神社があるのは、島後《どうご》、都萬《つま》村那久《なぐ》の壇鏡《だんぎやう》神社も同樣である。こゝも那久の集落から約二キロの山路を東に入り込んだ幽邃の地、杉の木立の鬱蒼と生え茂る奥にあり、斷崖から右左に雄瀧、雌瀧がかゝり、雄瀧は裏から見ることも出來る。瀨織津比咩《せおりつひめ》を主祭神とするといへば、那智の大瀧のやうに、やはり瀧の信仰によるのかも知れぬ。尤も昔は更に上流の源來《げんらい》瀧の傍の壇上に一鏡あるを見てこれを祀つたといひ、これが社名の起りでもあるといふ。もと修驗の道場でもあり、凶事を祓ふ神、又鎭火の神として崇敬をあつめてゐる。

この宮の祭りは四月と九月の一日であるが、九月、月おくれ八朔の祭りには、境内から三キロ程山路を行つた佐山の廣場で牛突き（鬪牛）大會が催される。十二時頃から四時頃まで、今は二十頭、十組の牛が爭ふ。昔の穩地《おち》郡と周吉《すき》郡、今の都萬村と西鄕町とに別れて競ふのである。都萬の人たちは總出で八月二十五日に神社の掃除をし、神社から牛突き場までの山路の草を拂ひ、道をつける。そして三十日に牛をつれて神社に參詣す

49. 壇鏡神社

る。西郷の人たちは三十一日に車で、清めの鹽と牛につける綱を持つて參詣する習ひである。三十一日の宵宮には、以前には五箇村あたりからもお籠りに來て、三味太鼓で歌つたり踊つたりもしたといふ。こゝは初詣での人々でも賑はふ。この宮の一の鳥居際にもやゝ大きい陽石と覺しいものがあつた。那久は八・九十戸、瀧の水が流れてゐる谷間《たにあひ》の集落であるが、今は何れも瓦葺の美しい住居群をなしてゐる。瀧の水には山椒魚も住む。山紫陽花《やまあぢさゐ》の白い花。黒鳩もホーと聲をあげるといふ。

弓祭りと上子《あげこ》祭り

同じ都萬村の高田神社にも詣つたところ、奥殿の縁の下に大小の的が置いてあつた。山を降り、役場に半田彌一郎禰宜を訪ねてお話を伺ふにこれは二月末日に行はれる弓祭りの的であつた。的は大一、小三あり、宮の庭で、選ばれた二人の若者が射る。以前は未婚の者であつたが、今は青年が居なくなり、やむなく妻帯者も選ばれることがある。弓は普通の弓だが、矢は毎年竹に雉の羽をつけて造る。以前は鳥の羽を用ひたといふ。高田神社の氏子は五十戸、組四つあり、組々で申し合せ、責任を以つて射手を選ぶ。

50. 高田神社

この宮に「祭禮記錄」と題する表紙とも三十葉の記錄あり、野津隼人源治委なる醫者が京都に學び、歸つて前からの仕來りを書いておかねばとて書き綴つたものといふ。「天保六乙未之春、八幡宮正神主、古木上總之亮源清纓」の奥書がある。これは隱岐國分寺の蓮華會舞と同樣の舞を、八幡宮の別當寺であつたらしい千光寺（今無し）でも行つてゐたものゝ記錄。そのコピーを頂戴する。蓮華會のと興味ある比較が出來さうである。[1]

五箇村久見の伊勢命神社も式内社であるが、ここに田植祭りがあるといふので訪ねてゆき、以前にお目にかゝつたことのある久見神樂の古老方に逢つてお話を伺つた。もとは六月一日に行はれたといふが、今は五月十日頃から田植が始まり、その前に、神社の近くにある六疊間ほどの御供田

51. 伊勢命神社田植祭りの御供田

——そこには女は入つてはならぬとされ、男手で田も植ゑる——の側の土手に榊が一本植ゑてあり、その周圍に十二本の御幣をたてて豊作を祈る。御供田に隣して宮の田あり、「上子《あげこ》」衆が田を植ゑる。もとは苗を配る人、田を植ゑる人たちが田植歌を歌つたといふ。この神田からは凡そ一俵程の米がとれ、祭りの神饌米にする。御供田からの糯米《もちごめ》は、それで正月のお供へ十四箇を造る。

この宮に上子祭《あげこまつり》といふ特殊神事がある。一月と六月の十六日にお宮に參り、健康を祈つて子供を神の子にしてもらふ。又、大人でも、病氣のときなどに、平癒を祈り上子のお願をかけることがある。それは隨時、代理の者が宮に詣り、御神酒、饌米を上げ、宮司に祝詞をあげて貰ふのである。今久見には百三十人近くの上子が居る。謝恩講を組織し、四組の當番制で一切をまかなひ、祭りをする

註(1) 第十六巻493頁參照

一子相傳の木遣歌

同じ五箇村、郡《こほり》の水若酢神社の春祭りは五月三日であるが、この日隔年（今年昭和五十六年は裏祭）に山《やま》が出て、山

曳《ひ》きがある。鶴、龜を配した蓬萊山《ほうらいさん》を、一、二歳位からの男の子が、草鞋ばき、鉢巻姿で、父親に抱かれて曳く。一度曳けば三回は續けねばならぬといふ。五年に亘るのである。十三集落のものが各々大綱を縒《よ》つてそれらを繫ぎ合せ、枝の小綱を多く出し、子達はそれにとりつく。先頭を大人二人が木遣音頭で曳くのであるが、その木遣歌は一子相傳の祕事とされ、人に洩らさぬ。朝鮮語でもあるのか、意味はさつぱりわからぬと僅かに傳承者が洩らしたことがあるといふ。大樂《おほがく》がそれにつく。これは直徑一米ほどの大胴のことで、なほ笛がつく。山入、木出し、御上樂、祇園囃子等の曲がある。この山曳きの由來は、寛政七年（一七九五）に近くを流れる重栖《おもす》川が氾濫し社殿が流されたとき、氏子達が木遣音頭で、バラ〳〵になつた社殿を山に積んで運んで持歸つたことによるといふ。この宮にはなほ流鏑馬《やぶさめ》があり、境内の端から端までが馬場になり、百四、五十米のところを馬を走らせる。隔年神輿は境内を巡幸、境内一端の御旅所に至る。お旅所では獅子をまはし、大樂を奏し、女子四人による浦安舞、悠久舞もある。

大蛇の鼾《いびき》

西郷町の水祖《みおや》神社や、玉若酢命《たまわかすみこと》神社は、古墳の山を背にして建てられてゐる。實際にはかうして古墳を拜むことにもなるのであらうか。水祖神社は水祖神を祀る式内の宮であるが、菅原道眞を配祀し天神さんとも呼ばれる。本殿拜殿とも眞新しい神明造り、聞けば今年の六月新築竣工祭を行つたばかりといふ。

玉若酢命神社の境内には八百杉《やほすぎ》と呼ばれる見事な神木がある。根元周圍約二十米、胸の高さ周圍九・九米、高さ三十米、樹齡二千年かと云はれてゐる。昔人魚を食べて數百年生き存《ながら》へた八百比丘尼《やほびくに》が若狹より隱岐に渡り、當社に參拜した記念に植ゑた杉と傳へられ、その根元に大蛇が生息してゐたが、寢たまゝ根に包まれてしまつた。今でも周圍が靜かなときには大蛇の鼾が聞えるといふ。

52. 玉若酢命神社の神木

この宮も式内社で、隠岐國總社と崇められ、六月五日の例祭には「御靈會《ごれゑ》」と呼ばれる神事がある。これは總社の支配下にあった各地區が、夫々の産土神を御幣を立てて神馬に奉遷して、總社の大祭に馳せ參ずるといふことであったらしく、元祿十三年（一七〇〇）二月の「惣社祭禮儀式」（大久《おほく》の庄屋齊藤家所藏）によると、往古は島前島後より四拾八疋の神馬が出たが、或時、島前より參った人馬が惡風に逢ひ破船したことがあり、祭禮も中絶したが、後復興、東西八疋の神馬で祭りを行ってゐるといふ。今も八ヶ町村、八人の神主たちが、神馬と共に集る。

十方《しう》拝禮《はいら》

隠岐には平安、鎌倉にかけて流行した田樂躍も傳へられてゐる。島前、西ノ島町の美田八幡及び同、日吉《ひえ》（一般にはひよしといふ）神社に行はれてゐるが、前者は別府港より百米の所にあり、隔年九月十五日の例祭に、舊美田村七郷の奉仕によつて舞はれる。十方《しう》拜禮《はいら》とも呼ばれ、その前に少年二人による神相撲と獅子舞がある。又後者は舊暦九月九日が祭りであるが、珍しくも東遊《あづまあそ》びの名殘りかと思はれる「庭の舞」と、神相撲とが同じく田樂の前につく。

美田八幡の境内にも陰陽石があり、日吉神社には入口の祠の前に「地主大神鎭口」と刻まれ苔むした陽石が立つてゐる。

53.　美田八幡境内の陰石

54.　同社境内の祠

海士《あま》町宇受賀《うつか》鎭座、式内社宇受賀命神社へは、村尾周宮司の御案内で參拜したが、境内の山神社の祠を宮司が開けたところ、神像が燒け焦げたまま入つてゐた。島の祠は皆戸が閉つてゐるが、神像がかうして御神體――依代――として祀られてゐる所は他にもあるらしい。社に向つて右手に籠屋があり、神社の祭りとは關係なしに隨時お願をかける者がお籠りをし、別火で自炊をするといふ。同じく海士町曲之田鎭座、式内社奈伎良《なぎら》比賣《ひめ》神社では翌日（七月五日）例祭とて境内を清掃してゐたが、その境内に榊に似た椿の木が一本生えてゐて、その周圍に多くの陽石が立つてゐた。

海士町大字海士に鎭座する隱岐神社は、隱岐に流されて果てられた後鳥羽上皇を祭神とする。四千八百七十三坪の廣々とした境内に鎭もる隱岐造木造銅板葺の御社であるが、上皇七百年祭に當り、昭和十四年に建てられたもの。今春四十周年の祭りがあつた。全島よりなる奉賛會が組織されてをり、千百五十戸、內千戸程が年會費を納めてゐる。島の人たちこぞつての敬虔な心持の現はれである。

（「探訪神々のふる里三」昭56・12）

55.　日吉神社境內の「地主大神」（後の石）

56.　美田八幡境內の陽石

九、祇園祭りとその流れ

1

京都市東山區祇園町、八坂神社の例祭、いはゆる祇園祭りは、近年は七月十七日が前の祭り、同二十四日が後の祭りであつたが、後の祭りは昭和四十一年度から種々の都合で中絶となり、神輿は前の祭りのうちに還御になる。たゞ二十四日には花笠の巡行があるといふ。

祇園さん、八坂神社は、牛頭《ごづ》天王を祀る。牛頭天王は武塔天神とも呼ばれ、妻を求めて天竺に渡られたが、その途中、日暮れて宿を富裕な巨旦《こたん》將來に乞はれた。しかし巨旦はそれを斷つたので、その兄の貧しい蘇民將來を訪れたところ、蘇民は快く迎へ、粟殼を敷き、粟の飯を馳走した。天王は天竺に至り、年經て八人の御子を儲けて戻られるが、蘇民の家に寄り、疫病が流行したときは茅を以て輪となし腰に着けよと教へた。その通りにしたところ、蘇民の一族は助かり、他は悉く滅びたといふ。牛頭天王は素盞鳴尊にも習合されてゐるが、疫病消除の神として古來民間の信仰が厚かつた。二十二社の一として、朝廷の尊崇も疎《おろそ》かではなかつた。

「二十二社註式」によると、牛頭天王は初め播磨明石浦に垂迹し、廣峯に飛び、次いで北白河東光寺に移り、その後、陽成院の元慶年中（八七七—八八五）感神院（祇園社）に收つたといふ。お託宣に曰く、「我天竺祇園精舍守護神云云」。故に祇園社と號すといふ。もつとも社傳によれば、齊明天皇二年（六五六）、當地に新羅の牛頭山の神靈を迎へ

57.　京都祇園祭りの宵宮の太鼓臺

祀り、天智天皇六年（六六七）に社殿を建立したともいふ。
いはゆる流行病《はやりやまひ》は昔からあつた。諸國に猖獗を極めた、歴史にのこるものも決して少くなかつた。さうしたとき、朝廷に於ては神々に幣帛《みてぐら》を奉り、或は鬼氣祭を修し、大祓を行ひ、讀經をしたりした。怨みをのんで死んだものは厲《れい》となり、そのために疫病がおこるとも信ぜられてゐた。そこで御靈會《ごりやうゑ》といふことも行はれた。

「三代實錄」によると、平安朝初期、清和天皇の貞觀五年（八六三）五月二十日に、神泉苑に於て盛大な御靈會が行はれた。靈座に招かれたのは何れも事に座し罪なくして怨みをのんで亡びた人たちで、崇道天皇、伊豫親王、藤原夫人吉子、橘逸勢、宮田麻呂などであつた。その靈魂が厲となり疫病がおこるといふので、朝廷が主催し、盛大な靈祭りをしたのであつた。律師慧遠が講師となつて金光明經一部と般若心經六卷を講じ、雅樂寮の伶人たちが樂を奏し、近侍の兒童及び良家の稚兒たちを舞人とし、また大唐、高麗の樂舞を奏し、散樂、雜伎も華々と展開された。それより六年を經て貞觀十一年（八六九）にも天下に疫病がはやつたが「祇園社本緣錄」によると、卜艮部《うらべ》日艮麻呂が勅を奉じ、長さ二丈餘の鉾を六十六本立て、百姓神輿を神泉苑に奉じて祭り、これを御靈會と云つたといひ、これを祇園御靈會の始めとしてゐる。

2

さて、祇園の御靈會、いはゆる祇園會が恒例となつたのは、圓融天皇の天祿元年（九七〇）六月十四日の御靈會から（二十二社註式）と云はれてゐるが、これに作りものが出るやうになつたのは「本朝世紀」によると長保元年（九九九）六月十四日の祭りからであつた。无骨《むこつ》といふ雜藝者が、大嘗會に引かれる標《しめ》の山まがひのものを作つて祇園の社頭に渡さうとしたといふ。これを聞いた左大臣道長が驚き、検非違使をして无骨を捕へさせようとしたが、无骨は逃げて捕へられなかつた。然るに祭りの妨げをされた天神は大忿怒をなし、呪師僧を禮盤

58. 京都祇園祭りの岩戸山（喜多慶治氏撮影）

から躒落し、邊りの下人に憑いて託宣があつたといふ。

この折の標の山に似た作りものといふのは如何なるものであつたかは明らかでないが、(「本朝世紀」長和二年（一〇一三）六月十四日の條に、「有二散樂空車一」と見えてゐるのを除いては、作りものと思はれるものに就いては當時の「中右記」「長秋記」その他にも殆ど見當らない）長大な鉾形のものは、それより三百七十餘年を經た室町の三代義滿の頃には既に渡されてゐた。永和二年（一三七六）六月十四日の祭りに、三條東洞院に於て義滿が見物してゐた目の前で高大な鉾が顚倒し、尼一人が壓死するといふ騒ぎが起つた（後愚昧記）。その作りものもやがて相當豪華なものになつてゐたらしいことは「滿濟准后日記」などにも「此ホコ…希代御風情、諸人驚目云々、珍事々々」（同書應永三十一年（一四二四）六月六日の條）などと見えてゐるのでも察することが出來る。一條兼良の著と云はれる「尺素往來」によると、その作りものにも色々あつた。

山崎之定《シズメ》鉾、大舍人之鵲《カササギ》鉾、處々ノ跳《ヲドリ》鉾、家々ノ笠車、風流之造山

また、八ッ撥や曲《クセ》舞なども出た。

應仁の亂（一四六七）後、祇園會はしばらく絶えてゐたが、明應になつて復興が計畫され、同九年（一五〇〇）再興された。この折古老に先規の次第をたゞした書留が殘つてゐるが（八坂神社叢書第二輯）、それによると、鉾山の次第は殆ど今日の如くである。亂前、その頃は七日を前の祭りとし、十四日を後の祭りとしてゐたが、七日には長刀ほく、かんこくほくなど鉾十一基、あしかり山、まうそ山など山十九基、囃物一であつた。又、十四日には鉾五基、山二十一基、傘鉾一が出た。三十三年を經た復興の年のは、前の祭りの前日、即ち六月六日、先規により、長刀鉾を先頭に、鬮により定められたのは天神山を初め二十七番、殆ど山であつた。後の祭りは十二日に鬮取《くじと》りがあつたが、十番ほど、牛若山を初め山のみであつた。高大なものは作りかねたのであらう。

3

私が數日滯在して京都祇園祭りを見學したのは、昭和二十九年七月であつた。

祭りに先だつて、神輿洗、神輿迎、稚兒の社参などの儀あり。十七日の前、十四、十五、十六日の三夜を宵山と稱し、家々の軒に獻燈をかゝげ、鉾と山とに提燈を吊る。この宵、人々宵山を見ようと雜踏。尤も鉾山は十一日頃組立て、毎夜晩くまで囃したてる。十七日の當日夕には、三基の神輿が御旅所に神幸になるのであるが、別に午前より山鉾が列をとゝのへて、四條通を經て東洞院の西へ練つて行く。その儀美觀を極む。鉾山には、

長刀鉾、郭巨山《くわつきょ》、保昌山《ほしよう》、伯牙《はくが》山、函谷鉾《かんこく》、白樂天山、山伏山、太子山、雞鉾、占出山《うらで》、油天神《あぶら》山、木賊山《とくさ》、菊水鉾、月鉾、孟宗山、蘆刈山《あしかり》、霰天神山《あられ》、放下《はうか》鉾、岩戸山、船鉾

等、鉾七臺、山十三臺があり、何れも意匠をこらし、派手を競ふ。この山鉾は、笛、太鼓、鉦で囃し、これ

59.　京都祇園祭り月鉾の采配（喜多慶治氏撮影）

を「祇園囃子」といふ。鉾の上には厚化粧の稚兒が天冠をいたゞいて乘り、羯鼓を打ちながら振がある。但し、今は先頭の長刀鉾のを除いては、人形となつた。鉾は大綱二本で、氏子人足などが引き、山はこれをかつぐ。

二十四日神輿還幸、この日は、

北觀音山、橋辨慶山、鈴鹿山、八幡山、黑主山、鯉山、役行者山、淨明山、南觀音山

等、山のみ九臺が、三條より二條に練る。

祇園囃子には多くの曲があり、その曲は各鉾によつて小異があるが、例へば先頭の長刀鉾には、

地囃子、上げ、神樂、唐子、兎、流し囃、朝日、青葉、鼓、霞、筑紫、千鳥、柳、獅子、扇、巴、九段、綠、柏、踊り囃、御祓《みそぎ》、四季、浪花、上げ、古《こ》、太郎

の二十六曲があり、月鉾には、

(渡りの部) 地はやし、揚げ、あとあり、三光、井筒、初音、はつか、まぬけ、神樂、唐子、打上げ

(戻りの部) 戻り上げ、月、朝日、紅葉、立田、立田上げ、御幸《みゆき》、四季、横、横上げ、榊、登里《とり》、獅子、扇、巴、戻り上げ、八百屋、尾寅、一二三、鉾、鉾あとあり、長井野、兎、日和神樂、今野《いまの》

等の三十數曲を傳へてゐる。

4

祇園の山鉾は、中國散樂の山車《さんしや》や陸船《りくせん》の影響を受けてゐるものと思はれる。たゞそれらと異なるところは、鉾といひ山といひ神座が顯《あらは》な形で設けられてゐることである。これは標の山に筋を引くであらう。しかしその標の山とも異なるのは、これは目を驚かす新鮮な風流であり、またこれを擔ぎ或いは曳くことは祭りの興奮を著しく誘ふことでも

あつた。祭りが一段とにぎやかになつた。この山鉾の練行が、祇園信仰と共に忽ち殆ど全國に傳播し、それが今日まで續けられてきてゐることにも決して不思議はないであらう。しかもその作りものには色々の變化を來してゐる。祇園勸請社の總數は全國三千五十三社といふ。しかしこれは顯著な社であらう。祠なき祇園祭りすら行はれてゐることは注意すべきである。山車《だし》、屋臺、壇尻《だんじり》、だいがく、曳山、山笠、風流もの、蒲團太鼓、太鼓臺など、皆山鉾をもとにした自由な變化であつた。その上で囃される囃子も、太鼓、笛、鉦による祇園囃子をもとゝしてゐる。祇園囃子には大陸の響きがあるが、地方のものは、言はば神樂調、牧歌調《パストラル》の、夫々に日本風の美しい行進曲をつくり出してゐる。

60. 櫛田神社の博多祇園山笠（喜多慶治氏撮影）

祇園の鉾は、臺の上に高い鉾状のものを立てたもの。この鉾状のものは船の帆柱にも喩へられてをり、これを眞木《しんぎ》ともいふ。愛知縣津島市の津島祭り（七月第四土・日曜）でも、本ものの船の上に高い柱を立て、これに一年の月の數ほどの提燈を下げ、その下方には一年の日の數ほどの提燈を、ふくらんだ輪形に燈すが、この柱の名を眞柱《しんばしら》と呼ぶ。富山縣高岡市の御車山祭り（五月一日）の七臺の御車山何れにも美しく裝飾された太柱が一本立つ。千葉縣佐原市の佐原祇園會（七月十〜十二日）の曳きものゝ一つにも、この柱一本を立てたものがあつた。これらは神の宿る鉾であり、柱であり、伊勢神宮の心《しん》の御柱《みはしら》とも同じ意味のものであつた。これが屋形になると、岐阜縣八百津町の久田見祭り（四月五日）のそれのやうに、特に屋根に幾本もの旗を立て、或は屋形の正面、もしくは正面左右に大きい幣束を立てたりする。愛知縣蒲郡市の三谷祭り（十月第三土・日曜）には四臺の山車が出るが、こゝのはその屋形の前方に特に一本の高い柱が立ち、これに夫々劍先、幣束等の頭《かしら》、及び傘、吹流し等がつく。

福岡市博多區、櫛田神社の祇園山笠（七月一〜十五日）の置山などは、そのまま丈高い太柱狀に家形や人形の作りものを積み連ねたものであつた。舊六月十四・十五日に出る佐賀縣呼子町の祇園祭りの山笠も、またそれと似た丈高い作りもので、町内を擔ぎ回つた後海へ入り、對岸の八坂神社へと向ふ。

5

渡辺良正著「日本の祭り―山車と屋台」（昭55）には、この祇園系統の曳きものが全國にわたつて美しい寫眞に簡潔な解説を附して滿載されてゐる。拙文もそのお蔭を蒙つてゐるが、七月十三日から十五日にかけての北九州市戸畑區の戸畑祇園は、晝間は大小數十臺の山笠を引き回し、夜は四臺の大山笠が夫々三百九箇の提燈をつけて勢よくかつぎ回るといふ。山車に提燈を燈すのは、これまた京都祇園の宵山に筋を引いてゐよう。もと〳〵は宵宮の神迎へであつた。先の津島祭りの提燈も同樣であるが、福島縣二本松市の提燈祭り（十月四〜六日）などもこれであり、埼玉縣秩父市の秩父神社夜祭り（十二月二・三日）にも多くの提燈が燈される。富山縣高岡市の伏木曳山祭りでは、六臺の曳山が晝間は花山車として引かれるが、夜は夫々四百箇の提燈を燈し、山鹿流陣太鼓を合圖に激しくぶつかり合ふといふ。

喧嘩山車とも言はれる。又、石川縣七尾市の舊六月十五日の石崎奉燈祭には、高さ十五米の、武者繪や女傑、傳説上の人物などを畫いた角の大奉燈を若者たちが、「イヤサカ、サッサ」と掛聲をかけながら町内を擔ぎまはる。笛、太鼓、鉦で囃される。一つの變化であらう。この變化はやがて青森や弘前の佞武多《ねぶた》や秋田の竿燈《かんとう》などにもなる。

6

舊六月或いは新七月十四日前後の祭りは、ほぼ祇園系統であることが多いが、この祭りの式はまた他の祭りにも大きい影響を及ぼしてゐる。春祭り或は秋祭りにも山車が出るのは、明らかに祇園祭りの影響である。

山車の上に人形が飾られるのは殆ど神迎へと見てよいであらう。鉾や山や幣束など中心の依代があるのに、二重三重にも神を迎へようとしてゐるのである。然るに巨大な人形がたゞ一つ、屋臺の上に乗せられて擔がれ、曳かれるものもある。お一つものゝ變つた形と見られよう。茨城縣潮來町の潮來祇園（八月七日〜九日）、同石岡市の石岡祭り（九月十四〜十六日）、神奈川縣藤澤市の皇太神宮の祭り（八月十七日）、同伊勢原市、比々多神社の春祭り（四月二十一・二十二日）新潟縣村上市の村上大祭（七月六〜八日）、福井縣三國町の三國祭り（五月十九・二十日）等のものである（渡辺氏著書參照）。人形の代りに獅子・鯛・鯱・兜・飛龍などを一つ飾つた十四臺の唐津おくんちの曳山も思ひきつた伊達な變化であり、風流の一つの飛躍である。さう言へばからくり人形も顯著な飛躍であらう。名古屋祭をはじめひろく傳播してゐるが、山崎構成著「曳山の人形戲」（昭56）はそれの詳細な報告を兼ねた研究書である。

人形を動かす代りに、人間自らが山車の上で演戲をする工夫も當然行はれてゐる。滋賀縣長濱（四月十三〜十六日）、岐阜縣垂井（五月四日）富山縣礪波（五月一・二日）、石川縣小松（五月十三〜十六日）などの子供歌舞伎がそれであり、（大人歌舞伎も一しきり全國的に流行した）又秋田縣角館町の神明社祭（九月七〜九日）では飾山《おやま》の前でおばこ達が踊つてゐる。栃木縣烏山町の山揚げ祭り（七月二十五〜二十七日）などは、山車の上の山とわざをぎとを道路いつぱいに繰りひろげた形のものである。

7

祇園祭りの特色は曳物には限らない。しかし祇園祭りはあくまで鉾や柱と關係の深いものがある。七月二十五日から三日間の茨城縣龍ヶ崎市の祇園祭りでは、その最後の日、お假舍前の路上に、下に舟形をつけ、その上に帆柱に形どつた長さ八間の撞柱《つくばしら》が立ち、雨蛙に扮した者が笛、太鼓の囃子につれてこれに攀じ登り、頂上で四方に破魔矢を射る。撞舞《つくまひ》といふ。「利根川圖誌」に見える布川のは明治末年に絶えたが、千葉縣野田市でも七月十六日のだらだら祭りの夜この行事がある。同縣多古町の七月二十五日の八坂神社の宵宮及び翌二十六日の本祭りの夜には「しいかご舞」といふのがあり、二間四方の特設舞臺の南側中央に直徑三十糎、長さ約十二米のつぐめと呼ばれる丸柱を立て、猿に扮したものが破魔の弓矢を持つてこれに登る。外に獅子二、熊三、マンジュウ二が出て舞臺で足を踏み鳴らし、手を上下させながら卽興的に舞ふ。

七月十四日に行はれる熊野那智大社（この宮には素盞鳴尊も祀られてゐる）の扇祭りも一種の祇園會であつた（九巻65頁）。この日十二體の鉾狀の扇様が社からお旅所のお瀧前まで渡御になる。途中火を燈した十二體の大松明が扇様を迎へる。又、越後一の宮彌彥神社の六月二十五日（最近まで舊六月十四日）の燈籠神事は祇園會とも呼ばれるが、多くの花燈籠や田樂燈籠がお伴につき、嘉々樂《かがらく》及び天犬舞《あまいぬ》の稚兒が大人の肩車に乘つて彌彥の村をめぐり、のち神社の境內の假舞臺で、周圍を花燈籠に圍まれ、笛、小太鼓に合せて神祕な舞を舞ふ（十六巻240頁）。

福島縣會津田島町の七月十九日から二十一日にかけての祇園祭には、祇園囃子を奏しながら四臺の屋臺が出る。又、七行器《ななほかひ》行列と云つて、花嫁仕度の處女たち（今は既婚者も男も交る）が頭屋から神社へ神饌を運ぶ行列が出る。

秋田縣南秋田郡天王町の七月六・七日の東湖八坂神社の祭りには蜘蛛舞があり、小舟の上にしつらへられた綱の上を朱の衣、網で覆面をした者が渡る。別に素盞嗚尊に扮した者が牛に乗つて出て陸上を練る。このときこくり〳〵と居

61. 會津田島祇園祭の屋臺

62. 會津田島祇園祭の七行器《ななほかい》行列（61とも佐藤忠雄氏撮影）

眠りをすると、神が乗移つたと云つて人々は喜ぶ。静岡縣周智郡森町飯田、山名神社の七月十四・十五日（近頃はそれに近い土・日曜）の天王祭には舞樂がある（十六巻333頁）。鶴の舞、龍の舞、蟷螂の舞など、動物に扮して舞ふ。風流の要素の入つた變つた舞樂である。七月二十日より二十七日にわたる島根縣津和野町、彌榮神社の祭りや、同じ日の山口市上堅小路、八坂神社の祇園祭りで、雙方神輿の渡御に鷺の舞がある。この舞はもと京都の祇園會に出たもので、京都では早く絶えたが、近年津和野のを參考に復活された。

疫癘消除を願ふ祇園信仰と、その信仰を背景にした祭りに對する反應には底知れないものがあつたやうである。

（「月刊文化財」昭57・8）

註　祇園祭の山鉾については、第一巻201頁、209頁參照

十、山車と祭囃子と

多く夏祭りに出る山、鉾、山車《だし》、屋臺、だんじり、だいがく、太鼓臺などは、殆ど祇園信仰の流布と共にひろまり、且つ變化して行つたものと思はれる。これら曳きものでは、多くの祭囃子をはやした。いはゆる祇園囃子の遺響が隨所に聞かれるが、また田園牧歌調のものに變つてゐるものも少くない。山車の運行をはやす一種の行進曲であることもある。祭囃子は、音樂の專門家によつても、もつと〳〵よく研究さるべきであらう。音樂だけでなく、この山車の上やその前で踊が踊られたり、屋臺の上で歌舞伎や人形からくりが演ぜられるやうになつたところもある。さうしたもので、偶々記錄するに至つた若干を收錄しておく。

唐桑町の祭囃子と踊

宮城縣本吉郡唐桑町日高見神社の祭りは、舊六月十五日で、人形を飾つた山車などが出る。祭囃子も數々あり、虎舞なども舞はれる。特に社殿の前や民家の緣から張り出しに五間に三間程の舞臺をかけ、幕を張り、祭囃子を奏すれば少女達五人、十人、十五人或は二十人が、多くは一列になつて花々と踊る。

囃子は大太鼓三（囃手は前結鉢巻・女もの襦袢・前結の帶・襷がけ・まはしの支度）、小太鼓六（同上）、笛（普段着に羽織）、拍子木（同上）で、曲には新舊様々あつた。踊り子の仕度は、赤模様の襦袢に三尺帶、手拭を折つて首にし、右肩から左脇へ黄色の帶の片襷をし、白足袋をはく。

内囃子、しとろ、下り藤、通り

等の囃子の外、踊のつくものには、

下《さが》り（道中を眞直ぐに、或は舞臺を逆まはりに「ハ　ヨイ〱〱」と掛聲をし、ある一節を跳びはねつゝ踊つて行く。持物なし）、獅子矢車（花笠を持つ）、松囃子（花笠或は扇を持つ。扇は模様もの）、矢車（花笠を持つ）、かつこ（羯鼓代りのものを持つ）、りとう囃子（持物なし）、岡崎（同上）

以上には歌はつかないが、以下には歌も三味線も入る。特記以外は持物なく、手踊である。

おいとこ、濱甚句、福島甚句（濱甚句くづしとも）、大漁節踊、拳囃子（大漁滿作踊とも）、二上り甚句、伊勢音頭、相馬甚句、小原節、佐渡おけさ、伊豫節、八木節（唐傘を持つ）、夕暮（扇を持つ）、我もの（唐傘を持つ）

「かつこ」は特に古老が左鉢巻で踊つてくれたが、羯鼓の代りに小さい樽（たんぽ・太鼓の太桴など有合せのものでよい）を持ち、これをかせにして踊るまことに美しい踊であつた。向ひ合ひの二列になり、互に入代り合ふもの（福島甚句）や、一方が立てば他方がねまるといふやうに組踊になるのもある。

「二上り甚句」は、節はちがふが濱甚句の歌を用ひ、踊り子が口を揃へて「ドッコイ〱ドッコイナ」と掛聲をしつつ踊る最もにぎやかなものであつた。

これらの踊は、かの秋田縣角館町の神明社の祭りに、飾山の上で踊られる所謂飾山囃子の踊を思はせる。それの一つ素朴な形のものであつた。これと同様の踊は、岩手縣氣仙郡の末崎村にも古くからあるといふ。

拳ばやしの歌

〽おまへ百までわしや九十九まで　ともに白髪のはへるまで　稲穗を拾ふてきなさんせ（「大漁だェー滿作だ　大漁滿作豊年だ」と囃す）

〽めでたさや　うれしさや　正月二日の初夢に　松竹梅に鶴と龜　高砂夫婦のお仲人で　おまへさんと添ふとこ夢に見た

濱甚句

〽唐桑お崎にどんと打つ波は　可愛い船頭さんの度胸だめし

〽主の出舟を見送りなされ　早く御無事で戻らんせ

（昭和二十四年三月採摭　宮城縣史19・民俗I）

本宮・二本松・小浜の太鼓臺

福島縣安達郡本宮《もとみや》町の産土神、安達太艮神社の、十月廿四、五、六日の秋祭りに二臺の太鼓臺が出る。安達太艮川を境に町を二分し、北町と南町とし、夫々から一臺を出すのである。安達太艮神社は北町にあるので、中の日廿五日の神輿渡御には北町がいつも先になり、神輿に供奉して町中を囃してめぐる。中の日以外は、夫々の町内をまはつて囃す。囃子は笛、大太鼓、小太鼓、鉦であるが、小太鼓は四、これを七歳から十二、三歳までの稚兒がはやす。御簾を隔てゝ後に居る大人の大太鼓一と、この小太鼓とは掛合ふやうに打つ。

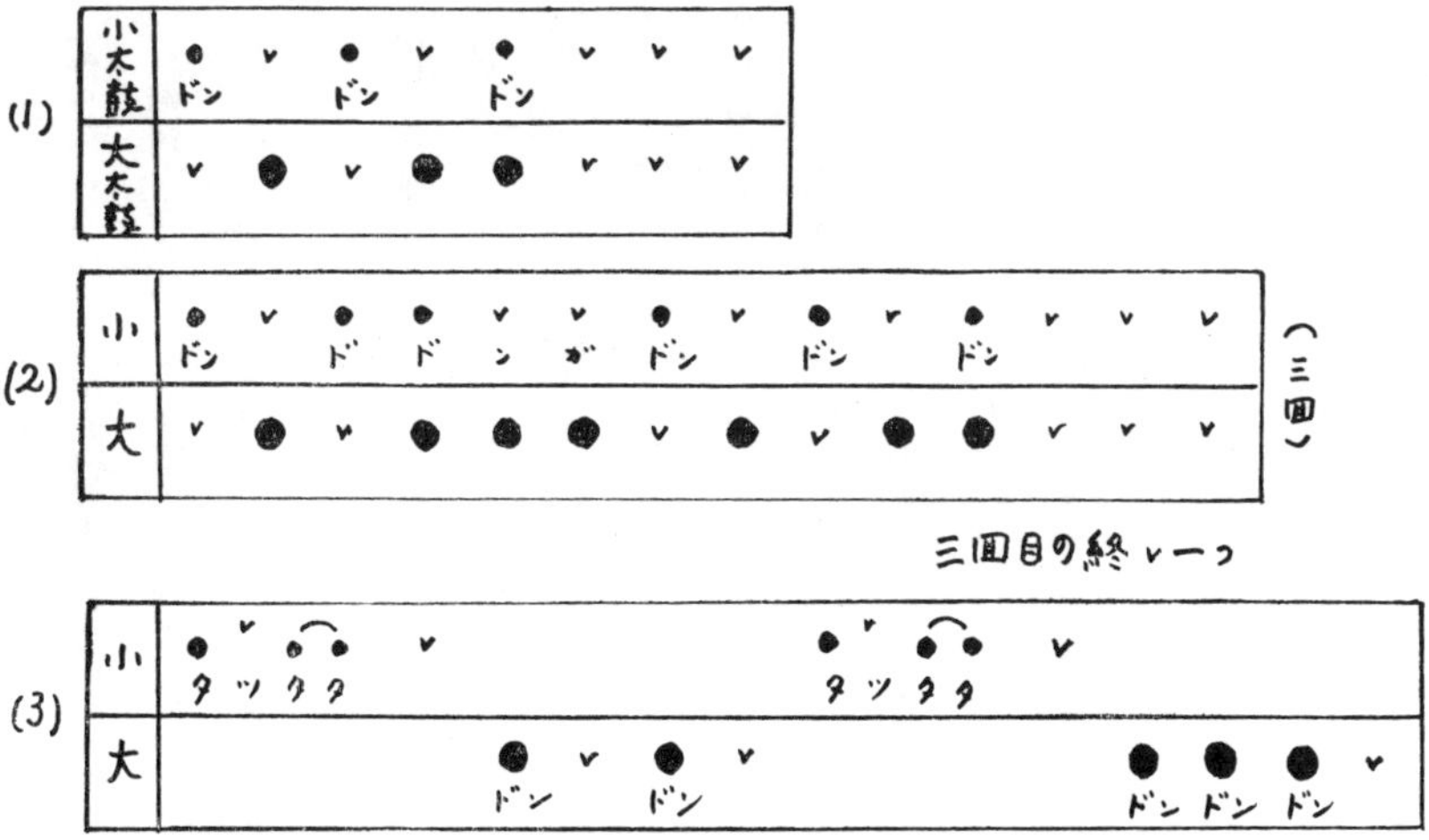

63. 「聖天」の基本的な大小太鼓の打ち方（本宮町北町）
(1)を１度(2)を３度繰返し(3)にうつる。以上を繰返す。

64.　小浜の太鼓臺

次の諸曲がある。

聖天（停止中にはやす）、馬鹿囃子（進行中にはやす）、しやぎり（廻轉のとき）、とりばやし（神輿の通過、すれ違ふ時）、角兵衞、テンヤ、カラドリシヨ、シツキリバカバヤシ、

（角兵衞以下は神輿がお宮から里にお下りになるとき、待つてゐる間）

その練習は、祭りの十日前位からはじまる。以前は廻り番に宿をつとめ、宿では稽古の後、何かと御馳走を出した。例へば里芋や豆腐や蒟蒻の煮付など。稚兒は幾組も出て、祭りには交替ではやす。特に中の日には、上級組が兩町對抗意識で負けぬ氣で囃す。北、南兩町の囃し方には若干の相違があるが、上記は北町のものである。

福島縣二本松市、二本松神社の十月四日より六日迄の祭りにも太鼓臺が數臺出る。（本町、亀谷、竹田、松岡、根崎、若宮等から一臺づゝ）宵宮には提燈を澤山つけるが、これが名物になつて、提燈祭りとも呼ばれる。その囃子には左のやうなのがある。樂器は大太鼓一、笛二、三（以上若連）、小太鼓三、鉦一、鼓一（以上少年）。

カクベイ、トホリバヤシ（若宮ではトリバヤシ）、シヤギリ、ギヲン、ギヲンクヅシ（根崎だけ）、ヲカザキ（又はヲカバヤシ――竹田町だけに残る）、バカバヤシ、ショウテン、今はなくなつたが、「イッポン」といふのもあつた。

65.　小浜太鼓臺の引子たち

66.　小太鼓を打つ少年たち（大太鼓は笛方の後方にある）

67. 神輿を迎へる座敷飾り

安達郡岩代町小浜の、鹽松神社の十月十日の祭りにも太鼓臺が出る。先頭はいつも反町(宮下)のもの、他に鳥居町、藤町、新町の三臺が、年番に順序を替へて神輿渡御の行列の先導をつとめる。

囃子は小太鼓三(學齢兒童)、大太鼓一、七孔の笛一。もと鼓、豆太鼓(兩者は明治末期まであつた)、鉦(昭和初期まで使用)等もあつた。曲は左の三。

一、しやんぎり囃子……次の二曲以外のとき常に用ひる。神輿迎へに、渡御のときも停止してゐるとき、氏子外の地内通過のとき、渡御が終つてから、及び宵祭りや後祭りに。

二、行列囃子……神社から神輿がお下りになり、初めて氏子地内を通るとき。嚴かな囃子である。

三、通り囃子……神輿が神社にお歸りになつて鎭座後、宮下《もと》で手打を行つた後、太鼓臺が神輿に別れて字鳥居町地内に至るまでの間用ひる。

(小浜のは、昭和三十年七月、岩代町教育委員會調査に依る。昭和四十七年十月十日には偶々祭に行き逢つて、寫眞もとることができた。)

佐原囃子

千葉縣佐原市佐原の祭禮は年二回、夏七月十日より三日間が本宿八坂神社の祇園祭り、秋十月五日より三日間（もと九月廿五日より三日間）が諏訪神社の諏訪祭りで、この兩度の祭りに、山車、屋臺が出る。その數は年によつて異るが、戰後私見學のときは十二臺出た。しかし大祭には廿六臺は出るといふ。その山車には思ひ〳〵の人形を飾る。人形の高さは一丈餘。「佐原町誌」（昭6）に祭りのことが詳しく出てゐるが、夫々の町の人形は左の如くである。

北横宿〔日本武尊〕、南横宿〔仁德天皇〕、下宿〔源頼義（うの花をどしよろひ）〕、中宿〔桃太郎〕、上中宿〔爲頼（ひをどしよろひ）〕、上宿〔三蓋傘鉾〕、下分〔小楠公〕、新橋本〔小野道風〕、新上河岸〔牛天神〕、中河岸〔神武天皇〕、下河岸〔素盞嗚尊（蛇退治姫と三人立）〕、東關戸〔大楠公〕、西關戸〔瓊々杵尊〕、下新町〔浦島太郎〕、上新町〔お祓箱（今は榊に御幣）〕、船戸區〔神武天皇金鵄〕、本河岸〔鈿女命（おかめ）〕、本上河岸〔神功皇后〕、上仲町〔菅公〕、下仲町〔太田道灌〕、八日市場〔鯉〕、荒久〔香取様（經津主命）〕、濱宿〔鹿島様（武甕槌神、以前は三番叟であつた）〕、仁井宿〔鷹（藁製）〕、田宿〔伊弉諾尊（以前は布袋であつた）〕、寺宿〔金時・山姥・熊〕

山車に乗り込む囃子方を下座連《げざれん》と稱してゐるが、これは周圍の村（今は市編入）から來る。通常十五人前後を一組としてゐる。

樂器は大小太鼓に笛、鼓、鉦。歌がつくあり、又、踊のあるのもあつて、これは山車の前で踊る。山車には綱を一條もしくは二條つけ、五、六歳の幼い子から、少年、少女、屈強の若者まで一臺毎に數十人が縮緬の衣裳或は祭はっぴにズボン、草履で、花笠を背にして引く。梶をとるのが青年、藝者衆なども手古舞姿で參加する。囃子には左がある。

一、さんぎり……山車の出發、出納の時に囃す。非常に輕快な曲。

一、馬鹿囃子……さんぎりの後に囃す。勇ましい曲。
一、花三番叟……馬鹿囃子の後、又、街角などで囃す。落ちついた曲。
一、磯邊……「あんば囃子」とも。輕快な曲、踊がつく。
一、ひしぎ……山車がカーヴにかゝつたとき囃す。
一、矢車……ゆつくりした優雅な曲。
一、松飾り……數へ唄、目出度い曲。踊付。
一、佐原音頭……竹柴金作作詩、杵屋佐吉作曲。坂東三津五郎振付。輕快な曲。
一、佐原小唄……梅原清治作詩、松平信博作曲、若柳吉三郎振付。輕快な曲。

以上の外、

神田、吾妻、さらし、巣籠り、花三番くづし、猫ぢや、拳ばやし、吉野、大和、おやまか、道中囃子、大漁ぶし、あやめぶし、船頭小唄、水郷小唄、利根の月

など、五十數曲がある。こゝでは人口に膾炙された流行歌など巧みに祭囃子に編曲してゐる。

犬山祭

愛知縣犬山市針鋼神社の祭りは、寛永十二年にはじまるといふが、慶安二年（一六四九）の頃、氏子のうち、魚屋町、下本町、中本町、熊野町、中切、内田等から山車の練りものを出し始め、藩主正虎の沙汰で、同三年から各町より出すことになつたといふ。もと、祭りは舊八月廿七、八日であつた（今は四月第二土曜、日曜日）四月一日が山組《やまぐ》み、六日は場ならしと云つて山車を引く。七日が試樂《しがく》、町の家々は定紋入りの幔幕を引き、町内は

夫々の提燈をかゝげる。十三輌の山車は針鋼神社前の廣場へ思ひ〳〵に集り、晝頃から笛、太鼓の樂をはやして町を引く。日が暮れると提燈でかざりたてる。八日が本樂、所定の順序で再び神社前の廣場に集り、一臺づゝ大鳥居前に出て、樂につれ、からくりを奉納する。後、前日同樣町に練り込む。神輿はその後を一巡して御旅所に行く。夜はまた山車に提燈をともす。九日が山をろしで、山車を組みはづす。(犬山市教育委員會「郷土讀本犬山」昭37による)。

昭和四十二年五月、犬山に所用で參つた折、岡田六四郎氏にお目にかゝり、色々お話を伺つた末、山車の由來などを書出していたゞいた。詳細な書留めであるので、こゝに紹介させていたゞく。

1、(山車名)遊漁神　(所屬町)枝町　創始正德五年未　人形製作者　御城番佐藤金平

備考

寛永十二年亥に雪丸けの練物を出したが、延寶二年寅より、石引車となり、正德五年未より踊山になり、その後今の惠比須鯛釣りのからくり山に變る。

石引踊りは、四季二人せりふ、子供對の道具、源氏聟入狂言三人出る。信濃釋迦踊二人、お江戸通り踊、宇治橋狂言三人出る。鎗持踊、異根無狂歌柳樽、さつま源五兵衞踊、對之提燈、からやくらり口上。この山車昔は古雅なもの也。黑ぬり切破風竹あじろ之天井を世風につれて唐破風に直し、又文政三年辰に修覆す。惣じて幕水引等もむかし他毛錦にして有りしを中古よりして箔置の模樣となり、今は不殘錦金襴羅沙類にしていろ〳〵の縫をなす。

2、眞先　魚屋町　創始正保元年申　人形製作者　名古屋細工人藤吉

備考

寛永十二年亥には茶摘みの練り物なり。正保元年から山車に替る。人形からくり日蓮上人星降りの人形を据えた。安永年間に亂《らん》杭《くひ》わたりの唐子を添ふ。

3、應合子　下本町　創始寛永十八年巳　人形製作者　名古屋文吉、離三

備考

始めは寛永十二年亥なり。六年の間馬の塔を出したが、十八年巳に車山となる。總じて車山は當町を以て最初とす。馬の塔の節聖《ひじり》の練物を添へたりともいふ。人形からくりは老人三寶の上に妖童をのせて持ち出る舞。竹に取りつかせるなり。妖童之の竹に舞ふ。新三といふものはじめて作り、年々青竹を伐りて赤がみにて巻きたりといふ。その後唐子一人を添へ、安永四年より今のからくりとなる。

4、西王母　中本町　創始慶安二年丑　人形製作者　名古屋藤吉

備考

慶安二年丑より車山を出し、からくりは龍川の瀧といふ。安永年間に名古屋細工人藤吉が西王母に改め、唐子遊あやわたりに作り替へる。

5、住吉　熊野町　創始慶安二年丑、人形製作者不明

備考

むかしは佐與姫と有り、後是善天より子を授かるところのからくりとし、更に住吉とした。

6、浦島　新町　創始安永の頃、人形製作者不明

備考

むかしは大褺、小褺の武者なり。天和三年亥より小褺の練物ばかりになり、安永の頃には幟一本出し、その後花車一輛出し、更に今の黒船になる。(下山が黒船になつてをるからこの名がある)

7、感英　上本町　創始安永の頃、人形製作者　名古屋藤吉

備考

始めは慶安三年寅なり、順禮の練物を出した。その後唐人の練物にかはる。元祿十一年寅より踊山に成る。桃燈踊五人出る。花笠踊、道中踊、大八矢數踊、みなと踊、順禮おどり、角力おどり、俵おどり等、其人形からくり七福神に替る。辨財天居り給ふ

て福祿壽延命袋を抱て高欄より前へ七、八尺の樋をつたひ其の先に延命袋を置き歸りくれば、袋は破れて唐船になる。其の中に福神達唐子共出たり。樋は雙方に割れて皮となり、船は元へもどる能からくりなり。安永年中なごや細工人藤吉今の唐子遊につくりかへる。而して幕の鯉、水引の鶴は岸駒の筆である。

8、國光欄　練屋町　創始元祿十三年辰、人形製作者　御城番河內御氏

備考

慶安三年寅にはじめて鷹匠の練り物を出し、天和三年亥に車山を作る。元祿十三年辰に踊山になる。その後今のからくりとなる。辨財天、石橋獅子、これは御城番河內御氏の作といふ。一説に猩々と有り。この車山の彫刻は最も傑出してをる。

9、石橋　鍛冶屋町　創始元祿十五年　人形製作者不明

備考

慶安四年卯に伊勢參りの練り物を出し、寛文十年戌に御座船の車に成り、元祿十五年に踊山となる。船子供六人、出羽所作踊、馬柄杓踊、みすおどり、ゑびす踊、花おどり、苗子おどり、二階おどり、えい〱白鷺踊、ともえ踊、引いたりな牛の綱踊、大筒守踊、三五平踊、市女踊、笠踊、唐人踊等なり。その後人形からくり、布袋和尚唐子遊びと替へたが、これは名栗町に讓り石橋とした。

10、絳英　名栗町　創始元祿二年巳、人形製作者　小澤屋彌次兵衞

備考

延寶二年寅より大神樂を出し、元祿二年巳に車山になる。布袋和尚人形からくりであつたが、元祿四年未に今のちり梅（菅公と時平のこと）とかはる。幕の裝束の圖は藤村皎堂の筆なり。

11、寶袋　余阪町　創始文化年間　人形製作者不明

備考

延寶二年寅より馬の塔二疋を出し、同四年辰に山伏の練り物となる。文化年間に車山となる。人形からくりは二福神、一說には

山伏比丘尼から今の大黒様となる。

12、老松　寺内町　創始延寶二年寅　人形製作者不明

備考

延寶二年寅より雪丸けを車臺に載せて出したが、後車山になる。からくり淡路島を据える様になつたのは天保四年以後の事である。この車山に松を樹てるが、これは丸の內から毎年伐るのが古例になつてをるとの事なり。

13、梅梢戯　外町　創始延寶二年寅　人形製作者不明

備考

延寶二年寅より車山を出し、からくりは七夕の二つ星なり。文化年間に今の唐子遊行にかはる。幕の珊瑚取りは鳳章齋の筆なり。

練　物

1、大聖　(所屬町)中切　練物聖舞人十八人であつたが承應二年馬の塔二疋を出し、同五年聖に替へた。今はなし。

2、小褁　大本町　聖三人の練物を萬治元年から出した。今は小褁武者四、五人出る。

3、大褁　鵜飼町　正德四年より大褁武者二人出たが、後一人となる。褁はじめ木綿であつたが、後絹褁にかはる。

4、殺生人　內田　萬治二年馬の塔を出し、三十三年を經て武者姿をしたる小供十數人が鐵砲鎗等を携行して出る。

隱岐の車樂《だんじり》

島根縣隱岐郡西鄕町東町鎭座、御崎神社に、十五年に一度、御遷宮祭が行はれ、この折、車樂が一臺出る。最近には昭和廿九年十月廿八日にこの祭りがあり、車樂も出た。

この車樂は大阪から傳へたといふが、五尺四方の臺に手欄をつけ、この臺上に十一歳前後の稚兒四人を乘せて四隅の小柱に結つておく。中央に樽を置き、その上に太鼓をのせる。この太鼓を周圍から稚兒が打つのである。稚兒の支

度は、白鉢巻、赤無地の長袖縮緬の着物、襷がけ、手甲。この臺に一丈五尺の荷ひ棒を二本渡す。この左右の荷ひ棒に、八人づゝの荷ひ手がつく。その支度は、もと中糯袢のまゝであつたといふが、今は鉢巻、法被、腰帶、手甲、股引、白足袋で、前方には同じ支度の音頭取が二人、手に采配を持つてゐる。

音頭取が「ヨイヤサノサー」と采配を振りながら言へば、十六人の荷ひ手は、手を上げて同じく「ヨイヤサノサー」と言ふ。歌を音頭取が歌へば、八人は臺を置いたまゝ、足をナンバンに上げながら踊る。

音頭〽おさまる御代の秋の末
同音〽この氏神の御遷宮に　神をいさめるねり太鼓
音頭〽打てやはやせや（と、稚兒は太鼓を打ち出す）千歳樂を（稚兒は「チョーサイタ、ヨーサイタ」と太鼓を打ち、荷ひ手は「よいさのさー」と囃す）
音頭〽十六人が足を揃へて（と、荷ひ手兩組は膝を打ち、向ひ合ひ）ヨイヤサ（と肩を入れ）サア（と荷ふ）
音頭〽神は氏子で（同音に「ヨイヨイ」と囃す）ヨーイセソラセ　榮えにぎはふ　ソレサ　みなとから　サアサヤートコセー（と、向つて右の方が肩を外し臺をおとす。片側は荷つたまゝ）ヨーイヤ（と、もとのやうになり）セー（と、反對側卽ち向つて左を落す）ハレワイセ　コレワイセ　ササ何でもセー（と左も肩を入れ、中に向つて手を伸ばし、車樂を差上げる）

稚兒は「チョーサイタ、ヨーサイタ」と太鼓を打つ。ここで車樂を一まはり順にその場にまはし、次に行進する。かくて場所をかへて、また同じことを繰返す。

もとはかういふ荷ひ車樂ではなく、車付のもので、綱をつけ、小さい子までが化粧をしてこれを引いたといふ。

十一、水と祭り

禊《みそ》ぎ

日本の古神道の最も大切な行事の一つは、禊ぎ祓ひであつた。水はまず禊ぎに用ひられる。人の命をむしばむ罪や穢れを、それによつて祓ひ清めようといふのである。

火の神を産んで神去りました伊弉册尊《いざなみのみこと》の後を追ふて、伊弉諾尊《いざなぎのみこと》が黄泉《よみ》の國に至り、女君の現實にいたく驚いて逃げ歸り、筑紫の日向《ひむか》の小戸《おど》の橘の檍原《あはきがはら》においてまづ行《おこな》つたのが祓除《みそぎはら》ひであつた。「日本書紀」によると、はじめ中瀬で眞水を浴び、次に海《わた》の底に沈み、中に、上にと浮いて潮を潜《かつ》き濯《すす》いだ。

眞水よりも鹽水は一段と效果的であるとされたが、また、冷水よりは熱湯がなほよいと言はれたのは、西域の呪法とされる探湯《くがだち》や湯立などの信仰によると思はれる。

探湯《くがだち》は熱湯に手をひたし、手のただれるものは心やましくて罪あり、何ともないものは罪なしとされた。

湯立は釜に湯を沸かし、これを笹などで振りかけ、あるいは頭から被《かぶ》ることによつて、潔め祓ひをしようといふもの。この湯立も早くから全國的に行はれてゐたやうであるが、文獻に見えるのでは、貞觀「儀式」の園幷韓の神祭の條に、「湯立ノ舞ヲ供ス」とあるのが最も早い。これは後に神樂と結びついて、盛大な湯立神樂も行はれるやうになつた。

68. 江垂の日吉神社　お濱下りの子供手踊（佐藤忠雄氏撮影）

神事には禊ぎ祓ひは缺かせないが、その方法には簡略なものも念の入つたものもある。何事も水に流すといふが、ことに穢れは水が運び去つてくれる。

雛の節供のもとをなしてゐる人形送りも、身の穢れを人形に負はせ、水に流さうといふのであつた。六月《みなづき》祓や大祓などで、紙の人形《ひとがた》で體をなでさすり、あるいは息を吹きかけなどして、氣付かずして犯した罪や穢れを人形に移し、これを水に流すのも、同じ願ひにほかならなかつた。

お濱下《はまお》り

昭和五十五年の四月二十日、福島縣相馬郡鹿島町江垂《えたり》の日吉神社に、十二年ごと、申年に行はれるお濱下《はまお》りの祭りがあつた。江垂の本社より、神輿が五キロほど離れた烏《からす》濱にお渡りになり、そこで禊ぎをしてお歸りになるといふ神事である。この神輿の渡御には、付近集落の娘手踊や寶財《ほうさい》踊、萬作踊、太神樂、獅子舞、山車などもお伴に出、道々もそれぞれの藝能を披瀝する。神輿が海岸の御旅所に着くと、そこには矢來がまはしてあつて、神輿はその中の祭壇

69. 神輿の渡御　江垂の本社より5キロ離れた鳥濱へ(佐藤忠雄氏撮影)

70. 鳥濱祭場に納まつた神輿

に納まる。浄衣姿の烏濱區長が桶を持つて海に入り、波を三段越えてその先の潮を汲みとり、神輿の前に供へる。もとはむろんこの潮水を神輿に振りかけたのであらう。この祭場で改めて各種藝能も順次奉納される。（十巻374頁）

同じ鹿島町の鹿島御子神社にも、十二年ごと、寅年の四月二十日に濱下りの大祭がある。同様の藝能のお供もつくが、こちらではお潮垢離《しおごり》ともいひ、實際に榊で潮を神輿に振りかける。

かうしたお濱下りはことに福島縣や宮城縣の海岸地方には多く、福島縣だけでも四十か所以上が數へられてゐる。毎年行つてゐる所もある。

沖繩における濱下《はまお》りはまた島によつていろいろに變化してゐる。三月三日、各家庭では、よもぎや豌豆を入れて作つた餅をお重に入れ、一日濱に出て、貝拾ひなどをして樂しく過ごす。潮に手足を浸し、惡いものを流して、健康であるやうにと祈願を込めるといふ（沖繩文化史辭典）。また、「山原の土俗」によると、中頭《なかがみ》郡のある集落では、家に目白や梟や蜥蜴《とかげ》などが入つたりすると、不幸の前兆、または神の祟《たた》りと考へて、家族全部が隨時濱下りをする。三日間はその家の屋根の見えない所へ行き、厄を拂ふ。

この濱下りにはまた、アカマター（赤い斑のある蛇）の話もついてゐる。すなはち三輪山説話で、アカマターの子を宿したことを知つた娘が驚いて、潮に浸ると洗ひ流されると聞いてその通りにしたところすつかり淨められたといふ。以後穢れを拂ふ行事として毎年濱下りをするやうになつたといふのである。老若男女すべてが參加する所と、女性たちだけが濱に遊ぶ所とがある。潮による潔めが、南國風に變化した形で行はれてゐるのである。

神輿の海上渡御

中には神輿を直接海につける所もある。東京都品川區北品川の品川神社を北天王、同荏原神社を南天王と稱してゐ

71.　伊東市新井神社の例祭　海水につかる神輿

72.　神輿の海上渡御

るが、両者の祭りはもと六月六、七、八の三日間、今はそれに近い日曜日を中心にしてゐる。南天王を河童《かっぱ》天王ともいひ、例年中の日、神輿の海上渡御がある。目黑川から神輿を船に乗せて海上に向かひ、やがて神輿が海に降ろされ、裸の若者たちによつて海中に揉《も》まれる。後、品川橋袂の寄木《よりき》神社前のお假屋に納まり、以前はここに一泊、翌日還御になつた。各町内から多くの供奉船が出、祭囃子などもにぎやかに奏せられる。豊漁を祈るともいはれてゐる。

三年ごとの八月六、七、八日（今はそれに近い日曜日を中の日に）の佃島《つくだ》、住吉神社などでも、神輿の海の禊ぎが行はれてゐたが、今は海が汚れてきたこともあつて中止されてゐる。しかし中の日の神輿渡御には、海中渡御が出來なくなつた代りとあつて、氏子の各家では、お通りの際バケツの水を神輿に注ぎかける。神輿は勝どき二丁目の御旅所に一泊する。

伊豆伊東市、新井神社の、隔年一月七日の例祭も格式ある祭りであつた。神輿が船で海上渡御をし、かつ裸體の若者たちにかつがれて海にもつかる。陸上では鹿島踊が踊られ、別にお船歌もうたはれる。海上安全、大漁、五穀豊穰を祈る祭りとされてゐる。（口繪寫眞參照）

櫻ケ池のおひつ納め

九月二十三、二十四日に行はれる、靜岡縣小笠郡濱岡町佐倉、池宮神社の櫻ヶ池のおひつ納めもまた變つた神事である。皇園《こうえん》（高圓とも）阿闍梨が、何とかして彌勒菩薩に教へを乞ひたいといふ悲願をおこし、大蛇になつて櫻ヶ池に沈んだ。後その阿闍梨の弟子法然上人が師の供養を行つたが、それをきつかけに、以後毎年、疫除け、健康、家内安全をも祈つて、この行事が續けられてきてゐるといふ。秋の彼岸の中日、若者たちが大勢、精進小屋に籠り、濱垢離《はまごり》といつて海に入つては潮を浴び、また、森の中の精進井戸でも幾回となく繰り返し水を浴びる。鑽火《きりび》で焚いた赤飯

73. 櫻ヶ池のおひつ納め

(1) 赤飯の入つたおひつを櫻ヶ池に運ぶ行列

(2) 池の中央でおひつをぐるぐる回した後水中に沈める

（阿闍梨が大好物であつたといふ）四升をそれぞれのおひつに納め、その上に小さい幣束を五本立て、おひつには奉納者の姓名や願ひ事を書く。これをおひつ送りといつて祭りの早朝、お宮から櫻ヶ池の向かふの岸まで行列をもつて運んで行く。かうした潔齋の若者たちが一つ一つ彼の岸より中流まで水に浮かして立泳ぎして運び、おひつをくるくるとまはしてはこれをずいと池に沈める。二百箇あまり、時に三、四百箇を納めたこともあつたといふが、一日に納めきれないときは二日にわたる。あとでおひつが浮いて出るときは――赤飯はなくなつてゐるが――これを寶櫃《ひつ》と稱して希望者がとり納め、神棚などに上げておき、お祝事などの折にこれに赤飯を盛る。

御船祭りと管絃祭

昭和八年三月、三陸沿岸に強震あり、大津浪が押寄せてきて、大災害を起こしたことがあつたが、たまたまその前年の夏、陸中釜石を訪れて、尾崎神社里宮社務所に山本茗次郎宮司を訪ね、いろいろお話を伺つたことがあつた。尾崎神社の祭神は日本武尊。舊九月二十八、九の兩日祭禮があり、その二十八日は御船祭り、引船祭りとも呼ばれる。これより先、舊八月十五日の晩、關係者代表が一定の宿に集まり、神輿の御座船（原則としてその年最も早く進水した船）、送り船（第二に進水した船）、樂人たちの乘る太神樂船、引船、およびそれに參加し得る船頭衆等を決定する。引船は五、六十艘、すべて地元《ちもと》の船に限り、十五馬力以上の發動機船が務める。すべて漁業組合の人たちによる。

奧宮は釜石灣の南端に突出した尾崎の岬頭にあり、釜石の埠頭より海上約一里半、二十八日の午前、各船は太い綱をもつて舳艫《じくろ》相連結し、御座船はその最後にある。この奧宮に至り、ここより神輿を移し申すと、司令船の合圖により、いつせいに進航を開始し、港内を一周する。これを神遊びとも稱すといふ。この時港内碇泊の諸汽船は大漁旗もしくは萬國旗を掲揚し、いつせいに汽笛を鳴らし、捕鯨船は禮砲を發射して敬意を表する習ひといふ。この神遊びはやはり港内の清めであり、大漁祈願でもあらう。

引船祭りは、規模の大小こそあれ、三陸沿岸には多く行はれてをり、後たまたま宮古においてこの祭りに出逢つた。舊七月十七日およびその翌日が宮古、鍬ヶ崎両町の鎮守、湊大杉神社の祭りであつた。前日神輿は町巡りをして後、お船祭桟橋前に戻り、ここから御座船に乗り、大麻《おおぬさ》と幣とを持つた神職、巫女、旗持ち、その他の神職、お伴の者等が陪乗して、漁旗を船一ぱいに飾つた五艘の引船が太い綱もて舳艫相結び、やはり御座船を最後にする。樂人たちは御座船のすぐ前の船に乗り奏樂する。二時半、御座船はしづしづと桟橋を離れた。引船には子供たちが大勢乗つて、銀の短册を先につけた釣竿を持ち、しきりにひらひらと釣糸を垂れてゐた。途中より供船が加はり、いつか十五艘になつてゐた。つぼまつた岬の彼方の外海の方へと小さく列《つらな》つて行く。かくてこの宮古灣内を順まはりにめぐる。このお船祭りを網場《あんば》祭りともいひ、鍬ヶ崎の熊野神社祭はもつと盛大であるといふ。

安藝《あき》、嚴島神社の舊六月十七日の管弦祭は、かうしたお船祭りの嚴島風に催されるものであつた。この日の干潮時、午後五時頃、鳳輦《ほうれん》が大鳥居前で御座船に乗る。御座船は三艘の新造船の舫《もや》ひ船。ここに祭典あり、管弦平調音取《ねとり》と「萬歳樂」を奏した後、海上を對岸四キロの攝社地御前《ちごぜん》社に向かふ。これは漕船三艘によつて引かれる。多くの御供船もつく。拜観船は百艘にものぼらうかといふ。その頃はすでに夕日も沈んで、船には提燈や燈籠が數多く飾られる。地御前社で祭典があり、管弦「三臺鹽」などが奏せられる。つづいて嚴島北端に近い長濱社前に至つて「越天樂」を奏し、大元社前で「老君子」、本社前、客人社前を經て還御となるが、客人社前では嚴島獨特の催馬樂も奏せられる。

この宮に傳はる管弦、舞樂は、天王寺流、左方であるが、一月五日午前五時よりの地久祭に宮司が舞ふ「抜頭《ばとう》」などは、一子相傳の古風を傳へてゐる。四半拍子の夜多羅《やたら》拍子である。

74.　大阪天満宮天神祭りの鉾流神事（井岡竣一氏撮影）

天満宮天神祭りの鉾流《ほこながし》神事

大阪市北區大工町天満宮の天神祭りは七月二十四、五日に行はれる。二十五日御鳳輦の陸渡御、船渡御があり、特に船渡御にはこれを拜さうと大阪中の人たちが大川に懸る橋や川の兩岸にぎつしりとつめかけ、大賑ひを呈する。この祭りには幾度かの變遷があつたが、二十四日の宵宮祭りに鉾流し神事といふのがあり、これもしばらく絶えてゐたのを、昭和五年に復活された。以前は舊六月一日、神主、社家たちが神鉾を捧持して社頭の川中にあつた一砂洲「鉾流島」に至り、そこから鉾を流し、その漂着したところを行宮と定め、ここに假屋を建てて、神輿の渡御が行はれた。すなはち水の流れに神意を託したのである。今は二十四日に老松町鉾流橋筋南、乗船場舖設齋場で清祓の式があり、神童が齋主から神鉾を受けて、神職と篳篥の樂人と共に上船、中流に至つて鉾を流す。しかし今はその鉾の行方は追求されてゐない。

船渡御《とぎょ》式は二十五日の祭當日、陸渡御につづいて行は

75 天神祭り陸渡御の行列(1)〜(8)
（河村洋一郎氏撮影）

(1) 催太鼓

(2) 子供獅子

(4) 猩々山車

(3) 神鉾

(6) 雅樂器

(5) 網代車

(7) 稚 兒

(8) 御鳳輦

76. 船 渡 御

77. 船渡御につめかけた人々

れる。本列催太鼓を先頭に、猿田彦、獅子舞、風流花傘、御太刀、鳳輦、鳳神輿、玉神輿などの長い行列がそのまま八十隻の船や筏に分乗して大川を漕ぎ上り、また、漕ぎ下る。人形船などが鳳輦船を出迎へるが、今はお旅所に留まることはない。鳳輦はもとの船着場から上陸、お宮へ還御になる。

津島祭りの神葭神事

愛知縣津島市津島神社のいはゆる津島祭りは、もと舊六月十四、十五日(今は七月第四土曜日、日曜日。)これに先だつ舊六月一日、神葭《みよし》神事の神葭刈取場が中一色の日光川の岸に選定され、注連繩が張られた。十日程經て十一日の夜明け前、神職と奉仕の人たちが神葭を刈る。その刈りとつた葭で神職たちが「おみよし」を造り、拜殿に安置する。その方式は神祕といはれてゐるが、それは人形《ひとがた》を中心としたもののやうである。十四日神幸式、その宵祭に提燈を多く美しく飾りたてただんじり船六艘が出る。翌十五日朝祭りあり、だんじり船は提燈を下して能人形を飾る。神輿の還御。その翌十六日の曉、午前一時頃、町の燈火をすべて消し、神職たちにより「神葭流《おみよし》し」がある。すなはち神事用の赤い船に乘り、天王川に行き、神葭を流すのである。翌十七日朝、神葭の着岸地點を調べ、そこに五十九本の齋竹を三重に立てて注連繩を張る。二十三日「神葭祭り」として着岸地で祭典があり、翌早朝もう一度繰り返し、神葭をその場所から移して「神葭島」に埋める。津島祭りは天王祭りであるのだが、神葭人形にはやはり災厄を負はせて流すのが眞意であつたらう。神葭島に埋めるといふのも頷ける。天滿宮の鉾流しとは大きい相違を見る。

水掛祭り

世に水掛祭りと呼ばれるものも方々にある。福島市岡島鹿島神社の水掛祭りは、いはゆる頭屋行事と初婿いぢめの

78.　岡島の水掛祭り　神輿の渡御

79.　水の掛合ひ　特に初婿がねらはれる（78とも佐藤忠雄氏撮影）

80. 那智の扇祭り　扇神輿の渡御

水掛とが一つになつた形のものであつた。十月十九日、産土神である鹿島神社の御靈代が頭屋にお成りになり、祭りがあり、以前はこの頭屋に水屋を設へて水掛けがあつたといふが、今は頭人をはじめ、氏子總代、世話人、初婿たちが神輿の還御にお供して神社に戻り、神輿は拜殿に納まるが、一同は境内の水屋に入り、再び盃事あり、これが濟み、謠が終つた途端、大樽小樽に水を張つて外で待ちかまへてゐた若者たちが、いつせいに水屋に向つて水をかける。水屋の人々は一時雨戸をたてて水を防ぐが、中をとり片付け、床をはがすと、そこにも水をたたへた大きな箱があつて、雨戸もとり拂ひ、兩方で水の掛け合ひをする。とくに初婿がねらはれるのは、もともと禊ぎの意味もあらうが、また雲雨、すなはち男女の契りを祝福してゐるもののやうである。かつて中國の雲南省の西雙版納《シーサンパンナ》で舊正月水掛祭りがあり（488頁參照）私も參加したが、男も女も、老幼も出て、容器の水を小脇にかかへ、互ひに嬉々として水を掛け合つたことを思ひ出す。

瀧が御神體　那智の扇祭り

和歌山縣那智勝浦町熊野那智大社の扇祭り（九卷65頁、寫眞2—28）は、毎年七月十四日に行はれるが、この折、大和舞、田植式、田樂舞なども奉納される本社大前の儀の後、御神體の扇様十二體がお宮から、御旅所の那智の瀧壺前へと下る。その途中まで石段を上つて十二の大松明が迎へに出て壯嚴な光景を展開するが、瀧壺前ではまた扇様を迎へて神事がある。田刈舞、那瀑舞なども舞はれる。

美しい那智の大瀧は、これを御神體として大己貴命をまつり、飛瀧《ひろう》權現とも呼ばれて崇められてきた。大雲取山、妙法山などを水源地としてゐる那智川にかかり、上流、下流にしめて四十八瀧あり、なかでもこの一の瀧は高さ百三十三メートル、幅十三メートルあり、お瀧の上には注連繩を張る。瀧の水は延命長壽の藥水といひ、人々はこれを飲み、あるいは飛沫《しぶき》に當る習慣もあるといふ。役行者も來て瀧修業をしたといひ、花山法皇もこの瀧の許に籠られた。また、文覺上人はすぐ下流の曾以《そい》の瀧で荒行をしたと傳へられてゐる。禊ぎに、瀧に打たれるといふのも修驗の習はしを引くものであらう。

水は力を與へてくれる。心をも潤してくれる。

（「月刊文化財」299、昭63・8）

第二篇　祭り探訪

一、國東《くにさき》の修正鬼會

大分縣東國東《ひがしくにさき》郡國東町／成佛寺ほか
舊暦正月五日（奇數年）ほか

大分縣の國東《くにさき》半島、六郷滿山は、昔佛教の榮えたところである。奈良時代、養老年間に開基仁聞菩薩に始まつたと傳へられる修正鬼會は、讀經の功德により神佛示現し、惡魔退散、五穀成就、息災延命の祈願を果してくれるものと信ぜられてゐる。しかし、明治維新後は僧坊も住僧も減少し、六郷二十八ヶ寺夫々で行はれてゐた修正鬼會も、今は東組國東町の岩戸寺・成佛寺、西組豐後高田市の天念寺の三ヶ寺のみの行事になつてしまつた。

岩戸寺の修正鬼會は、隔年、偶數年に催されるが、先づ舊正月六日の朝から準備にかゝる。夫々役のものが六基の大松明《たいまつ》を始め各種の松明《たい》、華鬘《けまん》、牛王《ごわう》杖等をつくり、餅を搗き、面の化粧などもする。七日が鬼會の當日。東組の僧たちが集り、晝の勤行が始まる。以前は夕方からであつたが、今は伽陀《かだ》、懺法《せんぼふ》、序音《じよおん》、廻向《ゑかう》、佛名《ぶつみやう》等を晝のうちに濟ます。一方、村の松明《たい》入《い》れ衆達は、垢離取淵《こりとりぶち》で水垢離をとつて身を清め、本堂で院主を中心に盃の儀がある。やがて大松明に火がつけられ、六所權現、藥師堂、講堂等のある後山へ登つて行き、大松明は六所權現にさゝげられる。

かくて初夜、法咒師《ほずし》、神分《じんぶん》以下の夜の勤行になる。米華《まいけ》以下は立役《たちやく》と言つて僧は輕裝して舞ふ。「香水《かうずい》」では特に院主と長老の僧とが手に削掛《けづりかけ》のある香水棒を持ち、互に打合せつゝはげしく足拍子を踏んで舞ふ。周圍の人々も一緒に舞ふ。諸天に祈る重要な舞とされてゐる。「鈴鬼」が最後に荒鬼を招く。荒鬼は災拂鬼《さいはらひおに》、鎭鬼《しづめおに》と呼ばれ、僧二人が扮するが、松明入れ衆と共に出て輪になり、中に村人たちを入れ、手にした松明で肩、背、尻等を輕く叩いてやり、魔を拂ひのけ、息災を祈る。後、鬼たちは講堂をとび出し、介錯《かいしやく》を従へて區內の各戸を訪れ、家內安全を祈禱し、もてなしを受ける。夜が明ける頃鬼は講堂に戻るが、こゝで鬼鎮めがあり、修正鬼會は終る。激しくもまた心暖まる行事である。

（ポーラ「民俗藝能の心」シリーズ・昭56）

81.　修正鬼會の法舞「香水」（天念寺）

82.　同、「鈴鬼」（成佛寺）

83.　荒鬼（成佛寺）　参拝者たちの厄を拂ひ息災を祈念する

84.　家まはり（成佛寺）　家内の安全を祈禱しもてなしを受ける

二、相良《さがら》一幡《いちまん》神社のお榊神事

静岡縣榛原郡相良町／一幡神社
二月九日・十日

1

昭和五十九年二月九日、十日の兩日、静岡縣榛原《はいばら》郡相良《さがら》町字菅《すげ》ヶ谷《や》に、この舊菅ヶ谷村の氏神一幡《いちまん》神社の古例祭、お榊神事を見に行つた。

菅ヶ谷村は、靜岡縣御前崎近くの海岸、江戸時代は田沼氏の城下として知られてゐた相良町の中心から西北、二キロほどの所にあつて、萩間川の支流、菅ヶ谷川に沿つて開けた七つの小字から成つてゐるが、上流から、原、新田、大知ヶ谷、大向、時ヶ谷、高和《たかわ》、谷川《やがは》で、昭和五十七年の調査では二百五十七軒。一幡神社の氏子はその他に、西中《にしなか》六十二軒、堀ノ内二十七軒、松本五十八軒、西山寺《さいさん》二十九軒を加へて、合計四百三十三軒から成つてゐる。

一幡神社の勸請は、長暦二年(一〇三八)、祭神は息長足比賣命(神功皇后)と傳へられてをり、祭りは保元(一一五六—九)の頃、京より移住してきた公卿、藤波氏が傳へたともいふ。社格は郷社であつた。

この古例祭に實際に携る者は、實は一幡神社の全氏子といふよりは、舊菅ヶ谷村の**名**《みやう》と呼ばれる家二十八軒及び**名**につく**名**連《みやうづれ》と呼ばれる家の人たちと云つた方が或はよいのかも知れない。**名**には本**名**と相**名**《あひ》とがあり、兩者一組で十四組に組織されてをり、これが順次年番をつとめ、古例祭の日に新舊の引繼ぎをする。

本**名**が祭りの中心となる人(頭人)、相**名**はその補佐役で、本**名**にもし故障などが出來ると相**名**が本**名**役をつとめ、

85.　お榊神事のお榊様

相**名**役は**名**連《づれ》の中から選ばれる。夫々の組にこの**名**連があり、これは夫々の本**名**、相**名**と何らかの關係のある家であるが、祭りに際して實際の色々の役を務めるのは主としてこの**名**連である。**名**連の數は組によつて異なるが、夫々十四軒ないし三十軒ほどある。

　年番は十四年毎にまはつてくるが、その時は本**名**と相**名**とは役を交替する。それ故本**名**は、二十八年毎に務めることになる。

2

　九日の午後一時、今年の本**名**、第八番の増田金一氏宅を訪ねてみると、今しがた**名**の新舊引繼ぎが終つたところといふ。**名**連中より選ばれた竈番と呼ばれる兩親揃つた青年六名が、鉢巻、白衣、赤襷の仕度で庭に降りたち、これより餅を搗かうといふところであつた。庭にはテントを張り、下に藁を敷きつめた上に臼を据ゑ、皆々口に榊の葉を銜へ、新しく松材と樫の木（柄）で造つた杵を以て餅を搗きはじめる。このときの杵の

86.　餅つき　　榊の葉をくはへ、杵の首を逆手(左)に持つて餅をつく。

88.　御本飯のもと

89.　60箇にまるめた「残餅《ざんもち》」

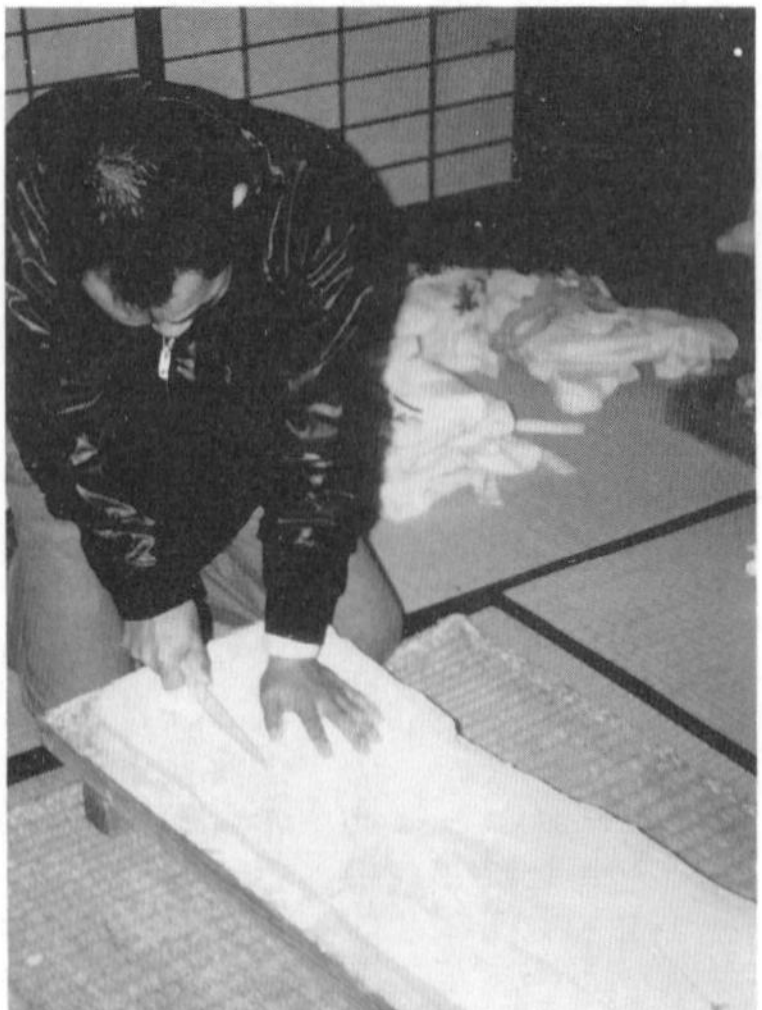

87.　餅切り　菱形に30箇切る

91. 祭り用の濁酒、八瓶《やへい》

92. 5種の神供、お五菜《ごさい》

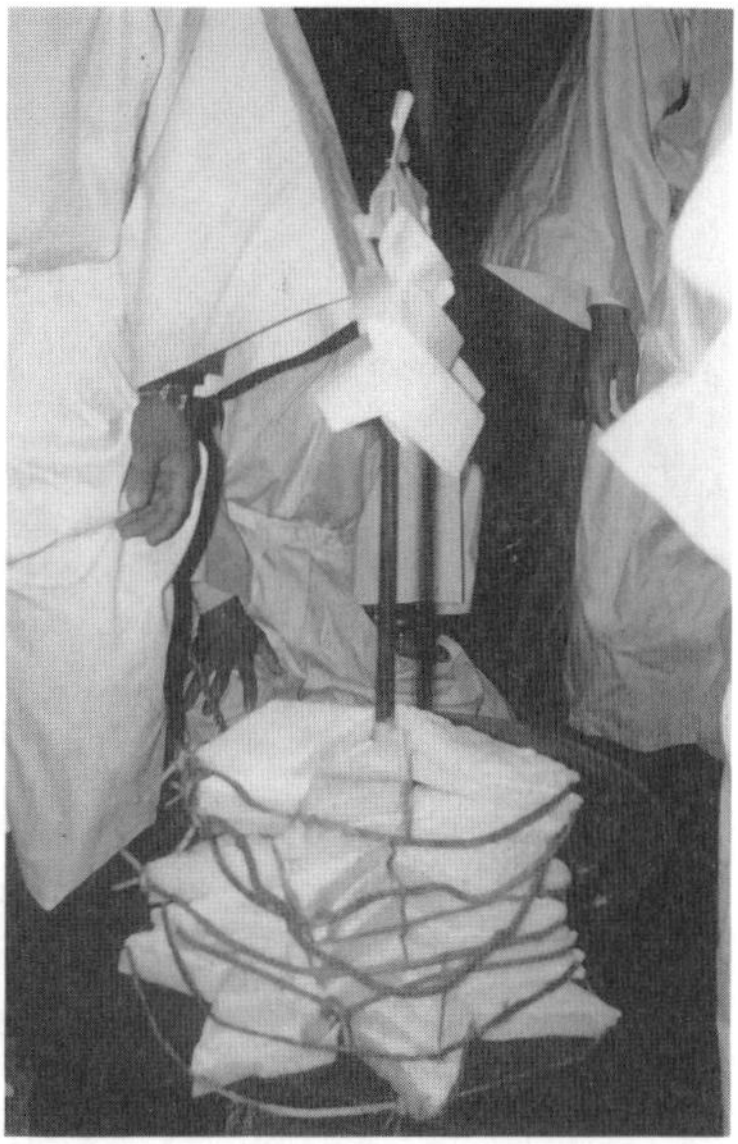

90. 御神體になる「御本飯」

93. 本名宅からお發ちになる御本飯

94. お發ち行列　満登古茂《まとごも》を先頭に、お榊様御本飯神社に向かふ

95. 撤饌　神社の儀終り下げられる御本飯

持ち方は普通とは逆で、左手を前にする。搗手は四人、手返し二人。

かうして搗かれる餅は、先づ牛の舌餅二斗二升、これを七臼に搗く。牛の舌ほどの大きさの伸し餅で、千枚ほどつくり、うち百五枚を神前に供へる。全部は供へきれないからである。この餅は、安産のお護りになると言はれてゐる。次に熨斗《のし》餅を三升、一臼に。これは新年番の本**名**にやることになるが、新本**名**ではこれを、翌十日夕方の接待用雑煮餅とする。

次に榮登餅《えいとうもち》。これは八升を一臼に。四人でこねた後、世襲で毎年務めてゐる大世話人増田氏が傍で小幣を振りつつ、「エイトー〱」と聲をかけると、それに合せて二人宛交互に杵を下して搗く。搗き上ると、これを二枚に伸す。この餅が後で、「御本飯」と呼ばれる御神體餅になる。

次に殘餅《ざんもち》。これは糯《もち》一斗二升、粳《うるち》三升、計一斗五升を五臼に搗き、一臼六十箇づつにまろめる。これは祭りの奉仕者全員に配られる。

この夜、餅が切り易くなつた頃、右の榮登餅から「御本飯《ごほんばん》」がつくられる。卽ち、伸した二枚の餅から菱形に三十箇を切りとる。これを圓形の槽に入れるのであるが、先ず七箇を放射狀に並べ、更に七箇を重ね、その上に五箇、又五箇を重ね、更に三箇、又三箇を重ねる。これを藤蔓で適宜に結はへ、すき間や周圍に榊の小枝を添へる。そしてその中央に幣束を立てる。

御本飯をつくつた切れ端の餅は「砥餅《ともち》」と呼ばれ、これを長さ約七糎、幅二糎、厚さ一糎ほどに切り揃へ、これを後で一幡神社の全氏子に配る。

3

翌十日、右の「御本飯」と、去年の祭りに作つて家の裏手の假屋に奉安して置いた「お榊樣」とを中心に、本**名**宅から行列が出て、一幡神社へと渡る。その「お發《たち》行列」の順序は次の如くである。夫々を持つ人は、皆口に榊の葉を銜へる。

満登古茂《まとごも》(纒同樣、行列の先頭に立つもの。選《すぐ》り藁で編んだ薦。これを栗の木の棒に巻きつける)、砂(折敷に入れ、これを道に播きつつ行く）、露拂（袢姿の二人、夫々竹の杖を持つ）、「お榊様」（本**名**が持つ）、「御本飯」（白衣の竈番三名で運ぶ）、盃、八瓶《やへい》、お五菜《ごさい》、酒樽、盤二箇、臺、莚二枚、袢函（四着入）、竈番衣裳函（七着入）

これらのうち、八瓶といふのは、祭用に、神社境内の酒倉で醸した濁酒を、古風な素焼の瓶八箇に入れたもので、これを栗の木の棒にくくりつけて運ぶ。その濁酒は、頂戴してみるに、まだ充分には發酵せずやや甘味があり、美味である。又、お五菜は、古風な五種の神供で、輪切りにした大根を臺に、串にさした栗を三箇づつ立てたもの、串柿・ところ・蜜柑・昆布を夫々榊の葉にのせてくくつたもの、これらを各十五箇つくり、箱の中に並べ、その上に白麻と熨斗とを添へて蓋をする。

神社では一時より氏子總代その他の人たち集まり、祭典がある。先づ「御本飯」を槽からとり出し、臺にのせて、神殿奥の中央にまつる。去年の祭りに作られた「お榊様」も供へられる。神饌には、件の牛の舌餅、八瓶、御五菜、白《しろ》強飯《おこは》、その他海のもの、山のものなど。神主さんは一人であるが、氏子たちが何かと手傳ふ。かうして通常の祭典が濟むと、撤饌。「御本飯」も下し、再び槽に入れる。次に、拜殿の中央に薦を敷き、その上で一年間お假屋にあつた去年の「お榊様」の解體が行はれる。

「お榊様」といふのは、榊の枝に、簀巻の御神體を吊したもので、その御神體の簀巻を外し、紐を切つて開けると、中から枯れた榊の葉と共に、澤山の霰《あられ》が出てくる。榊の枯葉を除け、霰を三方《さんぼう》二つに等分に分ける。この三方は、一つは神主の分、他の一つは二十八軒の**名**の人たちのものとなる。神主は後、これらを安產の祈願に來た人たちに分けてやる。**名**の人たちは、適宜分けて家に持ち歸り、翌日これを御飯にまぜて炊き、神棚に供へたのち、家族でいただく。

八瓶も分けられる。一瓶は一幡神社氏子總代へ、一瓶は**名**の人たちへ、二瓶は行列の衆へ、殘り四瓶は神主へ。お五菜も神主のいただく分である。白強飯は、**名**の人たち二十八人でいただく。

96.　お榊様を安置するお假屋

98.　お假屋内のお榊様

97.　解體された去年のお榊様

この神社の儀が濟むと、「御本飯」を中にして、行列は新本名宅に向ふ。この本名宅で、「御本飯」の餅が充分乾くのを待つて、それは大抵夜半を過ぎるが、その餅をこまかく霰に刻む。五ミリから七ミリ立方で千粒ほど。そして方二尺一寸の簀の子に、さずかと呼ばれる和紙を一枚敷き、榊の葉を並べてその上に霰の粒々を乗せてしばらく乾かし、よき頃、榊ごと簀の子に巻き込む。そして三ヶ所を、七五三に、蝿頭結《はへがしらむすび》と呼ばれる決して解けない結び方で結はへ、これを榊の枝に吊す。夜明けてこれをお假屋に持つて行き中に懸ける。新しくなつた「お榊様」である。お假屋は、裏の山の適當な空地に、祭前日に新しく作られたもの。間口五尺、奥行七尺、高さが屋根の頂上まで八尺、周圍は笹付の篠竹で蔽ひ、藁を以て葺く。「お榊様」安置のための神聖な場所である。

本名は一年間、この「お榊様」を、雨漏や鼠の害にあはぬやう氣をつけながら、次の祭りの交替の日までお守《も》りするのである。

4

餅の民俗については、柳田先生が、「食物と心臓」、又「木綿以前の事」の御本で、各所の資料を擧げて詳細に論じてをられる。

日本には、米にも、飯にも、餅にも、靈妙な力が宿つてゐるといふ信仰がある。力米、力飯、力餅といふのも、その靈妙な力のことを云つてゐる。しかし、例へば餅は食べるためにつくるので、食べなければ力にはならない、とされてゐる。

折口先生は、「古代研究」で、古い信仰では、餅、握り飯は魂の象徴であつたと、先生の直観を述べてをられる。又、供物自身が神の象徴なのであるとも仰言つてゐる。

しかし、お榊神事の餅をはじめ、私が蒐めた色々の資料の餅は、この兩先覺のお考へとも微妙なちがひを見せてゐるやうであるが、さてそれはどういふことであらうか。

5

沖繩與那國島のカンブナガ(神の節)といふ祭り(一巻230頁)では、必ずチームリと呼ばれる神饌が供へられる。これはカマボコ、アゲドウフ、テンプラ、長方形の餅などからなり、これらを城のやうに積み上げ帯で固定し、その上に大きいカマボコを二つ三つ重ねて、その上にシキャティと呼ばれる小柴を突きさしたものである。チームリは積り卽ち積み上げたものをいふことのやうであるが、これは一見して明らかなやうに、神の依代である。祈願が濟むと、このチームリを解體し、それを、祭りの庭に坐してゐた人たちに分ける。私も頂戴した。大變美味しいものであつた。この神の依代を頂戴するといふこと、これは大きい意味を持つものと思ふ。鎭魂《たましづめ》といふこと、卽ち力強い魂である神の一部を頂戴して、強くなるといふことである。

神人共食といふことが言はれてはゐるが、神と人と對等に一つのものをいつもいただくといふのではなく、「神饌」には二通りの性格のものがあつたと思ふ。一つは願ひごとをするについての牲であり、他はチームリのやうに、神に依つていただいて、後でそれを氏子たちがいただくといふためのものである。祝詞には、海のもの、山のもの、野のものを差上げて云々とのみ言つてはゐるが、實はその神饌に神に依つていただくといふことが大切なことであつたやうに思ふ。鎭魂《たましづめ》の最も具體的な一つの方法ではなかつたか。

かうした明らかな依代の神饌は、なほ色々ある。例へば正月のお供への餅なども、後でそれをいただくわけであるが、依代として神前に供へられたのではなかつたらうか。

越後彌彦神社の正月行事に、「三光の飾式」(十六巻246頁)といふことがあつた。今は絶えたが、諸記録によると、朔日より八日まで神前大床に飾付けられるが、「重き神事なり」とある。日、月、星の飾付で、神を招ぶ依代であつたやうであるが、これには餅と菓子が多く含まれ、八日朝それを解體し、配分がきまつてゐて神主達が頂戴したやうである。

又、春日若宮御祭りの縄棟祭《なはむね》(本書288頁)では、「春日若宮御祭禮略記」の繪によると、縄張りを示す柱を幾本も立て、正面三ヵ所の棚に三つ重ねの大きい、「圓鏡《かがみもち》」を供へ、その前に大工たち大勢が集つて御祈禱をしてゐる。この「圓鏡」は正に依代であり、御神體と云つてよいかも知れぬ。同時に澤山の圓鏡や酒肴が準備されてゐるが、これらの鏡餅は、御祈禱の後大工たちが頂戴するものと思はれる。又、同じ本の繪によると、お祭りの前日、頭屋の坊に於ける田樂法師能の折、數肴《すかう》と稱するものが左右に二臺飾られた。後にも先にもこの繪だけで、説明が何もないのであるが、これもお菓子を澤山含んだ依代であつたやうである。

この相良のお榊神事の御神體を皆で分けて頂戴するといふのも、正にはつきりした形の鎮魂《たましづめ》であつたと思ふのである。

(於新嘗の會、昭59・7・7)

註 中村羊一郎「一幡神社と二十八名」―『靜岡縣民俗學會誌』創刊號(昭52・4)

「一幡神社古例祭の執行について」(昭56)と「一幡神社と古例祭」(昭57)の二本あり、ともに第四番名増田修治氏の綴られた「紹介稿」。コピー本。

この稿を草するに當つては、右書のお蔭を蒙ることが大であつた。

三、宇波西神社の宮座の神事

福井縣三方郡三方町氣山／宇波西神社
四月八日

福井縣三方郡三方町氣山《きやま》の宇波西《うわせ》神社の祭りを再度見學すべく、祭りの前日（昭和五十九年四月七日）に赴き、久々子《くぐし》に一泊、萩原龍夫氏主宰する研究會の人達とも一緒になる。四月八日、祭り當日は早朝から、舊知朝比奈威夫氏の車でそちこちを案内してもらふ。

この祭りをとり行ふものは、神社を中心とした諸地區の氏子たちで、その地區は、三方《みかた》、三濱《みはま》の兩町にまたがる十一集落、約一千戸である。

三方――氣山（小字中山、市、中村、寺谷、切追、苧）、海山、北庄
美濱――日向《ひるが》、笹田（氏子ではあるが特別の神事はない）、久々子、松原、郷市、金山、大藪、牧口
外に――氣山諸頭《もろと》組

笹田を除いて、夫々に宮座の神事が行はれ

99.　頭屋の家の前に立つた神の依代オハケ

100. 久々子のオハケ慰め　笛と太鼓で囃して慰める

てゐる。これらのうち、最も古風が感ぜられるのは、やはり氣山諸頭組である。以前は、各小字に亘つて三十數戸あつたが、今は九戸及び須磨宮司家がその組を構成してゐる。

以上のうち、毎年オハケを立てる所は五組、オハケに代るものを立てるところ一ヵ所、他は舞當の年にだけオハケを立てる。大方のオハケは高い竿の上に米包、幣束等を下げたものであるが、日向では檜の削りかけを、氣山諸頭では大榊を立て添へる。日向は四月一日、他は六日か七日に頭屋に立てる。立てると「オハケ慰め」がある。オハケに迎へた神を慰めるといふのであらう。牧口ではもと戸主殘らずと青年會一統が前夜頭屋でお籠りをした。久々子でも諸頭が頭屋に籠る。久々子、大藪、松原では、太鼓と笛とで囃子をし、松原ではこれを神樂とよんでゐる。

祭當日には、早いのは午前二時半頃より順次、各地區より前の日にととのへた御《ご》供《く》を、行列を以て神社まで運び、獻饌する。そのほぼ半分はのち氏子に下げられ、あ

101. 神社に供物を運ぶ

とで氏子がいただくが、半分は宮司のとり分になる。大藪には「オゴクいただき講」といふのがあり、宇波西神社からのお御供を各家庭がいただきに來る。（氏子にとつても宮司にとつても、ここに明らかな形での鎮魂の意義を汲みとり得ないであらうか）

午後から神社前の廣場で、王の舞、獅子舞、田樂が、その順で奉納になる。（昭和五十九年は、田樂が日向、王の舞が大藪、獅子舞が久々子から出た。）

今、田樂を年交替で受持つてゐるのは、日向と牧口（明治二十六年より）であるが、明治十六年迄は、氣山諸頭が傳へていたやうである（氣山諸頭藏「諸頭の由緒」）。大永二年（一五二二）の記録（宇波西神社藏「上瀬宮毎年祭禮御神事次第」）に見える「田樂の村」は、この氣山村をさしてゐたのではないかと思はれる。そしてこの田樂の村が、七度半の使を出して、王の舞や獅子舞を呼ぶ。王の舞は今は海山、金山、大藪の三地區が適宜年交替で演じてをり、獅子舞は久々子、松原、郷市が年番で受持つてゐる。尤も、これらがいつから夫々の藝能

102.　宇波西神事「王の舞」

103.　同、「獅子舞」

104.　同、寶劍持ちと御幣差し　三番の舞が濟むまで動かない

105.　同、「田樂」

を演じてゐるかは不明であるが、大永の記録に、「但まいたうのかたへ云々」とあるのを見れば、當時既に舞當があり、舞の奉納を分擔してゐたことがわかる。なほ、王の舞、獅子舞、田樂等が行はれてゐるのはこゝ邊のみではなく、若狹各所に亘つてゐる。

王の舞は四十分を要し、獅子舞は三分、田樂は七分のものであつた。それ故王の舞が主のやうに思はれてゐるが、やはり田樂が主で、他は客分であつたと思はれる。

この三者のとり合せの歴史も古い。『明月記』鎌倉初期の正治二年(一二〇〇)十一月十六日の條に、殿上淵酔まがひの催しに、「師子、田樂、田殖、王乃舞」と見え、同建仁二年(一二〇二)十一月廿一日の條にも、「獅子、王舞」とある。又、今日も、兵庫縣社町上鴨川の住吉神社祭には、りょんさん(王の舞)、獅子、田樂が一連に演ぜられてをり、和歌山縣廣川町、廣八幡の田樂にも、王の舞と獅子が出る。又、京都府綴喜郡田原村、大宮・一ノ宮・三ノ宮の九月九日の祭りに、早朝假宮に舁き移される三基の神輿の前で、神酒の盃事が畢つた後、聟翁、王舞、田樂、獅子の四座が夫々の藝能を演ずる(井上頼壽『京都古習志』昭18)。古い傳承であつたと思はれる。

さて、宇波西の宮の縁起としては、日向の六郎右衞門(この家は出神《でがみ》家とも呼ばれる)といふ漁師が、むかし宇波西神を日向湖の中から拾ひあげ、村人たちと相談の上、これを上瀬《うわせ》川のほとりにいつき祀つたと云はれてをり、又一説には、大寶元年(七〇一)、湖邊に奇瑞を見、時の國造がその由を朝廷に申し上げ、日向國鵜戸山から神靈を船に遷し奉り、出神某なるもの御太刀を携へて從ひ、ここの湖邊に着船、假に此の地に奉齋した。今の地に遷座されたのは、大同元年(八〇六)といふ。延喜式には、「宇波西神社　名神大。月次新嘗」とある。かくて祭りには年々、日向の渡邊六郎右衞門家の當主は、錦の袋に包んだ寶劍を捧げて獻饌行列の先頭に立つ。

――今年も同樣であつた。先づ六郎右衞門家の當主が寶劍を捧げて行く。この行列が神社に至ると、獻饌を濟ませ、小憩の後、田樂の御幣差しの少年が本殿より田樂の御幣を受けてきて、警固の者と共に七度半の式を以て王の舞を迎へに行く。やがて王の舞が控所から出てくると、六郎右衞門家當主と御幣差しとは、廣場より神社に至る正面石段の中程に來て陣どり、六郎右衞門家當主は寶劍を目よりやや高めに一文字に捧げたまま、御幣を持つた御幣差しと共に、三番の舞が濟むまで動かない。王の舞につづいて獅子舞、田樂と、約五十分で奉納舞は終る。

この寶劍と御幣とが甚だ印象的であつた。神の依代としての神寶の姿を、そこにまざまざと見たのである。劍は、はじめ切るためのものであつたにちがひないが、三種の神器の一つにもなつてゐるやうに、古來依代としても扱はれてきた。不動明王の劍などのやうに、「惡魔を拂ふ利劍」ともされたのはまた佛の要素であつた。

參考文獻　三方町教育委員會編『宇波西神社の神事と藝能』（昭54）。萩原龍夫「中世の社寺」——『中世鄕土史研究法』（昭45）所收等。

四、梅宮神社の白酒祭り

埼玉縣狹山市奥富／梅宮神社
二月十日・十一日

梅宮祭りともいふ。梅宮《うめのみや》神社は、承和五年（八三八）に京都の本社から今の地に勸請されたものと傳へられる。舊奥留郷總鎭守として、また酒造守護神、安產守護神としても信仰されてゐる。

梅宮祭りは二月十、十一日の兩日、狹山市奧富の梅宮神社で行はれる。古風な形における神樂、關東には珍らしいいはゆる宮座である。前日を宵宮《よみや》とし、後日を本祭としてゐるが、本祭實は頭渡《とうわた》しの日である。宵宮には、杜氏《トウジ》とよばれる祭當番が主役となる。村人たちを社務所に招待し、酒宴をひらくのであるが、正客を領主と稱し、今は區長や村の主だつた人が當る。以前は川越藩の代官が招待されたといふ。酒は特に許可を得てこの社で釀造された濁酒を用ひる。酒が專賣になる以前はトウジが釀した。酒宴の中で領主がトウジを招き酒の出來をほめ祝ふことがある。

宵宮は座揃式《ざぞろひ》と殘酒《ざんしゆ》とに分れる。座揃式は儀式的な酒宴で、領主に三つ重ねの杯が奉られ、客一同に上座から順次酒がつがれ、めでたい小謠を皆で齊唱する。次に下座から酒がすゝめられ、上座に及ぶと、又小謠をあげる。かうした酒のつぎ方を、モミアゲ、モミサゲなどと稱す。かくて數獻を重ねる。謠は野謠《のうたひ》と呼ばれ、土地風の節まはしであり、草刈節とも稱す。座揃式がすむと座を崩し殘酒になる。これは一種の無禮講で、年寄が伊勢音頭などをうたへば若衆が立つて踊り、終夜興をつくす。

本祭は神社拜殿で行ふ。前夜の座揃式と同樣であるが、舊トウジが新トウジに杯をすゝめ、役目の申し送りをすることがある。その後、以前に酒をつくるために使つた大きい樽に棒をつけた樽神輿をかつぎ、集落の家々をねりまはる行事が夜ふけまでくりひろげられる（以上倉林正次「藝能風土記」による）。

昭和三十一年二月十一日、我々は、倉林氏の案内で、梅宮祭りの見學に赴いた。後の日であつたわけだが、午後四時より、三十五人が拜殿の周圍にならび、古風な酒宴が行はれた。この式は四時四十五分までかゝつた。後「コラサ〳〵」と掛聲をしつつ互に胴上げをすることあり、胴上げされた人は、胴上げされつゝ手を叩いてゐた。後特に社務所で、伊勢音頭を見せてもらつた。一人がうたへば六人が、羽織、黑足袋のまゝその場に逆にまはりつゝ手拍子も打ち、振色々あつて踊つた。「まだある〳〵」といつて踊をかへす。

この見學の折に謄寫印刷された「梅宮神社由緒記」（平本金十郎著）に、この饗宴に交はされる言葉や謠が誌されてあるので、こゝに順序を讀み易くとゝのへて紹介しておく。

梅宮神社大祭座揃式　二月十日

1

領主　此度は座揃式の招請に依りまして參上いたしました。御目出度う御座います。

當番　御領主樣外一同樣には御苦勞樣で御座います。

領主　此の品は御祝の標《しるし》ばかりで御座います。御納め下さい。

當番　御丁重なる御祝品有難く戴きます。

2

當番　こちらへ。

當番　御領主樣に申上げます。只今より梅宮神社大祭の座揃式を行ひます。付きまして恒例により御神酒を差上げますが、私共より改めまして差上げます。

領主　御兩所（當番は二名である）に申上げます。御盃を頂戴いたします。御一同御兒下さい。

領主　盃はいたゞきましたが、いかにいたしませうか。

當番　その御盃は、御領主様にて御預り願ひまして、御銘々様の御盃にてお上り下さい。（もみ上げ）

領主　銚子がめぐりつきました。御受いたします。

〽所は高砂の、尾の上の松も年古りて、老の波も寄り來るや、木の下蔭の落葉かく成る迄命永らいて、尚何時迄か生の松、それも久しき名所哉、それも久しき名所哉

3

領主　御兩君に申上げます。御盃をもみ下げに差上げます。

當番　御領主様に申上げます。盃が廻り付きました。いただきます。

當番　御肴に預りました。

〽四海波靜かにて、國も治まる時津風、枝をならさぬ御代なれや、相に相生の、松こそ目出度かりけれ、實にや仰ぎても、事も愚かや斯る世に、住める民とて豊なる、君の惠ぞ有難き、君の惠ぞ有難き

4

當番　御領主様に申上げます。御盃をもみ上げて差上げます。

領主　御兩君に申上げます。御盃が廻りつきました。いたゞきます。

領主　御肴に預りました。

〽松高き枝も連なる鳩の峯、曇らぬ御代は久方の、月の桂の男山、實にもさやけき蔭に來て、君萬歳と祈るなる

神に歩みを運ぶなり、神に歩みを運ぶなり

5

領主　御両君に申上げます。御盃をもみ下て両方にお散しに差上げます。

當番　左様でございますか。

領主　御両君に申上げます。杜氏の御出座を願ひます。

當番　左様でございますか。

杜氏がいでましてございます。

領主　只今は御丁重なる御馳走に預り、本年は特に御神酒の香り又味はいと申せ、共に結構なる出來ばいにて喜んで戴きました。付きましては杜氏に一獻差上げます。

杜氏　誠にお褒めに預りまして有難うございます。

〽時めくや采女の衣の色そへて、御酒をすゝむる盃も、花待ちいたる祝言は、千歳の春の始め哉、千歳の春の始め哉

杜氏　有難うございました。

6

當番　御領主様に申上げます。もみ上にて差上げたいと思ひます。

領主　御両所に申上げます。盃が廻りつきました。いただきます。

領主　獻數のよろしい所をもちまして、目出度御つもりを差上げます。

當番　目出度御つもりを御受けいたしました。いたゞきます。

お肴にあづかりました。

〽千代の聲のみ彌增に、戴き祭る社哉、戴き祭る社哉

當番　座揃式はこれをもちまして終了いたしました。長時間に渉り有難うございました。付きまして、殘酒の儀もございますので、御ゆつくり樂座になつてお上り下さい。

領主　左様でございますか。御丁重なる御言葉に從ひまして、心置きなくいたゞきます。

梅宮神社大祭　二月十一日

1

當番　御領主様に申上げます。只今より梅宮神社大祭第二神事謠の儀を奉り、恒例によりまして、御神酒を差上げます。

領主　御兩所に申上げます。御意に從ひまして御盃を頂戴いたします。御一同御免下さい。
御盃はいたゞきましたが、いかゞいたしませうか。

當番　その御盃は御領主様にてお預り願ひまして、御銘々様の御盃にてお上り下さい。

領主　御盃は確にお預りいたしました。あとは呑みよいので戴きたいと思ひます。
銚子がめぐり着きました。御意によりましていたゞきます。
お肴にあつかりまして有難うございます。

〽所は高砂の……

2

領主　御兩君に申上げます。御盃を重ねて兩方に散らしまして、もみ下げに差上げます。

本當番　御領主様に申上げます。御盃が廻り着きました。御意に従ひましていたゞきます。お肴に預りまして有難うございます。

〽四海波静かにて……

3

本當番　御兩君に申上げます。御盃を重ねてもみ上げて差上げます。

受當番　御兩所に申上げます。御盃が廻りつきました。いたゞきます。確かに行事當番を御受けいたしました。有難う御座います。

本當番　これにて行事當番役目を確にお渡しいたしました。

〽松高き枝も連なる鳩の峯……

4

師匠　御兩君に申上げます。御盃をもみ下げて兩方に散しに差上げます。

本當番　左様でございますか、いたゞきます。

〽時めくや采女の衣の色そへて……

註　師匠の發聲にて手を〆る。盃を伏せる。

5

本當番　御兩所様に申し上げます。御盃を重ねてもみ上げて差上げます。

領主　御盃が廻りつきました。従ひましていたゞきます。
充分いたゞきましたので、獻數のよろしい所を持ちまして、目出度御つもりを差上げます。
本當番　御意に從ひまして目出度、御つもりを御受けいたしました。いたゞきます。
お肴にあづかり有難うございます。
〽千代の聲のみ彌増に……千秋樂
本當番　以上に依りまして式を終了いたします。

左のやうに謠ふこともあるらしい。

褒　詞

これはよも正事面白の島の景色や

返　歌　(竹生島)

名こそ小波や、志賀の浦に御立あるは都人か愛はしや
御舟に召されて浦々を眺め給へや

五、岩代豐景神社の太々神樂

福島縣郡山市富久山町／豐景神社
春季大祭　四月十日

四月十日が豐景神社の春季大祭。この日午後一時より夕方にかけて神樂殿で神樂がある。九月二十八日が秋季例祭で、この日は「座敷まはり」と稱し、神輿の渡御があり、氏子八十戸をまはり、その座敷で、「幣舞」か「太刀舞」（この日床の間などに飾られる家の神寶太刀を採つて舞ふことが多いといふ）、もしくはその兩座が舞はれる。なほ、毎月一日が月並祭で、この日午前六時からの祭式中に一、二座が奉納され、樂人たちは、奉仕が濟むとすぐそれぞれの務めに驅けつける。また元朝祭にも午前零時より二時頃まで神樂の奉納があり、元朝詣での人たちは、篝火に暖をとりながらそれを見て歸る。

106.　豐景神社の神座

豐景神社の祭神は「日本書紀」に見えるもつとも早く成りませる三柱の神の一柱、豐斟渟尊《とよくんぬのみこと》と平安後期の武將鎌倉權五郎景政である。そこで頭文字をとつて、豐景神社といふ。もつとも、明治維新前は、御《ご》靈《りよう》之宮と呼ばれてゐた。境内には天滿宮も鎭まつてゐる。

豐景神社の拜殿は東面。神樂殿は拜殿に向つて歩道の左側にあるのが北面。大正十二年の建立。それ以前は神樂は拜殿で奏せられた。神樂殿の間口は二間半、奥行四間半、うち二間が舞臺で、そのうしろ二間半が樂屋になつてゐる。舞臺までの高さは四尺。舞臺奥中央に神座。その左右に三尺の暖簾《のれん》幕が下げてあり、舞人はここから出入する。

樂人は下手の座に、外から大小太鼓（一人で打つ。大は吊太鼓）、笛（篠笛）、小鼓、大拍子の順に並ぶ。舞臺に八疊敷の緋毛氈を敷く。

所傳の曲は、數へやうにもよるが、「獻饌祝詞」を別にして左の二十七座を傳へてゐた。うち＊印の十六座をこのたび拝見することができた。なほ○印五座は直面の採物《とりもの》舞である。

＊○清祓、＊天地開闢、＊四方堅、國堅、玉鉾、太刀、扇、＊○御神拍子、榊、思兼、＊鎭惡神、大國魂、＊○左右、＊燈明、＊磐戸、獻饌祝詞、天狐、＊宇賀、大散供、稲刈、＊岡崎、＊白杖、＊○四神祭、＊大野邊、事代主、＊諏訪鹿島、＊倭姫（「猿」の舞を含む）、＊○太平

明治維新までは、付近各社の神主たちが互ひに寄り合つて、それぞれの社の祭の神樂を奉仕してゐた。これを氏子の人たちが務めるやうになつたのは、維新以後である。この神樂は、いはゆる出雲流神樂（採物神樂）のなかでも特殊の展開を遂げたものであつた。――神樂を神主たちが務めるのは、出雲佐陀社の役目能の筋を引くのではないだらうか。

神の依代《よりしろ》である幣、太刀などは、古來神寶として崇められ、清め、祈禱にそれらを採つて舞ふことも行はれてきた。これを採物舞、もしくは採物神樂とよぶ。出雲をはじめ、中國、四國、九州にはこの神樂がひろく行はれ、その神樂のいはば餘興に、神話や古傳の物語を仕組んだ神能も、採物舞と同じ舞庭で演ぜられてきた。むろん採物舞が主であるのだが、これがいつか同等に扱はれ、信仰も移つて、能も神樂であるやうに考へられるに至つた。採物舞には神歌がうたはれ、能には神歌も謡《うたひ》もうたはれた。

107. 樂　人

これが東方、近畿をとびこして、中部、關東、奥羽に傳へられたものになると――とくに江戸を中心とした關東では、見て何のこともない採物舞はほとんど省き、神話を脚色した能を神樂とし、なほその能の神歌も謠もほとんど省略して（とくに强調したい一節《ふし》二節を殘し、またもどきは曲により稀に互ひにしゃべり合ふこともある）、代りに美しい音樂を奏し、それにつれて默劇で筋をはこぶに至つてゐる。しかし採物舞はなくなつたのではなく、古風を傳へてゐる所では七座前後を今も殘してをり、秩父神樂などでは、神話に出る採物――玉、劍、鏡、鉾、幣、榊など――を重視し、假面のものがこれらを採つて舞ふといふことに仕組み、能、は解體されて、舞に變つてきてゐる。

　これがさらに北上して東白河郡八槻、都々《つつ》古別《こわけ》神社の神樂になると、再び採物舞と能とが截然と分れる。その能は、物語性はそのままだが、やはり音樂に合はせ、著しく舞踊化され、採物舞は別に演じてゐる。

　白河の關を越へ、これが田村、安積、安達の、以前神主たちの演じたものになると、この直面の採物舞と假面の能

108. 天地開闢

風の舞とが仲よく交り合ひ、まつたく同等に演ぜられるに至つてゐる。音樂の曲も共通である。その曲には、例へばこの豊景神社のものによると、

能、四つ、みかぐら、くづし、亂聲、御神拍子、燈明、左右、手力男、天狐、吹切、宇賀、岡崎、七つ、小松、大野邊、倭姫

など十七曲。舞は出入のを別として、二度振が變はるのを原則としてゐる。

私が今から六十數年前調査した安達郡白岩村、浮島神社の神樂（「民俗藝術」三の四―一〇）には、下《さが》り羽、亂聲、吾妻拍子、五神囃子など十六曲を傳へてゐたが、そのメロディーは、當時は當り前と思つてゐたのだが、今にして思ふと、笛の穴の減るほど吹いたといふ古老たちの、昔の神主たち直傳の奏樂は、小曲ながら、牧歌的な、極めて美しいものであつたやうに思ふ。その昔が戀しい。

なほ、ここに能の囃子について一言つけ加へておく。大和能（觀阿彌・世阿彌の大成した能）の囃子は、周知のやうに、笛（能管）、大小鼓、それに小太鼓であるが、中

國、四國、九州地方における神樂の庭の能は、採物舞のとも同じ太鼓、笛、銅鈸子を基調にしてゐる（出雲佐陀社の採物舞の囃子は、大小太鼓と能管と銅鈸子である）。さて關東から奥羽に入つた能の要素を含む神樂の樂の組織は、銅鈸子がなくなり、以上に鉦鼓や大拍子が加はる。かうした舞に伴ふ音樂の、二段、三段の改革が、（それは明らかに崩れ、繕《つくろ》はれてさうなつたのではなく、主張ある立派な形態に作り上げられてゐるのであるが）一體どこで、何人たちによつて行はれたのであつたらうか。

次に、このたび見學し得た曲について、ごく簡潔に記錄しておく。

〔清祓〕　囃子—能・四つ・四つ・能。

舞臺周圍に樂屋の者も皆出て中向に並び、宮司が出て中央で大麻を持つてお祓ひをし、のち、大麻と鈴とで舞ふ。舞が約七分。

〔天地開闢〕　「能」を繰り返す。

鳥甲、面、狩衣、袴、白足袋、鉾の男神が向つて右の幕から、天冠、頭巾、女面、舞衣、緋袴、笏の女神が左の幕から出、相對して舞ふ。小鼓が入る「能」の曲に合はせて振がこまかく、美しい。天地開闢のことが幻想的に舞に仕組まれてゐる。約七分。

〔四方堅〕　能・能・みかぐら・能。

鳥甲、面、狩衣、襷、袴の者、弓を左手に、矢を右手に持つて右幕から出る。この曲に限つて唱言がある。一舞あつてまず東方（實際の方角）に向き、弓に矢を番《つが》へてかまへ、唱言あり、矢を東方に射る。次に同じく西方、南方、北方、中央（下方）、さらに北東（鬼門）にも同じくある。丁寧な四方堅である。その唱言は、神社發行の『おかぐら』（昭和六十一年）によると次のごとくである。

東に向かひ
久々能知の神は萬木の精を司り、青き龍に乘り、青き旗を揚げ、東方を守護し給ふ。
西に向かひ
金山彥の神は金の精を司り、白き龍に乘り、白き旗を揚げ、西方を守護し給ふ。
南に向かひ
波仁屋那彥の神は火の精を司り、赤き龍に乘り、赤き旗を揚げ、南方を守護し給ふ。
北に向かひ
水波乃女の神は水の精を司り、黑き龍に乘り、黑き旗を揚げ、北方を守護し給ふ。
中央で
火具土の神は土の精を司り、黃色き龍に乘り、黃色き旗を揚げ、中央を守護し給ふ。
北東に向かひ
この方丑寅は、惡魔來入の厄門なり、天の破魔弓、天の破魔矢、御神德をもつて、町內安全。

のち神前に坐し、拜し、弓と鈴とで一舞あつて左幕から入る。入り際にこちらを振り返る。これが假面の者の引込みの型である。

〔御神拍子〕 能・御神拍子・御神拍子・能。

兩幕より、烏帽子、直面、狩衣、袴の者、笏を採つて出る。並んで神前に拜し、一は赤幣、他は靑幣を採り、それと鈴とで舞ふ。約十分。入り際、舞臺正面に兩人立ち、まづ左の者が斜めに進んで右幕に、ついで右の者が同じくして左の幕に入る。

109. 四方堅

110. 御神拍子

112 燈明

111 鎮惡神

〔鎮悪神〕能・能・みかぐら・くづし・能。

鳥甲、鬚面、狩衣、襷がけ、袴の者、抜身の太刀を採つて出る。「能」の曲に合はせて同様にこまかい振があり、この舞が長い。やがて神前に拜し、太刀と鈴とを採り「みかぐら」の囃子で舞ふ。途中から「くづし」の囃子に變はる。のち神前に拜し、太刀を採つて入る。十七分。

〔燈明〕亂聲・燈明・燈明・亂聲。

鳥甲、面、狩衣、袴の者、笏を持つて出、神前に拜し、ローソク（今はその芯《しん》を赤く染めて燈したことにしてゐる）と鈴とで舞ふ。ローソクを背にまはし、こごんで前方に鈴を振るなどの振があり、常闇《とこやみ》の行手を探るさま。舞い終へて神前に拜し、笏のみを採つて入る。約十分。

〔磐戸〕能・手力男・四つをそれぞれに繰り返す。

兩幕より鳥甲、面、狩衣、袴、笏の太玉命と天兒屋根命、次に黑しやぐま、鬚面、襷がけ、笏の手力男命が「オー」とおらびつつ右幕より、次に頭巾、女面、舞衣、緋袴の鈿女命が榊と鈴とを採つて右幕より出る。互いに囁き合ふ振。鈿女は榊と鈴とで舞つて入る。兩神は岩戸の前で手さぐりの振があり、のち手力男が神座の戸をとると、なかに燈火が一つ。三神坐して拍手、拜。兩神は入り、手力男も最後に入る。以上、約二十二分。

〔左右《さう》〕「しのぶ」ともいふ。

しばらく絶えてゐたのを、田村方部から習ひ返したものといふ。「左右」の三種の曲（名稱を傳へず）を奏す。烏帽子、直面、狩衣、袴の者、兩幕より笏を採つて出ると神前に拜し、小麻《ぬさ》と鈴とで舞ふ。こごんで麻を地上に立てる振が繰り返しある。約十二分。

〔宇賀〕吹切・宇賀・宇賀・吹切。

113. 磐 戸

114. 左 右

白しゃぐま、狐面、白衣の上に襷《ちはや》、袴の者が扇を採って出て神前に拜し、右手に鈴、左手に青、白、赤、紫、黄の五本の幣を持ち、逆回りにめぐりつつ幣を東南の角《すみ》から順回りの次々の角に立て、五本目は神前に立てる（水口祭）。次に三寶に餅を入れたものを持って舞ひ、周圍に餅を撒く（種蒔）。のち神前に拜し、さらに三寶と鈴とで舞ひ、神前に拜し、扇を採つて入る。約十分。

〔岡崎〕「岡崎」の曲を繰り返す。

舞臺中央に臼と杵とを置く。右幕より前座と同じ支度の狐面の者、兩無手。左の幕より黑しゃぐま、猿面、襷、袴の者、同じく無手で出、相對し、手振り面白くいろいろあり、順にめぐる。一舞の後狐が杵を採つて餅を一搗き二搗きあり、またぐり、また搗いて後、臼のなかの餅を見物に向つてたくさん撒く。約七分。

〔白杖〕「七つ」を繰り返す。

烏帽子、口曲り面、白衣に襷、袴の者、白杖を採つて出る。鈴を振り、白杖を適宜に前方に振りつつよちよちと逆回りに幾回りか舞ふ。特色ある舞。約十二分。

〔四神祭〕能・小松・小松・能。

烏帽子、直面、狩衣、袴、笏の者が二人づつ兩幕より出、神前に拜し、それぞれ幣（白・青・赤・黄）と鈴とを採つて舞ふ。その場に順に回り、逆に回り返して、幣をなかに合はせるなどの振がある。十一分。

〔大野邊〕能・大野邊・大野邊・能。

鳥甲、面の神、扇と鈴とで舞ふ。振に變化のある美しい舞である。約十二分。

〔諏訪・鹿島〕亂聲・みかぐら・みかぐら・亂聲。

右幕より鳥甲、鬚面、狩衣、襷がけの諏訪が太刀を採り、左幕より黑しゃぐま、鬚面、狩衣、襷がけの鹿島が岩を

115. 宇 賀

116. 岡 崎

117 大野邊

持つて出る。相對し、順回りに回りつつ戰ふさまを簡潔に舞踊化してゐる。互ひに持物を押しつけ合ひ、これを繰り返し、のち諏訪は太刀と鈴、鹿島は鎌を逆手に、それと鈴とで舞ふ。鹿島は先に入り、諏訪はなほ一舞あつて入る。約十三分。

〔倭姫〕「倭姫」の曲を繰り返す。猿——倭姫・みかぐら・みかぐら・岡崎。

天冠・姫面の倭姫が、白杖と鏡を持つて右幕から出る。猿面のものが同じく右幕から這つて出て姫にからむ。「鏡くんざんしょ」（鏡をおくれな）とねだるのであるといふ。姫は猿にはかまはず、舞ふだけ舞つて入ると、猿が殘り、神前に拜して、鈴と三寶を採り、立つてなほ一座分を舞ふ。通じて十六分。

〔太平〕能・四つ・四つ・能。

樂屋の皆々も出て周圍に並ぶ。烏帽子、直面の樂長が右幕から出て神前に拜し、神座中央の大幣を採つて左手に、鈴を右手に採り、幣を高く上げて順にその場にめぐり、下げては抱くやうにして逆にめぐり返すといつた振を繰り返す。約九分。

各座を通じて、變化ある仕組み。工夫ある、親しみやすい、よい神樂であつた。稽古も十分であつた。

このたびの見學には、豐景神社宮司、宮本薫氏よりいろいろお伺いし得た。また神社發行の『おかぐら』（昭和六十一年）、相原秀郎氏「安積・安達・田村三郡の神職神樂」『福島の民俗19』（平成三年）をも參考にさせていただいた。記してここに厚く御禮を申し上げる。また、當日撮影したビデオテープも神社より贈られて參照することができた。これは省略なしのよくとれた貴重な資料である。

（「月刊文化財361」平成5・10）

119. 倭　姫

118. 倭姫の猿

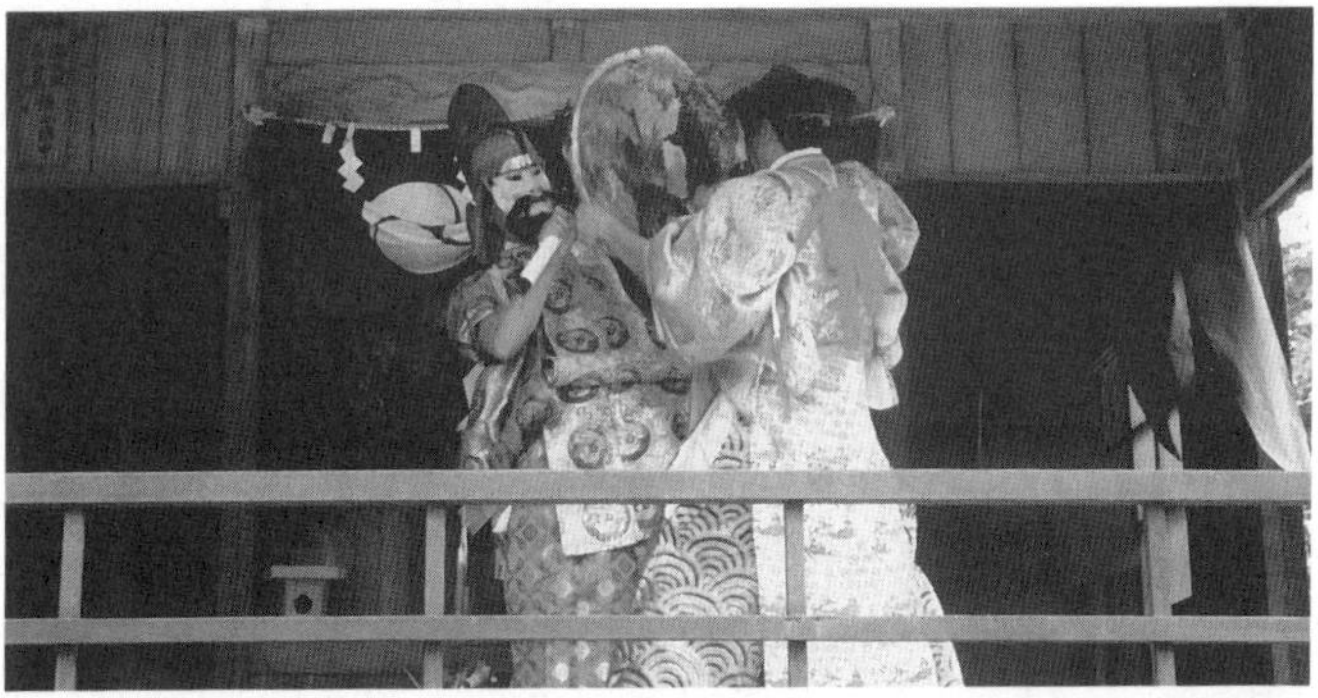

120. 諏訪・鹿島

121. 太　平

六、長浜曳山祭り

滋賀縣長浜市宮前町／長浜八幡宮
四月十三日〜十六日

伊吹山を東に仰ぎ琵琶湖を西に臨む景勝の地長浜市で、四月十三日から十六日にかけて曳山祭りが催される。この祭りは、天正年間豊臣秀吉がまだ羽柴筑前守であつた頃長浜城に封ぜられたが、こゝで男子を得た喜びを城下の町民にも頒たうと、若干の砂金をふるまつた。町民はこれを基金にして、氏神八幡宮の祭禮に十二臺の曳山を造り上げ、これを町内に曳廻つたのが長浜曳山祭りの始まりであるといふ。その當時は一階造りの質素なものであつたが、明和、安永の頃から文化、文政年間にかけて、この地方は生糸、縮緬、蚊帳《かや》、ビロードなどの生産地として商賣は繁昌し、町民も裕福なところから祭禮も賑やかになり、各曳山組の間で善美を競ふ風が出來、夫々頗る華美なものになつた。又、この曳山の上で、はじめは能や狂言を演じたが、後には子供の歌舞伎を演ずるやうになつた。ことに豪華な衣裳をつけた十歳前後の男兒たちの演ずる歌舞伎は、曳山をとり圍む見物人たちを陶醉させずにはおかない。

祭りは四月九日からはじまるが、その次第は次の如くである。(「曳山祭」及び「長浜曳山祭」と題する市及び市教育委員會で發行したパンフレットによる)

四月九日—十二日

線香番　狂言の長さは四十分以内といふ申合せになつてゐるので、この時間を山組交替で勤める總當番が調べてまはる。時計のなかつた時代に線香によつて時刻をはかつたのでこの名があるといふ。

裸參り　この期間、毎夜九時頃から各組毎に若衆が、白シャツ、白パンツ、足袋はだしといふ輕装で、各自その組の印入りの弓張提燈を持ち、列をつくつて掛聲もかけ、威勢よく稽古宿から八幡宮に參拜し、水垢離をとつて祈願する。これは、狂言奉納順を定める十三日の鬮とりに、第一番を引きあてたいのと、子供役者の健康を祈つてである。

四月十三日

起し太鼓　午前三時頃から、若衆達が、笛、太鼓、摺り鉦の囃子で、各組毎にその組内の若衆、中老など、祭禮關係者の家々の戸を叩いて起してまはる。

御幣迎へ　午前八時、曳山に飾る幣を、八幡宮から各山組へ迎へる。

神輿の渡御　午前十一時、神輿は本社からお旅所に渡御する。

鬮取りの神事　午後一時、各組から選ばれた若衆の鬮取人が八幡宮に集り、神前で鬮を引き、祭禮當日の狂言奉納の順番を定める。

狂言執行　午後七時頃から、各山組に於て行はれる。これを十三日番といふ。

四月十四日

登り山（山送りとも）　午前十一時頃から各組内の町内で狂言をし、午後一時頃、末番の山組から順次に八幡宮境内に曳出し、拜殿前の廣場に、神殿に面して所定の位置に据ゑる。

役者夕渡り　午後六時頃から末番の山組を先頭に、役者が行列して八幡宮から各組の自町に歸る。

四月十五日

起太鼓　十三日未明の起太鼓と同樣。

山飾り　午前六時。

役者朝渡り　午前七時から各組の役者が衣裳をつけて八幡宮に渡る。

太刀渡り　この式は、山組以外の長刀組（小舟町組）が奉仕する。午前八時三十分、甲冑の武士に扮した小兒十人が、神木で作

122. 長浜の子供歌舞伎「神靈矢ロの渡し」(喜多慶治氏撮影)

つた六、七尺の太刀を佩き、力士に扮した三十餘名の若衆が先驅して小舟町から八幡宮に渡る。力士は紋付の着物に角帶をしめ、しりからげをして臀部を見せ、前には化粧廻しを垂れ、右手に金棒を曳き、白足袋、草鞋ばきといふいでたちである。俗に「しりまくりのわたり」と呼ばれる。太刀渡りは、源義家が後三年の役から凱旋の途中、八幡宮に参拝した時の行列を模したものとも、義家が八幡宮参拝のため、滋賀郡から湖上を渉つて今の長濱に上陸したとき、土地の人がこれを迎へて案内した時の古例とも言はれてゐる。この太刀渡りの行列が社參を終つてお旅所に向ふ時、境内の出口で退列の合圖をすると、一番山が狂言の奉納を開始する習はしである。

なほ、長刀組には、十二組の曳山とはその形の全く異る三ツ車の飾り山がある。山の上に上記の太刀や、幟を飾るもので、長刀山とか蓬萊山とか呼ばれる。元祿十二年の建造。

狂言の奉納　午前九時開始、十三日の鬮取の神事で定められた順番で奉納。神前での奉納が終ると、曳山は順次七町ほど離れたお旅所に向ふ。途中三ヶ所で狂言を行ふ。

お旅所の狂言奉納　午後六時頃から。

戻り山　午後十一時頃、お旅所での狂言が終ると、先づ神輿が還御になる。このとき、一番山は「戻り山」の囃子を始め、順次各山は、先番の曳山に合せて「戻り山」を奏しながら神輿を送る。この囃子は、曳山囃子中最も賑かなもので、十二組が揃つた頃は、これが遠く湖上十八里を隔てた大津の打出の濱までとゞくと云はれてゐる。

神輿が還御になると、次いで長刀組が行列を整へて自町に向ひ、曳山は一番山から順次自町に戻る。

四月十六日

後宴　正午頃から夜にかけて、各山組の町内數ヶ所で狂言を行ふ。

四月十七日

午前八時、八幡宮に於て御幣返しの儀がある。

今日引き出される十二の山の名稱は次の如くであつて、これは明和の記錄以來變つてゐない。また、もとは毎年全部が狂言を演じてゐたが、大正十一年以後六組づつ年番で行ひ、昭和二十九年からは四組づゝ交替で行ふやうになつた。

諫鼓山（御堂前組）、春日山（本町組）、青海山（北町組）、月宮殿（田町組）、猩々丸（船町組）、壽山（大手町組）、鳳凰山（祝町組）、常盤山（呉服町組）、翁山（伊部町組）、高砂山（宮町組）、萬歳樓（瀬田町組）、孔雀山（神戸町組）

昭和四十一年には、右の諫鼓山以下最初の四組が番に當つてゐて、次の下題で狂言を出した。

諫鼓山　蝶千鳥曾我物語（禪師坊別れの場）

春日山　繪本太閤記（十段目尼ヶ崎の段）

青海山　神靈矢口の渡し（頓兵衞住家の段）

月宮殿　忠臣義士傳（赤垣源藏出立の段）

曳山は、舞臺、樂屋、亭《ちん》の三つの部分から成り、前部が舞臺、その奥が樂屋（こゝに太夫と三味線方とがをり、ちよぼを語る）、樂屋の二階が亭（山の囃子方がゐる）で、舞臺は四疊半の廣さである。

曳山の囃子は、大太鼓一、小太鼓一、笛五〜六、摺り鉦一により、組毎にその曲も若干異なるが、次のやうなものがある。

おひやり（御遣《おんや》り・送り山とも）　十四日の山送りの時・十五日神前の曳出し・曳山曳行のとき・お旅所での狂言を終へ、所定の席に曳入れて、次番の曳山が狂言奉納の席に着くまで等に囃される。

ほえま（奉演とも）　狂言の始まる前に囃す。又曳山曳行の道中、止つてゐるときに囃される。靜かなもの。

戻り山　神輿還御から自町へ曳山を戻すとき。

起太鼓　十三日、十五日の未明、祭り關係者を起してまはるときの囃子。

出笛　狂言開始の直前に（ほえまに續いて）吹かれる。

狂言は岐阜縣の關市から師匠が來て指導をする。役者に書抜を渡すが、役者が記憶してしまふと、全部を燒いてしまふならはしで、その詞章は祕密にされてゐる。

昭和四十一年十月、第十七回全國民俗藝能大會に諫鼓山の御堂前組の人達が出演、「蝶千鳥曾我物語」が演じられた。日本ビクターが錄音したものにより筆錄した詞章は次の如くである。

蝶千鳥曾我物語（禪師坊別れの場）

〈荒　筋〉

源頼朝が富士の裾野に巻狩をしたとき、曾我の十郎祐成は、五郎時致と共に母のもとを尋ねて仇討の許しを乞ふ。しかし母は、勘當を受けてゐる五郎を許さない。そこへ幼い時から越後へ養子にやられてゐた末子の禪師坊が、目を患ひながらも訪ねてくるが、十郎は厄難の及ぶことを恐れて名乘らない。一方、五郎の心たしかなことを知つて、母の心はとけるが、禪師坊は兄たちのことを思つて自害する。その悲しみのうちに、道三郎が好機の到來を知らせてくるので、兄弟は母の餞別の蝶千鳥の小袖を身につけて、勇んで仇討ちに出發する。

〽曽我の十郎祐成は、ごりようのなかも中村の、弓と紘とのあぜ道づたひ

十郎　いかに弟、矢頃になれば鹿よりも、仇祐經を討ちとつて、名を裾野に殘さんと、思ひ立つたる狩場の晴着、母に願うて出立致さん

五郎　あれ見られや兄者人、塒へ歸る鳥でさへ、親は子を連れ子は親を、慕ひ歸るいじらしさ、それに引きかへ時致は、母に勘當は受けし身の上、何とぞ御赦免下さる樣、賴りにするは兄者人

十郎　氣遣ひいたすな、さりながら、母上樣にはいかう御苦勞遊ばして、おやつれなされしあのお姿

五郎　さー、一日の孝もなく、母の心を損ねし大罪

十郎　その詫びごとはさることながら、必ず短氣を出さぬ樣、暫時勝手に身を忍ばせ、目き吉左右を相待ち居れ

五郎　何分よしなに兄者人

十郎　それに如才があるものか、行け、行け

五郎　心得申した

〽忍んでこそは

十郎　あゝこりや、ひそかに、ひそかに

〽祐成ここそに打むかひ

十郎　母上、只今立帰つて候

〽家にはいれば母満江、ふすまを開き立ち出でて

母　おゝ祐成、帰りやつたか、月こそ變れ、今日は亡き父上の御命日

十郎　あいや母上、いかで忘却仕らんや、母上様にもお聞きの通り、鎌倉殿には、裾野において御み狩の催し、關八州の大小名、轡を並べての御供、前代未聞のこと故、そちも一矢手並をあらはせよと、三浦殿より賜りし、これなる弓矢にて候、何とぞこの儀お許し下さる様一重に願ひ奉る

母　そりや、三浦の叔母より賜はりしとや、他門の人さへさほどまで、この母は尙更に、やりたきは山々なれど、この儀ばかりは思ひ止つてたもいのう

十郎　とはまたなぜでござりまする

母　その仔細は、これここに

〽いへとぞたつて佛壇より、位牌とり出し押しいたゞき

母　祐成、これ覺えていやるか

十郎　これこそ父の御位牌

母　過ぎつるころ、父上には奥野の狩の歸るさに、所領の遺恨に祐經が、遠矢をもつて無念の御最後、さすれば河津家にとつては狩くらは大の不吉、こればつかりは、思ひ止つてたもいのう

十郎　母上の仰せ、御尤もには候へども、この度晴れの狩りくらに、一矢たりとも參らせねば、武門の家に生れて腑甲斐なし。せめて狩場へ伺候なし、望む獲物は九郎——。いやさ、くどくどしきお願ひなれども、何卒この儀お許し下されて、狩場の晴着お下げ渡し下さらば、有難うござりまする

〽と思ひ入つてよつてへやへ入る。さすが河津の後生と、それとさとつて打うなづき

母　様子ありげなその願ひ、我家に殘す形見の小袖、いかにもそなたに取らせませう

十郎　そりや、お聞き屆け下さるとな、ハ、ー有難う存じまする。そのお言葉にとりすがり、いま一つのお願ひをば

母　あ、これ、祐成、そりや言やんな、弟箱王が勘當の詫びであらう。親の心に叶はぬ不所存もの、この願ひは叶ひませぬぞ

十郎　そこをなにとぞ

母　くどう言やると、晴着の小袖は取らしませぬぞ

〽と、老の一徹、一間なるふすまを開き

十郎　あ、もうし

〽入りにける。あとに祐成、しばし思案にくれにける

十郎　一徹短慮の母上樣、かくまで申せどお聞き入れなくんば力及ばず

〽それにつけても討死と、覺悟きはめしわれは義兄弟

十郎　せめて越後の弟へ、仔細のことを書き送らん、さうぢや、さうぢや

〽日も早や西へ入相の、遠寺の鐘ともろともに、無常を告げる……

禪師坊　あゝもう暮れたか、暮六ッ過ぐればこの鳥目、かてて加へてこの癪氣、早う宿が求めたいものぢやなあ

〽枝折戸外面に歩みより

禪師坊　こゝはどうやら人家の軒下と見える。暫しこれにて――。卒爾ながら、ゆきくれし旅の者、癪氣で難儀致しまする。暫らくの間この軒下をお貸しなされて下さりませ

〽といふも苦しき持病のなやみ、アーア、内にはそれと祐成が
十郎　それはさぞかし御難儀、ゆつくりと休息して行かれよ
〽明りを片手に祐成が、木戸打あけて打ち見やり
十郎　見れば卑しからざる御出家、いづくへお通りでござる
禪師坊　はい。私は越後の國よりはる〴〵當地へ參りしもの。祐信様のお屋敷を、御存じならばお教へなされて下さりませ
十郎　いかにも、そのお屋敷は當家なれども、祐信様をお尋ねなさるゝ、して御僧《ご》は何人《なにびと》でござる
禪師坊　そりや祐信様のお屋敷はこなたでござりまするか。ああ、うれしや、うれしや。何を隱しませう。私は、越後の國よりはるばると、尋ねて參りました禪師坊實江と申すもの、母滿江様をはじめ、兄十郎様、時宗様にもお目にかゝりたく、尋ね參りし者でござりまする
〽と聞くよりも、さては弟禪師坊と云はんとせしが、いやまてしばし、とびたつ胸を押ししづめ
十郎　拙者は當家新參に召し抱へられし者にて、委しきことは知らねど、お母上様には夫の菩提を弔はんと、諸國行脚に出でられて三年目、未だにお歸りではござらぬ
禪師坊　そりや何とおつしやる。母様には家出なされましたか、それでは兄上十郎様、時宗様にこのよしを
〽と心せはしく問ひかけられ、血を吐く思ひ、祐成が
十郎　サ、サ、サ、その御兄弟には、敵の仇を討たんものと、千辛萬苦致されしが、相手は當時鎌倉殿の執權職、所詮本望遂げられず、生き長らへて詮なしと、兄弟互ひに刺し違へ、お果てなされしとの人のうはさ
禪師坊　そりや何とおつしやる。ハ、あの御兄弟には、互ひに刺し違へて、ェエ、ェエ

〽ハッと驚き、さしこむ癪
十郎　こりや弟
　旅のご僧やーい
〽眞實心の介抱に、實江はやうやう心づき
禪師坊　エヱ兄上、聞えませぬ、胴慾ぢや、聞えませぬわいなあ、例へお別れ申したとて、血肉を分けたその實江、
　なぜ知らせては下さりませぬ。聞えませぬわいなあ
〽聞えませぬわいなあ
禪師坊　親兄弟とは名ばかりにて、お顔も知らず別るゝとは
〽よくよく因果な生れぞよ、御推量なされ下されと、祐成歎くよヨーイナア
禪師坊　ああー
〽いつそ打明け名乘らうか、いや〳〵こゝが大事な瀬戸際と、心を鬼にとりなほし
十郎　聞けば聞くほど哀れな話、何事も宿世の縁とあきらめて、一先づ越後へたち歸り、菩提を頼む禪師坊、とさー、
　そつちが兄なら頼むであらう、早うこの場を歸られよ
禪師坊　御親切なるそのお言葉、再び越後へ歸ります
十郎　しからば聞き分け、歸つてくれるか
禪師坊　いにとも無うはござりまするが、行かねばならぬ私の身の上、もうお暇申しまする
十郎　隨分體を大切に
禪師坊　あなた方にも、御機嫌よろしう

十郎　怪我せぬやうに
禪師坊　もうおさらばでござりまする
〽名殘り惜しげに立上り、いそもらしげにとぼ〳〵と、石につまづき、又もさしこむ癪氣の苦しみ
十郎　又もや癪氣がおこりしか。この樣子では歩行もなるまい。幸ひあれなる木部屋にて、どれ手をとつてやりませう
〽しんなき世に眞實の、情にあまる介抱に、木部屋をさして入りにける。（以下略）

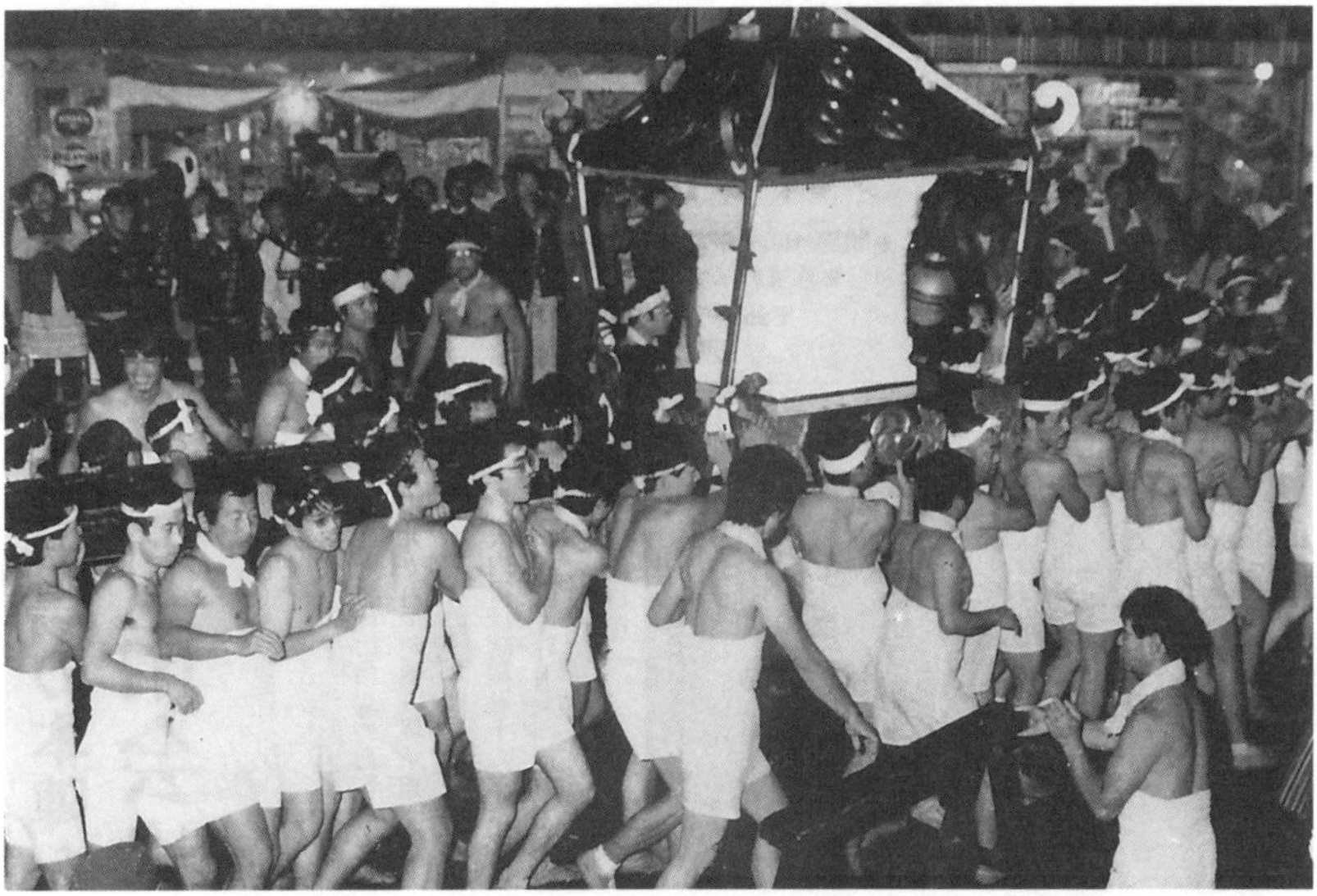

123. 安達太良神社例祭本祭りの裸神輿、薄暮の町を荒れまはる（「文化福島」所載）

七、安達太良神社の祭り

福島縣安達郡本宮町／安達太良神社
五月一日・十月二十四日〜二十六日

折に觸れ思ひおこすのは鎮守安達太良神社の祭りのことどもである。五月一日の春祭りには境内の神樂殿で神樂がある。出雲流の神樂で、幼い頃は惠比須の鯛釣りの出るのがいつも待ち遠しかつた。

祭りを幼な言葉で〝しゃれこんどんの祭〟とも云つたのは神樂のある祭りといふことである。神樂は白岩村（現在白澤村）の浮島神社の樂人達が來て奉仕してゐたが、囃子の美しい、よい神樂であつた。三十五座のうち、十二座を仕組んで、十二神樂、または太々神樂とも稱した（三卷525頁）。

秋の祭りは十月二十四、五、六の三日間。このときは太鼓臺が出る。その太鼓を打つのは、七歳から十二、三歳までの稚兒たちである。大人が大太鼓をドンドンと打てば稚兒たちが小太鼓をトントントンと返す。聖天、からとりし

124.　太々神樂「榊樂」（渡辺伸夫氏撮影）

ょ、しゃぎり、角兵衛など數曲がある。祭り前になると稚兒たちが選ばれ、十日そこそこの稽古がある。私も二、三年この稚兒をつとめた。昔は稚兒の家が順番に宿をして稽古を重ねたものだつた。

町の中を間《あひだ》の川が流れてをり、昔はここに風雅な眼鏡橋がかかつてゐたが、これを境に、北町と南町とに分かれ、祭りに太鼓臺一臺づつを出す。そして本祭りの神輿渡御には北町を先頭に相接してお件をする。この折は競争で囃す。私は、宵祭りの太鼓臺に乘つたが、本祭りには祖父が許してくれず乘らないでしまつた。殺氣だつて危いからといふのである。

祖父は毎年祭りの世話人でいつも神輿の渡御にはお件をした。神輿は長い石段を下つて町をまはり、一軒一軒お祓ひをした。北町から南町へ、御旅所で休んだ後、還御は荒《あら》神輿《みこし》になる。神輿の飾りを一切とりはづし、若衆たちにゆだねる。神輿はお宮に歸りたくないと、大いに荒れるのであるといふ。

（「文化福島」昭60・10）

八、垂井の曳山祭りと南宮祭り

岐阜縣不破郡垂井町／八重垣神社・南宮神社

五月二日〜五日

大型連休の合間を縫つて、五月四日、岐阜縣垂井町に行く。この町で開かれる全民連（全國民俗藝能保存振興市町村連盟）の總會に出席のためである。又、二日、三日、四日が垂井町八重垣神社の曳山祭りで、三臺の山車《だし》が出て、その上で稚兒の歌舞伎がある。四日はその千秋樂であつた。午後三時から南宮神社に、もと末社御田代《みとしろ》社の前で行はれた御田植神事があるといふので、一應曳山を見た後、小形バスで神社に行く。やがて境内の、苗代田に象《かたど》つた二間に三間の注連をまはした齋場で、宮司以下の神職たちも着席し、御田植があつた。鍬を持つた青年が一人出て田を耕す體。柄振《えぶり》を手にしたものが田をならす。苗配りが松葉の苗を地上に置いてまはる。次に南北に花やかに控へてゐた二十一人の三歳ないし五歳の盛裝した幼い早乙女たちが立つて苗をとり、進み退つて苗を縦に並べる。その間、笛、太鼓、小鼓の囃子に合せ、歌方が田植歌をうたふ。

〽植えい植えい　早乙女　田笠買うてとらさうぞ

田笠買うてたもるなら　なほも田を植えうよ……

物眞似を以て豐作を祈る同様の行事がそつくりタイにもあるといふ。世界を旅行して寫眞をとりつづけてをられる芳賀日出男氏のお話である。驚いて歸宅後同氏の『世界の祭り』（昭54）を見ると、成程五月吉日、王宮廣場を田に見立て、二頭の本ものの牛が出て赤い犂《すき》を引き、田を耕す形をし、それに續いて役人や美しく着飾つた女性たちが種籾《もみ》を播く。それを後で參集者たちが爭つて拾ひ、自家の田植にそれを混ぜて播く。この行事を「プード・モンコン」（春耕祭)といひ、國王夫妻もお出ましになる習ひといふ。

日本の御田植神事は、伊勢兩宮の「儀式帳」にも見えてゐる二月の耕田・種蒔の式に始まると思はれるが、兩國にこの類似があるのは、必ずしも互の交流があつてではなく、豊作を祈るひたすらな氣持が、偶々同じ形式を生み出してゐるのであらうと考へられる。

この夜町に出て、千秋樂の稚兒歌舞伎を再び見たが、思ひがけなかつたのは、八時頃から「青年の藝」なるものが稚兒に代つて一幕行はれたことである。卽ち、稚兒付きの青年達が、可笑しく化粧し、裝ひ、淨るりに合せて可笑しなもどき芝居を演じたのであつた。今年の藝題は、東町の鳳凰山が「三番叟」と「忠臣藏七段目」、中町の紫雲閣が「梶原平三譽之石切」、西町の攀鱗閣が「鏡山舊錦繪」であつたが、青年達は臺詞《せりふ》が怪しくなると、側に控へてゐる稚兒に應援を求めたりする。又、攀鱗閣では、一演技毎にバラバラと、紙手提から手摑みにしたものを見物に向つて播いた。菓子や塵紙、歯磨、封筒などの日用品である。この町内に多い商家から青年達に寄贈になつたものといふ。

125.　垂井の曳山祭り　3臺の曳山で子供歌舞伎が演ぜられる

126.　南宮神社のお田植神事　幼い早乙女たちが待機する

又、地上の青年達の一團は、舞臺の稚兒の父親を探し出し、歡聲をあげて擔《かつ》いできては舞臺の上に正面から突き上げる。父親はてれながら見物に、子をお山に出させてもらつた禮をそそくさと述べて樂屋の方に引込む。まことに面白い。この邊に曳山祭りは多いが、よそにもこのやうなことがあるのかどうか、二、三の人にも尋ねてみたが、誰も知らなかつた。十時十分からの最後の稚兒の一幕の後には、皆々聲を揃へて「千秋樂」の謠をうたふ。燈は消え、お山はそのまま倉庫に引かれて行く。

翌五日、午前中に全民連の總會があり、同じ會場で、表佐《おさ》の太鼓踊が披露された。

この日はまた垂井町南宮神社の例大祭、南宮祭りである。午後三時より三基の神輿の渡御がある。約二キロの道を御旅所の攝社御旅神社に向ふ。その行列の先頭に御幣、そして眞榊、劍・楯・鉾・翳《さしば》等の御神寶、十二臺の花ほろなどがつづく。花ほろは美しい風流《ふりゅう》の花で、幼兒が背負ふ形に補佐役が抱へ持ち、一際大きい花は臺に載せて舁《か》く。その後に神輿が來る。御幣も榊も神寶も花も、何

127.　南宮祭り、御幣を先頭に神輿の渡御

129.　眞　榊

128.　花ほろ

れも神の依代《よりしろ》であるのだが、幾重にも神を招いてゐるのである。

ここにも現代の波が押し寄せてきてゐる。行列は途中、市場野の祭場(後にここで祭典がある)で止り、十數臺のトラックに分乘して、殘りの道のりをお旅所まで行く。

130. 「豊榮の舞」 天冠に白玉椿をかざす

131. 「羯鼓の舞」

132. 「脱下舞《ぬぎさけ》」

133. 「龍子舞」

135.　蛇山神事　櫓上の龍頭

134.　車樂舞臺の「龍子舞」

136.　花ほろの前で一息つく稚兒たち

（私も同行の高橋秀雄氏と共に便乗させていたゞく）。

御旅所では神輿を奉安し、御幣も榊も神寶も花ほろも飾つて、祭典があり、「豊榮《とよさか》の舞」が舞はれた。白玉椿の生花を挿頭《かざ》した天冠に、童舞胡蝶仕度の少女二人が、山吹の小枝を持ち、歌に合せて舞つた。美しい舞であつた。

やがて神輿は同じ道をまたトラックで還御になる。市場野下車。祭場の前、道路を隔てゝ、幕で覆われた高い櫓《やぐら》が立ち、その櫓の上には龍頭が伸びて、これが笛、太鼓の囃子につれて赤毛を振り振りくるくると廻り、時折パクリと大口をあける。いはゆる蛇山《じゃま》神事である。その櫓の下には花を葺いた一臺の車樂《だんじり》が置かれてゐる。車樂の舞臺は一間半四方。

神輿は祭場に奉安され、宮司の祝詞の後、車樂の狹い舞臺に、士烏帽子、素襖裃の少年の囃子方、笛、小鼓二、大鼓、太鼓が次々に出、中世風の囃子が一しきりある。後、寶冠、千早、胸に羯鼓をつけた少年二人が桴《ばち》をとり、「羯鼓の舞」を舞ふ。羯鼓の舞は能の「自然居士」や「花月」などにもとり入れられてゐるが、古い舞である。次に「脱《ぬぎ》下《さげ》舞」。紫縮緬のかむり、振袖の着流し、右肌を脱いだ女裝の少年二人が赤地模様の扇をとつて舞つた。歌方により歌がうたはれる。その歌は二句の白拍子調。巫女舞にも似ず、これが「羯鼓の舞」と並ぶとすると、興味深いことになる。次の「龍子舞」も曾て見ない舞である。四人の少年が龍頭をつけ、一人立で舞ふ。それは北野神社祭禮繪巻や、善光寺衝立などのとも異なる。遠江山名神社舞樂の「龍の舞」は、對の龍が舞臺前の兩柱に登り、逆様にもなるが、こちらでは二頭づつ向つて左手の柱にかかり、これを力一杯ゆする。キイキイと音を立てて屋體が崩れんばかりにゆれる。古い傳承であつたと思はれる。

夕まけて祭場を後にした。

（「未明」二、昭59・7）

九、阿蘇神社の御田植祭り

熊本縣阿蘇郡一の宮町／阿蘇神社
七月二十八日

阿蘇神社の御田植祭り（八巻97頁）を見學に行ったのは、昭和三十一年七月二十八日であつた。東京都の伊豆諸島文化財總合調査に參加し、その三宅・御藏の調査が終るや、三宅沖で皆さんに別れ、巡視船「式根」に便乗させてもらつて下田に向かひ、下田の海上保安部の宿舍に一泊、翌二十六日朝早く、伊豆半島を縱斷して沼津に出、九州に向かふ。滿員で席なく、島田より二等車に乘りかへる。汽車の中で一夜を明かし、翌二十七日十一時ごろ熊本着、すぐ乘りかへて宮地へ。阿蘇神社に着いたときは疲勞はなはだしかつた。新幹線、飛行機などなかつた時代である。つるや旅館に投宿。神道文化會の高千穗・阿蘇調査團の皆さんと合流する。倉林正次、西角井正大の兩氏は、私よりも先に來て、三ヶ所村の荒踊りを調査してをられたが、やがて着。夜、阿蘇惟友宮司さんが宿に見える。

二十八日、九時半、お宮に行く。强烈な太陽。ポツ〳〵參拜人あり、拜殿では、烏帽子《えぼし》、狩衣の少年が、鉾と鈴とで舞を舞ひ、鉾の先を參拜人にいただかせてゐた。奧で笛、太鼓をはやす。十時、社務所で大太鼓を刻み打ち、御田植祭りの始りを知らせる。

十時五十五分、烏帽子、狩衣の神主が幣と鈴とをとり、拜殿前およそ二疊ほどの所で太鼓（吊太鼓）、笛、銅鈸子に合せて、順逆にまはり、また千鳥にすすみすさつて、神樂を舞つた。これを古代神樂、或いは阿蘇神樂ともいふ。（三巻48頁）

神社境内には別に假舞臺がつくられてゐて、そこでは波野村中江の岩戸神樂が奉納された。「五方禮始《ごほうらいし》」「天皇遣《てんこうき》」

137.　猿田彦を先頭に御神幸の行列

など、テンポの早い、豊後系のにぎやかな神樂である。また女歌舞伎の一座も小屋がけし、表をオープンの樂屋にして、衆人環視の所でお化粧をしてゐた。

十一時半、神輿《みこし》の渡御になる。神輿は四基。まづ神社より約七丁(七六三メートル餘)離れた一の行宮《あんぐう》(御旅所)へ渡る。そこには假屋が建つてゐた。維新前までは祭りごとにつくられたといふが、今はつくりつけにしてゐる。行列次第は(八巻寫眞26參照)、

猿田彦、神職(馬上)、眞榊二本、宇奈利《うなり》(晝飯持)十四人、翳《さしば》六人、雌雄の獅子、早乙女(馬上)二人、田樂(少年、太鼓二、銅鈸子二)、大太鼓、人形(田男、田女、牛頭)、神輿(四・三・二・一の順、一の行宮よりはその逆順になる。それぞれに金幣、鉾がつく)、神主(馬上)、以下祭奉行、供奉の人たち等。

神輿は假屋に收まる。ここに式典あり、小憩の後そこの廣場で珍しい行事がある。大太鼓を中心にして、人形、宇奈利、獅子、早乙女等が密集し、そのまはりを駕輿丁《かよちやう》にかつがれた四基の神輿が、順まはりに七回まはる。このとき

阿蘇神社の御田植祭り

138.　一の行宮前での苗投神事　皆で苗を神輿の屋根に投げつける
（萩原秀三郎氏撮影）

駕輿丁は田歌をうたふ。

〽一ツ謡《うた》ひて此所《ここ》の田の神に参らせふ

神も叡覧　田主《たぬし》殿も殖《うえ》て歓ぶ　殖て歓ぶ

實の生《な》る秋を待つらん

また、宮司をはじめ周圍の人たちが早苗を手にとつて、神輿の屋根に向つて投げ上げる。これが御田植式で、苗投神事ともいふ。苗を神輿の屋根に投げるなどといふのは變つた式であるが、島根縣大田市川合町、物部神社の御田植祭りでも、笛、太鼓の奏樂で、款冬《ふき》の花笠、下げ髪、十三歳以下の早乙女たちが、大人の肩車に乗り、これが行列の中心になつて拜殿に向ひ、このお練りの間、早乙女たちは苗を両邊に散らし、群集は爭つてこれを拾ふことがある。この苗を稲田水口に挿せば虫害を防ぐといふ（「官國幣社特殊神事調四」・「日本禮祭風土記一」）。また、鳥取縣日野郡山上村の田植祭りでも、早乙女は苗を通行人に投げつけて祝意を表する。通行人は福を招くと言つて喜ぶ（郷土藝術三ノ七）。これらともかすかな關連があるやうに思ふ。

139.　二の行宮　ここでもやがて苗投神事がはじまる

田植式が濟むと、すぐ二の行宮に向って神輿は進發するが、この道々も駕輿丁が田歌をうたふ。

〽吹けや濱風　靡《なび》けや小竹《ささ》の若立《わかだち》　小竹の若立枝打繁榮《はへ》てざざめく　枝はざざめく　殿原心ざざめく

〽稀の寄逢《よりあ》ひ　何哉《なにかや》なさけ懸《か》け逢《あは》ふ　なさけ懸《かく》るに帶こそ能けれ　長ふして帶は名の立つ　髪留《かみと》めならば請取ふ　隱す髪留め　柯苧《からほ》の下に押直《おしない》て　隱す髪留め　中から折て曲も無や

〽急げ小間物賣り　博多は八里日は未《ひつじ》　何《なに》と急げど赤間が關の茶屋迄　茶屋で茶を召せ慕房毛《ぼぼげ》で立《たて》た茶を召せ

この行宮でも、同様の御田植式あり、終ってお宮に還御になるが、この折にも田歌がうたはれる。神社馬場先に賽木あり、この周圍を順まはりに十二回めぐり、還御門から宮に入る。次に兩本殿の周圍を同じく十二回めぐる。このときも田歌をうたふ。一の本殿の前庭でも田植式があり、その後拜殿で駕輿丁の歌ひ納めがある。樂納めともいふ。これらの田歌はまことに古雅なもので、これを長々とのべて歌ふ。聞いただけでは何をうたつてゐるのかほとんどわからない。この歌を催馬樂《さいばら》とも稱してゐるが、なるほどその歌詞も節も昔の催馬樂に似てゐるやうである。

○宇妻《うなり》酒を飲には　肴が無ふでは呑《のま》れぬ
　肴々と乞《こふ》たれば　眞薦《まこも》が池の子産鮒《こもちぶな》
二番肴と沽《こう》たれば　瀬《せ》歸《き》山《やま》越《こゆ》る雁《がん》の鳥

これを次のやうに歌ふ。

〽**ウ**ウ**ナ**ンハハ**リ**　リヒンヒンヒンノ　**サ**ンハンハンハアサ　ハンハハ
ケンヘンヘンヘン　ヘンヘンヘンヘン**ヲ**　**ノ**ンホ　ホンホホンホンホホンホ
ホンホホ**ム**ンフフンフ　フフフ**ニ**ンヒヒ**ハ**……

昔からこのやうに歌つてゐたのであらうか。とすると、これは歌をよく知つてゐるものが、自ら歌ひなぐさむ類の歌なのであらうか。あるいは聞く人もすでに歌詞をよく了解してゐたのであらうか。

○坪に都《っ》と出て　躑躅《つつじ》の花を眺めた

短い歌であるが、アリタレーション（頭韻）が面白い。

○花の世盛《よざか》り　十九は花の世盛り
　十九斗《ばか》りか　二十《はたち》も花の世盛り
　華《はな》も散りけり　子を産《もて》ば花も散りけり

花盡しの歌もある。

○山に咲たは躑躅《つつじ》の華　郷《さと》に咲たは菊《なでしこ》の花

140.　田男人形を持つ稚児

白ふ咲たは荊荊御前《いばらごぜ》の華　赤ふ咲たは薊菜御前《あざみごぜ》の花
田歌には必ずあるやうな、次のやうな歌もある。
○鎌倉は見たれども　町はまだ見ぬ
傾城《けいせい》は見たれども　懐《だい》て寝て見ぬ
傾城と殿原と懐合《だきあわ》せ　鷲の羽と鷹の羽と矯合《はぎやわ》せ
○小《ほそ》ひ小女《こむすめ》を小じめにしめて能《よ》からせふ
しめて〆懸《しめかけ》て能《よい》かと問《とへ》ど明《あか》さぬ

141.　雌雄の獅子

これらの歌は、一、二の行宮で苗投神事のとき一首、一の行宮より二の行宮に渡御の途中三首、二の行宮より還御の途中七首、賽木廻りのとき一首、お宮廻りのとき一首、お宮廻りの後、北の瑞門を出るとき二首、お庭で苗投のとき一首、拝殿にて樂納めのとき一首と、以上十七首が定まつた現行のものであるが、以前は自由に多くを歌つたものと思はれる。

なほ、これらの田歌は、御田植神事の折にのみ歌はれるのではなく、舊正月十三日の踏歌節會（この日を田歌の歌ひ初めとする）、八月六日夜の柄漏流《えもりながし》神事（田歌の歌ひ納めとする）等にもうたはれる。

この古風な歌が最初に注目されたのは、栗田寛の「古謠集」佚篇に載せられたものであつたが（「國文論纂」所收、明三六）、これには半分より収めてない（昭和三十六年發行の「續日本歌謠集成二」には、右「古謠集」のものを復刻し、その補遺として北里本が収められてゐる）。また「國語と國文學六ノ一」（昭四）には小代本が收錄されてゐるが、昭和三十六年に、この歌の最善本が、下城義信氏の家から發見された。同年二月、阿蘇坊中の笹原助氏の御案内により、阿蘇、日向方面の藝能調査に赴いたのであつたが、この折、神樂拜見のため、久しぶりに阿蘇神社にもお寄りした。たまたま氏子惣代の集まりがあるといふので、神樂の後、案内されて皆さんにお目にかかつたところ、その席上、ふともらした私の言葉が縁となり、思ひがけなくも、禰宜《ねぎ》宮川正也氏の御配慮により、歌御匠《うたごしょう》下城義信氏の家に祕藏されてゐた阿蘇宮の祭歌の寫本を、翌朝、下城氏のお宅で拜見することができた。これは笹原氏が久しい以前、「熊本縣教育會報」に紹介され、その掲載誌の發見をお願ひしておいて果せなかつたものの原本であつた。そのことが笹原氏によつて確認された。

この歌本は、今の宮司阿蘇惟友氏の六代前の大宮司惟馨（一七七三―一八二〇）が、文化の頃これを書いて、當時の歌御匠下城千代吉に贈つたものといふ。歌御匠といふのは、歌の指南役のことで、昔は皆々この家に集まつて歌の稽

142.　阿蘇神社御田植祭古圖より（11葉）

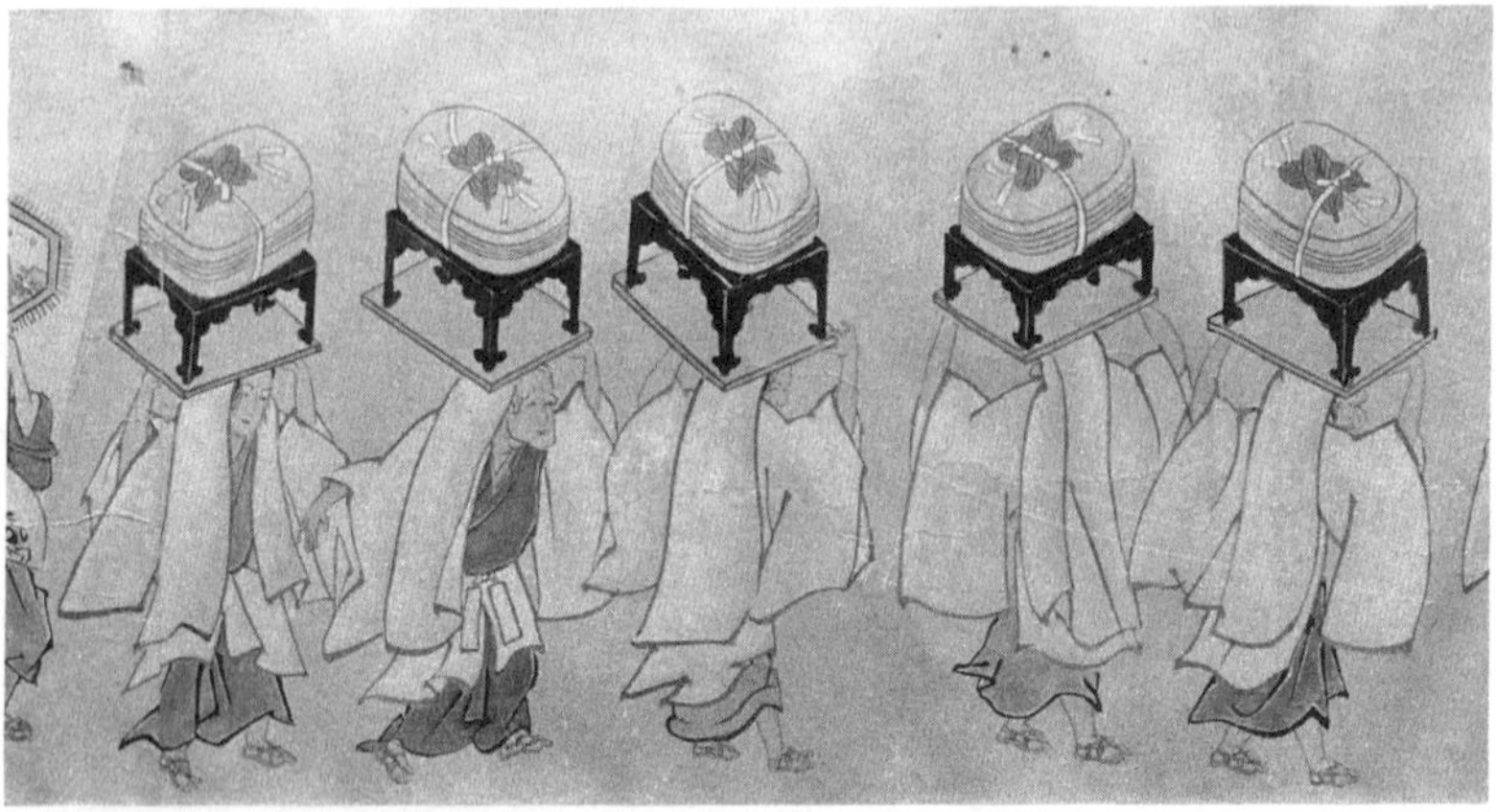

阿蘇神社の御田植祭り

阿蘇神社の御田植祭り

古をした。この書は口誦を筆錄したものではなく、やはり古い本があつて、それを筆寫したものと思はれる。私は早速この本を撮影させていただいた。歌の數は、原本扉に、「二百六十六首大全」とあるが、數首で一結の歌をなしてゐるものもあり、その切り方はむづかしいものもあるが、長歌、小歌とりまぜて、他本にのみある歌數首をも加へると、七十六首前後になる。その歌の發想も詩形も古風で珍しい（九卷365頁）。

田歌を催馬樂と稱して御田植神事に歌つてゐるところは、なほ會津の伊佐須美神社、同、慶德稻荷神社にもあつてやはり神輿の渡御にお供の人たちがうたふ。しかしその歌は、こちらのとはだいぶ趣を異にしてゐる。

祭り過ぎて、もう暗くなつたが、社務所で古老たちにお目にかかり、重ねて田歌をうたつていただいた。寫本の歌全部は今はうたはれないが、歌ふつもりならいづれもうたへるといふ。（「祭りと藝能の旅」6、昭53・5）

143. 眠りに落ちた勅使

十、御寶殿熊野神社の祭り

福島縣いわき市錦町御寶殿／熊野神社
七月三十一日〜八月一日

福島縣いわき市錦町御寶殿《ごほうでん》の熊野神社は、大同二年（八〇七）に、紀州熊野新宮より分靈し、齋《いつ》き祀つた宮と傳へられてゐる。舊菊田郷の總鎮守、今は八月一日（もと舊六月十五日）に祭禮がとり行はれてをり、數々の古風な行事がある。

前日の七月三十一日（もと舊六月十四日）は隣の大字安艮《あら》町天王様の祭（すなはち祇園祭）で、以前は笊に入れたおふかし（赤飯）を參集者に撒くことがあり、又、大倉の馬が參拜し、馬駈けなども行はれてゐた。熊野神社では午後九時、宮司宅前庭と社務所で田樂がある。

翌八月一日の午前零時過ぎ、「勅使」の丑《うし》の刻參りがあり、本殿ほか境内の攝社末社に詣で、勅使のかための神酒と餅の饗應がある。勅使が眠くなると境内の裏を流れる鮫川《さめかわ》で潔齋させ、前夜から引つづき眠らせない。

この「勅使」といふのは、大倉地區の家柄の六、七歳の長男から選ばれ、七月二十五日から別火、潔齋に入る。「勅使」と名づけて

144.　二階堂家から神社に向ふ田樂衆

ゐるのは、平城天皇（大同元年＝八〇六＝即位）の勅願所であった際の勅使差遣の儀になぞらへたものといふが、實はいはゆるお一つもので、神輿渡御の際の古風な神の依代であつた。

鉾立の神事

午前八時過ぎ、參道中程の兩側に二本の青竹の鉾を立てておく。これは長さほぼ六メートル、劍先、その下に圓い小太鼓狀の紙張りのものをつけ、それに東は三本足の烏、西は兎を書く。これを立ててしまへば、その後の天候の如何にかかはらず祭りは必ず執行されることになるといふ。十時に祭典があり、長子《ながこ》地區からオヤシナイと呼ばれる勅使饗應の七種よりなる特殊神饌が供へられる。

さて、正午、鉾立の神事がある（一巻193頁）。明治初年までは、烏は濱の岩間《いわま》地區、兎は農村の長子地區が受持ち、その若者たちが競爭で、先に參道に立てておいた鉾を引き抜き、やをら社殿前に運んでそこに立てた。「御鉾押し」とも呼ばれる。そして東の烏が勝てば濱大漁、西の兎が勝てば

145.　田樂躍

農豐作といはれてゐたが、不幸な爭ひから岩間地區が不參となり、以後は長子地區よりのみ二組出て爭ふこととなつた。今は例年兎組が勝つことになつてゐる。

田樂と風流

午後一時より、宮司宅と二階堂家（田樂の傳承に深い關係があつたといふ家）、次いで社前の三間四方に一段高く平面をコンクリートで疊んだ田樂舞臺で、田樂躍がある（九巻334頁）。これが濟むと少年たち田樂衆は、側の作りつけの二段櫓《やぐら》の下段に上り、笛、太鼓を囃し、幕をめぐらした上段の狹い櫓で、長子地區の人たちによる風流がある。この櫓は以前は木造であつた。搖《ゆす》るとキイキイときしんだが、岩代廣瀬の田遊びの舞臺のやうに、あるいはわざときしむやうに作られてゐたのかも知れない。近年コンクリート造りに建て直されて、きしむことはなくなつた。風流は、

鷺舞、龍舞、鹿子《かのこ》舞、大獅子舞

等で次々と演ぜられる。それぞれの作りものをいただき、櫓内をわずかに振あつて二回《ふたまは》り順にまはるだけのものであ

146.　鹿子舞

るが、「鹿子舞」には雌雄二頭が出てつがふ様も演ずる。

神輿渡御と走馬《はしりうま》

午後四時、社殿前の舞臺で再び田樂があり、次に神輿の渡御になる。神輿への御靈移しの折は、青年たちが青竹を叩き合つて喊聲《かんせい》をあげる。これも古い神降しの亂聲《らんじよう》の仕來りが殘つてゐるのであらう。

神輿は拜殿からそれほど遠くはない疎林の中にある御《お》旅所《たびしよ》、本宮へと向かふ。この神輿渡御に、幣束を背に立てた葦毛《あしげ》の神馬が引かれ、また、栗毛の馬に乘つた衣冠の勅使が行くが、一夜眠らせられなかつた勅使は馬上で扇の上に顔を伏せたまま眠りこけてしまふ。これは神が依つた證《しるし》として人々は喜ぶ。次に神輿が行く。二重三重に神を降し申してゐるのである。御旅所で祭典があり、熊野様が紀州から移られたとき馬の口取りをしたといふ古川權左衛門家の者がきうりを獻上、その後還御になる。

五時半、走馬。參道を往復馬を走らせる。この馬は、富津地區その他から出る。その頃社務所では勅使の饗應があり、前日長子地區が供へた七種の特殊神饌を小さく切つて食べる眞似をする。

この宮と、先に述べた安良町の天王様との關係は明らかでないが、御旅所できうりを獻上してゐるところを見ると、やはり繋がりがあるのであらう。熊野神社のもとの祭日舊六月十五日の前日、即ち天王様の祭日には、紀州熊野の新宮で扇立祭りがあり、維新前までは田樂も行はれてゐた。那智ではその同じ日、火祭りとも呼ばれる扇祭りがあり、扇神輿渡御の前に社前で田樂も行はれてゐる。又、新宮では、九月十六日の神輿渡御に「一物《ひとつもの》」と云つて、馬上に稚兒（今は人形）を乗せたものが先頭に渡る。御寶殿熊野神社の祭りの田樂もお一つものも、これに習つたのではないだらうか。ただ走馬や櫓の上の風流はよき折、他からとり入れたものと思はれる。走馬は、平安朝の昔から祭禮等によく行はれたもので、櫓の上の風流[1]も比較的古いもののやうであり、これは全國的にも珍しい。

註

（1）これと殆ど同じ舞は、神奈川縣中郡大磯町國府《こくふ》本郷の國府祭《こうのまち》にあり、ここでは船舞臺が設けられ、その上で鷺、鹿、龍等の冠りものをしたものが出て、同樣に次々と舞ふ。惡魔が出ぬやうに舞ふと云ふが、これと又同じ舞は四月二十日、足柄上郡中井町比奈窪《ひなくぼ》の八幡神社春祭にも、同じく船舞臺で舞はれる。この種の舞は、此處以外はこの二ヶ所にのみ見出される。

（小學館「探訪神々のふる里十」昭57・7）

十一、ねぶた祭り

青森縣　青森市・弘前市
八月一日〜七日

青森、弘前のねぶた祭りは（弘前では「ねぷた」とも）ことに郷土色濃い華麗な夏祭りである。青森は八月三日、弘前は一日より、七日に亘つて今は催されるが、この行事には色々の要素がまじり合つてゐるやうに思ふ。京都祇園の夏祭り、山鉾の巡行は、そのはじめは平安に泝るが、疫病神を鉾や山におまつりし、京都の町をかつぎまはり、或いは引きまはつて、その後神送りをしようとするもの、ねぶたの練行もこれにならつてゐると思はれる。ただ、これが疫病神を送るのではなく、眠りの魔を祓はうとする點が異る。農家の夜なべなどに、眠りは禁物である。この眠りを水に流さうとして、七夕に眠り流しといふことを行つてきた所は方々にある。「ねぶた流れろ　豆の葉はとどまれ」などの唱へ言もある。福島縣西白河郡の村々では、七日の未明、男女が小川に入り、水を頸に注ぎかけて、「眠つたは流れろ　豆つ葉はとまれ」と唱へる。そこでこの行事を「ネムッタ流し」などと云つた。關東の秩父郡や入間郡では、同じく七日の早朝川に行き、合歡《ねむ》の木の枝を流して唱へ言をする。對島の久根などでも、「ネブリナガシ」といつて、ここでは六月十五日のウシヤスミの日に行ふが、同じく合歡の木の枝を海に持つて行つて流す。

「ねぶた」は「佞武多」などとも書かれるが、結局は「眠た」といふことである。これが七夕の行事になつてゐるのは、六月祓《みなつき》にも似て、盆を迎へる前に祓を行ふこととも結びついたのであらう。

秋田の竿燈《かんとう》も七夕の夜に催されるが、土地ではやはり「眠り流し」ともいふ。長い竹竿に、幾段にも四十數箇の提燈を連ねて掛けた重いものを、意氣な支度の若者たちが、掌や肩や額の上などで支へつつ、笛、太鼓で町中を練る。

ここでは「眠り」は「黄泉《よみ》」を意味し、黄泉の穢れを祓ふものと考へられてゐる。なほ、盆に風流燈籠をあげることも、室町時代、應永頃の御記などに見える古い習俗であつた。越後彌彦神社の燈籠神事は、舊六月十四日の夜に行はれるが、今も、幾臺もの花を飾つた箱形の燈籠が奉納され、大勢の若者たちがこれをかついで町を練りまはる。冬長く、雪に閉ぢこめられた生活とは對蹠的な、開放的な、晴々とした、夏の夜祭である。

147. 弘前の扇ねぷた

さて、ねぶたの起原に關しては、ホメロスの「イーリアス」に出てくるトロイ戰爭の木馬の計にも似た話がある。坂上田村麿が蝦夷征伐のみぎり、敵を誘ひ出さうとしてねぶたの中に將兵を隱し、大勝を得たといふ。また、弘前のねぷたに關しては、文祿二年（一五九三）、津輕爲信が京都滯在中、日本各地から集る諸侯が爭つて七月盂蘭盆の行事を披露に及んだが、津輕家では、家臣服部長門守のはからひで、大燈籠を出し、これが大評判になつたことがはじまりといふ。これらの話は別に裏付けがあるわけではないが、かうした説を傳へてきた心持を考へてみると興味深い。な

148.　ハネト衆　ねぶたの前をはねつつ行進する

ほ、弘前のを「進行ねぷた」青森のを「凱旋ねぶた」などともいふ。それぞれ大小合せて五十基ないし百基がでる。

ねぶたは巨大なものもあるが何れも一種の行燈《あんどん》で、その作り方には種々ある。青森のはもつぱら組ねぶた、或いは人形ねぶたといひ、竹組みに紙を張り、武者などの組の人形に作るが、弘前のは扇ねぷたと云つて、扇形の枠に紙を張り、これに武者繪や唐繪を書く。或いは金魚の形を作つたもの、福神や唐子を書いた一人持ちのものなどもある。秋田縣能代のものやうに、鯱《しやち》をつけたお城であることもある。それぞれに獨特の風格を持つ。

ねぶたにはこれを囃すものがでる。大きい太鼓をつらね、これを打つもの、笛の衆、銅鈸子の衆、そしてハネトと稱する花笠をつけた大勢の男女の踊り手たちである。青森では道路一ぱいにハネト衆がねぶたの前をはねつつ行進する。見物人がそれをとりまく。そのエネルギッシュな亂舞風な踊りには、自分たちも巻きこまれてしまふやうな感動を覚える。七夕中引きまはされたねぶたは、7日の曉、青森などでは海上運行の後その夕方、燃やし、流される。

利根山光人氏は尋常のお人ではない。メキシコの民藝品に傾倒し、山間に住んで古代さながらに生きるインディオの民俗にも心ひかれ、マヤ、アステカの遺構にも異常の關心を示して、幾度かかの地を訪ねてはスケッチをつづけてこられた。我が國の装飾古墳もいち早く見てまはられ、民俗藝能の陸前陸中の鹿踊や、古風な三河の花祭、各地の古面などにも深い興味を示してをられる。この度はこの夜空に躍動するねぶたの繪を美事にものされた。利根山氏の繪は寫實的ではなく、對照のものの心を正しくつかんで、感じたままに、自由に奔放に描かれる。此度のはリトグラフ、手彩色で、僅かな部數を自家版で發行されるといふ。その情熱にも強く引かれる次第である。

（利根山光人自家版　昭52）

十二、長崎おくんち

長崎市／諏訪神社
十月七日〜九日

長崎諏訪神社のおくんちは、六月一日の小屋入から始まり、各踊町から踊子や世話方が美しく着飾つて、三社で清祓を受ける。八月、九月と踊町では稽古をし、十月三日は庭見せになる。四日は人數揃で、始めて新調の衣裳をつけて町内で總ざらひをする。いよ〳〵六日の晩は踊町では明日初日の挨拶のため、三社をはじめ踊町年番町に打込みをする。年番町はおくんち一切の世話をし、三年目に踊町をむかへる。踊町をすまして四年目に年番町になる。大祭は吉例により十月七日にお下り、九日がお上り、そのお供は年番町がする。各踊町の奉納踊はこの三日間行はれる。

私は昭和廿八年にこの長崎おくんちに行きあはした。このとき頂戴した「昭和廿八年度　諏訪御神事奉納踊」と表紙に誌したB5版表紙とも五葉の番組は、奉納踊の

149.　長崎おくんちの傘鉾　三日月に老松と秋菊

150.　傘鉾　蜃氣樓汐吹き蛤

様子が手にとる如くに伺へる詳細なものであるので、煩を嫌はず、こゝに排列を適宜にして書とめておく。

踊町

丸山町　傘鉾　壇尻・本踊
築町　傘鉾　御座船・劔舞
東上町　傘鉾　本踊
驛前町　傘鉾　唐人船
馬町　傘鉾　本踊
八坂町　傘鉾　川船
東濱町　傘鉾　本踊
東古川町　傘鉾　川船
銅座町　傘鉾　本踊・段尻
出島町　傘鉾　おらんだ船・本踊

年番町

五島町　引地町　本石灰町　桶屋町
大井手町　船大工町　眼鏡橋町　出來大工町

駕輿町

東小島町　東和・東鳴川
中小島町　東・西・南
西小島町　上・中・下
上小島町　上・中・下

來年の踊町

寄合町　櫻町　小川町　內中町
西上町　八百屋町　勝山町　惠美須町
紺屋町　爐粕町　伊勢町

諏訪御神事奉納踊番組（昭和二十八年度）

六月一日　小屋入　十月三日　庭見せ
十月四日　人數揃
初日（十月七日）諏訪神社・お旅所・八坂神社・伊勢宮・市民運動場
後日（十月九日）御旅所・諏訪神社・伊勢宮・八坂神社
（後日は丸山町を除き逆順）（踊開始七時）

第一番　丸山町　本踊・壇尻
自治會長　宮崎俊藏

傘鉾　垂模様　鹽瀬緋羽二重に三社御紋金絲縫
輪　ビロード
飾（ダシ）朱塗の臺に金色丸額を配し丸山町の町名を記す

本踊　華《ハナ》の丸山寫繪姿《マルヤマウツスエスガタ》
踊子　勝奴　壽美龍　梅奴
小太郎　三重子　ひろ子
地方（唄）こずえ　福祐　貞千代
（三味線）時子　蔦子　蔦葉

壇尻　飾（ダシ）烏帽子に神前の鈴を配す
太鼓　八重奴　綾子
三味線　ぼたん　笑くぼ
胡弓　桃勇
長唄　松永鐵四郎師指導
舞踊　花柳輔繁師指導
鳴物　六合新三郎師指導
出演　長崎藝能會

第二番　築町　御座船・劍舞
町內會長　加來作一

傘鉾　垂模様　綴錦織　帝菊

151.　馬具に弓矢陣笠

152.　ビードロ松に紅葉

輪　ビロード
飾（ダシ）三日月に老松と秋菊

御座船

長采添根引　三瀬清次郎
添　根　引　高橋英一　一番ヶ瀬政一　石橋道雄
根　　　引　荒木壽太郎　池山良男　笠井壯一
吉田　孝　直鍋利和　若杉敬之
磯部美三夫　井上良徳　中村幾郎
坂川秋好　池田敏雄　山口新一
浦川　正　村西信一　田上敏雄
中村光男　中里幸男　木下隆雄
家　　　老　川口光德
大　太　鼓　賀來清彥　井上利之
〆　太　鼓　荒木勝介　山浦英明　白石正憲
森崎勝彥
大　　　鉦　三瀬昭比朗　手塚勝博　荒木　太
粟津國春
小　　　鉦　三浦惠造　山田泰久　中村征二
松島彰一

剣舞

本能　新名劍
金房流師範　橋本冠勝
助　　　手　田原冠秀
詩　　　吟　今村冠文　坂井梅月

第三番　東上町　本　踊

親和會長　山　下　泉

傘鉾　垂模様　鹽瀬羽二重旭に波の模様

輪　ビロード

飾（ダシ）白木の臺に榊、御幣、烏帽子を配す。

本踊　競艶歌舞伎繪卷《アデキソウカブキノエマキ》

立方（男）藤間金音　（男）藤間美津彌

（女）藤間金知彌　（女）藤間幸登彌

（女）藤間欽素峰　（女）藤間金由喜

地方　廣子　小菊　關彌　雛菊

鳴物　梅屋善吉

長唄　稀音家六初師指導

振附　藤間金彌師

出演　藤　榮　會

長崎藝能會

歌舞伎の祖出雲のお國と名古屋山三の昔を偲ぶ男女の狂言師が毛槍を持ち美しく華かに舞ふ振り事

第四番　驛前町　唐人船

町會長　増　田　茂　吉

傘鉾　垂模様　緋色の鹽瀬に大漁の友禪染

輪　ビロード

飾（ダシ）荒波に鳴九皐の丹頂

傘鉾考證　中山文孝氏

唐人船

采振長　宮崎安正

采振　磯部　清　荒木一明

浦順一郎　早島保雄

根曳　石川末義　井筒正信　池田義雄

入江正清　板坂貞市　春宮榮三

茶谷八郎　片岡久登　吉原久之

武分利夫　田浦　實　田代政行

山口太市　山中　初　山崎吉男

藤本清七郎　小島喜代雄　得平實明

阿津坂　實　貞住三郎　貞住陸雄

佐藤久男　森内三二　鈴木　武

唐樂

樂長　白山久男

大太鼓　小松清久

太鼓　石川忠男

銅鑼　中村隼人

鐘　田浦　晃

大バス　武分喜八郎　立野謙吾　荒木保博

北村萬治郎　増田順三

小バス　井上　巖　板坂博之　荒木曜一

宮崎正之　白山勝男

船頭　増田有資　貞住敏明

綱曳
　采配　山村鎮海
　町内子供連中　男子　三十名
　　　　　　　　女子　五十名

第五番　馬町　本踊
　町會長　田中角太郎

傘鉾　垂模様　紫綸子に金糸を以て綸子模様を縫ひそれに
　金糸銀糸にて柏に雲の形を縫散らしたもの
　輪　ビロード
　飾（ダシ）馬具に弓矢陣笠を配す

本踊　對面花春駒《タイメンハナノハルコマ》
　踊子　山口美智子　曾我範子　坂部登喜子
　　　　山城久惠　三宅知子　山口君子
　地方　竹次　久菊　菊彌　壽代
　鳴物　直子
　舞踊　花柳壽太貞師指導
　長唄　杵屋佐多乃師指導
　出演　柳壽會

第六番　八坂町　川船
　自治會長　太田喜嘉平

傘鉾　垂模様　白鹽瀬　金糸にて三社紋
　輪　籠
　飾（ダシ）ビードロ（硝子）松に紅葉をあしらひ白
　　木鳥居に玉垣を配す

川船　川船飾（ダシ）紅葉
　川船總指揮　木本順一郎
　添根引　後藤浪記　高島星次　堀江太郎
　　　　　松田音四郎　古賀正男　金谷與志男
　梶取　西田勇　松尾幾男
　根曳　松本登　城谷正信　福島彌壽雄
　　　　水浦强　中馬芳夫　永野伸一
　　　　福田謙吾　金谷兵衞　小柳昌則
　　　　澤村壽三郎　太田義男　山口猛
　　　　岩永逞　後藤尚道　高島一郎
　船頭　折式田康人
　大太鼓　常岡武久　池邊璋
　網打　橋本雄介
　大鐘　奏一藏　住江辰巳　住江和夫
　　　　松田九州男
　小鐘　遠藤忠彦　安部淳六郎　赤田恒三
　　　　馬場徹
　〆太鼓　西川寛治　橋本雄介　池邊昇
　　　　西川孝二　瀬崎誠　井手善男

第七番　東濱町　傘鉾・本踊
　自治會長　石丸忠兵衞

傘鉾　垂模様（前日）金通し鹽瀬羽二重赤地に金色青海波
　　　模様
　　（後日）鹽瀬羽二重　海底模様
輪　ビロード（シホンベルベット）
飾（ダシ）蜃氣樓（龍宮城）汐吹き蛤
本踊　唐様戀錦繪《カラモヤウコイノニシキヱ》
虞美人　藤間金輝事　佐々木照子
項　羽　藤間金壽美事　角　喜久子
劉　邦　藤間京彌事　多喜京子
侍　女　河野美智子　中古賀和子　谷畑満壽美
　　　中山桂子　高橋慶子　三田村久子
　　　幸尾好美　竹谷和子
唐　子　多喜輝枝　植村純子　竹谷敏子
　　　福本千鶴子　川口勝子
隊　士　高橋久子　立野愛子　山下八重子
（旗手と歌）高橋信子　松尾洋子　中山清子
　　　赤間レイ子　眞野歌子
隊　士　町田幸野　陣川千鶴子　中村敏子
（槍と踊）増本美代子　三田村秀子　山名純子
　　　谷　妙子　柴田春代
隊　士　山田登喜子　大塚良子　高松洋子
（槍と笛）友永美代子
地方（三味線）　桃子　喜久奴
（胡　弓）　伊達吉

（胡弓・唄）二三千代　奴　はま子
詩　吟　住田政之助
奏　樂　宗喜佐男　垣立忠雄　讃井俊康
（青年部）三田村　孝　柿本　昇　國枝政康
　　　本田東美司　瀬川義照　松浦一志
　　　山田壽太郎　藤本丈太郎　西　孝雄
（少年部）松尾時彦　下永廣明　中村好治郎
　　　土橋好郎　河野和夫　稲田時夫
　　　松尾　武　和田美春　稲田計治
　　　友永勝則　田中直英　柿川澄正
　　　郭　康弘
文　官　石丸忠兵衛　松田壽名男　佐々木房男
　　　江山十治　生島秀利　下永可明
高　官　五十名　寶塚歌劇團
　　　指導演出　白井鐵造氏
　　　作　曲　川崎一朗氏
　　　振　附　藤間金彌師
　　　和樂指導　松永鐵四郎師
　　　奏樂指導　吉岡　璉氏
　　　衣裳考案　平尾文男氏
　　　出　演　東濱町總員參百名

第八番　東古川町　川船

會長　岩永繁男

153. 御座船

傘鉾　垂模様　紫紺地緞子に荒格子の織出し
　輪　蛇籠
　飾（ダシ）ギヤマン製投網と水棹と魚籠に東の文字
　　を顯し蘆と川骨であしらふ
川船　飾（ダシ）四戸の川瀬にギヤマン製四ツ手網と水門
　　に鴛鴦を浮べ蘆と川骨であしらふ
　采振　寺田次郎　水野義留
　添根引　田村　清　八田桂次　米澤貞雄
　　原田重義
　根引　大見吉太郎　岩永繁人　宮川義人
　　松崎惠一　田村三郎　中村正彦
　　伊藤耕作　横田英夫　米倉幸雄
　　伊藤嘉典
　飾船頭　井手謙治　吉永正博
　大太鼓　後田康臣　八田新一（網打船頭）
　〆太鼓　森田捷昭　山添正太　細木嘉孝
　　浦　清
　鉦　田中英一　山口善之　田中俊郎
　　後田直政
　船歌　みなかみ　きよき　この古川や　むれる
　　かりかね　あさけしき　その他
第九番　銅座町　本踊・段尻
　自治會長　田口　孝

傘鉾　垂模様　金通しみす織　縁綟色地に三社紋金色の小
　模様
　輪　七五三
　飾（ダシ）榊に三種神器
本踊　伊達姿華奢《ダテスガタハナノ》舞衣《マヒギヌ》
　踊子　玉園山のお杉　江島久美
　風頭山のお花　中村威子
　愛宕山のお千代　苑田英子
　稲佐山のお雪　山下久子
　彦山のお月　中島節子
　金比羅山のお船　花柳繁年事　岩永愛子
　地方（三味線）小壽美　ちか子
　（唄）　六　助　貞　彌
段尻　飾（ダシ）玉垣に榊と銅座通寶をあしらふ
　采配　小嶺末吉　小山時光　松本末春
　小鐘　加藤勝彦　宮崎勝宣　森　繁
　萩原　學
　大鐘　土崎豊作　井上高德　中村　治
　山口能弘
　締太鼓　小川七生　齋藤　潔　伊藤正彦
　山口義行
　大太鼓　西岡隆造　宮崎芳雄
　長　唄　松永鐵四郎師指導
　舞　踊　花柳輔繁師指導
　銅座ばやし　六合新三郎師指導
　踊出演　さくら會
　奉讚會長　藤原政喜

第十番　出島町　本踊・おらんだ船

傘鉾　垂模様　おらんだ船に波乃雲を配す
　輪　ビロード
　金文字　出島　Dejima
　飾（ダシ）渾天儀　洋書　天體望遠鏡
　定規　十二支丸計　羅針計　出島門鑑
　傘鉾考證　中山文孝氏
本踊　甲比丹《キャピタン》諏訪社詣《スワシャモウデ》
　踊子　乙名勝勇　キャピタン　千代子
　町の女　桃葉　勝丸　春勇　貞勇
　地方（唄）美代　繁勇　節子
　（三味線）小勝　繁松　順子
　（鳴物）勝代
和蘭陀船
　キャピタン　藤原祐作　福本昭彦　金子清子
　幕府檢使　中田英昭
　添根引　濱崎博　福本小一郎
　野田重雄　竹林文男
　乗囃方頭　中田英一
　根　引　中田義明　飯田輝夫　森　常茂

154. 唐人船

磯崎修一　恒崎和義　原田文一
古賀光年　田浦大輝　寺平裕次
山田桃輔　小山貞俊　松江光男
大木定邦　松本貞勝　横尾正弘
山崎　要　吉岡勝巳　中川重雄
検使船根引　中村辰次　陣川正之　中川　圓

囃　方

トロンベット　稲崎精一　原田敏勝　田浦愛功
バリトン　櫻庭　寛
トロンボン　古賀　勉
バス　溝上孝章　友澤公男
クラリオネット　山浦　弘　勝井一清
大太鼓　隈部　晃　峰　光輝
小太鼓　成田榮太郎　岩佐　誠
シンバル　飯田勝年
ピッコロ　福本吉郎
采配　三浦京一郎　出島子供連中
先引

作曲　寺崎良平氏
指導　西村曉峰氏
長唄作詩　瀬戸崎半吾氏
長唄指導　松永鐵四郎師
舞踊指導　花柳輔繁師
鳴物指導　六合新三郎師
踊出演　長崎藝能會

十三、猛島神社祭り

長崎縣島原市／猛島神社
十月十三日〜十四日

「猛嶋神社志」（昭13）は、島原市鎭座猛島神社が縣社に昇格の折、これを記念して編纂されたものであるが、この書によると、猛島祭禮は、八月十三日渡御、十四日御逗留、十五日還御の三日間であつた。（今は十月）延寶七年（一六七九）より氏子のもの神輿をとゝのへたが、それ以前は神がやはり御幣に依つたまゝ渡御してゐることは注目に價する。島原藩日記、延寶三年八月十五日の條に、

八月十五日辛未晴

一、例年ノ通リ、太賀島祭禮コレアリ、御幣卯ノ刻三ノ丸前御通リ、西堀端、南堀端御通リ、追手へ御出デ成サレ候事

「太賀島」とあるのは「猛島」のことである。この祭りに神事踊も踊られてきた。この踊は、踊町と呼ばれた古町、三會町、有馬町、萬町、新町等から出たが、太賀島、五社、鳥島、本光寺、安養寺、舟屋、追手、御城三之丸の舞臺等をめぐつて踊られた。これらの踊町には、夫々傳統的な出しものがあつた。特に古町の先踊は、本社が寛永二年（一六二五）に現社地に遷座の際、古町の住民第一に參集し、遷座奉祝のため奉納した舞踊に起源し、その由縁によつて神事踊の第一番として猛島の神前に演舞し更に、藩侯の前でも他に先立つて舞踊する光榮を得、先踊の名を負ふに至つたと云ひ傳へられてゐる。

神事踊は、島原藩日記には、寛文十一年（一六七一）に始めて見えてゐるが、その踊町と番組とは次の如くである。

古　町

一、浮立踊

一、大踊　人數三十八人　とがし　山　伏

一、中踊　人數十一人　花見天　方傘踊

有馬町

一、大　踊　人數五十一人

一、小　踊　人數四十五人　ゑびす　おどり

一、中　踊　人數十二人　嵯峨吉野　花見おどり

萬　町

一、大　踊　人數三十一人

一、小　踊　人數十四人　大名道具　おどり

一、中　踊　人數九人　月　見　おどり　作物　丹生の小屋

昭和四十年十一月廿八日、この宮を訪れたとき、表紙に「弘化四年未八月十五日、猛嶋御祭仕組踊、新町」と誌した一本を見せていたゞいた。歌はその時折につくるといふことであつたが、次にこの書に誌されてゐた歌を記録しておく。

小奴歌

ふしの裾野に西行さんか晝寝　哥を枕に田子の浦
田子の浦にハ船頭さんか晝寝　笘を敷寝の浪枕

大奴歌

浮世を渡る世の中に　番ひ離れぬ揚羽の蝶も　人目忍ふハいろはの始
今の浮世の二人が中ハ　何時も心ハ花しやいな

花踊歌

白糸の絶し契りを人問ん　つらさに秋の夜そ長し
仇に問ひくる月は恨めし〳〵　明方の枕に誘ふ風の音

次に「本朝廿四孝三段目之口」及び「すゝ田川連理の柵」の詞及び浄瑠璃が誌されてゐる。

十四、島田市大井神社の帯祭り

静岡縣島田市大井町／大井神社
十月十三日〜十五日(三年に一度)

静岡縣島田市の鹿島踊保存會から出された「鹿島踊」說明書によると、この踊は、延寶年間、島田の宿を中心に廣く疫病が蔓延したとき、島田の人たちは、春日神社に請願して、その神靈を奉じ、現在の大井神社境内に神社を創建し、その疫病退散祈願のため、一つの踊を奉納した。これが現在踊られてゐる鹿島踊のはじめであると云はれてゐるといふ。

その後、元祿八亥年(一六九五)、大井神社が島田の宿の氏神として現在地に奉祀され、以後、寅、巳、申、亥の三年毎の九月十五日(明治八亥年より十月に改る)に、神輿渡御の大祭をとり行ふに至つてゐる。この折、鹿島踊もこの行列に供奉するやうになつた。

大祭行事の日程は、私が見學した昭和三十一年には、島田市役所、同觀光協會の出した刷物によると、左の如くであつた。

大井神社大祭神事

十月十三日　午後三時　夕　祭　(花火打上げ)三發
十月十四日　午前十時　本　祭　三發
十月十五日　渡御神事
午前七時　御遷しの儀　三發

155. 帯祭りの追掛

同　八時　　發　輿　　三發
同　十時　　杉村家御着御晝饌祭　　一發
同十一時三十分　杉村家發輿　　三發
午後一時　　御旅所御着御旅所祭　　一發
同二時三十分　御旅所發輿　　三發
同四時半　　神社還御　　三發

中心行事である神輿渡御の行列は、
大名行列、神輿、鹿島踊、屋臺（第五街・第四街・第三街・第二街・第一街——還御の折は、第一街より第五街に至る）の順である。

大名行列

大名行列は十萬石格式と云はれてゐる。本通七丁目（第七街）より出す。明治四十一年、時の縣知事宛に出した「社格昇進願」の控によると、舊來大藩主守護に擬したものといふ。その行列は、長柄數本、徒士數人、弓、鐵砲、先騎（少年）五頭、金紋先箱、大鳥毛、大奴二十五名定員、馬前の徒士若干、次に追掛とて十餘名が小室節を唱歌するとあり、殿は馬上（少年、藩主に擬した行装）等、人員は三百餘にのぼるとある。

大井神社の祭神は女神三神（彌都波能賣神・波邇夜須比賣神・天照皇大神）であるため、女性の信仰が特に篤く、他町村から嫁《とつ》いできた花嫁は、晴着の帯を神前に供へ、將來の御加護と安産を祈る。又、宿内で生れた娘が成長すると、始めて結ぶ帯を神前に供へて、同じく感謝と御加護の祈りを捧げる。そして大祭當日、神輿渡御に供奉する大奴の佩く太刀の下緒代りにこの帯を下げてもらふ風習が生じた。自然この帯の絢爛を競ふに至つたので、いつかこの祭りを帯祭りと呼ぶやうになつた。

この行列中に、「追掛」が交つてゐるのも、注意すべき異色である。この一團を船方とも歌方とも云ひ、殿さんの慰めに、また、道中のおもりに歌ふと云はれてゐる。神輿のお發ちのとき、また、着いたとき、神輿の前で、神輿に向いてうたふ。支度は爪折笠に縞の浴衣。下駄ばき。その歌は左の如くである。（聞書による）

ごよう（二節）

〽ごよはエーソーコセー目出度の（こゝに大ばやし）わかイヨホーエまつエソコエさイヨホエまよ（大ばやし

枝も榮える　葉もしげる

（「大ばやし」は、「アーソーオイホーイ　オホホオホヨオヨイ　ソホイホオホオオ　ホヨーエーソー」とはやすもの）

島田節（三節）

〽島田河原で朝水汲めば　石が流れる　からりころり　筏流しの袖を引く

昔節（三節）

〽何とたかさき　たかしといへど　花のお江戸は見えはせず

ホゴロ節とも小室節とも總稱されてゐる。その節まはしは難かしく、十日間の稽古はするが、三祭目位にやつと覺えるといふ。

この大名行列は、十三、十四日と、第七街より出て、町々をまはり、十五日の神輿渡御の行列に列なる。

神輿行列

「社格昇進願」の控によると、神輿行列の次第は左の如くであつた。

鏡、唐櫃、大榊、神饌櫃、猿田彦、大鉾、太鼓、金棒（鈴虫、松虫）、神寶櫃、小鉾、四神旗、弓、矢、太刀、幣神官、奏樂、隨神、神輿（幣夫十六名、補助夫八名）、沓、神主、供、神官四名、大傘、床几持、次に鹿島踊がつゞく。

鹿島踊

本通六丁目町内會から出すことになつてゐる。その構成は左の如くである。

「鹿島踊」の旗を垂れた劍先、鏡、幣、廂をつけた棒を捧持するもの……烏帽子、白張仕度。

三番叟……白黒だんだら、赤丸のある劍先烏帽子、緋色羽二重の着付、綠地狩衣、その兩袖を外す。紫色のさしこと呼ばれる裁着《たつつけ》、浅葱《あさぎ》の手甲、鬱金の足袋、綠鼻緒の草鞋、木綿襷をかける。金銀地日の丸扇に鈴を持つ。青年の役。

お鏡……緋色の大黒頭巾、羽二重 友禪模樣の着付、緋の裁着、赤色の手甲、白足袋、鬱金鼻緒の草鞋、長さ四尺ほど

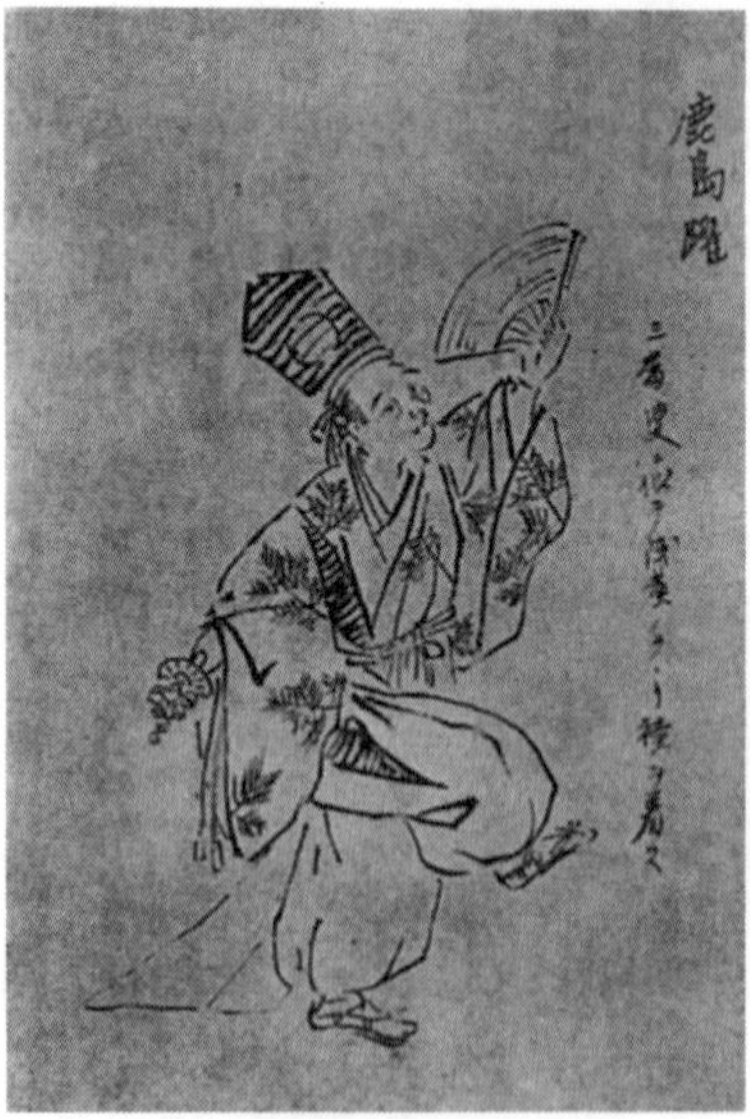

の黒漆塗の棒の先に、径一尺の片面金色、片面銀色の鏡に模した圓盤と、三尺位のキリコと麻を附したものと、鈴とを持つ。最初の旗持と同様のやうであるが、もとは杓子[1]を持つたらしい。青年の役。

鼓三人……支度同上、木製、表面に紙を張り、面を金色にした鼓を持つ。面の径六寸九分。長さ九寸。少年の役。

さゝら三人……支度同上。小ざさらを持つ。さゝらの親は長さ二尺二寸五分、子は二尺三寸、竹製、少年の役。

三番叟以下八人を一組とし、もとはこの一組だけだつたが、今は二組出る。外に囃子方、草笛（六孔）十人、チヤカチヤンとも呼ばれるテビラ三人、小太鼓三人、大太鼓一人である。囃子方の仕度は、鳥兜、柿色麻の肩のせまい袢を着る。中老の役。

踊は、掛聲をしつゝ、各人各様に振があるのは古風を傳へてゐると見るべきであらう。

桑原藤泰の「山西勝地眞景」（文化11）（刊本「駿河記」上所收）に左のやうにあるのを附記しておく。（挿圖参照）

鹿島躍、三番叟ニ似テ浅黄ノクヽリ袴ヲ着ス

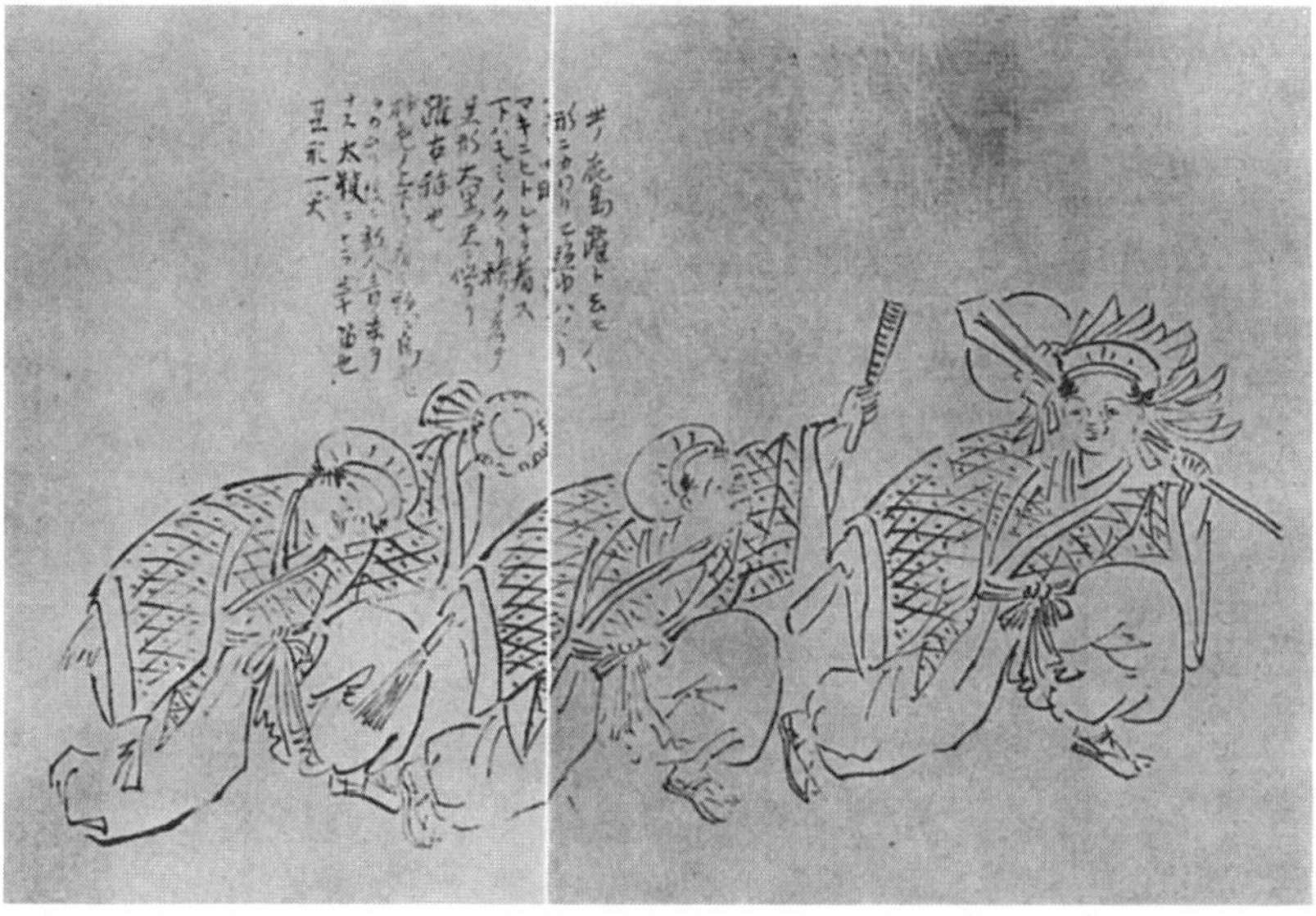

156.　鹿島躍圖（桑原藤泰「山西勝地眞景」、文化11）

世ノ鹿島おどりトイウモノ、形ニカワリテ頭巾ハク、リツキン、衣服ハ大ヒロ袖ノカイマキニヒトシキヲ着ス、下ハモミノク、リ袴ヲ着テ其形大黑天ニ似タリ、躍古雅也、柿色ノ上下ヲ着シ、頭ニ鳥兜ヲカムリ、後ニ數人音樂ヲナス、太鞁、テヒラ、草笛也、其形一笑。

この鹿島踊は、十二日に、六丁目町内全般をまはり、十三日、十四日にも、午前八時より本部前に集合して有志の家を祝つてまはり、十五日の神輿渡御に列する。

註（1） 明治末期に出た「島田町史」（置鹽藤四郎著）に「杓子持」とある。

長唄祭屋臺

一丁目より五丁目迄の五ヶ町は、踊屋臺一臺、囃子屋臺一臺づゝ(1)を出し、踊屋臺では手踊をする。從前は各町に於て、四、五歳より十一、二歳までの子供が踊つたが、近來は他所より、技藝ある少年を雇聘するやうにもなつた。

註（1） 今日二臺を出すのは第一街だけのやうである。ここでは二臺は相連り、前は四方吹拔、後は幕をめぐらし、前方には簾を下してゐた。前の屋臺の周圍には花を葺き、提燈を下げ、踊子が乘る。屋根にも四人が乘つてゐた。後屋臺には花を葺かず、水引幕を下げ、簾の前に「福德彌厚從神慮」と書いたものを下げてゐた。

この祭屋臺は、十二日、各街とも午前八時迄に大井神社に集合し、衣裳揃をし、合同參拜をし、以後各街詰所前、及びその他の場所で行ふ。十三、十四の兩日も、各街共大井神社正門前に於て奉納踊を行ひ、以後各街詰所前、及びその他の場所で演ずる。かくて十五日、神輿の渡御に列し、午後一時、神輿御旅所到着と同時に、各街一齊に奉納踊を行ふ。二時三十分神輿御旅所お發ちによつて供奉。

手許に、第五街と第二街の屋臺踊番組があるので、記録しておく。

157.　鹿島踊　三番叟以下８人１組で踊る

158. 帯祭り供奉の行列

おひとつもの

地踊りの子供たち

奴行列　両腰に差した大太刀に女帯を掛けて練り歩く

島田市大井神社の帯祭り

昭和三十一年十月（十三日・十四日・十五日）

大井神社大祭奉納

五丁目
大津通
新町通　屋臺踊番組

第五街

長唄　松島新五郎　松島庄十郎　松島庄七郎
三味線　松島榮八朗　杵屋榮美之助
笛　梅屋勝佐久　梅屋金十郎
鳴物　梅屋保久清　梅屋伊久三　福原勘貞　梅屋喜代
振付　花柳梅太郎　花柳梅菊

操り三番叟　柴田富士夫（六歳）

おさへ〳〵喜びありや　我此所より外へはやらじと
ぞ思ふ
〽天の岩戸を今日ぞ開かる　此の初舞臺千代萬代も
合〽千秋萬歳萬々ざい　五風十雨を穏かに　恵みを願ふ
種蒔とうたいかなでてしゆくしける

引抜
羽根の禿　仝　人

〽誠こもりし一廓　丸い世界や粋の世に　うそとは野
暮の誤りと　笑ふ禿のしほらしや
合〽梅は香ひよ櫻は花よ　梅は香ひよ櫻は花よ
いつも眺めは富士の白雪

浪枕月の浅妻　杉本　宗子（十一歳）

〽此寝ぬる　合浅妻船の浅からぬ　契《ちぎり》の昔驪山宮
合抑《そも》羯鼓の始りは　合靺鞨國《まつかっこく》より傳へ来て　唐の明《めい》
皇《わう》愛で給ひ

二上り〽月待つと其約束の宵の月　合水の月影流れ行
末は雲間に三日の月　合戀は曲者　忍ぶ夜の軒の月
影隠れても　合餘る思ひの色見せて　秋の虫の音さ
え渡り
合〽弓の影かと驚きし　鳥は池邊の木に宿し　魚は月下
の波に臥す　其秋の夜も今ははや　鐘も聞へて明方
の　入狹の　合月の影惜しき　合月の名殘や惜むら
む

五　郎　　五條　禮子（八歳）

本調子〽去る程に　合曾我の五郎時致は　不倶戴天の父
の仇　討んずものとたゆみなき　矢猛心も春雨に
濡れてくるわの化粧坂　名うてと聞し少將の
出合方〽雨の降夜も雪の日も　通ひ〳〵て大磯や
合〽廓の諸分のほだされ易く　たれに一と筆雁のつて
〽孝勇無双の勲しは　あら人神と末の世も　恐れ崇め
て今年また　花のお江戸の淺草に　開張あるぞ賑は
しき

引抜
晒　女（近江お兼）　仝　人

二上り〽とめて見よなら菜種に胡蝶　梅に鶯松の雪　さ
てはせなぢよが袖袂　しよんがいな　合色氣白歯の
團十郎娘　强い强いと名にふれし　お兼がうはさ高
足駄
引抜〽さつさ車の輪がきれて　さつさ車の輪がきれて
何れ思ひはどなたにも　何れ思ひはどなたにも
〽晒す細布手にくると　〽晒す細布手にくると　い
ざや歸らん賤が庵へ

鶴　龜　増田　晴子（八歳）

先の「晒女」が終つて前幕が閉るとすぐ長唄「鶴龜」にな
る。三味線に唄、唐冠、唐團扇、錦織の千早風の衣裳、白
大口の支度のものが出て踊る。「君の惠ぞ有がたき」で中
幕が降り、引抜になる。三階笠、花笠の娘道成寺姿。次に
花笠をとり引抜。

本調子〽夫青陽の春になれば　四季の節會の事始め

合不老門にて日月の　光りを君の叡覧にて
〽天に響きておびたゞし　〽庭の砂《いさご》は金銀の　合玉を
つらねて敷妙《たへ》の　合五百重《いをへ》の錦や瑠璃の扉《とぼ》そ
合硨磲の行桁瑪瑙の橋　合池の汀の鶴龜は　蓬萊山
も餘所《よそ》ならず　君の惠ぞ有がたき

引抜 娘道成寺　　仝　人

三下り〽梅とさんさん櫻は　いづれ兄やら弟やら　わけ
て云はれぬな　合花の色え
引抜　花の姿みだれがみ　おもへば〱恨めしやとて
龍頭に手をかけ　とぶよと見えしが　引かついでぞ
うせにけり

石　橋　　秋野家祕藏衣裳 中井　範夫（九歳）

花を舞臺の左右に立てる。三味線に太鼓も入る。せり出しで獅子出る。頭に扇に鈴をつけたものを頂く。白かしら、左に白花、右に赤花を持つ。岩に足をかけ、首を振ることなどあり、中幕降り、花をとり、引抜いて「供奴」になる。奴衣裳、肌脱ぎ、尻たくり、黑地前垂、提燈を持つ。踊きまって幕。

大薩摩〽夫れ清涼山の石橋は　合人の渡せる　合橋なら
ず　合法《のり》の奇特に自ら　合出現なしたる橋なれば
合〽獅子團亂旋《とらでん》の舞樂の砌《みぎ》ん　獅子團亂旋の舞樂の砌ん
牡丹の英《はなぶさ》　匂ひ滿々　大金りきんの獅子かしら　打
てや囃せや牡丹芳《ぼう》　牡丹芳　黃金の蘂現はれて　花
に戯れ枝に臥し轉《まろ》び　實にも上なき獅子王の勢ひ
なびかぬ草木もなき時なれや　萬歲千秋と舞ひおさ
め　萬歲千秋と舞ひおさめ　獅子の座にこそ直りけ
れ

引抜 供　奴　　仝　人

〽仕てこいな　合やつちや仕て來い　今夜の御供　合
ちつと後れて出かけたが　足の早いに我が折れ田甫
は近みち　見はぐるまいぞよ合點だ　振つて消しや
るな臺提灯に　御定紋つきでつかりとふくれた紺の
だいなしは　伊達に着なしたやつこらさ

〽浮れ拍子に乗が來て　ひよつくり旦那に拾られた
うろたへ眼《まなこ》で提灯をつけたり消したり灯したり　揚
屋が門を行過ぎる

高砂丹前　秋野家祕藏衣裳　鈴木佐智代（九歳）

面、熊手を持つ。面をとり引抜、花槍をとる。も一つ引抜く。槍を置き、花笠を二つ持つ。又引抜き、きまり、又引抜いてきまつて幕。

〽高砂や　木《こ》の下蔭の尉と姥　合松もろともに我見て
も　久しくなりぬ　合住よしの
扨ても見ごとになァ　振つて振り込む花槍は　雪か
あらぬかちら〳〵と　白鳥毛可愛らしさの色の
しゆくいり

引抜 元祿花見踊　仝　人

合
花見するとて　合熊ヶ谷笠よ　合飲むも熊谷　合武
藏野で御座れ　合月に兎は和田酒盛の　合賑はしか
りける次第なり

◇第五街大井神社大祭地踊
元祿花見踊り

「地踊」は屋臺の前、地上を踊つて行くもので、女の子は花笠の手古舞姿、男の子は鉢巻、法被、紺づぼん、印籠を下げる。右大勢が、扇をひろげ持つて振しながら行く。道化二人もつく。

〽連れて着つれて行く袖も　たんだふれ〳〵六尺袖の
しかも鹿の子のあで姿
裾に八ツ橋そめても見たが　ヤンレホンポニ　さうか
いな
合そさま紫色も濃い　ヤンレ そんれはさうじやいな
合手先揃へて　ざざんざの音は松風　よーんやさ

第二街のは、詞章を省略して、曲名と演者名のみを誌しておく。

第一　末廣狩　引抜岸の柳、神田祭
第二　安宅松　引抜高砂　高橋眞知子（四歳）

第三　秋色種　引抜供奴　菱谷　龍平（四歳）
第四　連獅子　引抜多摩川、晒し女　田中　伸治（五歳）
　　　　　　　　　　　　　　　田邊とし江（八歳）
第五　道成寺　引抜外記猿　大石よし子（八歳）

「第二街地踊唄」は左の如くである。

ヨイヨイソンライ

〽本町二丁目のサーサー　ア、アーア　ア、ア　ヤレコノオ　本町二丁目の糸屋の娘　姉が二十一　妹が二十

ヨイヨイソンライ

〽妹ほしさにナー　アーア　アーア　ア、ア　ヤレコノオ　妹ほしさに御願かけて　伊勢へ七度熊野へ三度　愛宕様へは月参り

後向の若者を先頭に、女の子大勢、花笠、振袖、右肌脱ぎ、浅葱裁著、化粧帯、白足袋、紅白廂裏草履、扇を持つ。その左右を若者がをどり、後に男の子が大勢つく。この本町二丁目はよい節で、祭氣分が汪溢してゐた。微かな哀調もこもる。振もよかつた。鉦、太鼓、三味線をはやす。木遣音頭といふ。皆でうたふ。

なほ、第三街の地踊は「喜撰」であつた。音頭取がうたふ。

〽住吉の岸邊のお茶屋に腰打かけて　まつで釣ろやれ蛤を　ヤンレ夏の月（と、左足を前に、かざし手をする）ヤートコセヨイヤナ　アリヤリヤ　コレワイサ　コノナンデモセ（と、扇を右後にしてきまる）

節は伊勢音頭、振は長唄調であつた。なほ第一街の地踊歌は「紀文大盡」といふ。

これらの踊は、専家の子はさけて、全然知らぬ子に教へ込むといふ。十日間で仕込む習ひである。地踊りも、一日から子供たちに教へる。

十五、周防の三作神樂

山口縣新南陽市夏切／河内社・大元社・大番社・氏社
十一月十三日〜十五日

周防（山口縣）、新南陽市夏切の三作《みつくり》地區所傳、三作神樂は、以前は神舞《かんまい》とよばれてゐた。神舞とよばれる舞は、山陽から九州にかけてひろく行はれてゐるが、神樂と神舞の區別は、ひとつはつきりしないところがある。

三作地區は、新南陽市の北方の飛地、別世界のやうな山中に開けた集落で、小字原赤、林、中村の三地區（戸數約七十戸）を稱してゐる。この神樂は、この地に古くから傳へられたものであるが、いつ頃から行はれてきたかははつきりしない。以前はやはり社人たちが集まつて演じてゐたやうである。

明らかな資料としては、裏に「明和元年申月日（一七六四）」と墨書のある伊斯古《いしこ》理登賣命《りどめのみこと》の面といはれるものが殘つてをり（河内社宮司友田光氏所藏）、また、同友田家には寛政四年（一七九二）壬子十一月廿一日付の「年祭御神樂目錄」があるといふ（財前司一「民俗藝能研究9」）。

なほ、この神舞にちなむ傳説がある。お隣りの都濃郡鹿野町の「鹿野町誌」によると、今からおよそ三百年前といふから、貞享、元祿（一六八七前後）の頃、鹿野町仁保津の栗木にある蛇つなぎといふ所で、七荷《か》半もある大鰻《うなぎ》がとれた。餘りにも大き

159.　三作の里、中村集落

いので、仁保津、赤山、また佐波郡徳地町の鯖河内《さばごうち》、上角《こうづの》、新南陽市の巣山、升谷、三作の七集落に分けた。ところが當時疫病が流行したので、これを神の祟《たた》りと恐れ、各集落の代表者たちが集まつて相談し、神を宥《なだ》めて七年目ごとに神樂の奉納を行ふことにしたと、仁保津の黄幡社の神樂起源にあるといふ。

また、下つて天明（一七八〇年代）の頃、田作りに大虫枯のことあり、各氏子たちの立願により、六年ごとの神舞を執行するに至つたともいふ（「防長風土注進案」）。以前は周邊各地にも行はれていたやうであるが、今はここのみに殘つた。

この神舞は、傳説のやうに、七年目ごとの卯年、酉年に神殿《かんどん》を設へ、ここに神々を勸請し、天下泰平、五穀豊穰を祈つて催される。神迎へ、神送り、そして催される藝能にも古色蒼然たるものがあり、また華やかな、人目を驚かすものもある。

この三作神樂は縁あつて、昭和六十三年十一月、早稲田大學演劇博物館創立六十周年記念の催しに上京、大隈講堂で十二座、その舞が紹介されたが、平成五年（酉年）十一月、新南陽市からの招待を受け、幸ひ同行の民俗藝能學會の會員たちに伴はれて見學に赴いた。そして四日三晩にわたり、神迎へ、神送り、神殿の飾り付けから神殿のとりこはしまで、つぶさに見學することができた。

十三日の儀

原赤地區の氏神河内社は、金毘羅山とよばれる小高い山の上に、金刀比羅社と社殿を並べて建てられてゐる。大元《おおもと》社はその裏手の山の赤松の大木（今は枯れ朽ちて切株だけになつてゐる）の傍の祠であつた。神殿は河内社から石段を降りた廣場に建てられてゐる。間口三間半、奥行五間半、土間に蓆《むしろ》を敷いた大きな假屋である。

160. 飾り付けなつた神殿内

161 神迎へ
祠から神を迎へる

162 神殿入り

十一月十二日、徳山市を經て、同市湯野溫泉の宿に着き、十三日朝早く登つてみるに、やがて八時よりぽつぽつ飾り付けがはじめられた。天井高い神殿內の奥、最上段に「腰掛俵」とよばれる小矛《ぼこ》十六本を立てた一俵俵《たわら》、その下左右に徑十二センチほどの左巻の巻繩（これは蛇をかたどるといふ）、天井に四七センチ四方の天蓋二個が下げられ、ここから千道、八千道が四方に通じてゐる。周圍に四季の風物（中央に鳥居）を刻んだ切飾りを下げる。千道、八千道は、舞のうちにほとんど切り拂はれてしまふ。

早目にお晝の弁當をすませ、山を下りて字中村の頭屋《とうや》に行く。頭屋は祭りごとに變り、新築の家などが希望して引き受ける（このたびの頭屋は、このほど新築なつた中田氏宅）。玄關を入ると左手に六疊二間、ここが舞處《まいと》になる。舞處の飾りは別にない。

十二時より修祓、やがて舞がはじまる。囃子方は烏帽子、白衣、袴の仕度で、外側の廊下に薄縁を敷いて並ぶ。大太鼓と六孔の篠笛に銅鈸子（合せ鉦と稱す）。

〔清めの舞〕十三、四歳の少年二人、烏帽子、赤狩衣、袴、白足袋の仕度で、右手に錫杖《しやくじよう》、左手に握り幣をとつて翩翻と跳びはねながら舞ふ。よく練習のゆきとどいた美しい舞であつた。約十二分。舞の途中、四方に次々に立ち止まつて同音に神歌をうたふ。

〽榊葉に湯立の水を神かけて　祓へば身にも穢あらまじ（東・西に）

〽罪咎をはらひ清めて畏くも、神の教へを仰ぐ今日かな（南・北に）

〔惠美須の舞〕頭巾、惠美須面、赤狩衣、袴の者が、赤い鯛をつけた釣竿を左肩にかつぎ、右手に日の丸の扇をとつて出、愛嬌たつぷりに舞ふ。途中で祝詞を唱へることがある。

〔柴鬼人〕しやぐま、鬼面、白衣、錦織の襅《ちはや》、その上に齋襷《ゆだすき》（紐の襷）、袴の鬼人が右手につぼめ扇、左手に兩端に

163. 湯立の湯漉し

五色の紙總《ふさ》をつけた鬼人杖をとつて出、周圍の者に杖をつき出し、頭をなでてやつたりなど種々戯れあつて舞ふ。のち、烏帽子、白狩衣、袴の「防《ふせ》ぎ」とよばれるワキ方が出て鬼と問答がある。「防ぎ」が杖の謂《いわ》れを鬼人に問ふ。そして天下泰平、五穀成就の神樂を舞へといふ。鬼人は答へ、その舞を舞ふ。

以上三座は、頭屋の清めの舞とされてゐる。かうして舞收め、一同は行列をつくつて頭屋を出、お山に向かふ。先頭に水を入れた手桶を持つた紋付羽織、袴の氏子の者、榊の小枝で水を振りかけ、道を清めながら行く。次に荷《にな》ひ太鼓、笛、清めの舞を舞つた少年たち、柴鬼人、恵美須、その他大勢の人たち。山を登つてやがて神殿に着く。

〔湯立〕 神殿の前方、向かつて左方に湯立の設けがしてあるが、ここに烏帽子、狩衣、袴の神職二人により湯立がある。兩人白布をひろげて湯を漉《こ》す。のち榊の枝でその湯を河内社はじめ諸方に振りかける。

〔神殿の清め〕 のち、神殿内において、頭屋におけると同じ三座の舞がある。同じく清めとしてゐる。

これでこの日の行事を終はる。

十四日の儀

早朝、再びお山を登り、七時十五分神殿着。やがて八時六分前、神殿において祓ひがあり、のち神主、氏子の人たち三方に分かれて七神の神迎へに行く。

原赤――河内社《かわちしや》・大元神《おおもとしや》

林――大番《おおばん》社・氏《うじ》社

小原――河内社・大元社・大番社

私は原赤の河内社と、その社殿のすぐ後の祠、大元社よりの神迎へに付いて行く。烏帽子、狩衣の神主を先頭に、小幣を持つた羽織、袴の氏子總代二人、白衣、袴に、採物の弓などを持つた舞人三人が行列して、裏山、大元社の祠まで参り、式あつて神を迎へる。

やがて他方からの神迎への行列も到着。ここに「神殿入り」がある。皆みな行列して、神殿向かつて左の入口から神殿の中に入る。そして神殿内を神歌をうたひながら順まはりに三めぐりし、神殿内に縦四列に並び、神迎へのそれぞれの御幣を供へる。場内いつぱいに神祕の氣がただよふ。

〽千早振る神の鳥居を通りては
　　萬の穢れは消え失せにける
〽鳥居立つここも高天の原なれば
　　集りたまへ四方の神々

165.　恵美須の舞

164.　清めの舞

166.　柴　鬼　人

〽天蓋の千道八千道多けれど
　　中なる道は神の通ひ路

二段目の棚には三寶に二重ねの餅を、三段目の棚には干鯛を、さらにその下段の棚には蜜柑と林檎が供へられる。ここに神殿の舞の本番がはじまる。神殿の向かつて左手に、奥から大太鼓、笛三、銅鈸子の順に囃子方が並ぶ。仕度所の樂屋は河内社の拜殿。そこから石段を下りて二間そこそこの蓆を敷いた言はば橋懸りを經て神殿の舞處に入る。

〔清めの舞〕　二人。風折烏帽子、赤狩衣、袴、錫杖と握り幣をとつた少年二人の舞。頭屋における清めの舞とほぼ同じ。すべて清め祓ひといふことが强調されてゐる。

〔荒神の舞〕　二人。背に「かるい幣」とよばれる一種の梵天を負つた赤鉢卷と白鉢卷の、白衣、襷がけ（背の交差の所に五色の布を下げる。これをも齋襷《ゆだすき》と稱してゐる）、袴、直面《ひた》の者、右手に錫杖、左手に握り幣を持ち、二人向かひ合ひ、背合はせになり、並びなどして舞ふ。舞の要素が豊かである。兩人並び、四方および中央に向かつて同音に唱へ言がある。回つて回り返す巫女舞の手が多い。のち、兩持物を置き、日の丸の扇をとつて舞ふ。「荒神の舞」といつても舞人は面をつけない。「地固め」とも稱する由であるが、思ふにこれは前座で、以前は、のち面をつけた荒神が出たのであらう。

〔河内社の神樂〕　二人。烏帽子、白狩衣、袴の少年二人による清めの舞。このとき同社の宮司が、向つて左方、最下段の棚の上に坐す。舞の半頃、棚の中央に出て、神前に向ひ祝詞を讀む。讀み終へてまた舞の間中もとに坐す。

（以下間々の各社の舞も同じ。）

〔二つ太刀の舞〕　二人。赤鉢卷、白鉢卷、白衣、齋襷、袴の者、太刀を帯び、錫杖をとつて出て舞ひ、のち錫杖を置き、太刀を拔き、右手に拔身、左手に鞘《さや》をとつて舞ふ。

167. 荒 神 の 舞

168. 二つ太刀の舞

〔恵美須の舞〕 頭屋における舞と同じ。
〔大元社の神樂〕 二人。烏帽子、赤狩衣の少年二人。各社の舞に同じ。
〔二つ弓の舞〕 二人。烏帽子、白狩衣、袴の者、右手に錫杖、左手に握り幣と作りものの弓とを一手にとつて舞ふ。一方の弓は赤と白の、他方は青と白のだんだら巻のもの。一舞の後、五方に向いて同音に唱へ言がある。
〔卓《しょく》の舞〕 四人。舞處眞中に小卓を出し、その上に德利と杯一つを載せておく。赤鉢巻、白鉢巻、白衣、青襷の二人の者、背にかるい幣を負ひ、右手に錫杖、左手に握り幣と太刀とを一手に、また同じ仕度に、左手には握り幣と矛とを一手にとつた二人の者とが出、早足に舞ふ。先達《せんだつ》とよばれる先頭の太刀の者が德利をとり、相對する三番手の太刀の者の持つ盃に酒を注いでやり、この者はその神酒を四方に撒いて清める。小卓は下げられ、舞手は太刀と矛を神前に置いて、おのおの錫杖と握り幣とで舞ひ、五方に向いて唱へ言と神歌がある。
○東方に向つて句々廼馳命の神を鎭しめ奉る
　此の方春の景色と見え候也　唐人も神の御前に花を見て　わが日の本の春や知るらん
以下南方（夏）、西方（秋）、北方（冬）、中央にも同様の唱へ言と神歌がある。
ここでお晝の休みになる。約五十分。參拜者たちは神殿の周圍で、それぞれ弁當を開き、組々團欒のうちに晝食。一時から、神殿の裏手より、その一段下の廣場に向かつて餅撒きがあつた。大勢が集まり、帽子や前掛けを擴げたりして餅を受ける。後から後からとたくさん撒く。
一時十七分、再び舞がはじまる。
〔小原氏社の神樂〕 二人。烏帽子、赤狩衣、袴の少年二人の舞。各社のと同じ。
〔柴鬼人の舞〕 二人。先のと同じ。

169.　大元社の神樂

170.　二つ弓の舞

〔小原大番社の神樂〕　二人。烏帽子、白狩衣、袴の少年二人の舞。各社のと同じ。
〔四つ太刀の舞〕　四人。赤、白、また赤、白の鉢巻、白衣、齋襷の者、錫杖と太刀を持つて舞ふ。のち錫杖を置き、太刀のみで舞ふ。
〔小原大元社の神樂〕　二人。烏帽子、赤狩衣の少年二人。各社の舞と同じ。
〔殿様神樂〕　一人。烏帽子、白狩衣、袴の者、錫杖と握り幣とをとつて出て、振りいろいろに舞ふ。いろいろの舞の手が組まれてゐる。
〔四つ弓の舞〕　四人。烏帽子、赤、白、また赤、白の狩衣、右手に錫杖、左手に弓と握り幣とを一手に持つて出て、組み合はせいろいろに舞ふ。
〔大番矛の舞〕　四人。赤鉢巻、白衣、赤襷がけ、續いて白鉢巻、白衣、青襷がけの者二組、背にかるい幣を負ひ、錫杖と矛とをとつて出る。矛の採物舞である。
〔大番社の神樂〕　二人。烏帽子、赤狩衣の少年二人。各社の舞と同じ。
〔王子の舞〕　七人。いはゆる五行、所務分《しよむわけ》の能である。赤、白、黒、青の帽子、それぞれの色の狩衣の者が、それぞれの色のかるい幣を負ひ、右手に錫杖、左手にそれぞれの色の握り幣に弓を一手にとつて出て舞ふ。四方に向いて唱へ言あり。そこへざい、口曲り面、襌、袴の「門宣」（六郎とも）が、六郎杖と六郎軍配とを持つて出る。四人は四角《すみ》に立ち、門宣は奥の黑、青の間に立つ。そこへ黄色仕度の者が出る。また大幣を持つた神主仕度の者も出、いろいろ問答あり、神歌がある。四季土用の所務分のことを仕組んだ能。
〔氏社の神樂〕　二人。烏帽子、白狩衣の少年二人の舞。各社のと同じ。
〔三方荒神の舞〕　三人。赤鉢巻、赤襷の者二人、白鉢巻、青襷の者一人、それぞれ錫杖と握り幣とを持つて出て一舞

171.　卓 の 舞

172.　王子の舞

ののち、中央に垂れた布一筋づつをとり（この「布」は綱を心とし、それに白布を巻きつけたもの）、舞ひつつやがて布に下《さが》り、中割をして跳び、布を縒り合はせて一筋とし、二人が布の下を持ち、一人が布を攀《よ》じ上《のぼ》る。頂上で片手、片足を離し、大の字になり、

〽畏くも神代の法を受けつぎて

と、神歌の上の句を歌い、逆さまに布を降りながら、

〽身を逆しらに今ぞなしぬる

と下の句を歌ふ。これを次つぎと他の二人も繰り返す。見事な離れ業であつた。

〔神明の舞〕七人。いはゆる「岩戸開き」である。しかも變つた仕組みのもの。舞處の奥に、板の六角屏風で圍つた岩戸を立てておく（外黑、內銀）。上に太注連をまはす。はじ

173.　三方荒神の舞　布登り

め天照大神（金烏帽子、赤狩衣、直面の少女、胸に女面を下げる）が錫杖と握り幣を持つて、烏帽子、白狩衣、袴の者に導かれて出る。順に一まはりし、岩戸の中に入る。次に手力男命《たぢからおのみこと》が右手に日の丸の扇、左肩に榊の枝をかついで出て舞ひ、岩戸の側に坐す。次に金の硝子玉や銀紙製の鏡、それに五色の四垂《しで》をふつさりと下げた笹をかついだ髭の神、太玉《ふとだま》の命《みこと》、次に三叉の矛を持つたおかめ面の鈿女命《うずめのみこと》、次に伊斯古理登賣《いしこりどめ》命とよばれる面の者、神職姿の者なども出て、神職姿の者は祝詞を讀む。かくて岩戸開きに及ぶ。手力男命の衣裳ぶつかへりなどの工夫もあり、おほよそ一時間を要する。人氣高い曲で、この曲ゆへに「三作岩戸神樂」などとも總稱されてゐる。

〔長刀の舞〕一人。白鉢巻、白衣、赤襷、袴の者、長刀を持つて出、これをくるくるとまはす。左右まはし、前まはし、背まはし、頭上まはし、中腰、膝つきの腰ぐるま、指ぐるま、腕ぐるまなど、そのまはし様がいろいろある。見事な業であつた。長刀を扱ふ曲は方々にあるが、その集大成ともいつた形のものであつた。二十三分を要した。

〔花鎮の舞〕二人。烏帽子、赤狩衣、および白狩衣、袴の者、花の枝をとつて出る。二人相對し、花の枝を左右しながら舞ふ。このとき紐によつて繋がれている白蓋を下げ、大いに振る。白蓋から五色の花が降る。

174. 三方荒神の舞 逆さに降りる

175. 神明の舞（岩戸開き）

（1） 天照大神（左）が岩戸の中にかくれる

（3） 天手力男命《あまのたぢからおのみこと》が岩戸を開く

（2） 天鈿女命《あまのうづめのみこと》

176.　花鎮の舞

177.　神 戻 し

〔神戻し〕 全員。續いて太鼓を舞處の中央に据ゑ、一同白衣、袴のまま、握り幣、太刀、弓、矛など各種の採物をそれぞれとつて、その周りに集まり、順に、逆に、採物で太鼓を叩きながら、幾度かまはる。まはりながら「八百萬神神戻《かんもど》し」と全員で幾度か唱へる。最後に採物を萬歳をするやうに上げて終る。

十五日の儀

三度お山に登る。七時十分着。すでに村の人たち數人が下の廣場に焚火して暖をとつてゐた。神殿内部は、正面最上段を殘し、棚の供物もみな片づけられてゐた。

七時四十分、神戻しの祈禱があり、幣束も、腰掛俵も下《お》ろされる。神主、氏子總代、舞人等がまた三方に分かれて神送りをする。卷繩と採物などは、林集落の大番社と原赤の大元社に收める。卷繩は兩社祠側の大木に卷きつける。

やがて神殿のとりこはしがはじまる。材木には一切釘は用ひず、すべて繩で縛られてゐる。その繩を解く。九時五分、神殿の最後の太柱も引き抜かれ、その穴も埋め戻される。主な柱は保存され、薦などはそれぞれ持ち歸るか、まとめて希望者に拂ひ下げられるが、屋根などに用ひた多くの割竹や不用になつたものは下の廣場で燒かれる。そこには祭りの後の靜けさ、寂しさがあつたが、かくてわれわれも暇を告げて山を下りた。

この記錄を綴るに際しては、先に渡邊伸夫氏が集めた三作岩戸神樂保存會、新南陽市教育委員會發行のもの、その他の多くの資料を參照させていただいた。深謝の意を表する。

（「月刊文化財」平成6・3）

十六、春日若宮御祭り

奈良市春日野町／春日若宮社
十二月十五日〜十八日

申《さる》祭り・御祭り

奈良市春日野町の春日《かすが》大社（春日大宮）は、原始林のある春日山の主峰御蓋山《みかさやま》の麓に鎮もる宮で、下總鹿島の神、建《たけ》甕槌命《みかづちのみこと》、上總香取の神、經津主《ふつぬしの》神、河内枚岡《ひらをか》の祖神、天兒屋根命《あまのこやねのみこと》、及び比賣神《ひめがみ》の四座を祀る。その創建は、神護景雲二年（七六八）、藤原永手《ながて》によると社傳にいふが、實際は藤原不比等《ふひと》（六五九〜七二〇）の代に泝るかといはれてゐる。以來藤原氏の氏神《うぢがみ》として尊崇されてきた。その祭りは、昔は二月及び十一月の上申《さる》の日（今は三月十三日）に行はれ、大宮祭り、春日祭り、申祭り等と呼ばれ、賀茂《かも》祭り、石清水《いはしみづ》祭りと共に、三勅祭の一つとされてゐる。

その攝社若宮は、大宮本殿の南、間もなくの所にあり、祭神は天兒屋根命の子、農業守護の神、天押雲根命《あまのおしくもねの》で、崇德天皇の長承四年（一一三五）二月の創建といふ。その翌保延二年（一一三六）には、時の關白藤原忠通《ただみち》が、五穀豐穰、國民安樂、疫病退散を祈つて、若宮御祭神を御旅所に迎へ、大和一圓の崇敬者たちと共に祭りを奉仕した。これがいはゆる春日若宮御祭《おんまつり》で、保延《ほえん》祭とも呼ばれ、爾來八百四十有餘年、絕ゆることなく行はれてきてゐる。しかし當時この祭りを實際に主宰したのは、藤原氏の氏寺、興福寺であつたらしい。興福寺は法相宗の大本山、藤原鎌足の夫人鏡王女《かがみのわうきみ》が山城國山科《やましな》に創建した山階寺《やましなでら》がもとであつたが、のち飛鳥に移され、厩坂寺《うまやさかでら》となり、更に奈良遷都の際、不比等《ふひと》によつて奈良に移され興福寺と改稱された。

御旅所縄棟祭《おたびどころなはむねさい》(1)

御祭りははじめ九月十七日に行はれたが祭日には變遷あり、今は十二月十七日を本祭りとしてゐる。以前は當日まで種々の儀式があつたが、今は十月一日先づ御旅所において縄棟祭が行はれることをもつて始めとする。午後一時、

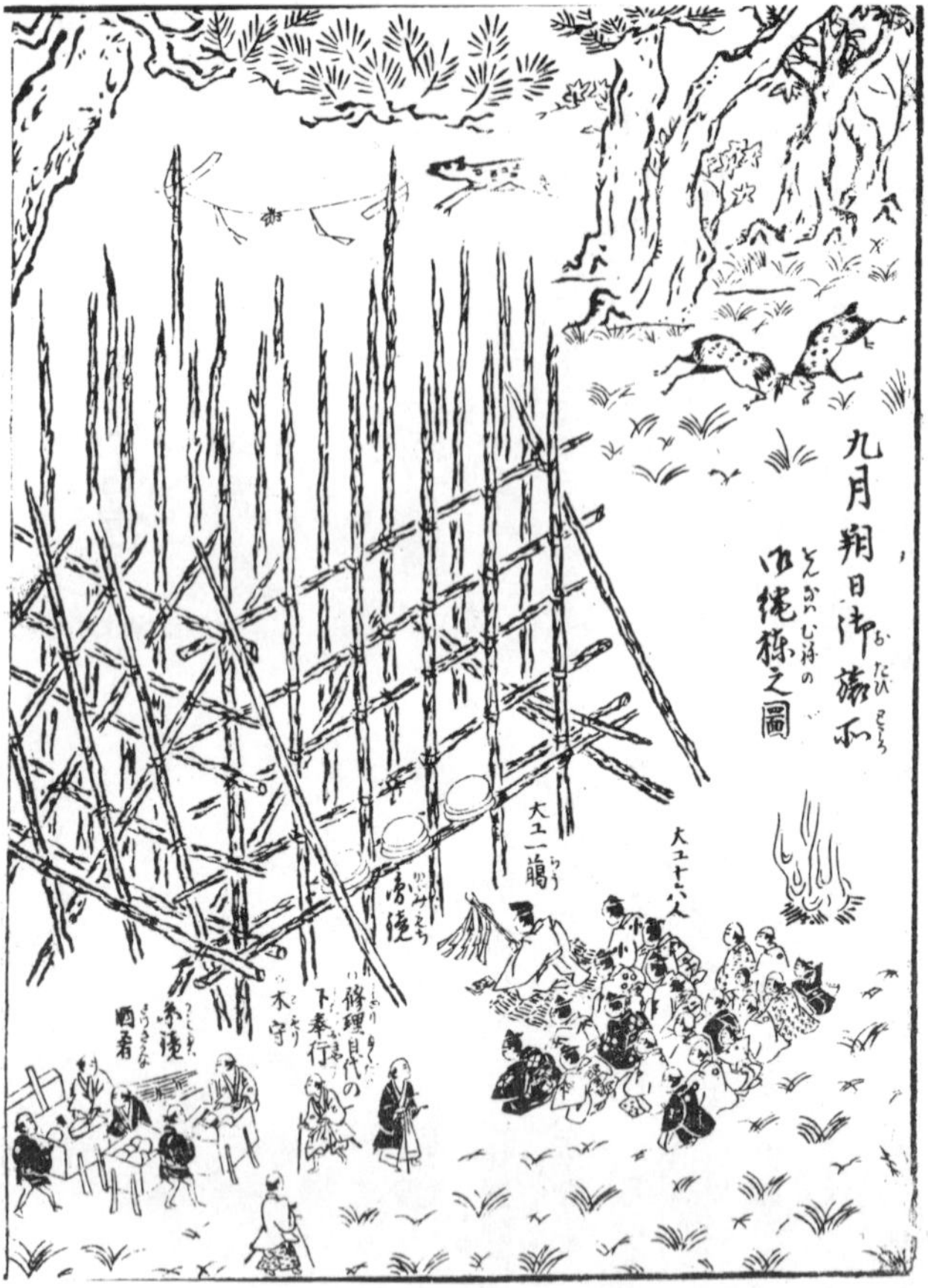

178.　御旅所御縄棟の圖（春日若宮御祭禮略記）

神職並びに、古例により大柳生町の工匠たちが御旅所前庭に着き、お祓ひがあり、神饌《しんせん》を供へ、奉幣あり、祝詞を奏す。工匠たちの拜禮あり、神饌を撤する。これは御旅所假宮を豫め縄張りして形を現すもので、敷地を祓ひ清める意味もあるといふ。「春日若宮御祭禮略記」（寛保二＝一七四二年）の圖によると、縄張りを示す柱を幾本も立て、正面三ヶ所の棚に、三つ重ねの「圓《かが》鏡《みもち》」を供へてゐるが、これは

神饌といふよりは神の依代《よりしろ》なのであらう。その前に大工一﨟《いちらふ》をはじめ十六人が禮拝してゐる（挿圖參照）。實は大事な儀式であつたと思はれる。

大宿所祭《おほじゆくしよさい》

十二月十五日には、市内餅飯殿《もちいどの》町（猿澤池《さるさはのいけ》の手前の小路を右手に折れた所）の大宿所で、大宿所祭が催される。大宿所といふのはこの祭りを主宰する願主人《がんしゆにん》や大和士《やまとざむらい》たちの參籠所《さんろうしよ》で、今は舊神領二十數ヶ村の人たちが大和士參勤春日講《かすがかう》をつくつて、その役員たちが奉仕してゐる。今は巫女《みこ》の神樂《かぐら》があるが、もとは湯立《ゆたて》があつた(2)。花菓子(3)、田樂《でんがく》笠、甲《かつ》冑《ちゆう》、その他さまざまのもの

179.　大宿所の神前

180.　大宿所の懸鳥

を飾る。また、懸鳥《かけどり》といつて、雉子《きじ》、兎《うさぎ》、狸《たぬき》、鹽鯛《しほたひ》など奉獻のものを周圍の柵《さく》にかけ並べる。

田樂衆の社參

十六日午後三時過ぎ、田樂衆の社參がある。田樂にはもと本座と新座とがあつたが、今は一つになつてゐる。畿内及びその附近に居住のもの、兩座それ〴〵十三人を定員としてゐたといふ。編木《びんざさら》を持つた一﨟《いちらふ》、花笠を冠り高足駄をはいた笛の二﨟、鼓を持つた三﨟、四﨟以下五人は太鼓を胸につけ手に桴《ばち》を持ち、五人は編木を兩手に持つ。今は太鼓、編木は三人づゝ、それに鼓と笛。鼓方はもとシテテイと呼ばれた。外に五色の大きい幣《へい》を持つものがゐる。

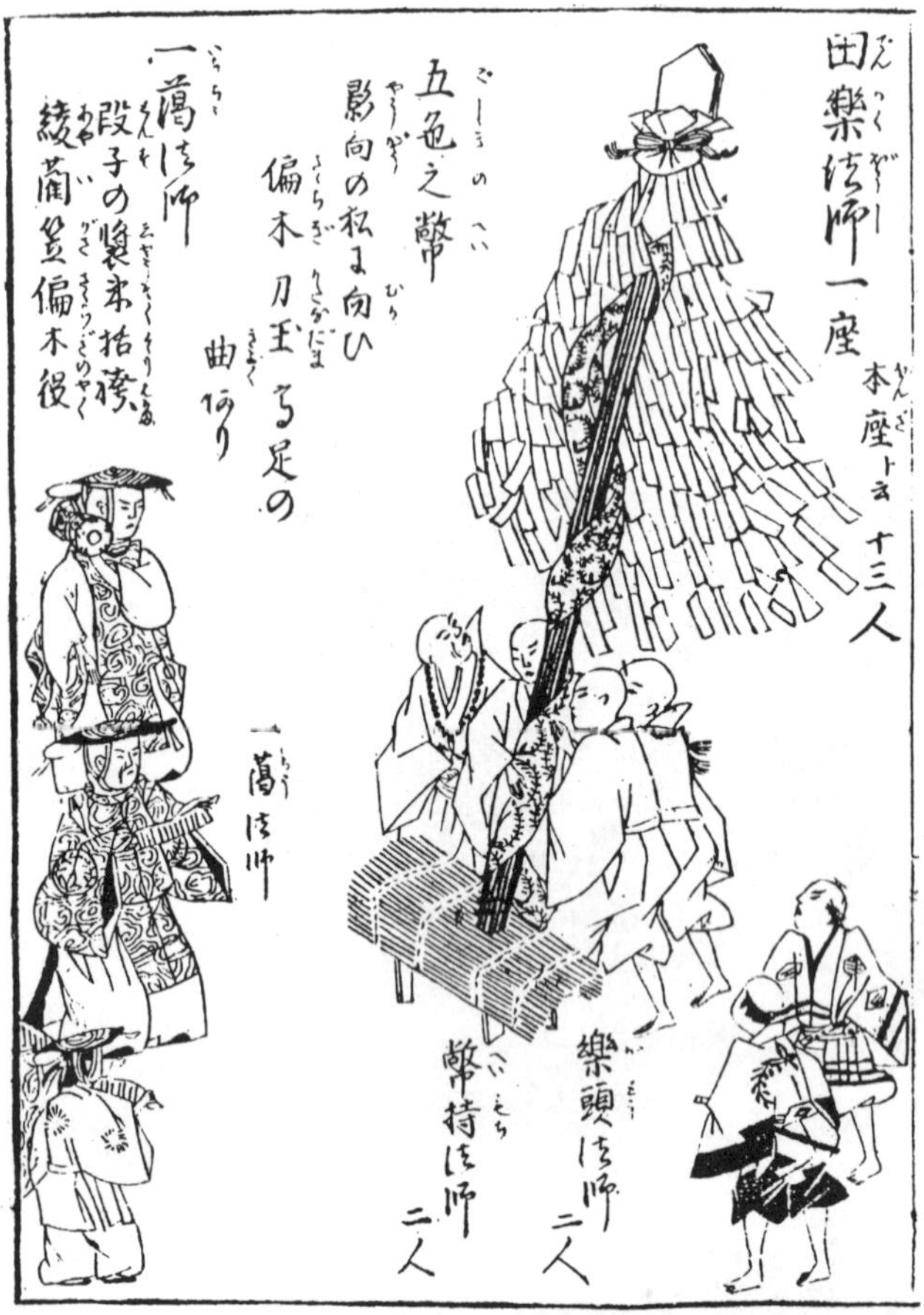

（太鼓が三人畫かれてゐるのは繪の都合によつたので實際は五人であつた筈である）

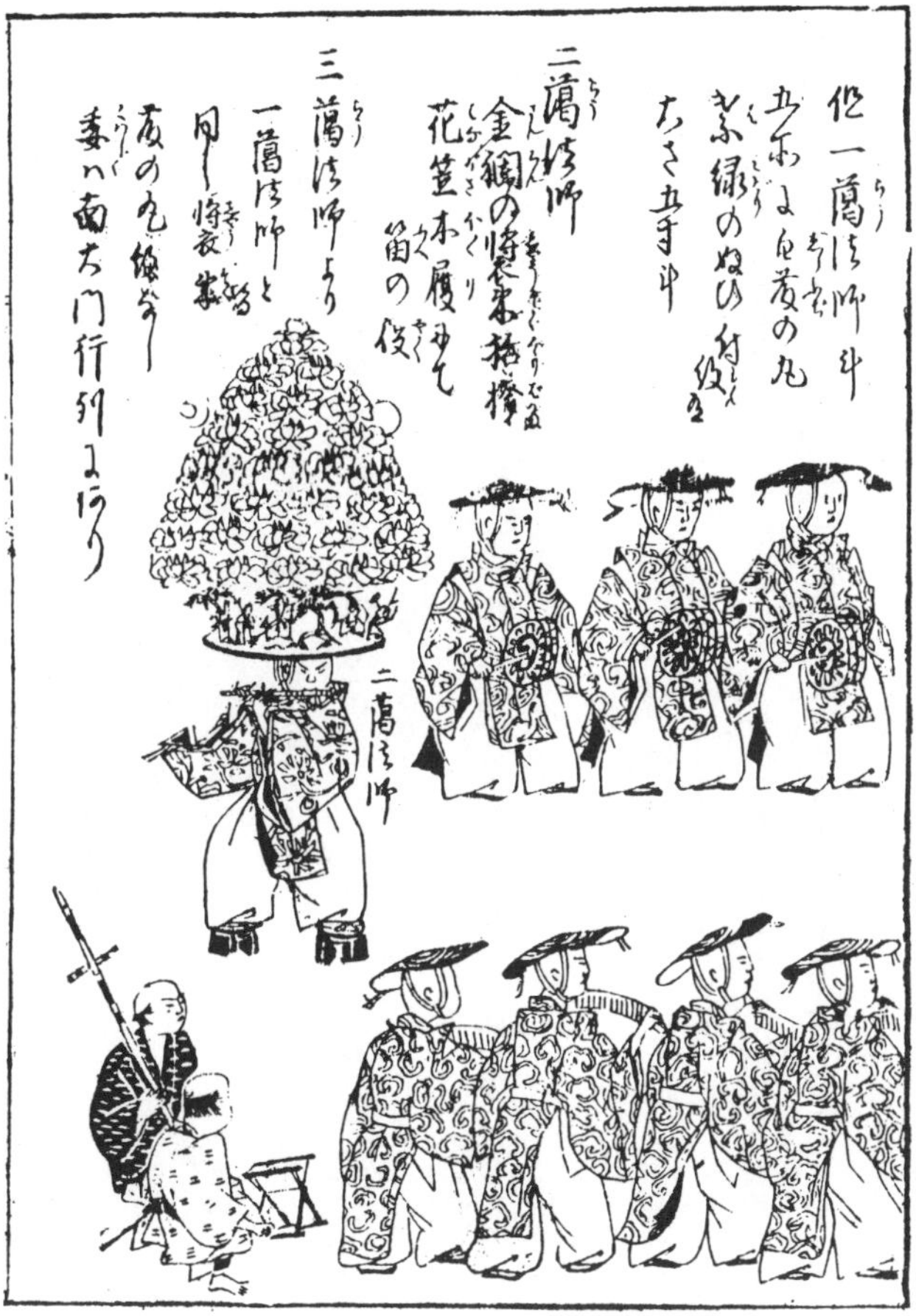

181.　田樂法師一座（春日若宮御祭禮略記）

刀玉《かたなだま》及び高足《たかあし》は三、四臈の役。

田樂衆は裝束をつけ、大宮前、東庭で、田樂の「中門口《ちゆうもんぐち》」及び刀玉、高足を演ずる。刀玉は長さ一尺ほどの小刀二本を投げ上げてとる一種の曲藝。高足も下方に短い横木のある棒に乘つてひよい〳〵と歩く藝であるが、今はたゞ足を横木にかけるだけになつてゐる。これらは田樂《でんがく》にとり入れられた散樂《さんがく》で、刀玉は全國でこゝのみに殘つた。

田樂衆は次いで若宮に詣で（本來は若宮詣でを先にするといふ）、拝舎《はいのや》で、中門口《ちゆうもんぐち》、刀玉、高足につゞいて、「もどき開口」及び「立合舞」を演ずる。これらには謠《うたひ》もあり、一種の能で、珍しいものが殘つた。

遷幸の儀

この夜十時半、若宮拝舍の前で權禰宜が、「初度の案內申す」と告げると、居合せた者が「應《おう》」と答へる。このとき伶人は石段下の楠樹のもとで、笛、太鼓の亂聲《らんじょう》を奏す。案內は參籠所や詰所の方にも告げられる。この案內と亂聲とが三度あつて宮司《ぐうじ》昇殿、燈火を滅し、闇の中で祕事あり、これより伶人の道樂《みちがく》によつて、神靈が御旅所へ渡る。一對の松明を先頭に、神靈は周圍を榊の枝を持つた大勢の神職たちに圍まれ、御巫《みかんこ》、伶人、供奉員たちがこれに從つて「オー」と警蹕《けいひつ》をかけながら十町あまりの參道を進む。

御旅所に到着すると、迎亂聲が奏せられ、神靈は假宮に鎭まり、祭事があつて、宮司が假宮の段を下りると、神前の瓜燈籠に燈がともされ、齋庭の四隅に庭燎が赤々と焚かれる。こゝに植松行事あり、これは假宮前の左右の盛砂の上に小松を挿すのである。（この頃は準備のときから挿してゐるやうである。）ついで宮司以下齋庭に並び、獻饌、宮司の奉幣祝詞《ほうへいのりと》があり、社傳の巫女神樂がある。

かうして宮司以下の神職が退下するのは、翌る十七日の午前二時近くになる。それでこの獻供を曉《あかつき》の御供《ごく》と呼んでゐる。

御渡式

十七日は御祭りの當日である。午前十時から本社及び若宮のご本殿で本殿祭がある。午後零時三十分、行列は興福寺境內から繰出し、大宮通りを西行し、油阪から南に折れて奈良驛前に出、まつすぐ東へ三條通りを登り、御旅所へ向ふ。

182.　植松行事　假宮前の左右の盛砂に小松を挿す

その行列は、お榊車とお榊使ひを先頭に、春日若宮御祭奉贊會會長、隨員、同保存會會長、その他の役員隨員等で、以上を番外とし、これらは時により異同があるが、次に古式による十二番が出る。それは別表（296頁）の如くである。

松の下の儀

この行列が一の鳥居をくぐり、影向の松の下にさしかかると、藝能團は一旦止って一ふしづゝを演じて行く。

先づ第三番（表參照）は細男《せいのう》である。神功《じんぐう》皇后の遠征の折、筑紫《つくし》の濱に至って、龍宮の干珠滿珠《かんじゆまんじゆ》の玉を奉らしめんがため、細男が神樂を奏し、海底の磯良《いそら》を呼ぶといふ故事によるもの。馬上六人、二人は笛、二人は小鼓を持つ。これが馬上のまゝ、短く笛を吹いて通る。

第四番は猿樂《さるがく》一座。もとは金春、金剛、觀世、寶生の四座が勤めたが、今は金春一座の人々が奉仕してゐる。この折は「開口」と「弓矢立合」を、狂言の茂山が「三笠風流」を演ずる。

第五番が田樂一座。中門口、刀玉、高足を演じて行く。

183 御渡式の行列

御渡式次第

鹿踊　崇敬者／童數十人　紅御旗　白丁二人　白御旗　白丁二人　市内／各町旗　社旗　法被　社旗　法被　春日講役員　縁故神社　代表者

荷前　仕丁　布衣々々　仕丁　布衣々々　春日若宮御祭奉讃會長　騎馬（奈良市長）　傘持　白丁一人　春日若宮御祭奉讃會　奈良市觀光協會役員

第一番　梅白杖　赤衣一人　祝御幣　赤衣一人　侍者　素袍一人　侍者　素袍一人　御幣　青掛絹　退紅一人　御幣　黄掛絹　退紅一人

御幣　赤掛絹　退紅一人　御幣　白掛絹　退紅一人　御幣　紫掛絹　退紅一人　十列兒　騎馬

傘持　白丁一人　十列兒　騎馬　傘持　白丁一人　日使　束帶騎馬

風流傘　侍者布衣　一人　白丁　二人　侍者布衣　一人　沓持　白丁一人　陪從　騎馬　傘持　白丁一人

陪從　騎馬　傘持　白丁一人

第二番　御蓋　素袍一人　御巫　騎馬　風流傘　侍者素袍　一人　白丁　二人　侍者素袍　一人　御巫　騎馬　風流傘　侍者素袍　一人　白丁　二人　侍者素袍　一人

第三番　御幣　退紅一人　細男座　騎馬　十番力士行司　一人　支證　右方　二人　支證　左方　二人

第四番　猿樂座　侍者素袍　一人　侍者素袍　一人

第五番
五色幣　退紅一人
五色幣　退紅一人
花笠　退紅一人
　　　退紅一人
田樂座

第六番
侍　廰袴一人
侍　廰袴一人
馬長兒　騎馬　被者一人
　　　　　　　被者一人
　　　　　　　被者一人
馬長兒　騎馬　被者一人
　　　　　　　被者一人
　　　　　　　被者一人
馬長兒　騎馬　被者一人
　　　　　　　被者一人
　　　　　　　被者一人

第七番
競馬　右方　騎馬
　　　左方　騎馬

第八番
弓矢持　白丁一人
的持　白丁一人
射手兒　騎馬
揚兒　騎馬
隨兵

第九番
將馬

第十番
野太刀　中太刀　小太刀　薙刀　數鎗

第十一番
御幣　素袍一人
願主役　直垂
御師役　直垂
馬場役　直垂

大和士　素袍

第十二番
金棒　一人
金棒　一人
遠見　一人
先箱　二人
先箱　二人
毛鎗　二人
毛鎗　二人
大鳥毛　三人　弓　一人

薙刀　一人　駕　侍七々々
　　　　　　　　侍士々々
臺傘　一人　長柄傘　一人　鎗　一人　合羽笊　一人　箱後　二人
　　　　　　　　　　　　　　　　　　　　　　　　　　　　二人

184. 松の下の儀

(1) 金春一座の3人が演じる「弓矢立合」

(2) 田樂一座の人による「高足」

他は通り過ぎて行くだけであるが、御旅所前に着くと、その埒《らち》を明けるのは猿樂の金春宗家の役とされてゐる。かくて皆々御旅所の埒内に入り、それぞれ割り當てられた場所に着く。

御旅所の儀

やがて御旅所の儀が始まる。先づ御染御供《おそめごく》を含む古風な神饌《しんせん》が供へられ、つゞいて宮司の奉幣《ほうへい》と祝詞《のりと》があり、次に日使が奉幣祝詞を奏し、奉贊會長以下、參列者の禮拜がある。續いて假宮前の五間一尺四方の芝舞臺で、各種の古傳の藝能が奉納される。

この祭りは藝能を主とする祭りのやうに思はれる。芝舞臺においては、先づ社傳の神樂が奏される。八乙女たちが「進歌《すすみうた》」で出、はじめ榊《さかき》をとつて二人で舞ふ「神のます」。次に一人舞、扇をとつての「松は」。次に鈴をとつての四人舞で「皇神《すめがみ》」。「立歌《たちうた》」で退出する。

次に東遊《あづま》び。少年四人の舞。駿河《するが》舞と、片肌を脱いでの「求子《もとめご》」。美しい舞である。

次は田樂。この折は先づ一﨟が本座、新座の五色の大幣二本を神主を介して神前に奉つて座に着き、中門口、刀玉、高足、そしてもどき開口、立合舞を演ずる。

次に同じく奉幣があり、細男の舞になる。この時は皆覆面をしてゐる。笛方二人は覆面の下から笛を吹き、二人は鼓を打ち、二人は舞ふ。

次に神樂式。猿樂衆が出て、「翁」と「三番叟」とを直面のまゝ舞ふ。三番叟は鈴の段のみ。

次は舞樂。「振鉾三節」をはじめとして、「萬歳樂」(左舞)、「延喜樂」(右舞)、「賀殿」(左舞)、「地久」(右舞)。

次に倭舞。はじめ二人が榊をとつて舞ふ。「神主舞」である。次に四人の「諸司舞」。一舞の後、右肌を脱ぎ、背に

185.　「進歌」で八乙女たちが登場

186.　假宮前芝舞臺での巫女舞

い。

榊をさし、宮人曲で檜扇を持つて舞ふ。型がたいへん美しい。

次に再び舞樂になり、「蘭陵王」(左舞)、「納曾利」(一人、右舞)、「散手」(左舞)、「貴德」(右舞)、「抜頭」(左舞)、「落蹲《らくそん》」(二人、右舞)が舞はれる。芝舞臺での舞樂はまた一段と美しい。

田樂は、千鳥家古記録「若宮祭禮記」、保延二年(一一三六)のところに既に見え、保延三年には、巫《みかんこ》、細男、東舞の外、棹振、散手、抜頭等の舞樂の曲名も見えてゐる。猿樂が参加するに至つたのはいつからか不明であるが、嘉元三年(一三〇五、鎌倉時代)の「祐春記《すけはるき》」、二月十四日卽ち春日祭の條に、「次猿樂五座遊、若宮御前ニテ令遊」と見えてゐるのが注意される。倭舞の名稱はなぜか見當らない。古くは御祭りには舞はれなかつたのであらうか。

さて幄舍に控へてゐた神職たちは齋庭にならび、神饌《しんせん》、神寶等を撤し、こゝに御旅所の儀は終り、燈火はすべて消され、神靈は還幸になる。神靈が若宮の御本殿に入られると、神樂殿で巫女神樂二曲が奏せられ、かうしてすべての

187. 東遊び

189. 舞樂「抜頭」(堀川俊氏提供)

188. 倭舞

190. 舞樂「振鉾」

儀が終るのは夜半になる。

翌十八日は後宴の能で、午後一時から芝舞臺で、假宮を後にして、金春一座の能數番が夕刻まで演ぜられる。

（「探訪神々のふる里五」昭57・5）

191.　田樂「中門口」（元吉耐氏撮影）

192.　細男の舞

193.　神樂式「翁」

註　（1）縄棟祭以下の祭式次第が、當時の權宮司堀川雅堂氏より頂戴した「昭和廿九年春日若宮おん祭次第書」に最も詳細、且つ簡潔に誌されてゐるので、参考のためこゝに掲げておく。

祭式次第

御旅所縄棟祭

十月一日午後一時神職並工匠御旅所前庭ニ著ク
先　修　祓
次　神饌ヲ供ス
次　奉　幣
次　祝詞ヲ奏ス
次　工匠拝禮
次　神饌ヲ撤ス
次　退　下

大宿所祭

十二月十五日午後五時權宮司以下所定ノ座ニ著ク
先　修　祓
次　禰宜以下神饌ヲ供ス
次　奉　幣
次　權宮司祝詞ヲ奏ス
次　神樂ヲ奏ス
次　大和士參勤春日講役員玉串ヲ奉リテ拜禮
次　禰宜以下神饌ヲ撤ス
次　退　下

十二月十六日
午後二時　御旅所清祓
午後三時　大和士一行及田樂座宵宮詣

宵宮祭

十二月十六日午後四時宮司以下本社中門御廊ノ座ニ著ク
權宮司神木ヲ奉シテ獅子ノ間案上ニ安ク權禰宜神前御燈籠ニ點火ス
先　修　祓
次　權宮司以下神饌ヲ供ス
次　宮司祝詞ヲ奏ス
次　權宮司以下神饌ヲ撤ス
次　宮司以下退下
次　若宮ニ參進　神木ヲ捧グ

次　拝舎ノ座ニ著ク
次　權宮司神木ヲ殿上左側ニ安ク
　權禰宜神前御燈籠ニ點火ス
次　權宮司以下御戸開ノ神饌ヲ供ス
次　宮司祝詞ヲ奏ス
次　權宮司以下神饌及案ヲ撤ス
次　權宮司神木ヲ殿ノ中央ニ安置ス
次　禰宜御幌ヲ奉仕ス
次　宮司以下拝舎ヲ退ク
次　細殿ノ座ニ著ク
次　神樂ヲ奏ス
次　退下

遷幸ノ儀

十二月十六日早旦御旅所ヲ裝飾シ神寶ヲ奠ス
午後十時半　初度ノ案内ヲ告ク　諸員參集
　若宮石段下ニ於テ伶人初度ノ亂聲ヲ發ス
午後十一時　第二度ノ案内ヲ告ク　諸員用意
　伶人第二度ノ亂聲ヲ發ス
午後十一時半　第三度ノ案内ヲ告ク
次　參進　是ヨリ先手水ノ儀アリ
　警務　沈香　御幣　御傘　紙燭 紙燭
　宮司以下神職　神人　供奉員
　社務所ヨリ二ノ鳥居ヲ入リ布生橋ヲ渡リ御間道ヲ經
　テ若宮ニ到ル
次　宮司以下拝舎ニ列立ス
次　第三度ノ亂聲ヲ催ス
次　伶人第三度ノ亂聲ヲ發ス
次　拝殿ノ御格子ヲ催ス
次　御格子ヲ揭ク　燈火ヲ滅ス
次　宮司以下神殿階下ニ進ム
次　宮司昇殿御扉ヲ開ク
次　宮司祕文ノ祝詞ヲ奏ス
　再拝拍手諸員和ス
次　出御
　神職絹垣ヲ奉仕ス　伶人亂聲ヲ止メ本樂ニ移ル

御旅所奉幣
左方伶人仮屋
小郷方
祢宜
陪従
日使
仕丁
赤衣
大鼓
南郷方
今春
輿

194.　御旅所奉幣ならびに埒を切るの圖

次　權宮司御扉ヲ閉ツ
慶雲樂　神人人垣ヲ作ル
遷幸列次
警務　御火 御火　沈香　御幣
神人
神人　大御神　神人　御傘　御巫　伶人　諸員供奉
神人
遷幸ノ間供奉神人各榊ヲ執リ警蹕ヲ唱ヘ伶人道樂ヲ奏ス
次　御旅所ニ著御
伶人迎亂聲ヲ發ス
是ヨリ先燈火ヲ滅ス
次　入　御
次　宮司祕文ノ祝詞ヲ奏ス
再拜拍手諸員和ス　燈火ヲ點ズ
次　植　松

暁　　祭

十二月十七日午前一時宮司以下幄舍ニ著ク
先　宮司以下齋庭ニ列候ス
次　權宮司以下神饌ヲ供ス　此間奏樂
次　宮司奉幣
次　宮司祝詞ヲ奏ス
次　宮司以下幄舍ニ復ス
次　神樂ヲ奏ス
次　權宮司以下神饌ヲ撤ス　此間奏樂
次　權宮司以下幄舍ニ復ス
次　退　下

本　殿　祭

十二月十七日午前十時宮司以下本社中門御廊ノ座ニ著ク
先　修　祓
次　權宮司以下神饌ヲ供ス
次　宮司祝詞ヲ奏ス
次　權宮司以下神饌ヲ撤ス
次　宮司以下退下

次　若宮ニ參進
次　拜舍ノ座ニ著ク
次　權宮司以下神饌ヲ供ス
次　宮司祝詞ヲ奏ス
次　權宮司以下神饌ヲ撤ス
次　退　下

御　渡　式

十二月十七日午後一時　休幕出發松ノ下式

御旅所祭

十二月十七日時刻宮司以下幄舍ニ著ク
先　御渡行列御旅所ニ參入
　白杖御幣所役所定ノ座ニ著ク
　日使以下諸役所定ノ座ニ著ク
次　午後三時宮司以下齋庭ニ列候ス
次　權宮司以下神饌ヲ供ス　此間奏樂
次　宮司奉幣
次　宮司祝詞ヲ奏ス
次　宮司假殿階下ニ候シ權宮司以下幄舍ニ復ス
次　日使奉幣
次　日使祝詞ヲ奏ス
次　諸役參列者玉串ヲ奉リテ拜禮
　春日若宮御祭奉讃會長（奈良市長）
　奈良縣知事
　奈良市觀光協會長
　緣故神社總代
　氏子崇敬者總代
　春日講總代
　參列者總代
次　馬長兒拜禮
次　奉行代拜禮
次　射手兒、揚兒拜禮
次　隨兵拜禮
次　願主役奉幣
次　御師役、馬場役、大和士等拜禮
次　神樂ヲ奏ス

次　東遊ヲ奏ス
次　田樂舞ヲ奏ス
次　細男舞ヲ奏ス
次　猿樂ヲ奏ス
次　舞樂ヲ奏ス
　振鉾三節　萬歳樂　延喜樂
　賀殿　地久
次　和舞ヲ奏ス
次　舞樂ヲ奏ス
　陵王　納曾利　散手　貴德
　拔頭　落蹲
次　權宮司以下神饌神寶ヲ撤ス　此間奏樂
次　權宮司以下幄舍ニ復ス

還幸ノ儀

十二月十七日午後十一時宮司以下齋庭ニ列候ス
先　宮司昇殿　燈火を滅ス
次　宮司祕文ノ祝詞ヲ奏ス
　再拜拍手諸員和ス
次　出御
　還幸ノ列次凡テ遷幸ノ儀ニ準ス　但シ御幣ヲ缺ク
　伶人道樂ヲ奏ス　還城樂
次　若宮ニ著御
　權宮司御扉ヲ開ク
次　入御
次　宮司祕文ノ祝詞ヲ奏ス
　再拜拍手諸員和ス
次　宮司御扉ヲ閉ツ　燈火ヲ點ズ
次　宮司以下拜舍ニ列立ス
次　宮司以下拜舍ヲ退ク
次　細殿ノ座ニ著ク
次　神樂ヲ奏ス
次　退下

十二月十八日
午後一時　御旅所ニ於テ猿樂
午後一時　奉納相撲

（2）しばらく絶えていた湯立も昭和六十一年復活した。
（3）「春日若宮おん祭」第一號（昭60）で、村上元三氏が、「この大宿所でことに珍しいのは、數肴と呼ばれる飾物で、これも大社独得の御供物だという。」と書かれている。數肴が今もあることを知って甚だ嬉しかった。この第一號の「大宿所祭」の項に、「獻菓子」のカラーの挿繪があり、「數肴」の繪と比べてみると、それを収めてゐる箱こそないが、内容がよく似てゐるので、これであらうかと思つた。「獻菓子」の繪には添へ書もあつて、「供物　見菓子壹ツ惣高サ七尺餘り」（「數肴」もそれ位の高さに描かれてゐる）などとあるが、「數肴」の文字は見えてゐない。本文には、「一方建物の中に目を移すと、獻菓子という立派なお供えがある。餅、みかん、芋などを盛つた八角形の台に松葉を刺し、五色の切紙や巾着を下げたもので、旧神領の人たちの手によって組立てられ神前に飾られる」とある。實は「御祭禮略記」御旅所配置圖の「神樂所床《とこ》」の所にも、「廿六夜御うつり（私注―前夜の神靈遷幸）の節、數肴十二ならぶ」とあるのを見つけてびつくりした。是非本物を見たいが、知りたいのは、何のためにこれを獻じ、その後、これらを誰が頂戴するのかといふことである。

195. 數　肴
（興福寺頭屋坊）

アイヌの藝能

一、アイヌの藝能

北海道は、廣さが約七萬八千六百平方キロ、北は北緯四五度半、廣漠たる寒冷の地である。濶葉樹、針葉樹、熊笹などの生え茂る原始林がなほ果てしなくひろがつてゐる所もあり、以前は原住民アイヌが、そちこちにコタンと呼ばれる集落を營み、酋長を中心に、古風に、ひそやかに生活してゐた。

コタンは多く十軒乃至二十軒より成り、全道に散在してゐるが、獲物の都合で時に移動を強ひられることもあつた。コタンの付近には、チャシと呼ばれる柵（一種の城）が設けられたが、その跡が今も全道に亘つて殘つてゐる。

コタンはもと、一族單位のものが多かつたやうであるが、それは沖縄の根屋《ねや》を中心とする集落組織とも似てゐた。その本家の主がコタン・コル・クル（集落を統べる人）で、コタンの代表、いはゆる酋長であり、部族の中心となる者であつた。コタンの人々はこの酋長の指圖に從つて行動し、祭りを行ひ、又防衛にも當つた。

アイヌには文字がなかつたが、代りに口誦で殘されてきたおびただしい物語歌がある。又、アニミズム的なアイヌの信仰に伴ふ祭りが色々あつた。キムン・カムイ（山の神様）と考えられてゐる熊の子を生捕つてきて大事に育て、やがて魂送りをしようとするイヨマンテ（熊送り）、人間に惠みを與えてくれる梟の神の祭り、湖に生える菱の實をとる前に、この食物を與へて下さつた神に感謝する菱の實《ペカンペ》祭り、柳葉魚《シシャモ》をとる前に行う柳葉魚祭りなど。かうした祭りや、新築、嫁とり等の祝宴には、色々の歌《ウポポ》や舞踊《リムセ》も演ぜられた。アイヌの歌謡や舞踊は、その發生の初期の形を思はせ、それが古風なままに固定されてゐる點がとくに興味深い。

なほ、「アイヌ」はアイヌ語で「人」といふ意味。今日の推定人口は約一萬六千五百人（久保寺逸彦「アイヌの文學」、昭52）、といふ。そのアイヌの皆が皆藝能を傳承してゐるわけではない。比較的多くの藝能を殘してゐる所は、道東では春採《はるとり》（釧路）、阿寒（同上）、帶廣（十勝）、道南では平取《びらとり》（日高）、靜內（同上）、浦河（同上）、白老（胆振《いぶり》）、道北では近文（上川）等である。なほ、常呂《ところ》（網走）には、樺太から引上げてきた樺太アイヌの人たちが居て、舞踊も傳へてゐる。

昭和二十七年八月六日午前十時、約束通り釧路圖書館に集つて下さつたのは、山本多助エカシをはじめ、婦人十二名、少年一名、世話役なほ一名の計十五名であつた。外に樺太白濱から引上げてきた木村ウサルスマツ媼（七十三歲）も參會して下さつた。

演じていただいた諸曲は、書き出してもらつた次第書のまま誌してみると次の如くである。

(イ) 室內ウポポ　五種

(ロ) 立ち踊り（立舞《リムセ》）　六種

(ハ) 個人の舞　八種

狐の舞（チリルップ・リムセ）

鳥の舞（チカップ・リムセ）

鶴の舞（サルルン・プリ・リムセ）

バッタの踊（バッタ・リムセ）

子守唄（イフンケ）

笊《ざる》踊（イチャリッコ・リムセ）

フックチョ（踊比べ）

ヘイフフフン　ヘイハッ

㈡　自由舞（全員）　三種

これらの踊は何れも古色を帯び、素朴ながら洗練されてをり、その美しさには感銘深いものがあつた。久しい傳統を感じた。

昭和五十年十二月に、春採と阿寒の古式舞踊が先づ國の無形の民俗文化財として指定された後、ウタリ協會などの希望も出て、全道のアイヌの事情に明るい山本多助エカシの意見も聞き、道廳の案内によつて數次に亘り、改めてアイヌ舞踊の調査をするに至つた。

その第一次は、昭和五十年九月、文化廳榎本由喜雄技官と共に、白老、網走、阿寒、春採を訪ね、第二次は昭和五十一年十月、阿寒に於けるまりも祭りを機とし、同じく榎本技官と共に訪ね、この折集まつた阿寒、帯廣、平取、浦河、春採等の人達の踊を見學し、なほ白老、上川をも訪ねた。第三次は五年ほど間をおいたが、同じく榎本技官と共に、白老、平取、靜內、春採、阿寒、旭川をめぐり、第四次は昭和五十七年十一月、同じく榎本氏と共に、帯廣、浦河、平取、上川、常呂（樺太アイヌ）を訪ね、昭和五十八年三月には、夫々の保存會も出來、阿寒、春採、帯廣、浦河、靜內、平取、白老、近文の八團體が國の重要無形民俗文化財に總合指定されるに至つた。その指定には洩れたが、近頃弟《て》子《し》屈《かが》のも復活したので是非見て欲しいといふウタリ協會からの要請もあつて、昭和五十八年七月、高橋秀雄技官と共に弟子屈を訪ねた。生憎季節の都合で實演には接し得なかつたが、屈斜路コタンのアイヌ民俗資料館で、館長弟子豊治氏よりお話を聞き、數々の資料も拜見した。

この折、今年の十一月に、七十三年振りに珍しくも弟子屈に於て梟送りをするから都合よくば見に來てはといふことであつたので、時間をつくり、十一月十三日に見に行つた。老幼ともに大勢が梟を圍んで大輪をつくり、囃子言葉

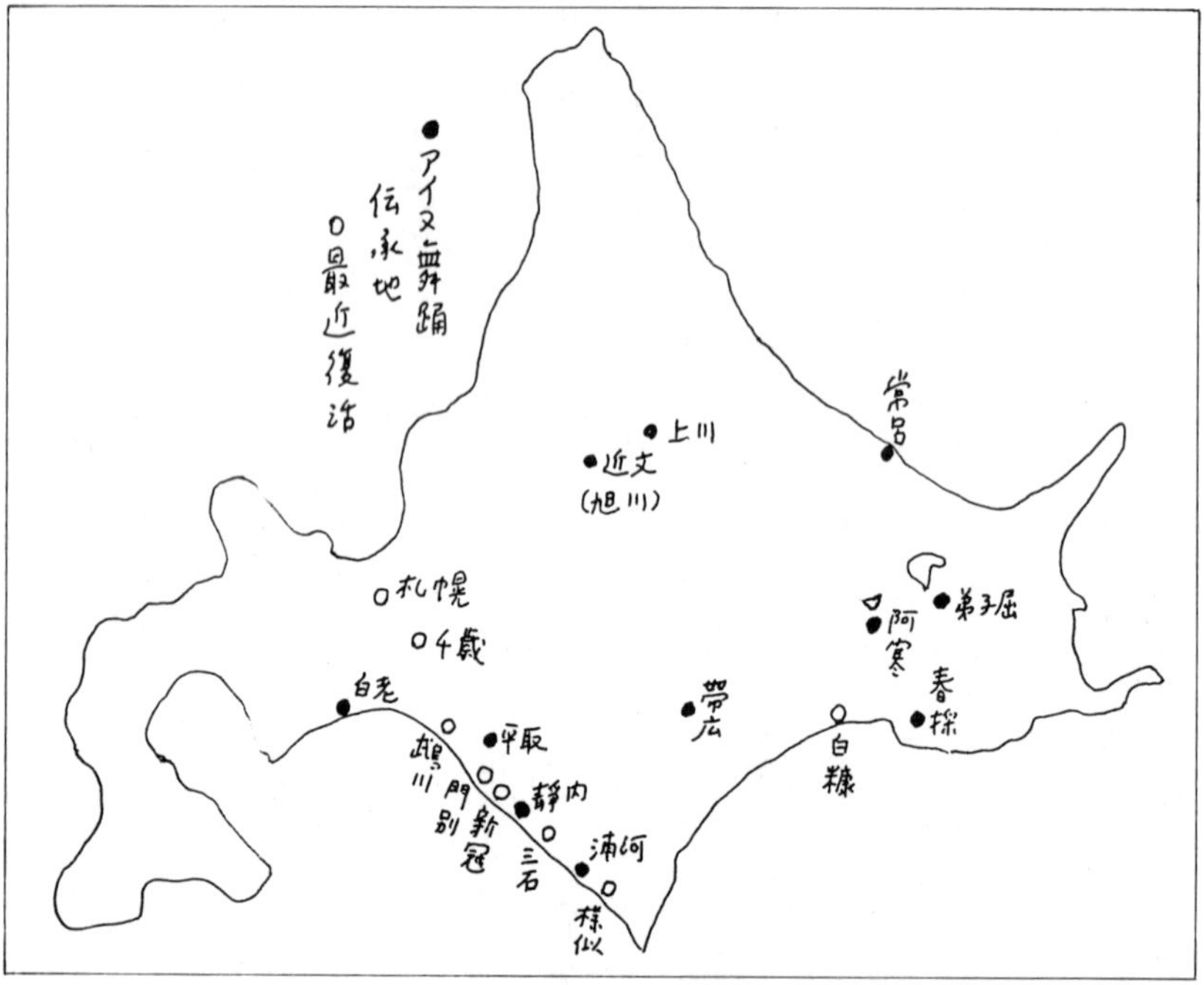

196.　アイヌ舞踊傳承地

を唱へながらリムセを踊つてゐたが、その情深い踊に、これこそ本もののリムセであると、ひどく感動したことを覺えてゐる。

昭和六十年二月七日には、文化財に指定された八團體の共同發表會「アイヌ古式舞踊鑑賞會」が札幌市教育文化會館大ホールに於て晝夜あるといふので、これも見に行つた。旭川、白老、平取、静內、浦河、帶廣、春採、阿寒の順で、北海道アイヌ古式舞踊連合保存會會長、野村義一氏の開演の挨拶の後、夫々の頭の解説により上演されたが、何れも熱演であつた。副會長、山丸武雄氏が閉演の挨拶。晝夜とも見學したが、舞臺が廣過ぎ、それに合はせようとするあせりも若干見受けられ、無理な演出もなくはなかつた。

この折足をのばして、早稲田大學演劇博物館の撮影班と共に旭川近文に赴き、そこの踊のビデオ收錄に立合ひ、その後常呂に至り、須藤武子さんの一行とも一緒になり、ここの樺太アイヌの人たちの、その後古老金谷ふささんに思出してもらつたものも含め、十數曲を實演してもらつた。なほ、金谷さんのお話を色々聞いた。

以上が私のアイヌの藝能現地調査の足どりである。これらアイヌの藝能の全體像を先づ明らかにしたい。（歌謡に關しては知里眞志保氏の「アイヌの歌謡第一集」（昭23）を参考にした。なほ私のこの調査には、文化廳、北海道廳、又、地方の方々の一方ならぬお世話になつたことをここに銘記し、深謝の意を表する。）

㈠　アイヌの歌謡

即興歌

アイヌの人たちは、感興の湧くまゝに、思ひを一種の律語で述べる習慣のものが少くない。嬉しいとき、楽しいとき、或は悲しいとき、辛いときなどには、それがひとりでに歌になつて口に出る。これがいはゆる「シノッチャ」で、はじめはたゞ「ホーレー」とか「ホレンナー」とか「サケ」あるいは「サケヘ」などの無意味な聲を自身の曲調にのせて繰返すだけであるが、いつか心に浮ぶことをそのまゝ文句に綴り、右の句を折返《リフレーン》にして歌ひつづけて行く。「シノッチャ」はもと「シノッ・サ」すなはち「巫者の踊の曲調」の意で、北方ではその意に用ひ、胆振・沙流地方では一般の抒情的な歌曲の意に用ひてゐる。この「シノッチャ」のうち、悲哀の情を歌つたものを、「イヨハイチシ」といふ。「イヨハイ」は苦悶の叫び、「チシ」は泣くの意である。なほほかに、「ヤイサマネナ」（自分の心を述べるといふ意）、「ヤイカテカラ」（物に憑かれたやうにボーッとすること、特に戀慕の情を歌つたもの）などがある。

勞働歌

熊祭りのときなど酒をかもすとて先づ米を搗く。このとき「イユタウポポ」（杵搗き歌）がうたはれる。これは帶廣での稱呼であるが、白老では「イユタチ」、平取では「イユタ」等ともいふ。帶廣などでは、

〽ヘッサ　イユタ　ヘッサ　イユタ
ヘッサ　ヘッサ　ピリケ　ヘッサ
ピリケ　ヘッサ

（そゞら搗け、そゞら搗け、そゞらそゞら白げよ　そゞら白げよ　そゞら）

といふ歌を輪唱する。白老では、

〽イユタニ　ハチレー　フㇺフㇺハーハー

（杵を落とせよ　フㇺフㇺハーハー）

を繰返して輪唱する。平取では、

〽ホホー　ヘッソ　ヘッソ……

と無意味の掛聲を合唱し、時々舌を使つては「ホロロ！　ホロロ！」といふ聲を交へたり、「ヘイヤ　フップ」と氣

197.　酒漉しの踊（渡邊茂氏撮影）

合を入れたりする。幌別などではたゞ、「シッシッシッ」と繰返すに過ぎない。酒を漉《こ》すときにはまた「サケカルウポポ」（ざるこし歌）が歌はれる。

〽アマサケ　ソロマ　サケ　シコヌンパ　アマサケ　ソロマ　サケ　シコヌンパ……

（粟の酒　座にある酒を　しっかり絞れ）

〽イチャリコ　テレケレ　イチャリコ　テレケレ

（笊《ざる》を跳ねさせ　笊を跳ねさせ……）

なほ、チポハウ（船歌）、木遣歌、イフㇺケ（子守歌）なども同様囃子言葉を主とし、時に即興的な敍景や抒情が入つたりもする。

詞曲

敍事詩體の語りもので、これにも色々の種類がある。

〔ヅスシノッチャ（託宣歌）〕

神々が巫者《ふしや》の口を通して、すべて一人稱を以て語られる神語。轉じてカムイユーカラ（神謠）、オイナ（聖傳）、カムイオイナ（神傳）、ポロオイナ（大傳）、ポンオイナ（小傳）等となり、更に物語風に展開しては、ユーカラ（英雄詞曲）、サコルペ、ヤイラプ、ハウ、あるいはメノコユーカラ（婦女詞曲）等ともなつた。

〔カムイユーカラ（神謠）〕

カムイカルともいふ。胆振・日高の語で、神々の自傳の形をとる比較的短い敍事詩である。神々の系譜、祭祀や行事の起源などを語る。もつとも北海道の北東部から樺太へかけては、同じものもオイナと呼び、もつぱら婦女が演ずるので、マチュカル（婦女詞曲）（釧路）・マチヌカル（北見美幌）などともいふ。胆振・日高地方では、この神謠のうちアイヌの始祖オイナカムイの自敍になるものを特に神聖視してオイナといふ。

〔ユーカラ〕

トメサンペチ川のほとりに、若い兄姉の手に育てられたポンシヌタプカウンクル、渾名《あだな》をポイヤウンペと呼ばれた美貌の少年英雄の波瀾に富んだ生涯を、主人公自ら語る形式を以て綴られた一大敍事詩である。一篇短くも二、三千句、長いのは二、三萬句以上にもなる。その少年の試みた戰鬪の數により、六戰の詞曲、八戰の詞曲、十戰の詞曲等とも呼ばれ、幾つもの挿話も含まれる。その演者は、男女とも一尺ほどの棒の一端を右手に握り、一句毎に爐緣を叩きながら謠ふ。また男なら左掌で同時に胸を打ち、大きく活潑に體を左右に動かしながら拍子をとる。聞く人も手に手に棒を握つて、爐緣を叩きながら演者に拍子を合せ、時々「ヘイ！　ヘイ！」、「ヘッ！　ヘッ！」、「ヘイ！　ヘイ！　ホイ！　ホイ！　ハプ！　ハプ！　ヘプ！　ヘプ！」等の掛聲をはさむ。樺太ではこれをハウキといふが、專ら男が爐端に仰臥して左の腕を額の上に置いて瞑目し、右手で輕く胸を打ちながら（タライカ地方）、あるいは右手に一尺くらゐの棒や煙管《きせる》を持ち、それで床を打ち、拍子をとりながら（オチホ地方）謠ふ。古くは北海道でも仰臥して演じたらしい。

その他、石狩・十勝・釧路・北見にサコルペ（ふしを持つものの意）、胆振、その他にヤイラプ（自傳物語の意）、日高その他にハウ（謠ふ聲の意）等があるが、何れも、物語の筋も謠ひ方もほゞ同じで、たゞ主人公の名がちがふに過ぎない。

〔メノコユーカラ〕

シヌタプカウンマツ（シヌタプカ姫）、あるいはオタサムンマツ（オタサム姫）等の女性を主人公とする詞曲で、専ら男女間の情事を謠ふ。主に胆振・日高地方に傳承されてゐる。

(二) アイヌの舞踊

アイヌの舞踊は、熊祭り、その他の祭りや祝宴に、また村に異變がおこつたときなど、その原因になつたと思はれる邪神威嚇のためなどに行はれる。

タプカル

タッといふ音を發するの意。釧路春採では、酒宴などの折、若者たちが高齢者の腰を押へ、あるいは手をとつて舞はしめ、一座の雰圍氣にひたらせようとする踊りを稱し、アイヌ舞踊最高のものと誇つてゐる。近文《ちかぶみ》や白老では、酒宴の興酣《たけなは》なころ、一座の長老たちが交々立つて、左右頂き手をしながら行きかへり踏みまはる。このとき、サケハウと言つて特殊の調子の聲を發し、あるいは祈願や祝意の辭を即興的に述べることがある。これは長老たちが一人づゝ演ずるのであるが、時にその後より一人あるいは二人の女性が立つて手を打ち、あるいは酒盃を左手にさゝげ、右手には髭べらを持つて、酒を周圍にはじきかけながら「アウ・チョー」あるいは「アウ・ホー」と掛聲をしてついてまはることがある。これをイ・エ・タプカル（それにつれて踏舞する）といふ。（第十四巻578頁寫眞參照）

ウポポ・リムセ

「ウポポ」は、湧き立つやうに皆で歌ひ合ふの意。春採では二、三の容器《シントコ》の蓋などをもち出してきて置き、これを

198.　ウポポ　かうして歌つてゐるうちに踊り出す（春採）

圍んでそちこちに組が出來、皆々この容器の蓋を平手で打ちながらうたふ。うたふと言つてもそれは殆ど囃子言葉で、時折音頭が意味のある卽興的な歌をうたひもする。

〽イカムツカ　サンケ　イサンケ　イサンナア
（そこに在る食器の蓋　出せ　それを出せ　それを出して
きた）

〽イーカホーハ　ウコトウルセ
（別に意味はない　これを繰返す）

〽ハーレヘー　ホイホーホー　（同上）

〽イタサン　カタ　カニ　クト　ポン　シントコ
ヘレ　トン　レトン　ヘレトン　チャリー
（寶物壇の　その上の　小さく美事な容器《シントコ》が　非常に美し
く　光つてゐる。その光澤の　なんと美しく發散するこ
と）

「チョイ」とか「ホウホウ」とかの囃子も多く入る。

白老では奇矯な叫び聲を時々交へたりもする。だん〳〵拍子が早くなり、興奮に誘つてゆく。やがて機が熟すると、

〽ウタリ　ルウン　バレ　ワ　ルンセ　レヤン

199.　リムセ（白老）

（さあ皆さん　立ち上つて踊り、歌ひませう）

などと歌つて皆々立上り、踊になる。釧路や胆振地方ではこの踊をリムセ（ルンセ）といひ、日高の沙流地方ではホリッパといふ。

近文ではウポポの時間が短い。皆々周圍に集まつたところで見はからつてすぐ立つ。そしてウポポとリムセの區別はなく、すべてウポポといふ。强ひて區別するときは、先のをロックウポポ（坐つての歌）、後のをロシキウポポ（立つての歌）、またはリムセウポポ（踊歌）といふ。歌の方に重きをおいての命名である。樺太でも區別なく、これをヘチリ（遊び、或は踊の意）といふ。

リムセはすべて輪踊である。皆々輪の中向になり、左足を左方に半歩開き、次に右足を左足に寄せる。かくて左へ左へと順まはりに進むのが基本である。開くときも寄せるときもすべて沈み腰、すぐそれをなほす。

はじめは振を変へる度毎に手拍子を打ち下す。小舍内《チセ》では輪は大體十人前後であるが、一つ輪を二分して、ＡＢの組を定め、夫々に頭《かしら》（音頭）がその先頭に居る。Ｂの組が一節おくれて歌を出し、AB同時に歌ふといふこともある。

踊の手振の變へ方に、春採流と白老流の二通りがある。春採では、一つの囃子歌の間に、例へばABどちらかの頭が手拍子をやめて、兩手をいたゞき上げる振をすれば、次々もすぐそれにならふ。やがてまた振を變へる。かうして幾度か頭たちの氣の赴くまゝに振を變へるのである。その振には幾つかの型があるが、その順序は別に定つてはゐない。音頭取の思ひのまゝである。次に歌を變へるとはじめの手拍子にもどり、その歌の間、また頭の氣持次第で色々に振を變へてゆく。

白老では、一つの歌の間は振を變へず、いつまでも同じ振を續ける。歌を變へると、それに從つて振も變へる。囃子歌の數は二、三十もあらうかといふ。かうして踊り疲れるまで續ける。

樺太アイヌでは、熊祭りの折のを特にイソコヘチリ（熊のための踊）といふ。その踊り方の一例は、人數は八人と定まつてゐて、それが二組に分れ輪になつて坐り、一組は「イナオー・ホポー」を次々と、一人づゝ一句をずらして輪唱する。他の組は「ウォーワハ・ハソー」を同じく輪唱し、この異なつた二つの歌を同時に歌つていく。そして「ホポー」「ハソー」の所で手拍子を打つ。かくて調子が出てくると次第に腰を浮かして立ち上り、踊りまはる。なほ、トンコリヘチリと言つて、五絃琴トンコリに合せて踊るものがあり、その一種にヘカチヘチリ（子供の踊）と言つて、大人のトンコリに合せて子供が踊るのもある。

模擬舞踊

春採のアイヌでは、大勢圓坐してしきりに囃したてると、その中の一、二が立つて模擬舞踊をするものを數曲傳へてゐた。これも正に舞踊の發生を思はせる。

チリルップ・リムセ（**狐の踊**）

皆々圓坐して手を打ちながら拍子をとる。

〽ハーエンヨウ　ソラエンヨ　ソラエンヨイサ　ハーエンヨウ　ソラエプイ　サラシュウエ　ハハエンヨウ

の囃子で、頬かむり、白シャツ白ズボンに尻尾をつけた狐姿のものが一人出て、座のまんなかで這ひまはり、跳んだり、腰を振つたり、尻尾を振つたりする。適當に演ずるのである。

近頃は狩人を出したりもする。

200.　狐の踊（春採）

チカップ・リムセ（**鳥の舞**）

〽イヤコウコウ　ネイタロック　チカアプ
イヤコウコウ　カリコロカヤア
（舞鳥はどこへ落付くやら）

この囃子で男の子が出て、肩に鳩一羽止らせ（春採所見）、踊り出す。子供が踊るので、鳥は羽をひろげて子供の肩から頭へと飛び移つたりする。やがて他の二、三人も立上り、しまひにはほとんどが立つて、適宜、鳥が羽を廣げたやうにして踊る。正に即興的な踊である。

サルルン・プリ・リムセ（**鶴の舞**）

〽フドリ　フンチカプ　アア　ホオ　アア　ホオ　ロロロロロ
（鳥また鳥）

201. 鶴の舞（春採）

202 バッタの踊（稽古風景）

203 鳥の舞（同上）

二人が立ち出で、着物の裾をたくし上げ、翼のやうにひろげて向ひ合つて踊る。二人づゝ幾組も出すこともある。二人は雌雄をあらはすとされてゐる。

バッタ・リムセ（バッタの踊）

〽ハウホウ　ハウホウ

この囃子で一人が出、こゞみ腰に、バッタのやうな恰好で跳んだりはねたりしながら踊る。

〽チオシマデダ　ウトムキ　ホイホイ

（後《うしろ》で羽を振れ）

と囃すと、後で掌を合せるやうにしたり、羽を振る恰好をしたりする。

イチャリッコ・リムセ（笊踊）

圓坐の中に二人が出て相對し、笊《ざる》を持ち、何かをすくふやうに大仰な動作で踊る。後《のち》には笊を捨てゝも踊る。

棒・劍・弓の踊

數人のものが立つて、棒を持つて踊る棒踊、劍をとる劍の踊、また弓を持つ弓の踊等も傳へられてゐる。これは戰闘の踊ではない。古風な「神器の舞」に縷《いとすじ》引くものではないかと思ふ。卽ち採物舞である。

色男

ドラマティックな踊である。男がまんなかに坐り、その左右に女が坐る。これも周圍の囃子に合せて振があるが、向つて右の女が男を自分の方に向かせる。左の女がそれをさへぎつて自分の方に向かせる。この爭ひをくりかへし、はては三人とも立上り、女は自分の方に男をつれて行かうとする。とゞ女同士のつかみ合ひになり、勝つた方が男をつれて去ると、負けた方の女は泣きながらひつこむ。簡單明瞭ながら、人情の機微を穿《うが》つた興味深い踊である。

鼠

罠《わな》をはつてゐる所に鼠が出て、罠の向ふの蜜柑や菓子などを巧みに素早く取る。罠にかかるまで繰返す。子鼠を伴つた鼠も出る。

踊比べ

悽愴《せいさう》の氣がみなぎる。一同が二組に分れ、相對し、どちらかの誰かゞ倒れるまで踊りつゞける。倒れたものが出た方が負けになる。これにも色々ある。

フックチョ

〽フックチョイ　フックチョイ

この囃子で、圓坐の中から四名が出、二名づゝ向ひ合ひ、舟を漕ぐ時のやうな動作で踊る。膝を叩く振もある。やがて雙方位置をかへて向ひ合ふ。同様につゞける。これを誰かが勞れて倒れるまでつづけるのである。

アラフックン

これも二組に分れて相對し、「アラフックン」といふ囃子で、兩手を腰に、はげしく上體を前後にまげる。特に垂れ髪とし、その髪の毛がふつさりと前後になびく。

ニエンアプカシ

「荒い歩行」の意。水死人が出たり、村に異變が起つたりした際、コタンの長老を先頭に、男子は太刀を抜きつれ、

204. 「鼠捕り」(静内)

205. 「色男」(帯廣)

206. 「劍の舞」(阿寒)

207. 「弓の舞」(帯廣)

208.　樺太アイヌの舞踊二態

209.　トンコリ演奏

「フォー　フム！　フォー　フム！」と叫び、女子はその後に續いて杖を振りかざし、「ホーイ！　ホーイ！」と叫びながら、皆々一列縱隊に、一歩一歩強く大地を踏みしめて行く。惡靈を威嚇するものといふ。近年は演ぜられることが殆どなくなつた。

最後に、樺太アイヌの舞踊について一言觸れておく。この舞踊は、常呂に移住した樺太アイヌに關する限り、祈願や熊祭りの折などに行はれるといふが、その振は祈禱の折のが基本になつてゐるやうである。それは、オロッコ・ギリヤークのものとも大變よく似てゐる。卽ち輪になり、順まはりに回りながら振があるが、それは一段と素朴であり童心滿々たるものもある。

附記

八團體のアイヌ古式舞踊指定の後、これが大きい刺激になつてか、各所のアイヌ舞踊が復活した。そして平成元年六月ウタリ協會から、追加指定を希望する旨申し出るに至つた。それは、一覽表によると、左の諸團體である。團體名と、保持する舞踊名をママにあげておく。

1、白糠アイヌ文化保存會（釧路支廳、白糠郡白糠町）
フンベ踊り、サケコシの踊り、アツイソの踊り、サランベニイ、色男の舞、キツネの踊り
2、新冠町民族文化保存會（日高支廳、新冠郡新冠町）
バッタリムセ、スッチョチョイナ、シノッチャリムセ、ハンチカプリムセ、イユタウポポ、タプカル、クウリムセ、オンルイリムセ
3、鵡川アイヌ無形文化傳承保存會（胆振支廳、勇払郡鵡川町）
ウポポ、ハララキ、ヤイサマ、ホリッパ、フッサヘロ
4、門別ウタリ文化保存會（日高支廳、沙流郡門別町）
ウポポ、ヤイサマ、チャッピヤ、エホレンナ、つるの舞、ホリッパ
5、様似町アイヌ文化保存會（日高支廳、様似郡様似町）
シカタクイクイ、チャッピヤ、ハンロォロォレイ、シヌッチャ
6、千歳支部（胆振支廳、千歳市）
ホリッパ、ハラルキ、チピヤク、イツケウェ（他未調査）
7、札幌支部（札幌市）
チカップウポポ、ポンチカップ、イオマンテリムセ
8、三石支部（日高支廳、三石郡三石町）
鶴の舞、チカップネ、クードル他
9、弟子屈支部（釧路支廳、川上郡弟子屈町）
スチョチョイ、ヘクサリサラリ、他二十六曲
10、樺太アイヌ文化保存會（網走支廳、常呂郡常呂町）
熊祭りの踊り六曲、船の踊り三曲、祈禱の踊り一曲、動物の踊り一曲、子守唄一曲

二、アイヌの神觀念と舞踊

1

久保寺製作、マンロー演出、姫田忠義演出の三本の熊送り《イヨマンテ》の映寫を見て夫々に深く感動した。これは姫田さんとも同意見なのであるが、狩獵民族としてのアイヌの精神文化の傑れた一つの頂點を示すものと見てよいと思ふ。熊は熊の姿をした神なのであるといふこと、卽ち、熊の皮を着、肉體をつけてこの世に來たのであるといふ――、その熊を又神の許に、澤山のお土産をもたせ、盛大なお祭りをしてあげて送りとどけるのだといふこと、熊の皮や肉はその熊がお禮においてゆくものといふ――、ややお伽噺めいてはいるが、そこには一つの深く信ぜられたゆるぎない靈魂觀がある。實は、とれた熊全部に對してこの魂送りが出來れば一層よいのであらうが、觀念的にといふか、代表的に、かうした祭りをすることになるのだと思ふ。

一昨年、昭和五十八年十一月十三日に、弟子屈《てしかが》で、七十三年ぶりに梟送りが行はれた。七十三年前の梟送りを見てゐる老婦人が二人ほど健在で、その人たちの記憶をたどり、又、記錄なども參照して復活した由であるが、私も偶々通知を受けて見に行つた。この祭りの次第は、熊送りと殆ど同じであつた。

ただ、梟送りには、しま梟を檻から出して、一本の棒に梟の足を結《ゆわ》へつけ、祭壇の所でけずりかけを梟につけ、棒の兩端をかついで祭場をまはることがある。女たちはその後に從つてゆく。皆で手拍子を打ちながら囃す。大勢の女

210.　梟送りのリムセ（弟子屈）

211.　止まり木の梟を引き廻す

212.　祭りの前にスス（柳の木）を削りイナウを澤山つくる

213.　イナウを立て神々を勧請する

214.　梟送りの神座

215.　梟 送 り

たちは、遠巻きにしてしきりにはやし言葉を合唱しつゝ踊つてめぐる。——これこそ本ものの踊《リムセ》だと思ひ、一種の感動を覚えたことも事實である。

梟は熊以上に強力な神ともいはれ、人間の世界を護つてくれるコタン・クル・カムイ（集落を守る神）であるといふ。尤も一説には、「山を持つ神」である熊や狼の次に位すると見る向もある。

知里幸惠さんの『アイヌ神謠集』（爐邊叢書、大正十二年）に、「梟の神の自ら歌つた謠」といふのがある。

銀の滴降り降るまはりに
金の滴降り降るまはりに

といふ歌からはじまつてゐるが、梟の神が、金持の子供たちの金の小弓や金の小矢にではなく、貧しい子のただの弓矢に中《あた》つて、その子の家を祝福し、その子の家の心のこもつた祭りを受ける物語である。梟の神はいつも人間の國を守つてゐるといふ。

祭りのはじまる前、先ずアイヌたちは、スス（柳の木）を削つてイナウを澤山こしらへる。私もアツシを着せられて祭りに參加したが、アイヌ達は次々と祭壇に進み、イナウを立て、どこそこの湖の神、どこそこの山の神、川の神、森の神といふやうに、名を呼んで神々を勸請した。イナウはやはり依代である。——イナウに神を勸請してゐる。しかしアイヌにははつきりしたその觀念はなく、むしろイナウは神にささげるものとしてゐる。

2

早く、最も熱心にアイヌの口承文藝の研究にとりくまれた金田一京助先生の『ユーカラの研究』（昭和六年）によると、アイヌの爺さん婆さんたちの率直な神観念についても述べられてゐる。我々の住むこの世界は、神と人との相持ちの世界である。神と人とは互に相依つてゐる存在で、神は人に崇められて始めて尊く、人は神に護られて始めて榮へる。そんなら神はどんなものかと言へば、いはば靈魂で、人間も死によつて神になり、神の世界に行く。その神の世界は多分天であらうと考えられてゐる——といふ。これは日本の民間の神観念とも殆ど同じやうである。

さて、アイヌでは、家の中にあつては、火の神は最も尊い神とされてゐる。イレシュカムイ即ち養ひ育ててくれる神とし、行事のときは先ず火の神のイナウを圍爐裏《いろり》にさし、イクパスイと呼ばれるへらで酒を注ぐ。家の神が主人で、火の神は主婦のやうなものとの考へ方もある。又、火の神から他の神々に何かと傳言して下さるのだとも考へられてゐる。

海には海の大神が居る。鯨が岸に打上げられるのは、海の大神様が人間に下さるために、御自身で持つてきて岸に打上げて下さるのだと信ぜられてゐた。そのときは必ず、主だつた人々が盛装して沖の方を向いて禮拜する。

惡魔が居るといふ考へ方もあつて、地下に六段の世界、六つの地獄があり、そこには種々の惡魔が住んでゐるといふ。女性の着物の背中や乳房に當るところにつける文様は、モレウ文と云つて、女性の身邊につきまとふ魔性から身を守るもの、神の目と考へられてゐる。梟の目のやうだともいふ。かうしたアイヌの信仰は、口承で傳承されてきた神謡《カムイユカラ》や聖傳《オイナ》や昔譚《ウエペケレ》、ユーカラ、メノコユーカラなどの中によくあらはれてゐる。

アイヌの信仰は、一口にいふと、アニミズム、即ち、萬物に靈を認めるといふ——そのアニミズムが、アイヌ風に變化したものといふことができやう。アニミズムは、北海道も本州も沖縄も結局は同じで、ただ夫々に、獨自に展開してゐるのである。

沖縄では、神は海の彼方から來られる、或は天から、又、山に居られ、人間を守つて下さるといふ。海の彼方なる神をニライ・カナイといふ。しかし慶長十年にやまとから渡ってきて三年、那覇に滞在していた袋中上人が書いた「琉球神道記」では、ニライカナイを天より下りたまふ神、海より上りたまふ神はオボツカクラのキンマモンと稱すとしてゐる。

宮古島の野原《のばる》に行つたとき、そこの山に大きい巖があつて、「靈石」と立札があり、二人の女性がその前で拜んでゐた。又、與那國島などでは、山形の石はビジュルと呼ばれ、神の依代とされてゐる。

3

アイヌの信仰には又、シャーマニズムの要素もある。ツスメノコ、古語ではヌプールペと呼ばれる巫女が居て、巫術のことを司つてゐた。久保寺逸彦氏の『アイヌの文學』(昭和五十二年)によると、例へば飢饉、洪水、惡疫、不慮の災禍等が起つたとすると、酋長をはじめ、村人たちが大勢集まり、巫女を招いて、巫女をして神意を伺はせる。先づ男達がイナウを供へ、禱詞を述べて神々を祭り、神下しの詞を唱へると巫女が神懸りして異常意識に陷り、口走る託宣の詞によつて神意を知る。

又、久保寺氏は、昭和十年八月、樺太アイヌの神懸りを實見したことを報じてをられるが、これはギリヤーク風といふよりはオロッコ風であつたといふ。例の羚羊《かもしか》の皮を片面だけに張つた太鼓を打ちながら、爐のまはりをまはる。しまひに神懸り狀態になつて、託宣の歌がうたひ出される。村の長老がこの託宣の歌を聞いて神意を判斷する。(この長老の役は重要であった。)託宣はむろんその時々のものであるが、中に周圍の人に記憶されるものがあつて、それは「巫女の託宣歌」(ツスシノッチャ)と呼ばれて傳承されてきてゐる。アイヌの口承文藝の大方は、この託宣に脈を引いてゐるやうである。

金田一先生が、アイヌのユーカラにせよ、オイナにせよ、すべて一人稱で語られてゐるのはなぜであらうと疑問を投げたところ、折口先生が、それは巫女の託宣に出ているのでせうと云はれたので、金田一先生がポンと膝を叩いたといふのは有名な話であるが、ただここに一つ問題にすべきことがある。それは、その一人稱の物語の最後に、例へばカムイユカラの「梟の神の自ら歌つた謠」では、

……と梟の神が物語つた。

オイナの「アイヌラックルの自敍」では、

……とアイヌラックルがその身の上を物語つた。

と、必ずのやうに三人稱でつけ加えてゐることである。

これは何であらうか。それは實は託宣そのまゝではなく、その神語を傳へる者の語り、即ち能で謂ふ間狂言、山伏神樂や番樂で謂ふ沙門の語りであることを意味すると思ふ。その語り役についてはこれまであまり考えられてはこなかつた。花祭の「翁」のもどき役なども、さしづめこれに近かつた。

日本の神道では、神々と云つても祖先崇拜的要素が濃いが、祭りになると靈魂である神を勸請し、清めをし、又鎮《たまし》魂《ずめ》をする。卽ち魂の强化、或は長命を祈る。アイヌは何かと狩獵や漁獵の豊かならんことを祈り、沖繩では海路の安全や日常生活の平安を祈つてゐる。

4

さて、アイヌ舞踊の發生について考へてみるに、少なくとも三つの流れがあつたやうに思ふ。

その一は、熊や梟の神送りにおいて、熊や梟に名殘りを惜しみつつ、女達が大勢、手拍子を打ち、囃し言葉を合唱

しつゝ送る。——この系統、卽ち、自然發生的な、自分の氣持ちを手拍子や身振によつてあらはさうとする、この身振が繰返され、洗練され、固定すると、これがリムセになる。日本の盆踊も、自然發生的な振といふ點では同樣であらう。

アイヌ舞踊發生の第二はタプカルである。踏み鎭めるといふこと。梟送りにもこれがあつたが、長老たちが、イナウを立てた祭壇の前で、しきりに地を踏みしめながら梟送りの呪詞を唱へてゐた。又、祝ひごとの席などで、長老が立上つて、祝詞を唱へながら踏みまはる。春採や阿寒などでは、介添が長老の腰を支へて、共に舞ひ、長老をして會場の雰圍氣にひたらせようとする。それもタプカルであるといふ。その自然の振が、自づと舞踊の形を備へてゐる。

第三は、熊を送つた後、皆々に囃されて、繩につながれ逃げまはる熊の眞似を演じてゐたが、卽興的と言へば卽興的。かうした周圍の衆に囃されて、同樣狐の眞似、バッタの眞似、兎やつばめなどの眞似を演ずる。一晩中かうした餘興を演じて、熊の靈魂を慰めるといふ。これがその他の祝の席でも行はれる。囃子言葉や手拍子に囃されて、色々の藝を演ずるのである。「狐の舞」「鶴の舞」「色男」など、隨意の工夫も出來るわけである。

アイヌの舞踊は、かうした發生的に初期の形のまゝ、そして演じ方に素朴な、暗示的、象徴的なものはあるが、餘計な技巧を用ひることもなく、繰返すうちに自然洗練されてをり、我々を堪能せしめる。

5

たゞこゝに一つ付加へておきたいことがある。それは「アラフックン」と呼ばれる踊り比べである。特に垂れ髪にし、一同が二組に分れ、上體をはげしく前後に屈し、或は左右に曲げて、垂れ髪を振りさばく。誰かが疲れて倒れるまで演じ、その早く倒れた者の居る組が負けになる。成程かういふ踊も工夫されてゐるなと思つて、このはげしい一種悲壮な踊を見てゐたのであるが、思ひがけずも、これとそつくりの踊が、パキスタンにゝあつた。「ダマール」といふ。黒装束のもの六人が出、特にこの曲のときだけ垂れ髪にし、歌に合はせて髪を前後左右にはげしく振る。踊り比べといふわけではなかつたが、二列に相對し、或は輪にもなつて踊つた。私はてつきり、これはパキスタンの舞踊團が、アイヌの踊を見て眞似たのだらうと思つた。ところが後でその團長に會つて聞いてみると、いや、これは古い踊で、聖者ハズラード・シャーバーズ・ラカンダルの廟にさゝげる宗教的な踊であるといふので驚いた。ところが更に驚いたことには、この特色ある踊が、そつくり臺灣の東海岸沖、ランユイの島にもあつたのである（461頁以下參照）。大勢の女達が、列になり、輪にもなつて、垂れ髪を前後左右に振る。又、同じ踊が、鹿児島縣の口の島にもあるといふ。但し、口の島の女たちは、今髪を短くしてゐるので、垂れ髪にならない。たゞ腰を前後に曲げる形になつてゐるといふ。もう一つこの踊が、イスラエルにもあつて、垂れ髪を振り分けている寫眞を見て、オヤと思い、その本を送つてくれたテルアビブの教授に聞いてみたところ、それはリビア系の踊だといふ。周圍の人たちは同様手拍子を打つて囃してゐる。——一體この特殊な踊の類似は、何を意味してゐるのであらうか。（インドのアッサム地方にもこの踊があることを、後にサンギードナタックアカデミーで聞いた）交流なしに、偶然に一致した踊が各所におこつたとはたうてい考へられない。その交流も決して近世のものではないであらう。研究さるべき問題である。

6

なほ又一つ付加へておきたいことがある。それは、アイヌの寶物の中に、刀劍、槍などがあることで、しかしこれらの刀劍は、戰のためのものとはちがふといふ。戰のときには使用しないのである。たゞ、何らかの天災や災厄があつたとき、槍や刀の先を互ひに突き合はせながら、見舞の言葉を交したりする。又、アイヌ舞踊の劍の舞、弓の舞、

216. アラフックン（昭29. 9.25、サン寫眞新聞所載）

217. イスラエルのリビア系踊

棒の舞なども、その舞ひ方を見るに、決して戰鬪の舞ではなかつた。いはゆる神寶の舞、神器の舞である。日本の平安朝の文獻、「西宮記」「北山抄」「江家次第」などに見え、最近沖繩の與那國島のカンブナガや、沖繩本島の鹽屋のウンガミ祭に見出し、そして日本の神器の中に、神樂の舞とも神器の舞とも云はずに、ただ採物の舞として多く見るのと一連のものであつた。

又、アイヌでは、家の神、火の神と並べて、御幣棚の神といふのがあるが、これは老女で、蛇の形をかりて現はれることがあるといふ。出雲族の荒神様も蛇の形をとつてをり、勸請してくると先づ棚に收められるが、蛇信仰は日本全國にひろがつてをり、このアイヌにもあつたのである。

（「民俗藝能研究」3、昭61・5）

三、アイヌ舞踊とヤッチキ踊

1

昭和五十七年十一月、アイヌ舞踊調査に出かけた折、北海道教育廳文化課課長補佐の大山武士氏より、東北地方にはアイヌが生活してゐたわけであるが、その東北地方の民俗藝能にアイヌ舞踊と似よりのものがないのかとの質問を受けた。さあアイヌ舞踊と似た藝能……と云ひかけてウーンとうなつてしまつた。次に膝を叩いて、成程關連あるものがありさうですねと答えた。

アイヌの舞踊のリムセが、本土の盆踊と大層よく似てゐることには早くから氣付いてゐたが、この盆踊がアイヌ舞踊と結びつくであらうとは殆ど思つてもみなかつた。それ程アイヌ舞踊には特色があるのだが、しかし、もう一つ奥に入つてみると、そこに兩者を結びつける紐があるのではないかと氣付かざるを得なかつたのである。

東北地方の盆踊なにゃどやら、ささ踊、とらじょさま、地藏泣くびァなど、それらを續けて演じたらどういふことになるであらうか。三河の山中でも、コラサ、どっこいさ、セッセ、ションガイナ、高い山、ヤンサ彌之助等の踊を、通常次々と演じてゐる。

リムセは順まはりの輪踊であるが、地域により二通りの踊り方がある。一は、一つの囃子言葉の中に踊り方が幾通りにも變る。やがて囃子言葉が變ると又踊りを同様に繰返して行く。二は、一つの囃子言葉について踊りは一つ。この囃子言葉を幾つも連ねて行く。春採、阿寒、浦河等のは前者であり、白老、上川、樺太アイヌ等のが後者であつた。今度上京の静内のは前者である。（第32回全國民俗藝能大會、昭32・1、於日本青年館）

本土の盆踊は、一曲だけを踊つてゐる所もあるが、多くの曲目を次々と出してゐる所も少なくなく、これがリムセ後者と似てゐることになる。

それにしても盆踊の振と、リムセの振と、——おだやかな振と、はげしい振と——。盆踊は一晩中でも即興歌をうたひながら踊りつづけるが、はげしいリムセは休みながらでないと無理なこともあらう。しかし一晩踊り明かすこともあるといふ。アイヌの人たちの氣性が振の上にもよくあらはれてゐるやうに思ふ。即ち、そのリムセが解體されておだやかな盆踊になつた經過が少しも不自然でなく、わかるやうな氣がするのである。

盆踊に手拍子を打つのも未だ明らかにはされてゐない一つの問題であつたが、これも神前に於けるかしは手と同じものではなく、又合掌（沖縄のウシディクには音をたてない合掌がある）でもないリムセのそれ、即ち踊の囃子であつたのではないかと思はれた。

2

次に、周圍で手拍子を打ちつつ囃せば、中央に出て、狐、バッタなどの物眞似の振をする形式が、沖縄の野遊《モー》びなどのと同じことに氣付いてゐたが、此度現地で接した浦河の踊には、周圍の囃子——シノッチャなど——につれて銘々自由に踊るアッチャメーグワ式の踊のあることも知つた。かうしてみると、この沖縄との類似も單なる類似ではなく、はつきりした導線が引けるのではないかと思つた。野遊びのアッチャメーグワなどは、沖縄でも古い踊であるのだが。尤も韓國にも、これとよく似た踊があつた。東洋の古い踊の一脈をなすのであらう。

いわきのヤッチキ踊（十巻378、384頁）は、盆踊ではないが同様の輪踊である。これは逆まはりにまはる。この踊のことは、近年まで殆ど周邊にも知られてゐなかつた。知られないままに消え去らうとしてゐた。知られなかつたのは、「ひそかに踊られてゐた」からである。

いわき市に赤井嶽（もと閼伽井嶽と書いた）があり藥師をまつつてゐる。この藥師は色藥師などとも呼ばれてゐるが、近年までここの緣日九月一日の前晩に周邊の人たち集り、男女幾組にもなり、その境內でヤッチキ踊が踊られてゐた。この踊が世に知られるに至つたのは、昭和五十三年、いわき市湯本の常磐ハワイアンセンターで、第一回全國民謠民舞大交歡會が開かれたとき、歡迎の出しものとして、地元の踊をといふことになり、何か珍しいものをと尋ねた結果、このヤッチキ踊が登場した。この踊の紹介者、歷史學者の菊地勇氏は、これは嬥歌《かがい》（歌垣）の踊ではなかつたかといふ。私は招待されて初日にこの踊を見たが、テンポの早い、亂舞式の、古風な、且つ美しい踊に目を見張り、それに歌はれる歌が、卽興的な煽情的な歌が多いといふことも聞き、成程と思い、常磐ハワイアンセンターの協力も得て早速調査をはじめた。この踊は今、泉、湯本、小名濱、高屋《こうや》、合戶《ごうど》、赤井、下小川、西小川、上三坂等の各集落に殘つてゐる。但し集落每に少しづつ踊り方に差異がある。亂舞の固定の仕方が必ずしも同じではなかつたのである。

藥師の祭りには、周邊遠くからも夜をかけて踊りに來た。ヤッチキ踊ははげしい踊であるので、そう長くは踊りつづけることができない。そこで勞れると輪は解散して休息する。この折、男女相擁して愛を語らふこともあつた。多く木の葉を枕に、つめたい地上にふせるので、殆ど不妊であつたといふ。

筑波山の嬥歌は「萬葉集」や「常陸風土記」でよく知られてゐる。しかし今はない。赤井嶽は筑波山の北方、やはり海濱に近い阿武隈山中の一峰である。聞けばその北二箭山《ふたつや》や相馬羽黑山にも同樣の踊が行はれてゐたといふ。又北茨城の花園山にも踊が殘つてゐるやうだともいふ。その後二箭山には尋ねて行つて、二屋《ふたつや》神社の宮司さんから話を聞いたことがある。その踊場も案内してもらつた。

富山縣五箇山地方でひそかに森の中などで催された踊も連想されるが、ここでも即興歌やお小夜《さよ》節などに合はせ、肩に手をかけ、或は手をとり合ひ、輪になつて踊るが、信濃、三河山中の木の根祭りや、九州の夜神樂のせりの合間の歡會など、かうした歌垣の名殘りはまだ各所にあつたことと思ふ。

福島縣では、昭和五十六年度から縣の民謠祭を行つてゐるが、その第二回に出場した上三坂のが色々の意味でまことに興味深かつたので、此度（第32回全國民俗藝能大會）上京してもらつたのである。民謠祭第一回に出場した棚倉町八槻の近津盆踊の歌の節もヤッチキ踊のと同じであつた。そして六拍の、揃つた洗練された美しい踊であつた。同じ折に、會津のカンショ踊も出たが、これも跳びはねながら踊るヤッチキによく似た踊であつた。カンショは氣違いの意という。そして昔は踊り手が自由に自らうたひ、又自由な方向に踊りまはつたといふのも注意すべきである。この踊は昭和五十七年の文化廳主催の日本民謠祭にも出てもらつたが、會津では今カンショ踊の名を嫌つて、會津磐梯山舊節といひ、今盆踊に踊られてゐるおだやかな方を同新節と言つてゐる。

福島縣第三回の民謠祭には田村郡小野町の「東堂山節」が出た。

〽わたしや小戸神《おどがみ》　東堂山の下だナイ
　東堂山かずけて　ナンダ來ておくれ

などと歌ふが、馬頭觀音をまつるこのお山がまた舊三月、嬥歌の場であつたやうである。その嬥歌の名殘りが、實はその歌の二句毎にはやす囃子言葉に特に顯著にあらはれてゐる。（「第二回福島県民謠まつり臺本」）また、音頭の古老に聞くと同様の催しは、同郡船引町の文殊様にも、三月の縁日に行はれてゐたといふ。

ヤッチキ踊の歌の節まはしには特色があるが、去年の全國青年大會に出た茨城縣下館市の「笠抜き踊」の歌がまたこのヤッチキ歌とそつくりであつた。尤もその踊の振は八木節風であり、囃子言葉も別なものになつてはゐたが、それは仕組みなほされたもののやうである。しかしヤッチキ歌並に踊の分布は相當廣いやうである。

3

さてヤッチキ踊は、いち早く日本民俗藝能協會の人たちにも、「風流の系譜」といふ研究課題の出てゐた折でもあつたので、現地で取材してもらつた。取材の出來た夜、常磐ハワイアンセンターのカクテルルームで冷たいものを馳走になりながら、バンドの演奏するジャズに合はせて數組が踊つてゐるのを見てゐたが、我々も踊らうかと會員たちも踊り出した。それは覺えたばかりのヤッチキ踊であつた。此度の上三坂とは少々ちがふ泉地區の振で、（當時上三坂のは知られてをらず、取材してなかつた）それがまことに美しく、アッと思はず聲をあげたほどである。そしてふと豊國祭の屛風繪の踊の振などを思ひ浮かべてゐた。尤も、豊國祭の踊の振があんなによく揃つてゐるのは、無論近世の洗練によることであり、會員の人たちが踊つたのも、つづまりは一つの洗練を經てゐるわけである。

上三坂のは、特に腰をかがめて跳ぶ特色が强調されてゐるが、さてこの東北の古風な踊と、アイヌ舞踊のリムセとを比較してみるとどういふことになるであらうか。兩者の振は旣に分れて遠いせいか、郷土色が大分異なる。しかし、リムセの一節がこのやうに變化し、固定されるに至つたと考えても決して無理ではないやうに思ふ。

幸い、アイヌの踊と、ヤッチキ踊と、此度は兩者を並べて見る機會に惠まれたわけであるが、もう一度じつくりと鑑賞してみたいと思ふ。

（「民俗藝能」63、昭58・1）

四、まりも祭りと熊送り

阿寒湖畔《あかんこはん》のまりも祭りに、アイヌの人たち三百人位が全道から集つてきて祭りをとり行ひ、歌舞を演ずる。アイヌの歌舞をお調べになるならこの折がたいへん好都合と思ひます、といふ阿寒の山本《やまもと》多助《たすけ》長老《エカシ》からの連絡で、昭和五十一年十月九、十の両日、釧路《くしろ》の阿寒町阿寒湖畔を訪ね、祭りをつぶさに見學した。

前日、胆振《いぶり》の白老《しらおい》を訪れて踊も見せてもらひ、次いで帯廣《おびひろ》に寄つたのであるが、目指してゐた傳承者が交通事故で入院してしまつたといふので一泊しただけで素通りし、阿寒に直行した。まりも祭りは實際は八日から始つてゐた。八日がまりも迎へ、九日が本祭り、十日がまりも送りである。

毬藻《まりも》とは文字のごとく、阿寒湖（こゝ以外でも發見されてゐるが）に見出される、珍しい毬状の水藻《みづも》である。この

218.　まりも祭りのチセ外での祈禱

祭りは戰後行はれ出したもので、この年で二十七回を數へる。國の特別天然記念物に指定されてゐるわれらのまりもを大切に護つていかうといふ趣意によるもので、阿寒觀光協會から若干の補助が出てゐる。實は、アイヌたちとしては、一年に一度、この機會に全道のアイヌたちが集つて、懇親會を開き、心ゆくまで歌ひかつ踊るのであるといふ。期日は十月十日前後の金・土・日曜日と定められてゐる。行事豫定表によると、第一日には午後六時、まりもを湖から迎へる式があり、湖岸で祈禱があり、七時からアイヌ部落《コタン》まで松明《たいまつ》行進がある。次にコタンの小舎《チセ》前で踊がある。

われ〳〵がアイヌコタンに着いたのは、第二日の午前十時であつた。小舎の中での祭りが丁度終つたところでつゞいて小舎の窓下のイナウ(御幣)の立てゝある所で、外《そと》の儀があり、十一時五十分、この儀式も終つた。

一方、町の方では、觀光協會員、婦人會の人たちなど約百人による「まりも踊行進」があつた。湖畔からコタン入口の方に向つて、土産物屋《みやげものや》の店の並ぶ通りを、二列

219. まりも祭り　平取の「鶴の舞」

に踊りながら行進する。編笠《あみがさ》、揃《そろ》ひの着物、赤帯、白緒《しらを》の草履《ざうり》。後からあつし模様の着物の人たちもつゞく。その後、コタンで踊がある筈であつたが、観光客が少なかつたせいか略された。私たちは古老の家に寄つていろ〳〵話を聞いた。

午後七時から七時半まで、湖畔で花火大會があつた。八時からは、コタンのチセの前で、中央に火を焚《た》き、これを圍んで、約五十人のアイヌたちによる踊が次々に踊られた。その次第は次のごとくであつた。

約五十人の各所からの男女によるリムセ

阿寒　鶴の舞　四人

帯廣　ヤイサマ（元來は歌だけであるが、美しい踊がついた）大勢

平取《ぴらとり》　鶴の舞　八人、連なつて踊る

浦河　鳥の舞　大勢

平取　ホリッパ　十一人

〃　ヤイサマ　大勢

春採　狐の踊　狐と狩人と出る

阿寒　劍の踊　四人（男二人・女二人）

その後、一同コタンの會館の二階に机を並べて酒宴。こゝで餘興の歌や踊が色々あつた。歌は大方が昔はやつた日本の歌である。一層奇異な思ひをしたのは、三人の長老の挨拶《あいさつ》が間々にあつたが、皆日本語である。なぜアイヌ語で話さないのかと山本エカシに聞いたところ、アイヌ語を解するものがあまりゐないといふ。日本の歌ばかりが歌はれてゐる理由もわかつた。何やら割りきれない氣持であつた。踊はさすがにすべてアイヌの踊で、ほつとした。しかしあ

まり出なかつた。これからですよといふことであつたが、一應閉會の辭が述べられたのをしほに、コタンの民宿のやどに戻つた。

「まりも祭參加豫定人員」といふ表によると、地名と人數は次のごとくであつた。

札幌（石狩）	二十名	春採（釧路）	二十名
白老（胆振）	十五名	白《しら》糠《ぬか》（〃）	十名
平取（日高）	二十五名	弟《て》子《し》屈《かが》（〃）	十名
靜《しづ》内《ない》（〃）	二十五名	美《び》幌《ほろ》（網走）	五名
帯廣（十勝）	十名	上《かみ》川《かは》（上川）	十名
芽《め》室《むろ》（〃）	十名	旭川（〃）	二十名
幕《まく》別《べつ》（〃）	十名	（計百九十名）	

ほかに浦河（日高）から若干名、地元の阿寒（釧路）は百八十名。實際には、必ずしも豫定通りではなかつたやうである。

第三日は、十時から祭りがはじまつた。チセで祈禱の後、あいにくの小雨であつたが行列をつくつて、まづ庇護者であつた前田正名翁胸像前に行き、こゝで長老の弓の踊一曲を踊る。これより阿寒嶽神社に參拜。後、湖畔のイナウの立てゝある廣場に行つて、祭式の後、踊があつた。約三十分。時に十二時三十五分。その踊の次第は左のごとくであつた。

約六十人でリムセ			帯廣	ヌリキウ	八人一列で
阿寒	鶴の舞	四人	春採	棒の踊	四人

平取　　ホリッパ　　大勢　　――　　浦河　　チカップ　　八人

〃　　互に交差し合ふ踊四人　　阿寒　　劍の踊　　男二人・女二人

小雨模様でなければ、もつとたくさん踊るのだがといふことであつた。その後、皆々波止場に行つて、男たちは獨木舟に乗り、三方のまりもを湖に放つ式あり、後、浮いてくるまりもを再びすくひとり、一同、待機してゐた觀光船に乗り、まりも展示場のある小島に渡り、まりもを實はそこに收める。小憩して再び船に乗り、周遊。山々の紅葉がまことに美しかつた。約四十分でコタン近くの岸邊着、チセで最後の儀式がある。後、會館で酒宴があるといふことであつたが、皆さんに別れを告げて美幌に至り一泊。翌十一日には上川、こゝのコタンで踊を見、大雪山を案内してもらひ、旭川に出て一泊。古老を訪ねて、上川、近文《ちかぶみ》の話を聞き、十二日には市立圖書館で、アイヌ舞踊の映畫を色々見せてもらひ、近文のコタンを訪ねる。こゝはシーズンオフで踊はなかつたが、落葉の丘にある旭川郷土博物館を訪ねて小憩し、やがて札幌へ出て、その日のうちに東京にもどつた。

熊送りなど

アイヌ最大の行事は、やはり熊送り《イヨマンテ》である。前年（昭和五十年）の九月、阿寒をたづねたとき、この年の二月に行つた熊送りの八ミリ映畫が數本あるといふのでそれを見せてもらつたが、記録として丹念にとつてあつて、實況がよくわかつた。酒造りのリムセをはじめ、多くの古風な踊が、祭りの間々に踊られてゐた。

熊送りは、山から生捕りにしてきた子熊を兩三年飼ひ育て、大きくなつたとき、熊の魂を天に送るといふ儀式である。熊の魂は天に歸りたがつてゐる。それを助け、お土産をたくさん持たせて歸してやるのだといふ考へ方で行はれる。

220. 上川のイユタウポポ（祭りのしとぎを造るために粟などを搗く折の歌）

221. 上川の梟ウポポ

また、釧路の標茶《しべちゃ》の塘路《たうろ》湖には、ベカンベ祭りといふのがある。湖一面に生えてゐるベカンベ（菱《ひし》）の實の熟するころ、アイヌたちがそれを收穫する前に神に祈り、感謝して行はれる。このときも歌や踊がある。その他の祭りや祝宴などにも、必ず歌や踊が出される。

（「民話と傳説」1、昭52・4）

附記 右昭和五十年及び五十一年のアイヌの舞踊調査は、文化廳の依頼によるもので、榎本由喜雄技官と共に實施したが、道廳並に各地區の方々にも少からず御世話になつた。こゝに銘記して感謝の意を表する。

アジア採訪

222.　蘭嶼《ランユイ》島イモロドの踊（本文461頁）

第一篇　韓　國

一、韓國の藝能

採訪次第

韓國へはこれまで四度訪問した。第一次は世宗記念文化會館が出來たについて、そのお祝ひの催しとして、にはかではあるが、文化財保持者に指定された人達を主にした民俗藝術祭が三日間晝夜に亘つてあるから來ないかといふ友人張漢基氏よりの電話で、一九七八年三月廿八日出發。數日滯在して、はじめて現地に於ける韓國の藝能を心ゆくまで鑑賞し、その美しさに正に壓倒される思ひであつた。なほこの折、國樂院の人たちの催しが忠清北道清州に於て、敬老會に催されるといふので、往復バスに便乘させていたゞいて見學したが、こゝではまた幸ひなことに、宮廷舞踊の代表的なものを充分に鑑賞させていたゞいた。

第二次は、崔仁鶴教授よりお便りあり、此度明知大學に於て、東北亞細亞民俗學國際學術會議を催すについて是非參加して欲しいといふ要請であつた。相談の結果、三隅治雄、後藤淑、萩原秀三郎、澁谷道夫の諸氏と共に喜んで出かけた。同じ年の六月六日のことであつた。この會議には私自身色々の示唆を受けたが、會議終つて後、廣陵の舊五月五日の端午の祭りを見學することが出來た。又、戻りにはソウルで、ムーダンの佛下しをも見學した。

第三次は、日頃一度は見聞したいと願つてゐた孔子廟を祭る音樂と八佾《いつ》の舞を見學する旅に、東洋音樂學會の田邊秀雄氏より誘はれ、吉川英史氏夫妻をはじめ總數三十二名と共に參加した。一九八〇年三月廿四日より數日の旅であつたが、この折重ねて國樂院の管絃、舞踊も見學し、なほ慶州に於て、民間の民俗舞踊も見ることが出來た。

第四次が、同じく八〇年十月廿九日より濟州島に於て催された全國民俗藝術競演大會に、見に來ては如何か、韓國國際文化協會で招待してもよいといふことであるがと、大學時代からの親友、鄭寅燮氏よりのお便りで、喜んでこれに應じ、十月廿八日出發、鄭重に迎へられて、三日間のあの廣場に於ける藝能を見學し、なほ濟州島觀光までさせていたゞいた。最後の晩ソウルに於ける韓國料理の御馳走は、思ひがけずこれまで味つた東洋各地の如何なる料理よりも美味しかつた。

次には、濟州島に於ける民俗藝術競演大會見學のものを主に、他のも適宜附加へて記録をとりまとめてみようと思ふ。

第21回全國民俗藝術競演大會

一九八〇年十月廿九日、午前十時より、濟州島の競技場に於て、第21回全國民俗藝術競演大會が開催されたが、その前七時半、行列が集合所から出て會場まで約二時間、濟州市の通りをパレードする。九時三十分入場し、場内を一周して定めの場所におちつく。このパレードがまことに見事であつた。韓國新舊のカラフルな士農漁工商各階層の風俗をまざ〳〵と見る思ひがあり、民俗藝能の衣裳をおしなべて一見することが出來たのであるが、その種類の豊富さに先づ一驚した次第であつた。此度は北鮮の各道から移住してきてゐる人達の團體も參加した。

宿の前でしばらく行列を見、タクシーで先まはりして八時四十五分競技場に着いてみるに、廣いスタンドは大方埋まつてゐた。二萬五千の入場券が既に出てゐるといふ。審査員席の方を正面とし、その前方に六間四方の舞臺を設けてゐる。この舞臺上及びその後方の廣い所が競演場となる。九時二十分、スタンドの招待席からグラウンドに下りてみる。グラウンドのまはりに、民族衣裳をつけた少女たちが風船を持つて並んでゐた。薄日さし、やゝ風あり。九時二十五分にはスタンドは滿員になる。制服の男子女子の生徒たち、模様のやうに動かず、聞けば濟州市の男・女の高校生たちで、これは各道から來た藝能團に割り當てゝ應援をすることになつてゐて、夫々出場の前後、野球チームの應援をするやうに、拳《こぶし》や采《さい》などを振つて歡聲をあげるのであつた。藝能團はそれに答へて、その下で一曲を奏する。まことにほゝゑましい情景であつた。

九時三十分審査員たちがスタンドの上から入場。二分過ぎて、大きい笠を冠り、小馬に跨がつたものゝ一團が先づ入場、審査員席の前で禮をして行く。「咸平農謠」の横旗、以下後から後からと入場する。十時五分、大體入場を終り、周圍から聲援され、廣場の夫々の位置につく。十時十五分、優勝旗返還のことあり、十時四十分風船を飛ばす。これで各組夫々の控所に退場する。以上が競演開始前の模様であつた。

十時四十分過ぎ、素頭、白上衣、赤袴の女性たち大勢、廣場中央に出て並ぶ。舞臺前の高い所に一人の指揮者の女性が立ち、その指揮により、レコードに合せて踊がはじまる。三十人宛十列が二組、總勢六百人、いはゆるマスゲームで、組合せ色々あり、兩側輪になり、まはり、ひらき、つぼまり、列になり、大きく輪にまはつたりなど、誰が振をつけたのか、傑れたマスゲームであつた。翩翻と領巾《ひれ》も振る。又、總踊の背渡りもあつた。十一時五分終つてもとに引く。これはコンクールには加はらない言はば客演の歡迎の舞踊であつた。次に移る間、男聲でマイクを通して解説がある。

當日いたゞいたパンフレットによると、三日を通じて出場藝能は二十八、人數は總計千七百九十六人。演技は人數にも時間にも制限はなく、多きは一組百五十二人、時間も三十分、四十分がむしろ多かつた。

演技の三日間の次第は次の通りであつた。

第一日

1 前述の女性六百人による韓國舞踊
2 民謡 醴泉通明農謡（慶尚北道） 五一人
（客演、昨七九年度大統領賞）
3 農樂 筆峰農樂（全羅北道） 四三人
4 民俗遊び 漢陽農謡（ソウル） 三〇人
5 民謡 西道民謡（平安北道） 五人
6 民俗遊び 龍淵雨乞（濟州島） 一五二人
7 民謡 梅浦民謡（忠清北道） 三五人
8 民俗遊び コレリタリヨン（咸鏡北道） 一四人
9 農樂 京畿農樂（京畿道） 三一人
10 民俗遊び 密陽の遊び（慶尚南道） 四〇人
11 民謡 旌善アリラン（江原道） 二〇人
12 民俗劇 固城五廣大（慶尚南道） 二二人
（客演、七四年度大統領賞）

第二日

13 民俗遊び 左水營魚防遊び（釜山） 三三人
（客演、七三年度大統領賞）
14 民俗遊び 寧邊城隍大祭（平安北道） 四三人
15 民謡 ベタラギ（黄海道） 一二人
16 民俗遊び テンマルノリ（忠清南道） 三五人
17 農樂 釜山峨眉農樂（釜山） 三八人
18 民謡 網を引く歌（濟州島） 一一〇人
19 民俗遊び テドンクッ（黄海道） 三一人
20 民謡 哀怨聲（咸鏡北道）
（實際は出演しなかつたやうである）
21 民俗遊び 粟を植ゑる遊び（平安南道） 一二人
22 民謡 咸平農謡（全羅南道） 五〇人
23 民俗劇 北青獅子遊び（咸鏡南道） 二七人
24 民俗遊び 水營農廳遊び（釜山） 四五人

第三日

25 農樂 清道車山農樂（慶尚北道） 五一人
26 民謡 石臼廻し遊び（濟州島） 六五人
27 民俗劇 康翎假面劇（黄海道） 二二人
28 民俗遊び 老大人の遊び（濟州島） 一六二人
（客演、六七年度大統領賞）

このパンフレットでは、上記のやうに、出場の藝能を民謠、民俗遊び、農樂、民俗劇に分けてゐる。私も大體それにならひ、見學の結果を左に記録しておきたいと思ふ。

農樂

農樂《ノンアク》は四ヵ所のものを見學出來たわけである。全羅北道、京畿道、釜山、慶尙北道と離れ〳〵の地區のもので、夫々に特色があつたが、農樂に共通した特色は、大勢のものが出て、色々に陣形をかへて踊ることである。樂器も各種のものを用ひてゐる。大太鼓、細腰鼓、小太鼓、柄太鼓、小鉦、銅鑼、大銅鑼、チャルメラ等で、たゞ拍板《びんざさら》は見かけなかつた。人數は所により異同があるが、その樂人であり、踊手でもあるものゝ外、附きものとして角帽子を冠つた、白衣もしくは黑衣の兩班《ヤンバン》支度のもの、大抵は柄の長い煙管を持つ。それに雉を腰につけ、網袋などを背負ひ鐵砲を持つ

223. 清道車山農樂（慶尚北道）

た獵人、袋負ひ、道化なども出る。京畿農樂のやうに、巫女姿の少女が八人一組出る所もある。踊手は花笠をつけることが多く、又、陣笠に白テープが仕掛けられ、頭を振るとそれがくる／＼とまはるものも幾人か居る。特に長いテープが仕組まれてゐるものも居る。仕度も、襷、腰帯等カラフルなものを幾筋も用ひてゐる所が多く、必ずのやうに「農者天下之大本」[1]と誌した旗をかゝげるが、神の依代と覺しい他の旗も多く持ち出される。龍や龜などを書いた大きい旗、小旗の上にカンナガラをつけ、或はその先端に鉾や木の枝や穂などをさすものもある。清道車山農樂によると、大きい旗を中央に出し、全員がどつとこの旗の下に寄り固まる一振が加はつてゐる。順まはりにその場にまはること、大まはり、小まはり、或はとびはねること、両側互に入れ代つたりすること等、古い振の型が踊の基本をなしてゐる。小さい子を肩繼ぎすることもこの農樂の見せ場の一つであつた。

昭和十五年七月、東京の日比谷公會堂に於て、韓成俊といふ人の一座による韓國舞踊の公演があつた。(426頁參照)この折「農樂」も上演されたが、人數の制限もあつてか、ずつと素朴なものであつた。銅鑼を持つ者一、太鼓を持つ者二、細腰鼓を首に下げたもの一、チャルメラを吹く者一、以上五人の外に舞人が八人、内四人は頂に玉をつけこれをくる／＼まはすやうにした陣笠を冠り、他の四人は花笠をつけ、皆々紙張りの小太鼓と桴《ばち》とを持つ。その演じ方はやはり逆まはりの輪にめぐり、両列に分れ、向ひ合ひになり、背合せになり、入代り合ひ、その場にめぐり、順まはりの輪にめぐる等色々の振があつた。始終紙張りの太鼓を叩きながら振がある。この舞人たちの舞が一通り終ると、両列は上手下手に分れてよろしく小太鼓を打ちながら振がある。時に鼓方と太鼓方とがその両列の中に出るが、後に道化一人も交つて色々に道化た振がある。これが終ると銅鑼を持つたものか出て、銅鑼を打ちつゝその帽子につけた仕掛の羽束を色々に振り分けて曲がある。これがなか／＼見事であつた。次に同じく帽子につけた仕掛で、紙輪をくる／＼と水車のやうに廻すものが出て縦輪に横輪に大いに曲振りを演じて喝采を博した。

224. 京畿農樂

225. 京畿農樂の三段肩繼ぎ

この演じ方が、紙輪まはし、羽束まはしこそないが、日本の田樂躍そつくりであつた。色々の樂器のものが陣形をかへて踊ること、終に餘興的な演技があること、しかも紙張りの太鼓といふ特殊なものまで同様であつた。あの折の紙張りの太鼓がどんな音を出したのであつたかはもう思ひ出せないが、奥州平泉毛越寺の田樂の紙張りの太鼓は相變らず、こほ〳〵といふ音を出してゐる。私の手許にも、お土産に求めてきた韓國の柄付の小太鼓が一つあるが、ボン〳〵といふ音が出る。今恐らく韓國では紙張りの太鼓は殘つてゐないであらう。この韓成俊一座の農樂に比べると、今の農樂は甚だ大がゝりになつてゐる。私は農樂は日本の田樂が韓土に入つて行つたのではないかとさへ思つたほどであるが、やはり逆であらう。日本の田樂は平安朝から記錄がある。韓國の農樂は恐らくそれ以前からのものと思はれる。

それにしても甚だ興味深い一事をつけ加へておく。この農樂にも田樂にも色々の曲目があつて、それを引續き演ずるのであるが、金兩基氏の「朝鮮の藝能」によると、江陵農樂には左のやうな曲目がある。

農路橋渡し、石炭掘り、籾落し、稲穂背負ひ、合同結婚、十二尋象毛、沿邊歌、舞戲、荒蕪地開墾、ノルサン・サコオリ苗移し、踊り遊び、五月端午祭戲……

など三十二種。日本の例へば那智田樂では、

亂聲、ノコギリハ、八拍子、遶道、二拍子、三拍子、本座駒引、新座駒引、サヽラノ役、太鼓ヲコス十一、バチサゲ、肩クム、タラリ行道……

など、二十二節を傳へてゐる。それらの演じ方を頭に置いて兩者を比べ合せてみるとき、思はず微笑を禁じ得ないであらう。

日本の田樂は民間の田植の囃子に利用された。韓國の農樂も、田植のみならず、他の種々の農作業にもその能率を

226. 醴泉通明農謠

227. 石臼廻し遊び

高めるためにこの囃子をつけてをり、これが殆ど全國に亘つての風習になつてゐるやうである。日本では平安朝の「榮華物語」などに記事が見え、鎌倉時代の法然上人繪傳にもその繪が見え、今日も廣島縣をはじめ各所に、囃し田、花田植、田樂などの名で行はれてゐる。この春訪れた中國雲南省にもこれがあつた。

民謠

韓國には農作業に伴つて歌はれる民謠が數多く行はれてゐるやうである。しかもそのメロディーは美しく、歌の内容も豊かである。

この度「民謠」として上演されたのはしめて九つ。數人がマイクの前で若干の身振りを交へながら代る〴〵、或はその場で歌ふものあり、晴着でなく特に農作業の折の支度、例へば梅浦民謠では籠を持つもの、鍬を持つもの、瓶を頭上にしたもの、子を負ふたものなどが出、夫々に歌つたりする。子守唄も聞かせてくれる。又、舞臺中央に跳板を置き、跳板戲を演じながら歌をうたつたりもする。

更に一段の工夫を加へたものが、例へば小銅鑼二、大銅鑼一、太鼓三の囃子を伴奏とし、田植のさまを歌に合せてさながらに演じてゐた「醴泉通明農謠」や、「農者天下之大本」の旗をたて、はじめ大地に供物して神を拜して後、大きい石臼に太い綱をつけて歌をうたひながら大勢で引く「石臼まはし遊び」(今年の大統領賞を獲得した)などのやうに、實際の作業の様子を歌に合せて演じて見せるものもあつた。多分これらは近年の傾向で、恐らくは競演が行はれるやうになつてからのものであらうが、村を擧げての大勢の人たちの協力の許に「目を驚かす」工夫もあり、見事に仕上げられてゐるのは、構想の大きい、言はゞ新しい民俗藝術創造への前進を見るやうであつた。總て舞踊の要素が多いが、その舞踊は、沖繩で言ふアッチャメエガァ風の自由な、亂舞式の踊である。これも古くからのものと思はれる。

民俗遊び

「民俗遊び」として上演されたものは十一、各種のものがあつた。「漢陽農謠」や「栗まき遊び」のやうに、前項のやうなさながらに作業を眞似つゝ歌をうたふのと同じものもあるが、たゞ遊びの要素が濃い。「漢陽」には少年少女の肩繼ぎなども行はれた。後結びの白鉢巻の大人の肩の上に、下げ髪の少女及び白鉢巻の少年が夫々乘る。

「密陽の遊び」には珍しい柱が立つ。頂上には粟穗であらうか一束がとりつけられ、その下から五色の布が四方に

228. 密陽の遊び

引かれる。柱にはまた小綱がつけられ、猿子様の五色の巾着が澤山下る。髷の頭に白鉢巻、白衣の人たちが大勢、この柱のまはりに來て拜む。伏して拜む人もある。伏してゐる人の一人が歌をうたふ。囃子につれて色々の支度のものが亂舞する。

「テンマルノリ」は海女《あま》たちの遊びである。四月初旬、豊漁と海の無事を祈つて遊ぶといふが、その様を再現してゐる。太鼓、細腰鼓、銅鑼による囃子、五色横縞の旗を持つもの、姉さん被り、白衣、黒袴のもの、頭に笊《ざる》を載せたもの、花をつけた巫女帽、白衣、緋袴のものなど大勢が入代り舞臺に出て一つ輪になり、列になり、手をとり合つたりなどしつつ踊る。こゝでも同じ同士で肩繼ぎもする。よく構成された遊びであつた。

巫覡の祈禱の模様が舞臺化されたものも三種あつた。何れも大がゝりのものである。

濟州島から出た「龍淵雨乞」は傳説に基づく雨乞の祭りを舞臺化したもので、構想のわけても大きいものであつた。龍を畫いた旗、「龍淵祈雨」「四海龍王之位」等と書いた旗、その他の幾流れもの旗を先だて、登場者が幾列にもなつて廣場の彼方から出てくる。胴の長い龍のつくりもの、白の巫女帽、白衣の大勢につきそはれて出て舞臺に上

229. テンマルノリ

230.　龍淵雨乞　巫女の祈禱

231.　龍淵雨乞　巫女を圍んで

る。囃子方は、太鼓及び細腰鼓が十、銅鑼五、叩き金が五。舞臺上手に屏風を立て、その前に小机を置いて供へものをする。その前に二本の細木を置き、これに五本づゝの紙幡をつけた笹竹を立てる。帽子の上に稲穂を三束立て、赤衣裳に青の胴着の覡《をとこみこ》が出て祈禱がはじまる。周圍に居る巫女帽に白衣のもの両手を合せて祈る。覡は歌もうたひ、その場にくる〳〵まはりながら囃子につれて舞ふ。やがて笹竹の間を下手から上手に通り抜けこれを繰返し、竹を一々にめぐつて、ジグザグにも通る。しまひにこの笹をとり、手に採つて舞ふ。それを置き、麻《ぬさ》と鈴とを持ち同じくくるくるまはりに舞ふ。はげしい舞で、やがて神懸りになるのであらう。後、歌に合せて巫女二人と覡との三人舞になる。太刀を持つた男が出て前方を切る形あつてとめとする。

「寧邊城隍大祭」に就いては、金兩基氏の「朝鮮の藝能」（一九六七年刊）に、五十年前に絶えたとあるが、これが舞臺の上で復活されてゐるわけである。同書によると、堂祭《タンクツ》と呼ばれる三年毎の大祭には、近隣から巫女を數人招き、神樂を囃して神をもてなす。先づ市内の一角に北堂城隍神を迎へるための祭壇を架設し、五色の布や造花で飾り、十メートルあまりのブランコを祭壇の側に架設する。架設が終ると祭官、樂工、巫女、氏子などが列をなして北堂に城隍神を迎へに行き、神位を御輿に奉じてお練りをして祭場に至るといふ。我々が濟州大學から駈けつけたときには、既にこの祭壇の儀式が始つてゐた。赤白綠だんだらの綾棒を三本、頂上を一つにして底を開いて立て、その頂上から花籠を吊し、そこに巫女が乘つてゐた。その花籠から、青赤白黄綠の布を四方に引き、夫々の一端を人が持つ。「寧邊城隍之神位」と誌した布が籠から下がる。チャルメラ、太鼓等を囃し、舞臺では色々の人が衣裳きらびやかに裝つて亂舞、甲を冠つた武人も居て劍を持つ。籠の巫女が告《の》るのは託宣か。やがて籠を低くして布を巻き、舞臺に撒錢あり、それを周圍の見物の方にも撒く。巫女籠より降りて舞臺に上る。まことにきらびやかな祭りの模様であつた。

「タイドウク」でとりわけ注意されたのは、巫女神懸りの様子がまざまざと見られたことである。先づ依代と見ら

232. タイドウク

233. 老大人の遊び

れる頂上に小花を澤山飾つた旗鉾、數本の長い白の串花を頂上にした旗鉾、五色縞の吹流しを下げた棹《さを》、上に青木を挿した五色その他の旗幾流れかが出て舞臺にまで上る。案山子《かかし》様の人形を持つた假面のもの、巫女、袋持ち、棒持ち、道化面のものなどが出、また五色の毛の獅子一頭も出た。棕櫚《しゅろ》の門を造り、獅子は此處をくゞつて出る。道化が獅子をあやす。囃子はチャルメラ、鉦、細腰鼓、銅鈸子。巫女が劍をとり、銅鈸子の急調の囃子でぐる／＼まはりの舞を舞ふ。しまひに瓶に蓋をしてその上に乗り、託宣の形、皆々伏してこれを聞く。拍手《かしはで》を打つ者も居る。色々あつて皆々歌ひながら踊りまはる。

「老大人遊び」も構想の大きいものであつたが、こゝでも覡神懸りの様子が見られた。こゝでは屏風の前正面に、五色の布をつけた笹竹を依代として立てゝゐた。覡は帽子に虎髭と呼ばれる山鳥の羽様のものを二本立て、赤衣をつける。両手に麻《ぬさ》、又、鈴を持ち添へても舞ひ、順、逆のその場まはりや小まはりをつづけてゐるうち夢中になりかける。米を屏風の方に播くこともある。覡は正面の依代をとつて下手へ去り、地上で依代を振りながら舞ふ。神を迎へるのだといふ。目のところをくりぬいた紙面をかぶり、蓑《みの》をつけた八重山のアンガマ風のものが大勢廣場を横切つて出て、舞臺に上る。これを追ひまくる女達、下手より運ばれてきた菰《こも》包みを舞臺に上げる。菰の中に女が居て、菰を抜けて下手に去る。五色の布の吹き流しを帆のやうに張つた作りものゝ船が近づいてきて、その上にアンガマ風のものが乗り込む。女たちが白い布綱を引く。女たち歌ひつゝ、船は廣場を一まはりする。

民俗劇

演劇的形態をとつてゐるものには、假面劇と人形劇とがある。此度は「固城五廣大」と「康翎《カンリョン》」の假面劇と「北青獅子遊び」を見ることが出來た。また第一次訪問の折には、五つの假面劇と、人形劇の「コクト閣氏遊び」を見てゐ

234. 康翎假面劇の獅子

る。韓國の各所にこの假面劇が行はれてゐるやうであるが、その仕組みは各所通じてゐる。この假面劇に就いても、曾て金兩基氏の「朝鮮の假面」や「朝鮮の藝能」で興味深く讀んだことがある。その紙製の假面は、演ずる度毎に燒きすてるといふのは惜しい氣がする。しかしそれだけ信仰が固いのである。昨八〇年、日本の京都國立博物館で古面の特別展覧會があつたが、その折韓國の古面四十數口も出陳された。大へん參考になつたが、日本にも紙製の假面を用ひて狂言を演じてゐるところが二ヶ所ある。それは奄美加計呂麻《カケロマ》島の諸鈍芝居と、與論島十五夜祭の狂言とである。こちらでは面は別に燒くことはしないが、その面相は韓國のと甚だよく似てをり、日本の他の面とは似てゐない。劇の內容は全く別であるが、互の交通が曾てあつたのではないかと思はざるを得ない。

「北靑獅子遊び」も一種の假面劇であるが、獅子が出る。雌雄二頭。體毛は五色の麻紐や毛糸風のもの丶縫ひぐるみ風。その點は日本の幕を以て胴體とするものと異り、體毛を芭蕉の纖維などで作る、同じく縫ひぐるみ風の沖縄のものに似てゐる。やはり惡神惡鬼を追拂ふ祭りとされ、家々をまはりながら遊びをし、集つた穀物で費用を辨じ、又村の共同基金にもするといふ。

獅子は韓國に於ても好まれてゐるやうである。なほこゝ以外にも獅子が出た。先にも觸れた「タイドウク」、また康翎假面劇にも。後者のは胸と尻尾の先の赤い美しい白毛の獅子であつた。

人形劇「コクト閣氏遊び」では、腰高の人形舞臺の下で、鉦二、太鼓、細腰鼓、チャルメラを囃した。人形は指人形のやうな小さいものや、やゝ大きいのも出たが、すべて手遣ひで、まことに器用に動作をする。その臺本は假面劇とも通ずるものがあつた。大蛇が出て赤人形と戰ふ場面などもある。歌がうたはれ、せりふもあつたが、面白いのは、幕内と囃子方とが時折問答をすることである。囃子方がやはりワキ役をつとめてゐるのである。

無形文化財保持者の藝能

なほ、第一次訪問の折、世宗文化會館で見學し得た無形文化財保持者たちによる三日間晝夜に於ける藝能の次第も記錄しておきたい。それは次の如くであつた。

廿八日（火）晝

1 シナイ（音樂）
2 ボンベ＝梵唄
3 西道の唱
4 伽倻琴散調
5 パンソリ「興夫歌」
6 旌善アリラン
7 康翎假面劇

廿八日（火）夜

1 綱渡り
2 パンソリ「赤碧歌《チョッピョッカ》」
3 カン〳〵スウオルレー（加藤清正鬼ごつこ）

4　歌曲（詩吟）
5　北青獅子遊び
6　南道野遊び
7　松坡山臺遊び（假面劇）

廿九日（水）晝

1　大吹竹
2　晋州《チンジュ》劍舞
3　パンソリ「沈清歌」
4　西道唱（立唱）
5　コクト閣氏遊び（人形劇）
6　楊州別山臺（假面劇）
7　男寺堂　農樂

廿九日（水）夜

1　合奏
2　宗廟祭禮樂（定太平）
3　笛獨奏
4　僧舞
5　大琴定樂

235.　コクト閣氏遊び

236.　宗廟祭禮樂

237.　呈才「四仙舞踊」

238. 處容舞

239. 東萊野遊

6 歌曲
7 散樂《さんがく》
8 パンソリ「春香歌」
9 處容舞
10 鳳山假面劇

三十日（木）晝

1 伽倻琴齊奏
2 巫舞
3 コムンコ散調
4 西道雜歌
5 歌曲
6 東萊野遊（假面劇）
7 山で杖をつきながら歌ふ歌
8 固城五廣大（假面劇）

三十日（木）夜

1 合奏
2 鶴舞
3 パンソリ「春香傳」
4 京畿民謠
5 南道雜歌
6 統營五廣大（假面劇）
7 農樂十二次

又、翌三月三十一日、清州市民會館で、午後二時より行はれた國樂院出演の歌舞は次の如くであつた。

〔第一部〕

1 管絃「壽齊天《シユゼイチヨン》」
2 呈才「劍舞」
3 大笒獨奏「柳初新之曲」
4 呈才「四仙舞踊」
5 歌曲「太平歌」
6 呈才「抛毬樂」
7 京畿民謠

〔第二部〕

8 大吹竹「武寧曲」
9 僧舞
10 伽倻琴獨奏

240. 八佾の舞　龍頭の棒と竹筒を持つ

241. 八佾の舞　帽子をかへ楯と木槌を叩きつつ舞ふ

242. 管絃

11 シナイとサルプリ

12 鳳山假面劇

13 時調

14 鉢鑼舞

15 パンソリ「春香歌」

以上、清州に於けるものを交へ、先の分類による農樂二、歌曲・民謠十五、民俗劇十（いはゆる民俗遊びはこの舞臺では行はれなかった）等の外、管絃（歌を伴ふものもある）十三、パンソリ六、踏索やカン〳〵スウオルレー、また舞踊十三（内三が同曲）等が見學出來たわけである。

管絃

宮廷の管絃は流石に美しい。第三次訪問の折見學した成均館大學校構内の大晟殿に於ける孔子廟(文廟)をまつるいはゆる雅樂は構想の大きいものであるが、柷《シュク》、敔《ギョ》、編磬《ヘンサン》、編鐘《ヘンショウ》などの古樂器をはじめ、各種の樂器を用ひてをり、これにつれて舞はれる八佾《いつ》の舞も、八人づゝ八列、六十四人で、正面、左手、右手に向いてその場に振を繰返す。振こそ少いが、正々たるものであつた。はじ

243. 伽倻琴齊奏

めは緑地の箱形の帽子を冠り、赤衣、黑沓、右手に木玉を連ねたものを下げた龍頭の棒を持ち、左手には竹筒を持つ。やがて冠物を、前に置いた筒形のものとかへ、左手に楯、右手に木槌《さいづち》を持ち、これを叩き合せつゝ振がある。元來は男子が演ずるのであるが、人手不足といふことで、此度は女性が演じてゐた。しかし私は、既に第一次訪問の折、これを男性である國樂院の樂人たちによつて演ずるのを見てゐる。「宗廟祭禮樂」で、「管絃」につゞいて行はれたもの、舞臺のせいもあらう、四人で舞はれた。後左右にひれのある黑の冠、赤衣、黑沓のもの、はじめは同樣木玉を連ね總《ふさ》を垂れたものを下げた棒と竹筒を持つたが、後は前列の者は右手に兩刃の劍樣のもの、後列は鉾樣のものを持ち、左手は無手であつたやうである。男性の大人による八佾の舞がしのばれた。このとき琴歌も歌はれた。

管絃は、日本で謂ふ雅樂に比べて變化あり、廿九日夜に演奏された樂人たちによる合奏は、吊太鼓一、細腰鼓二、縦笛四、横笛二、胡弓二、琴一によつたが、かういふ曲が多く傳承されてゐるやうである。伽倻琴《カヤグム》も三度聞くことが出來たが、獨奏にせよ合奏にせよよいものであつた。

歌曲・民謡

この催しでは、歌曲や民謡に合せて歌の内容を、或は歌の歌はれる折の様子を表現することは、「南道野遊び」を除いてはなかつた。マイクを中心に、自由な身振りで歌ふ。歌曲、民謡そのものゝ披露であつた。

因に、右「南道野遊び」は、珍島の人たちの出演であつた。珍島の田植に農楽が囃子をする。それが日本の廣島縣の花田植・囃し田などの習俗とそつくりであるところから、それを最初に見出した内田るり子女史の文と寫眞とが大いに注目されたことがあつたが、その珍島である。大笠を冠つた太鼓方、鉢巻の細腰鼓方、大小の銅鑼を打つもの等の農樂衆に囃されて、頭にかつらを巻いた十二人の植子たちが舞臺に並び、田植のさまを、皆で歌をうたひながら演ずる。歌に合せて苗を高く差上げたり、跳びはねたり、底抜けに明るい田植の様子であつた。しまひに皆々亂舞風に踊り出す。

「チョンサンアリラン」は、我々が日本で聞きなれてゐるアリランとは異つた、ことにも美しい旋律のものであつた。江原道の山奥の歌といふ。七人が同じ仕度の白鉢巻、白衣、白ズボンで出て歌ふ。中の三人は男、他の四人は女性であつた。胴の赤い大きい細腰鼓を首にかけたもの一人。右手細桴《ばち》で、左方は手で打つ。「アリラン〳〵ハラリロー」と慨くが如くうたふ。あの歌聲はいつまでも印象に殘つてゆくであらう。

歌曲も民謡も何れも旋律の美しいものであつた。曾て戰後はじめて國樂院の人たちが日本で歌舞を公演されたとき、謠ひものに、日本の平安朝頃の謠ひものかと疑はせるやうな、ゆるやかな、美しい旋律のものがあつて、深く感動し、終演後樂屋を訪れ、その歌のことをお聞きしたことがあつたが、かういふ歌は現代のテンポに合はないので、韓國ではほとんど歌ふ機會はないといふことであつた。歌はれなければ自然絶えるのではないかと甚だ恐れるが、せ

244. パンソリ

めてテープになど殘しておいて頂きたいものである。その折レコードも頂戴したが、無論その中にその曲は入つてゐなかつた。曲名を逸したのが惜しい。

パンソリ

パンソリは歌曲といふよりは語りものである。韓國では民間に於て大へん好まれてゐると聞く。語り手が各所にゐるやうであるが、あの折は「興天歌」「赤碧歌」「沈清歌」「春香歌」等を聞いた。語り手は立つて扇を開き、又、閉ぢて、若干身振りを交へながら語る。側に太鼓打が一人坐してゐて、手で太鼓の一面を打ちながら拍子をとり、時々掛聲様の囃子言葉を發し、又、語り手がこの囃子方に語りかけると、これに應答する。日本の山伏神樂や番樂の胴取(太鼓打)とそつくりのワキ役ぶりである。語りものが舞臺化する過程の姿を示してゐると云つてよい。この語り手が、若し要所々々に語りに即した振をつけることになると、それは日本の能の語りの部分と同じことになり、やがて舞踊化しては印度のバラタナティアムやカタックにもなり、そ

245. 踏索

れは日本の地唄舞や歌舞伎舞踊とも同じである。語りものの舞臺化の初期の姿として興味深い。

踏索とカンカンスウォルレー

まことに珍しい踏索戯を見ることが出來た。上手、下手に夫々二本の丸太を交差させて支柱として固定したところに綱を張り、白の頭巾、袖口や衿の赤い白シャツ、白ズボン、赤の腰帶、白足袋支度の渡り手（綱廣大《チュルクワンテ》と呼ばれる）が、支柱より斜に張り下した下手から、大きい扇を開いて右手に持ち、綱を渡つて上る。綱の下に囃子方が一列に並んで坐してゐる。細腰鼓、縦笛、横笛、胡弓の四人。綱廣大は支柱の所に立つて口上の後、扇をひら〱させながら綱を渡る。渡り返す。途中後向きに渡つたりする。又途中で片足立になる。こごむ。踊るやうに進み退り、早足で進み、中央で落ちるやうに両足を外して綱に跨がる。すぐ跳び上り、左足でとびはねつも渡る。「胸がどき〱する」など云つて皆を笑はす。綱に腰を下すこともある。頻にしやべつては又皆を笑はす。膝を折り、「女達の坐り方」を眞似る。「女が化粧するところ」「昔の女の歩き方」「この頃の女の歩き方」なども眞似る。やをら跳上つて宙返りをして綱に立つ。まことに度肝を抜かれるやうな業である。その道一筋とは言へ、よくもこのやうな藝を身につけたものと思ふ。

强羌水越來《カンカンスウオルレー》は、濟州島に於ける女性たちのマスゲームにもとり入れられてゐたが、この舞臺では、下げ髮（その端に赤布を下げる）、白衣の十三人の乙女たちが「カーン〳〵スウオルレー」と唱へながら出、互に手をとり合つて順まはりの輪になり、輪をつぼめたり開いたり、こごんだり立つたりする。歌ひ手によつて歌がうたはれるが、他の乙女たちはその一句毎に「カーン〳〵……」を同音で繰返す。やがて早拍子になり、一人が輪の中に入つて踊る。「カーン〳〵スウオルレー」は、加藤（清正）が來るから注意せよといふ意味の曲。歌によつて緩急を種々にかへ、又色々の組み方がある。列になつたり、入れ違つたりなども。又、一列、皆々こごんで前の人と一連になつた上を、左右の介添に手をとられて一人が歩いて行つたりもする。その果ては先頭の人の肩車に乗り、他は「子とろ子とろ」式に振がある。

裏山の兎たち　カン〳〵スウォルレー
獵師を氣遣い　カン〳〵スウォルレー
俺《おら》が國の金持ち　カン〳〵スウォルレー

246.　カンカンスウォルレー（總踊）

盗賊を氣遣い　カン〳〵スウォルレー……

（金氏「朝鮮の藝能」による）

など、ユーモラスな歌も色々ある。これも全道に行はれてゐる遊戯といふ。

宮廷の呈才《チョンジェ》と民俗舞踊

國樂院の宮廷樂に強い關心を持つたのは、實は日本の舞樂、特に右舞、高麗樂のもとの舞が見られるかと期待したからであつた。戰前日比谷公會堂で見た韓成俊一座の六人舞（劍舞）、八人舞（老丈舞）などは、古い舞樂の様式に従つてをり、それより前、繰返し見たさる韓國の舞姫の踊つた一人舞が、陵王くづしの舞であつたことにも強い印象を受けてゐたからである。然るに李王家の樂を引繼いでゐる國樂院に、この日本現存の舞樂と類似の舞が（無論何れにも共通の特色はあるが）何故か一曲も見當らなかつたのは意外であつた。どこへ行つてしまつたのであらう。近世まであつたに違ひないのであるが。假面劇を別として、面をつける宮廷舞踊は「處容舞」一曲とのこと。しかもその「**處容舞**」は日本の舞樂とは甚だ趣きを異にしてゐる。

花かざしある黑の帽子、後に黑布を垂れ、菩薩に似た大きな赤い面をつけたものが五體出る。一列になり、五方にもなる。その中央のものと四方の一人々々が順に向ひ合ひになることもある。特殊の足どりで袖の領巾を振りつゝ舞ふ。チャルメラ、太鼓、細腰鼓などによる日本の雅樂風の旋律。堂々たる、しかもどこかユーモラスなところもある舞であつた。（寫眞238）

しかし、日本の舞樂類似の舞こそ見當らないが、韓國には他の顯著な特色を持つた多くの舞を傳へてゐたのも意外であつた。ことにも宮廷に傳へた多くの女舞は、稚兒舞としても舞はれる由であるが、嘆息を止め得ない美しいもの

247. 晋州《チンシユウ》剣舞

であつた。

「剣舞」は「晋州《チンシユウ》剣舞」と國樂院のとを見た。衣裳は異つてゐたが、何れも總《ふさ》付の陣笠風のものを冠り、前者は兩袖に紅白縞の領巾《ひれ》をつけてゐた。（後に領巾をとり、無手のまゝ舞ひ、後剣をとる）八人出たが、後者は四人で舞ひ、はじめから領巾がなかつたところを見るに、後半を傳へてゐるのであらうか。

前者は太鼓、細腰鼓、喇叭、胡弓によつて囃され、四人宛縦の兩列になり、向き合ひ、入代りにもなる。こごみ、後に反ることもあり、坐つて振あり、剣を兩手にとつて、その場に逆にまはり、又一つ輪にもなつて逆にめぐり、又兩列になり等、剣を振りつゝ色々ある。正面向の横一列にもなる。優雅な美しい振であつた。

後者「剣舞」も、はじめ無手で舞ひ、互に入代ること、その場に順にまはり、又まはり返しのことあり、坐つて左右に振あり、こゝで剣をとり、立つて剣を振りつゝ舞ふ。前者と舞ひ方は同様であつた。ただその衣裳は宮廷風の伊達なものであつた。

248. 鉢《ば》鑼《ら》舞

「**四仙**」は、花かざし、袖に五色縞の領巾をつけた女性六人の舞。縦二列に並ぶが、先頭の両人が領巾あるまま両手に大きい花を持つ。舞姫たち歌をうたふ。色々並びをかへ、花を持てるもの前に、又左右に、他の四人は後一列に、又中四方になつて舞ふ。その場にもまはつてまはり返す。美しい舞であつた。四仙といふのは、花を持たない四人を指すか。

「**拋毬樂**」はまた工夫のある仕組舞である。先に鉾持てるもの及び赤色のほつす様のものを持てるものが出る。中に衝立《ついたて》を立て、両組に分れ、上手は花、下手は硯と筆を持つたものを先頭に、無手の舞姫三人宛、計十人の乙女たち。舞姫たちはその場にまはつてまはり返しつつ舞ふ。衝立には上方の中央に、さう大きくはない丸い窓が明いてゐて、それに向つて一人宛毬を拋《はふ》る。それがうまく通り抜ければ花をもらひ、失敗すれば顔に墨を塗られる。のつぴきならぬことである。花を貰つたものは誇らしく、墨を塗られたものも悪びれず、その後も舞はねばならぬ。まことに心にくい舞である。

249. 散　樂

「鉢羅舞《ばら》」は、巫女帽に白衣、右肌脱ぎ(下は白)のもの、上下から四人宛出て八人で舞ふ。前後の横二列、手に鉢羅を持ち、これを鳴らしつゝ、坐して拜する形。坐したまゝ鉢羅を上下し、立って二人宛向き合ふ。その場にもまはり、鉢羅をくる〳〵させるなど。又輪になり、互に鉢羅を打合ふこともある。中のもの打合ひ、外のものは鉢羅をひら〳〵させるなど。しまひに早拍子に舞ふ。美しい面白い舞であつた。

「散樂《さんがく》」も竹の水墨畫を見るやうな振付の舞であつた。黒い帽子を冠つた白衣のもの四人が出、兩手を左右にひろげ、或は上にあげて手首だけを折り曲げ、笹葉のやうな格好で踊る。後から同じ支度のもの一人が出て中央に入る。その場まはり、卽興的にも踊る。その振がまことにユーモラスである。中央のもの先に入り、あとなほ四人で舞つて入る。花笠の囃子方が、舞臺奥で太鼓、細腰鼓、叩き金等を囃す。

「鶴舞」は丹頂鶴のつくりものをつけた二羽のものが出て靜かな振で舞ふ。前に出、後に進み、互にくちばしを合

250 巫舞

251 僧舞

252 鶴舞

せ、又、啄む振など。すがすがしい、よいものであつた。

「**巫舞**」は悪神の靈を拂ひ出す舞と云はれてゐるが、素頭、白衣の女性一人、白い布をとつて舞ふ。銅鑼、細腰鼓、縦笛、横笛、胡弓を以て囃す。その場にまはり、まはり返すこと等。日本にも布舞があつて、神懸りの舞とされてゐるが、それと通ずるものであらうか。

國樂院の「シュナイとサイプリ」もこの「布舞」に當る。「シュナイ」は巫舞の意。こちらでは同じく素頭、白衣の仕度。胸から赤帯を一筋垂れる。琴三面、胡弓の囃子。右手に白い布を持ち、この布を落し、又とり、同様その場にまはつてまはり返しつつ、逆に一まはりし、又くる〳〵まはりもすると云つた舞であつた。

韓國南西端沖の珍島には「コプリ（結解）」と呼ばれる巫女の祭事がある。白布で七個ないし十二個の結び目をつくり、巫女が歌ひながら一つ一つ解いてゆく。死靈を送る祭事といふ。（一巻243頁）

世宗記念館に於ける「**僧舞**」は、太鼓一つを舞臺奥中央に出し、その前に、白の巫女帽、白衣の上に青衣裳、右肩より幅廣白丸模様の赤片襷をかけた尼僧が出て拜む。後、長い袖の領巾を振りつゝ色々に舞ふ。兩手に持つた桴で太鼓を打つ。打つては前に進み、翩翻と袖をひるがへす。後向に、仰向にも太鼓をしきりに打つ。

國樂院の「僧舞」は巫女帽、青衣裳の上に白衣を羽織り、こちらは左肩よりの同じ赤地の片襷をして舞ふ。舞ひ方

253.　慶州の民俗舞踊

劍舞　兩手に劍をとる

太鼓を打ちつつ踊る

は先のと同様であつた。この僧舞は、韓世昌や梅蘭芳《メイランファン》なども舞つてゐた「思凡《スーファン》」で、春に目覺めた小尼の悶々の情を現はしたものゝやうである。

國樂院に傳へてゐる呈才《チヨンジエ》（宮廷舞樂）はまことに美しい。正に美しきものは永久《とは》の喜びである。國樂院の金千興氏に寫していたゞいた「呈才舞圖笏記」（一八三三年版）によると、この呈才舞は左の如くである。

鳳來儀、夢金尺、慶豐圖、獻仙桃、響鈸舞、牙板舞、舞山香、高句麗舞、尖袖舞、獻天花、沈香春、萬壽舞、帝壽昌、壽延長、舞鼓、寶相舞、佳人前牡丹、※拋毬樂、演百福之舞、初舞、撲蝶舞、五羊仙、荷皇恩、※四仙舞、長生寶宴之舞、疊勝舞、春鶯囀、蓮花臺舞、響鈴舞、舞㝵舞、催花舞、※劍器舞、※鶴舞、※處容呈才、船遊樂、項莊舞、獅子舞、文花臺（以上三十八曲）

なほ、受寶籙、覲天庭、受明命、賀聖明、聖澤、文德曲、曲破等を加へ、凡そ五十曲程は現存といふ。何と素晴らしいことであらう。これは世界的に珍重に價する無形の文化財である。何と夢多き曲目であらう。私はそのうちの※印五曲を見たに止まる。或は「舞鼓」といふのも他で見てゐるのかも知れない。「獅子舞」も類似のものは見てゐる。「春鶯囀」など日本の舞樂の大曲（もと女舞であつたといふ）と同名の舞もある。型付本でほゞ見當はつくものゝ、それだけにもつと色々拜見致したい。

これらは舞踊の洗練の極にあるものと云つてよい。然るに韓國には、祭りや祈禱の折などに行はれ、濟州島に於ける競演大會にもその概況を見せていただいた舞踊發生の初期の形を思はせる巫覡の神懸りの舞が現存してゐる。第二次訪問の際、江陵に於ける端午祭の巫女の舞、又、ソウルのムーダンの佛下しなどを見學して感動したことは未だ記憶に新たである。又、勞働の折などにも、或は嬉しいにつけ悲しいにつけ何かと踊られるアッチャメエグワ風な自由な踊も、古くからのものであつたに違ひない。

又、慶州で見た所謂民俗舞踊の多くは、宮廷舞踊や農楽などを源流としたものゝやうである。地方にはなほ一段古風な舞踊も殘つてゐるとのことであるが、古風なもの、洗練されたもの、共に將來も機會あらば、色々見學させていたゞきたいと冀つてゐる。

この度の見學に際しては、とくに鄭寅燮氏、張漢基氏の御協力を得たことをこゝに銘記し、感謝の意を表する。また、濟州島に於ける全國民俗藝術競演大會に御招待いたゞいた韓國國際文化協會に對して、衷心より御禮を申し上げる。

註（1）この農者云々の旗の文の出所は漢代に泝るものゝやうである。後漢の人應劭の著「風俗通義」巻八、先農の項によると、「孝文帝二年（前一七八）正月詔曰農者天下之本云々」とある。孝文帝は漢五代の德高い帝であつた。

（「アジア公論」昭57・2）

二、韓國の祭りの神座

さきごろ、明知大學の招待で韓國を訪れ、東海岸の江陵における舊暦五月四、五日の端午祭をつぶさに見學し、またソウルの國師堂での巫女の佛下ろしも半日見ることができた。少からず驚かされたのはそれらの祈禱の祭壇に、特色ある日本のいはゆる神の依代とほとんど同じものが立てられてゐたことである。

日本では神祭りに、神のとゞまる座、すなはち依代（神座）を設ける。この依代には古來男柱や、それを象徴する幣や串や榊や笹竹などすべて棒狀のもの、また凹所や陰陽和合をあらはす形のものなどを設へる。古の人は、人が生れるといふ深祕に神の往き來を感じ、隱密な形のものには神がとゞまると信じたものゝやうである。

江陵の端午祭は、一ヶ月前からはじまる。四月十五日にはつゞら折なす山を登つた大關嶺から城隍神を麓の女城隍神の祠に迎へ、こゝに十八日間同居を願ふが、

254.　江陵女城隍祠の依代

五月三日にはこの兩神を南大川の河原に設へた祭場に迎へ、豊作、豊漁、惡魔拂ひ、壽福の祈禱が夜をこめて六日まで行はれる。

朝早く車を驅つて大關嶺を訪ね、また麓の女神の堂にも寄つてみたが、このお堂では、偶々巫女が信仰者の立願に應じ、鼓、大小の銅鑼の囃子に合せて、祈禱の文を唱へながらはげしい舞を舞つてゐた。堂の正面にお使ひの虎を畫き添へた神像の繪を背景に、造花を飾つた祭壇があり、數々の供物があつたが、その左手に一本の笹竹が立てゝあり、それは一盛りの米につきさゝれてゐた。寫眞をおとりになるなら外に持つて出ませうと巫女は祈禱の中休みに氣輕に笹竹を持ち出してくれたが、その中程には切紙や布が下げてあつた。これは何のためのものですかと尋ねると、こゝに神様が下りられるのです、必ずお米の上に立てますといふ。この笹竹が、日本の宮座のおはけなどともそつくりであり、また米の上に立てるといふのも、日本でも籾俵や米の苞《つと》の上に松や幣を立てるのと同じである。

255. 江陵端午祭の神竿

端午祭のテント張りの祭場にはまた目を見張るものがあつた。それはテントの上に立てられた人がたに似た五色の吹流し風のものをつけた神竿であつた。やはり依代であるといふ。またテント內は廣々としてゐたが、その正面に祭壇があり、榊に似た枝を數本立て、根本に五色の布を着せ、その下を一面造花で飾り、男女兩神の牌を置いた。供物も色々あり、その祭壇の下で入代り祈願者たちが白紙を燒いてもらつてゐた。紙の燒けがらが高く

256.　江陵端午祭の神座

257.　ソウル國師堂の依代
（五重ね餅の上に花串をさし立てる）

昇れば祈願が叶へられるといふ。やはり巫女が歌ふやうに祈禱の文を唱へ、はげしい囃子に合せてその場にまはりながら舞つてゐた。ふと石見、出雲あたりの祭りに居る錯覺さへおこした。

ソウルの國師堂における巫女の佛下しはまた恐山などの巫女のそれともそつくりであつた。六月十三日は日がよいとあつて五組の佛下しがあり、お堂に三組、その下の民家を借りて二組がそれ〴〵の巫女によつて行はれてゐた。一月前に突然夫を亡くした中年の妻は、四人の子達と縁者達と一座して夫を呼び出してもらつてゐたが、悲痛な聲をあげて慟哭し、やがて笑ひ出し、巫女と踊りつれてもゐた。巫女は子供たちの背をもたゝき、何かと言葉を交はしてゐた。巫女は容易に神懸り狀態から覺めなかつた。その祭壇の供へものゝ一つに、五つ重ねの韓國の餅があり、その上に花で飾つた串が突きさゝれてゐた。どの組の祭壇にもこれがあつたが、岐阜縣下呂の田神祭や奥州平泉毛越寺の摩多羅神祭の、最も大事な二重ねの餅に幣をさした神饌とも全く同じものである。また西瓜《すいくわ》が上つてゐたが、これに女陰に似た張紙がしてあつた。

信仰に附隨したかういふ極めて特殊なものゝ類似は、一體何を意味するのであらうか。

巫女の舞は、日本においては簡潔化されてゐて、靜かにまはつてまはりかへし、鈴を振ることが基調になつてゐる。しかし昔の形はもつとはげしいものであつたらうと考へてゐたが、その通りのものがこゝ韓國の祭りに見出される。また荒神の神懸りにはしきりに跳び上ることがあり、例へば三河の花祭りなどの舞の大方もその手をとり入れてゐるのであらうと論じたことがあつたが、こちらでは祈禱中の巫女が時折兩足を揃へてはしきりに跳び上つてゐる。すべて古風を殘してゐるのである。

まはつてまはりかへす巫女の舞は、シルクロードに添つてトルコの方にまで行はれてをり、神の依代に神竿を立てることは、タイ、ビルマの奥地のヤヲ族、リツ族、ラフ族などの間にも行はれてゐる。色々なことで、東洋は一つであることを感ぜざるを得ないが、また、信仰の根强さ、傳統の力の偉大さにも驚かされる。同時に古代の特殊な文化にも思ひを致さざるを得ないのである。

（「藝能」二十八、昭50・8）

三、韓國の神懸りと巫女の舞

1

旋舞を主にした巫女の舞は、韓國のが最も古風を殘しているやうに思ふ。

旋舞は、日常生活にはないことであり、特殊の振であることは申すまでもない。然らば何のための振であつたのだらうか――といへば、これは巫女の神懸りの一つの手段であつたと思はれる。この特殊の振は、今は世界の舞踊中に色々の變化をもつてとり入れられており、なかには神懸りとは別口のやうに思はれるものもあるが、その基本形の性格はやはり爭へないであらう。それほどの旋舞ではあるが、その發生がどこであつたのかは未だ十分に明らかではない。ただ、その古風を我々はまず探らうとしてゐるのである。

私が韓國の巫女の舞をはじめて見たのは、昭和五十三年六月、韓國東海岸の江陵における端午の祭りにおいてであつた。江陵南大川の廣い河原の果てにテントを張つた祭場が設けられてゐた。テント内は約十五、六疊敷。テントの外には大きい人形に似た五色の紙飾りを下げた神竿《しんかん》が立ち、テント内正面には祭壇があつて、ここにも神座がしつらへられてゐた。盛裝した巫女が、歌ふやうに祈禱の文を唱へ、その一節ごとに鼓、銅鑼《どら》、銅鈸子《どびょうし》などによる急調の囃子に合はせて、はげしい舞を舞つた。くるくるとその場に逆まはり（時計の針とは反對まはり）にまはる。右手に大きい扇、左手に布を持つ。その巫女の祈禱は長々とつづいた。巫女も、人も、我も、神懸りにならざるを得ない様な不思議な雰圍氣があつた。下手《しも》に大勢集まつてゐた人々も、ちらほら立ち上がつて踊つてゐた。これが眞夜中頃になると、ほとんど全員が立ち上がつて踊りつれるといふ。

この巫女の祈禱の様子は、ほとんどそつくり鳳山などの假面劇の中の巫女祈禱の段にとり入れられてゐる。それはたゞドラマティックに短くされてはゐるが、また巫女は面をつけるが、格調も高く、まことに美しく仕組まれてゐる。

258. ソウル國師堂の覡の佛下し

昭和五十五年十月、三日間にわたつて濟州島で見學した第二十一回全國民俗藝術競演大會にも、巫覡《ふげき》（みこ・おとこみこ）の祈禱の舞が幾つも上場されてゐた。「龍淵雨乞」、「老大人遊び」は共に濟州島から出た大がかりな祭りの場景であつたが、このなかに巫覡の祈禱が含まれてをり、また「寧邊城隍大祭」（平安北道）では、しばらく絶えてゐたこの祭りがまず舞臺の上で復活したのであるが、舞臺上では色々の人が衣裳きらびやかに装つて亂舞し、その上に空から籠に乘つた巫女が降りた。「タイドウク」（黄海道）では、巫女神懸りの様子もまざまざと見られた。これらは藝能化され、「遊び」として演ぜられたものではあるが、祭りのもとの姿が彷彿される。

これらの遊びに對して、昭和五十三年六月に見たソウル國師堂の巫覡の佛下しは本ものであつた。（今、この國師堂は他に移轉してしまった）三、四軒の家で、それぞれ依頼により、佛下しをしてゐたが、そのうちの一軒では、一か月前に急死した夫を呼び下した中年の妻女が、號泣したり、笑つたり、巫女と踊りつれたりしてゐた。ほとんど半日近く佛は巫女に憑いてゐた。そして周圍にひかへた子供たち四人にも、親戚たちにも、佛の下りた巫女は言葉を交はしてゐた。何かしら感動に似たものを覺えたが、佛が憑いてからの巫女の舞、また、それに踊りつれる踊といふのは旋舞ではなかつた。最も自然な手足の躍動である。何かといふと韓國の人が踊り出すときのと同じ自然な振であつた。

2

昭和六十年五月には、韓國仁川に、鄭學鳳と呼ばれる巫女の家の狹い一間で行はれた「花迎へ」の行事を見てきた。これは依賴によるのではなく、巫女自らが催す長命、招福を祈る行事である。

行事は二日にわたつて行はれた。正面奥の祭壇には本尊の像や畫像がかざられ、色々の供物があつた。向つて右手が同じくかぎの手につづく祭壇で、これを背にして樂人三人が坐る。太鼓を中に、その右が笛（男性）、左が大小のドラを鳴らすもの、正面左手が勝手につづく出入口である。巫女は正面祭壇よりもむしろ太鼓打の方を向く。太鼓打が歌もうたひ、巫女と問答もすること、日本の奧羽の山伏神樂と全く同じであることに改めて驚いた。

巫女の鄭學鳳は五十五歳、恰幅のよい、精力に滿ち滿ちた、黃海道から來た女性で、一つの典型的な巫女舞の形を見ることができた。「超感應巨里」、「七星巨里」、「靈前巨里」、「軍雄巨里」等見た中で、特に「超感應巨里」は旋舞と布舞の兩面から注目すべきものであつた。ここでは、神々を呼び集める唱言がなされ、笛、細腰鼓、大・小銅鑼の囃子で、巫女ははげしい舞を舞ふ。それは、その場に逆まはりに數回まはりつづける。たまには順にもまはる。巫女は時折、囃子方とも問答をしてゐた。その神々下しには長い時間を要した。ありとあらゆる衣裳を着ては脫ぎ、又その衣裳を頂いては激しい舞を舞ふことを繰返す。白布を幾反もとり出しては拜し、この布をひろげて、いはゆる布舞も舞ふ。日本の出雲や石見の神懸りの手段の「布舞」と同じである。その意味が忘れられて日本では所作事の「布晒し」などにもなつたのであらう。

冠りものや衣裳には神が宿ると韓國巫女の間でも言はれてゐるといふ。つまりこの巨里(行事)も、神を迎へることであつた。しまひには祭壇前で扱ひかねたあらゆる衣裳を、外にござを敷き、その上に出して、巫女はその上に三、四度ころびを打つた。徹底したやり方であるが、かくてあらゆる神々を呼び出すことになる。

日本の三河・信濃・遠江の山中で行はれてゐる霜月祭、花祭などでは、先ず上衣をとつて舞ひ、その上衣を着て舞ふ。神事の上衣を清め、それを着て神懸りにならうといふのである。能に於ても、例へば「卒都婆小町」や「松風」に於て、昔の人の衣裳を羽織ることによつて物狂ひになる。昔の人の魂が身に宿るのである。

山伏神樂の大償流晴山神樂の「金巻」では、鐘入の上臈が、舞つてゐるうちに次第次第に腰帯や廣帯がとけ、振袖がぬげ落ち、白無垢の細帯一つとなり、鐘に入らうところび、又ころび、きつと鐘に目をつける。舞のうち幾度か肌脱ぎを繰返して行くことは壬生狂言の「道成寺」にもある。そしてその件りは、「桶取」の、上臈と長者のなれそめの表現にもあつた。

さう云へば、歌舞伎所作事の「娘道成寺」などでも、しきりに引抜きの技巧を用ひて衣裳をかへてゐる。この技巧は、道成寺ものに限らず、色々の曲にも應用されてゐる。引抜きはともかく、衣裳をかへるといふ工夫は一體どこから來てゐるのであらうか。偶々の工夫とはどうしても思へない。やはり遠い糸のつながりがあつたことに氣付かざるを得ないのである。

(1) 祭壇と供物、左下に神々の衣裳の一部がある

259

仁川巫女の「花迎へ」の舞（昭60）

(2) 白布を両脇にかかへてはげしく廻る

(3)　衣裳をささげても舞ふ

(4)　くさぐさの衣裳の上にころびを打つ

3

旋舞による巫女の神懸りの舞は、日本の神道にも傳承されてゐる。これも永い歳月を經てゐると見えて、こちらはまた日本風に獨特に洗練されてゐる。もつとも韓國風なはげしい旋舞もそのまま豊前神樂などには見られる。すなはち男の舞人が、劍をとつて逆まはりにくるくるまはること十六度に及び、さつと立ち直つたのを、かつて明治神宮奉納のものに見たことがあつた。これは覡《おとこみこ》の採物《とりもの》舞であるが、日本の巫女の舞は、多く靜かに一歩一歩踏みしめながら順にまはり、袖などをかへし、あるひは構へを直して逆にまはり返し、また、時につづけて順にまはる。これを「順逆」あるいは、「順逆順」と稱してゐる。また、その場まはりの外に、小まはり、大まはりといつて、舞庭を小さく、もしくは大きく、圓に、都合によつては角に、鈴を振りつつまはつてまはり返す。如何にも日本らしい靜かな様式化した變化であるが、この順逆、もしくは順逆順の法則は注意すべきである。

この順逆のめぐりは、巫女舞のほかにも、日本では男の舞人による神樂のなかに多くとり入れられてゐる。そして巫女の靜かな舞に對し、これは太鼓、笛、銅鈸子などに合はせてのはげしい順逆がむしろ多い。

インドの古典舞踊、南方のバラタ・ナティアム、北方のカタックにも旋舞が見られるがバラタ・ナティアムにはそれが比較的少なく、カタックには比較的多い。これらをもとにして構成されたと思はれる東インド西ベンガル州のプルリヤのチョウや、セライケラのチョウにも、その場にまはつてまはり返す手が非常に多い。つづけて順、もしくは逆に、七、八回ぐるぐるまはりをすることもある。この藝能は、南方ケララのカタカリも、ヤクシャガーナも同様であつた。これらには小まはり、大まはりもあつた。しかし大まはりは、日本の巫女舞におけるやうには、はつきりした形をとつてはゐなかつた。インドの北東、ブータンの假面劇にも、ネパールの假面舞踊マハカリ・ピャクンにも、また、南方、インドネシアの各種の舞踊にも、顯著な順逆のめぐりが見られる。

筑波科學萬博出演のソビエトのメチェリッツァ民族舞踊團によると、シベリヤの民俗舞踊にもこの旋舞が色々あり、ソロで順まはり二十回つづけたり、順に大まはりしながら、順のその場めぐり三十二回に及んだりしてゐる。ソビエトといへば、ついこの間（七月）、ソ連國立ボリショイ劇場バレエ學校の日本公演を見たが、各種の曲のなかに、やはり旋舞があり、順にも逆にもめぐつてゐたが、これはまた甚だしく技巧化されてゐて、これが東洋風旋舞がもとになつてゐることなどは、つい氣付かれずにしまふほどである。ポーランドにも、あざやかな順逆順もしくは順逆のめぐりがあり、男女ペアごと順逆にめぐることもあつた。

この神懸りの旋舞は、かへつて比較的素直な形で、トルコにも入つてゐる。エジプトのカイロで見たトルコの舞姫は、別段の技巧はなく、ただくるくると逆まはりに八十回（それまでは數へたが）それ以上果てしもなく、はげしくめぐりつづけ、最後に倒れるかと思つたが、さすがにぴたりと靜止した。（その後、インドの舞姫がつづけて逆まはり三百回に及んでゐるのも見た）

遂に順逆めぐりは、タップダンスを基調とするスペインにまで及んできてゐる。カスタネットを鳴らしながら、その場に順逆に、幾度もめぐつてゐる。

4

巫覡に神が憑くと、憑いた神の性格にもよるが、ひょいひょいと高く跳び上がらうとする。その形は、韓國よりも日本の、例へば石見神樂の神懸りなどによくその原初の形を殘してゐるが、腰抱き役があつて、その跳び上がりを押へようとさへしてゐる。危險だからである。それがそつくり藝能化して、信州新野の雪祭では、三頭の鬼が出て、し

260.　慶州の民俗舞踊に見る「布舞」

きりに跳び上がらうとするのを、腰抱き役が押へようとする（實際には重い衣裳をつけている鬼を押へるやうに見せて、押し上げてゐる）。この跳び上がりから、日本には踏み替へ足の技法が生まれた。踏み下した足をつゞけてひょいと跳んで踏み直す。これを左右交互にする。兩足揃へて跳び、踏み直すこともある。韓國には踏み替へ足は少なく、兩足跳びが多い。また、踏み替へず、左右のゆるやかな交互踏みが基調をなすことが假面劇などに多い。例へば「東萊野遊」における如く、神懸り的振が自然の振と一つになつてゐる形である。

洋舞で、なるべく高く跳び上がらうとし、しまいには補助者を得てまで更に高く跳ばうとするのは、甚だしく技巧化されてはゐるものの、これも自然の工夫といふよりは、東洋の神懸りの跳び上がりにもとを發してゐるのではないかと考へざるを得ない。

5

韓國の巫女は布をとつて舞ふことがあるが、布舞は日本の神樂のなかにもある。出雲や石見の神樂では、布舞は神懸りの一つの手段といふ。日本の布舞はやがて所作事の布晒しなどにもなるが、韓國では布には魂が宿るといふ。日本でも同じに言つてゐるところがある。韓國舞踊で長い袖を振ることが多いのも、この布舞の含みがあるのではないかと思ふ。(布の神祕については、第一巻237頁に收錄)

北海道アイヌのシャーマンの神下し、託宣は、口承文藝のなかに大きい影をおとしたが、舞による神懸りはなかつたらしい。東北地方の民間の巫女（いたこ）も、沖縄のユタも同様であつた。ただし、樺太アイヌは、オロッコ、ギリヤークの影響を受けてか、蝦夷《えぞ》松をくゆらせ、それをめぐつて大勢で順まはりの輪にめぐり、片側太鼓に合はせて祈禱の文を唱へてゐるうちに神懸りになる。また、沖縄の祝女《のろ》や司《つかさ》は、イザイホーの例に見るやうに、集團で歌ひかつ舞つてゐるうちに、太古は、集團神懸りになつたのではないかと思ふ。これが文獻にいはゆる「遊び」であつたと思はれる。

汎太平洋地域のフラダンス、アフリカ全土に見るベリィダンスも、神を招く一つの手段から出てゐると思はれるが、これらに旋舞を加へて、これらは世界舞踊に見る藝能化された三つの大きな技巧である。東洋の足踏み、歐米のタップダンス、トウダンス、高く跳ばうとすること、インドのムードラに發する手先の技巧など、これらはまた互ひの交流を見、それぞれ土地なりに工夫がこらされ、變形もされて、特色ある民俗舞踊の技巧をつくり出してゐる。その交流、變貌のあとを氣をつけて見ることもまた、大切なことであると思ふ。

（「月刊文化財」昭60・9）

四、鳳山假面劇

面に靈が宿る信仰

この七月二十七日夕、芝增上寺の本堂に於て、鳳山假面劇を見る。本堂大天蓋の下、祭壇をすべてとりはらつてみると、本尊の前は、兩袖に太柱のあるひろい舞臺になつてゐた。鑑賞者は堂內正面や左右の禮拜席にあふれてゐた。韓國の假面劇は、これまでも斷片的には、東萊野遊、固城五廣大、松坡山臺遊び、康翎假面劇など色々見てゐるが、この度のは、入場のお練りから最後に假面を燒く所までを完全に演ずるといふので、大いに期待された。その結果は、はたして假面劇全體のことがよく判つて大層參考になつた。くはしい解說書もあり、スライドの字幕も有難かつた。

今回用ひられた假面はすべて紙製といふ。しかし登場人物の夫々の性格を巧みに固定化した立派なものであつた。使用後燒くには惜しかつたが、しかしそこには信仰があつて、一度使用した面は「たたりを祓ふため」に燃やしてしまふといふ。面をつければその面の現はすものの靈がその者に宿るといふ信仰は、日本にもある。翁、三番叟をはじめ、とくに地方面にはその信仰がまだ濃い。

前述の通り、面が紙で作られてゐるのは、舞樂の藏面や特殊なものを別として、日本には二ヵ所にある。これが甚だ韓國のとも似てゐて、雙方の交流がなかつたとはたうてい考へられない。

いはゆる「道行」を韓國では「路戲《キルノリ》」と言つてゐるが、このことは諸鈍芝居にも與論島の十五夜祭にもあつて、前

261. 鳳山假面劇

者では「樂屋入り」と稱してゐる。花やかなお練りであるに變りはない。鳳山では令旗を先頭に、獅子を最後に、音樂を奏し、皆々左右に振《ふり》しながら演戲場に着くと、中央に備へてある豚の頭と三種の果物を供へた祭壇の前に面を獻じ、上演の無事を祈ることがある。その面は、氣がついてみると、皆々額にかけて練り込んできたのであつた。この面を正しく顔にあてず、顔は出して額にかけることは、後のサダン(旅藝人)の登場人物も同じであつたが、これも日本の信濃、三河、遠江の山間の藝能に行はれてゐることで、こんな特殊なことが同様であるのも注意される。

「振」と「舞」と

この假面劇の基本をなす動きは、これまで私の見たのは殆ど舞踊的な動きであつた。しかも極めて自然な、日常生活の動きがそのまま舞踊化されたやうな、舞踊發生の初期の形を思はせられる、しかも洗練された形のものであつた。「東萊野遊」などとくにこの感が深かつた。然るに鳳山のは、それとはやや異なつてゐた。卽ち日常生活の動きが、「舞」ではなく、「振」のまま、それに跳びはねる要素などが加へられ、工夫された形のものであつた。そして舞はまた別に舞として挿入されてゐた。日本の能が、「振」と「舞」とを區別しているのと同様である。その舞には「上佐舞」、「墨僧舞」、最後の「巫女の舞」などがあり、それも甚だ美しいものであつた。

舞踊の發生には二種類が考へられる。一はこの日常動作の舞踊化であり、他は巫覡神懸りの様子などが眞似られたものである。巫女の神懸りには、まはつてまはり返す、もしくはぐるぐるまはりをし、遂に夢中の狀態になるといふ特色ある動きがあつた。また覡(男みこ)など神懸りすると、ぴよんぴよんと高く跳び上る。日本にもこれがあり、韓國にはこれの一段激しいものがなほ殘されてゐる。鳳山假面劇にも、この兩者がよくわかる形でとり入れられてゐるのを見る。

登場人物を舞臺に押し出す方法にも、アッと言はせるものがあつた。卽ち第四科場の老丈と小巫の花やかな登場である。上手から墨僧たちが老丈の四環杖を擔ぎ老丈を押し出すのであるが、老丈は四仙扇で顔を隱して舞臺にうづくまる。一方下手からは同じく墨僧たちが美しい小巫を駕籠に乘せ、舁いて出て舞臺に下すと、墨僧たちはすぐ退場し、二人が舞臺に殘される。小巫は妖艶に舞ふ。心にくいばかりの工夫である。老丈が小巫に嫌はれるのは容姿が醜いからであらうと、化粧をし、鏡を見たりする樣子は、日本の壬生狂言「桶取り」の一場面などともそつくりである。壬生狂言では、いくら化粧をしてもどうにもならないが、鳳山假面劇では、小巫が見直してくれる。

囃子方がワキ方

登場人物との問答に、囃子方がワキ方をつとめてゐたのも注意すべきである。卽ち囃子方が登場人物の相手をして問答をするのである。これはパンソリやコクト閣氏遊び（人形劇）などにもあつたが、日本の山伏神樂・番樂や、東京都小河內の神樂の狂言などにもこのことがある。どうしてこの特殊な類似があるのであらうか。考へてみなければならないことである。

諷刺劇

狂言の內容はいはゆる民衆の諷刺劇で、破戒僧、墮落せる兩班、男女關係などに對する痛烈な皮肉、批判の狂言であるが、それと甚だよく似た諷刺劇も日本にあつた。平安末の頃、春日祭の勅使が役目を終へて京都に歸る途中、奈良坂で舞人たちが演じた「學びわざ」（狂言）に、盜人を捕へて拷問の結果、盜品は前國主も、そこに居られる大夫判官殿も、御承知の筈と盜人が白狀に及ぶといふ。しかしこの日本の「學びわざ」は、その時折の卽興的な仕組みに終り、これが演劇の流れとはならないでしまつた。

今、日本の舞臺上で假面を用ゐるのは、舞樂や民間の神樂を別とすると、さしづめ能と狂言とである。能や狂言では、强調すべき人物及び女性（男性が演ずるので）また人間以外のものに扮するときのみ面を用ゐ、他は素面のままである。たゞ、京都の壬生狂言や嵯峨狂言は無言劇であるが、これこそ鳳山假面劇とそつくりの仕組みになつてをり、登場人物もことごとくが面をつける。これは偶然同じ形となつたのであらうか。

鳳山假面劇は、色々の問題を我々に提起してくれた。

（「統一日報」、昭59・8・2）

五、韓國の鄕土藝能

韓國各所の鄕土藝能を、日本にもぜひ披露したいと、總勢百五十餘名の農山漁村の人たちが來日した。文化交流を願っての民間企畫の第一陣である。「韓國民俗劇研究所」のはからひによるといふ。我々にとっても、何とも有難いことである。此度選ばれた藝能は五、何れも代表的な、珍しいものばかりである。

獅子舞は東洋一般にも見られ、日本にも全國的に分布しているが、咸鏡南道の北青郡一帶にある「**北青獅子戲**」は、舊正月十四日の村をあげての盛大な行事である。やはり惡魔をはらひ、福を招くものとされてゐる。雌雄二頭が出るが、日本の獅子舞と比べ、興味ある異同を示すであらう。假面のものも數々登場して獅子にからむ（二十名來日）。

日本にもよく知られている**農樂**《ノンアク》は、日本の田樂躍《でんがくおどり》の一段古風な形と考へられる。韓國にあっても、王朝幾度かの變遷、交替にもかかはらず、絶えることなく、極めて古くから民間に傳承されてきた。今もほとんど全土に分布してゐる。鉦、銅鑼、太鼓、杖鼓を主要樂器とし、これらの踊り手自らが奏しつつ、色々に陣形を變へて踊る。田植や田草取りなどにも、これらを以て囃すことがある。この代表的な、慶尚南道 晋州、三千浦地方のもの（二十四名）。

「**左水營漁坊ノリ**」（釜山市、三十名）は、漁に際し、その勞働に合はせて歌ひ踊られる。「**康翎**《カンリョン》**タルチウム**」（黃海道、二十五名）はまた、康翎、海州地方に傳へた假面劇で、鳳山のとは雙璧をなすといふ。內容はやはり風刺、批判に徹してゐる。

「**密陽百中ノリ**」（慶尚南道密陽地方、四十名）も珍しい。これには作りものの藁の龍十頭を下げ、頂上に粟穗をつけ

262. 北青獅子戲

263. 左水營漁坊ノリ

264.　晋州三千浦地方の農樂

265.　密陽百中ノリ

266. 康翎タルチウム

267. 康翎タルチウムの獅子

た廡塋の柱が立つ。これを神竿とし、これを圍んで祈禱、禮拜があり、このもとで、極めて躍動的な、また諧謔的な演戲が展開される。その最後には、「後遊び《テュイツノリ》」と言つて、周圍の人々も交り、我を忘れての總踊りになる。舊七月十五日前後の辰の日の農村の祭りといふ。

何れも、規模が大きく、信仰が厚く、踊られる踊が舞踊發生の初期の形を思はせられ、自然で、且つ美しい。

（「韓國郷土藝能祭'84東京」昭59・9・12〜14、於日比谷公園小音樂堂）

（同上パンフレット）

六、韓國の舞踊を見る

昭和十五年七月二十八、九の兩夜、日比谷公會堂に於て、韓成俊といふ人の一座による韓國舞踊の公開があつた。韓成俊といふ人は、韓國の民間に於ける舞踊の一方の師匠で、そのレパートリーにしてゐる舞踊は、純然たる創作ではなく、在來韓國の民間に行はれてゐた舞踊を適宜鹽梅したもののやうである。それ故これを韓國のフォークダンスとして取扱ふことは先づ差支へがないと信ずる。

かうした舞踊の會は、韓國へ行つても、おいそれと見るわけには行かない由であるが、この兩夜の催しに來會し得たのは、私にとつても大變仕合せなことであつた。それに、此度は意外な發見もあつたので、この機會に、兩夜の記錄を誌しつゝ、私見を述べさせていたゞきたいと思ふ。

二つの範疇

韓國の舞踊は、少くとも二つの範疇に分けることが出來ると思ふ。

その一は、恐らくは韓國の土地に、古くから行はれてゐたかと思はれる主として酒宴の席などで、樂或は多分は歌などにも合せて、卽興的に舞はれたものが形をなしたかと思はれるもので、これはたゞ袖を飜し、足を擧げて舞ふだけのものである。袖を飜したり、足を擧げたりするのが、技巧と言へば技巧であらうが、それらはたゞ踴躍に形をつけたに過ぎない殆ど無技巧に近い技巧である。當夜の催しに於ては、神仙舞、老丈舞、訓令舞等に於て、老人（韓成俊扮す）が舞つたところのものであつた。

舞樂崩し

第二の範疇に入るものは、舞樂崩しの舞である。私はもし機會が惠まれるのであつたら、李王家に傳へられてゐる筈の舞樂を何卒して拜見させていたゞきたいものと、久しく熱望してゐるものであるが、ともかく韓國の民間には、この舞樂崩しの舞が、かくも美しい形に於て流布してゐたといふことは、これまで氣付かれてゐなかつたことであつた。尤も今春、某映畫館の幕間に見た韓國舞踊の「陵王」くづし其他の舞（今曲名を逸す）に、奇異の思ひをしたのは事實であるが、曾て日本青年館で演ぜられたたゞ一色の中國風の舞のみが韓國を代表する舞踊であつたのではなく、かうした優雅な舞も行はれてゐるといふことを、此度は確認し得たのである。

一概に舞樂と言つても、その舞の形式には色々ある。少くとも、六人舞、四人舞等の組をなすもの、二人で對をなして舞ふもの、一人で舞ふもの、其他例へば胡德樂や河南浦の樣なパントマイム風な舞等に分つことが出來る。この韓國の舞樂崩しの舞にも夫々がある。而して特に注意されるのは、この陵王、納曾利風の一人舞、二人舞等の持つ美しい舞表情が、人情の機微や、相當複雜な心理の動きをも象徵的に表現せんとする工夫に迄進んで行つてゐることである。

當夜の「僧舞」は、韓世昌や梅蘭芳なども舞ふ「思凡」で、春に目覺めた小尼の悶々の情を現はしたものであるが、その舞ひ方は、これは中國の「思凡」以上に、すつかり「陵王」のそれではなかつたか。「陵王」とは單にテーマが異つてゐたばかりであり、又後に太鼓を打つやうな添加があつたのみである。又「鉢鑼《バラ》舞」は、鉢鑼を打つことが加はつて居り、互に入れ違ふことなどがしきりにあつたことを除いては、そのまゝ「納曾利」くづしと言つた舞ひ方で

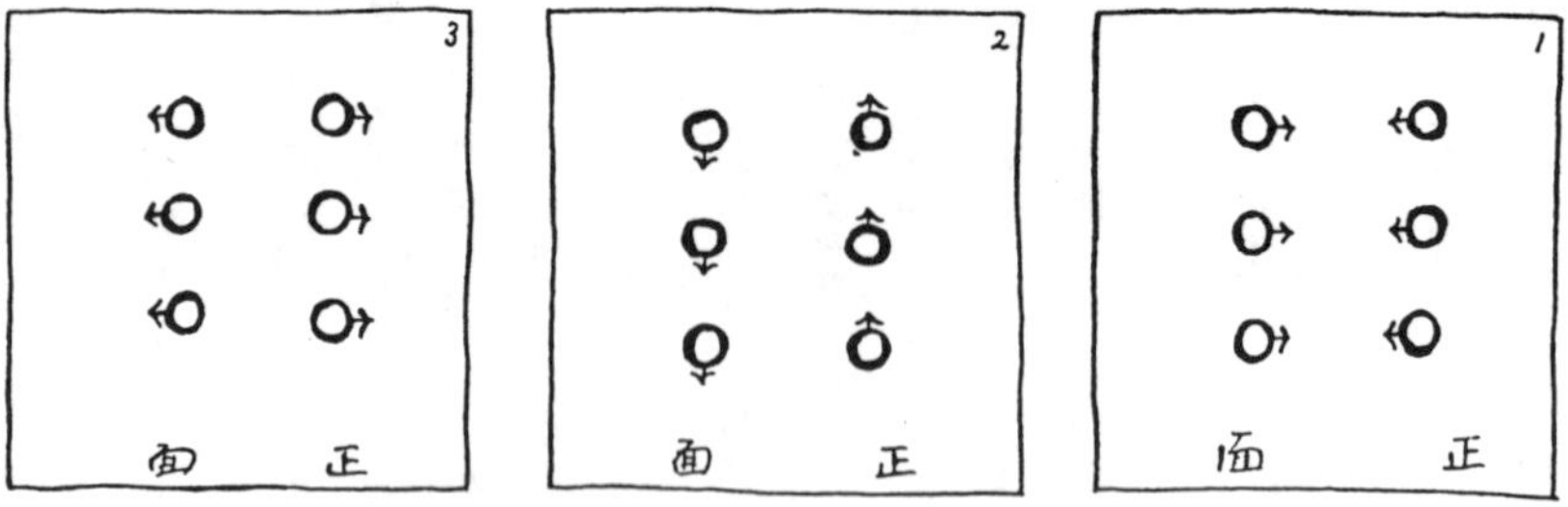

はなかつたか。無論「陵王」や「納曾利」の樂や舞のきび〳〵しさはすつかり柔らげられてしまつてはゐるが。――とまれ韓國舞踊の開拓し得た特色は、舞に、言はゞこの情趣を加へ得た點にある。

組をなして舞ふ方は、たゞにぎ〳〵しいだけで、これは寧ろ本物の舞樂に如くはない。それに日比谷の舞臺が廣過ぎて、模樣風な美しさが大分減殺されてゐた。

當夜は四人舞といふのは出なかつたが、多分これもあるであらう。當夜出たのは六人舞と八人舞とであつた。若し四人舞が見られたら、六人舞や八人舞から推しても、これは彌彥の舞そつくりに感ぜられたに相違ないと思ふ。

六人舞

舞樂の六人舞――大曲――は、樂部のは私はまだ見てゐないが、たゞ陸中鹿角の「五大尊舞」に於てこれを見た。「五大尊舞」は、菩薩達の假面をつけた六人の者が出て舞ふもので、その舞ひ方は舞樂風である。三人宛二組の縱列をなし、一方が前向になれば、他方は後向になる。兩組は向ひ合つたり、入れ代つたり、輪になつてめぐつたりもする。當夜の「劍舞」が同じ六人舞であつたが、私は頭の中で、裲襠裝束に太刀を採つて舞ふあの大日堂の物々しい假面の菩薩達の舞と、この目前の、花の陣笠を冠り、兩手に劍印をつくつて同じ樣な舞の形式を以て舞ふ可憐な少女達のそれとを比べてみて、ひとりをかしかつた。

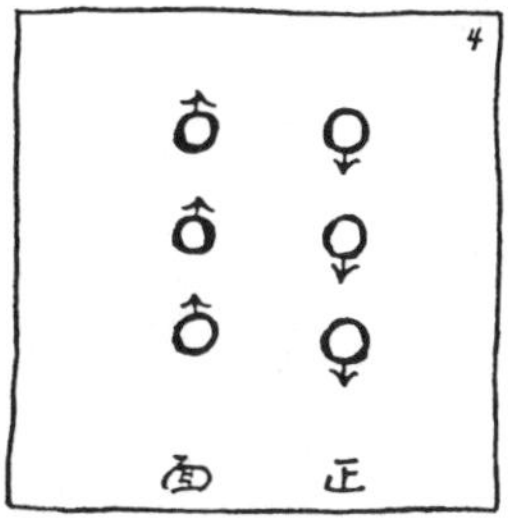

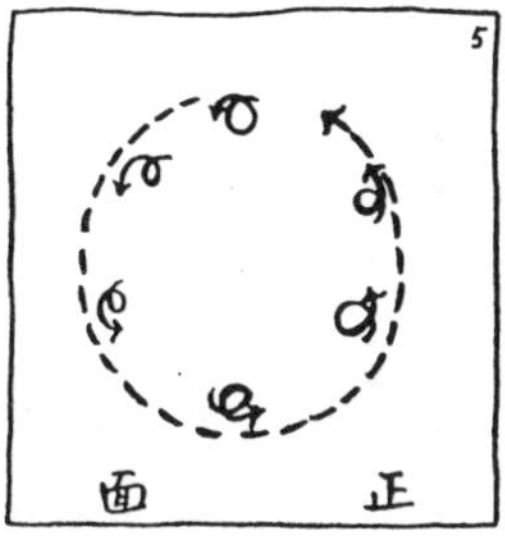

「劒舞」は、舞樂で言へば先づ「太平樂」である。はじめ鉾を以て舞ふ代りに無手で舞ひ、後劒をとる。かうした略式の太平樂は、奥羽の諸所にもある。次に念のため、これの舞の型を誌しておく。

はじめ無手のまゝ第一圖のやうに向ひ合ひ、すぐ進んで入れかはり合ひ、又入れ代つてもとになる。その場にめぐり、第二圖の向になり、その場に坐す。立ち、又坐して、仰向になつたりする。又第三圖のやうに互に背合せに坐して、仰向になつたりもする。次に背合せのまゝ立上り、互にそのまゝ退つて入れ代り、自づと向ひ合になり、すぐ又入れ代つて背合せになる。その場にめぐり、第四圖のやうに向き、しやがみ、立ち、兩手を劒印にしてこれを差上げて仰向になる。次に背合せになつてしやがむ。次に立つて前のやうに退つて入れ代り、自づと向ひ合ひ、又入れ代つて後向になる。その場にめぐり、兩列は向ひ合になり、つと進んで、無手劒印のまゝ打ち合ふ振がある。その場に坐し、仰向になり、立つて進み合ひ、又打合ふ振があり、離れて背合せになり、そのまゝ互に退つて入れ代りになり、自づと向ひ合になり、すぐ進んで入れ代り、背合せになり、その場にめぐり、しやがみ、兩手劒印で仰向になる。同様にもう一度入れかはり、もとになつた頃、樂は早拍子になり、その場にめぐり、又めぐつて進み、こゝに打合の振がある。(詳しく言へば、打合の振で進み、兩列は背合せになり、離れ、前向になつて打ち合ひ、離れ、その場にめぐり、進みより、坐するのである。)

次に舞臺の後方に寄せておいた劒を銘々の前に移して置き、坐したまゝに兩手を劒印にして振がある。しばらくこの振があり、とゞ右手に劒をとるのであるが、この劒は一葉のものではなく、手に採つて見たのではないので、よくは判らなかつたが、三折位に鋲でとめてつないだものらしく、これを振ると折れる拍子に互の刃が觸れ合つて、鏘々の音を發する。この劒を右手にとつて坐し、伏したまゝ拍子に合せて色々に振る。次にこの劒を右肩にかつぎ、左手にもう一振宛の劒をとつて、なほ坐したまゝに振がある。次に顔を上げて立ち、すぐ入れ代りになると拍子がかはる。以下神樂のぐづし舞と言つた趣である。

次に向ひ合になつてしばらく劒を振り、入れ代りになり、そのまゝ離れたまゝで振り、次に向合ひになり、とんと進み出、一つその場にめぐつて背合せになり、又その場にめぐつて離れ、向ひ合になつて進み寄る。こゝで又打合ひの振がある。

次に一同は、その場に逆にめぐりながら逆まはりの大きい輪にめぐるのであるが（第五圖）、

1、はじめ劒を胸の前に振りつゝ右の様にめぐり、やがて進む方向に立ち止つたまゝその場に劒を振り、
2、次に劒を打ち込みつゝ右の様にめぐり、やがて立ち止つたまゝ劒を振り、
3、次に兩劒を小脇にかゝへる様にして右の様にめぐり、やがて同様に劒を振り
4、次に右手の劒をのみ打ち込みつゝめぐり、やがて同様に劒を振り、
5、次に兩劒を打込み、これを更に上に開きつゝめぐる。

以上の振がこの劒舞の見所であるらしい。舞樂だと角《すみ》から角《すみ》へ一座づつ替へて行く所であるが、これはその場にめぐりつゝ大きい輪にめぐる。又五通りに變る劒業は、シャーマンの巫女もするといふ劒業などを取入れたものであらう。內地のもので言へば、さしづめ神樂の劒業そのまゝである。次に第六圖のやうに一列になり、劒を振りつゝ進み出る。以上約十分程のものであつた。

八人舞

日本に傳へられた舞樂は、四人舞を中曲とし、六人舞を大曲として、その上の八人舞といふのは、殘らないでしまつた。けれどもこれがなかつたとは思へない。現に田樂躍として知られてゐるものなどは、もとはどうもこの八人舞の形式をとつたものゝ様に思はれてならない。それはともかく、この八人舞は、單に六人舞にもう二人を加へたとい

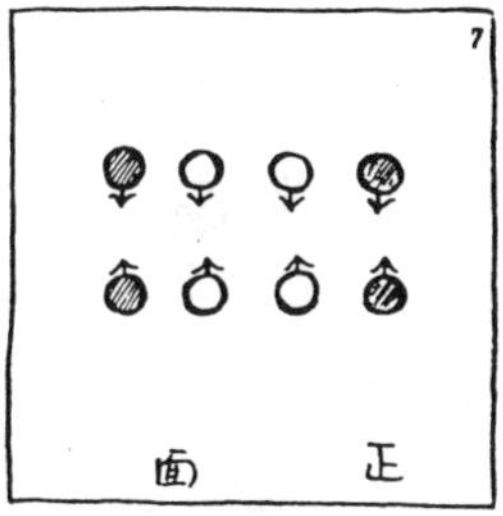

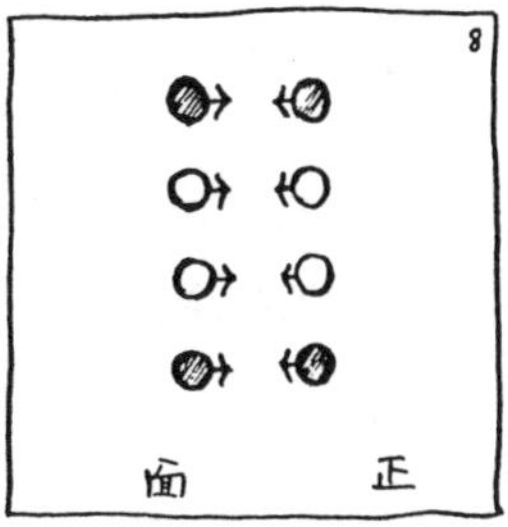

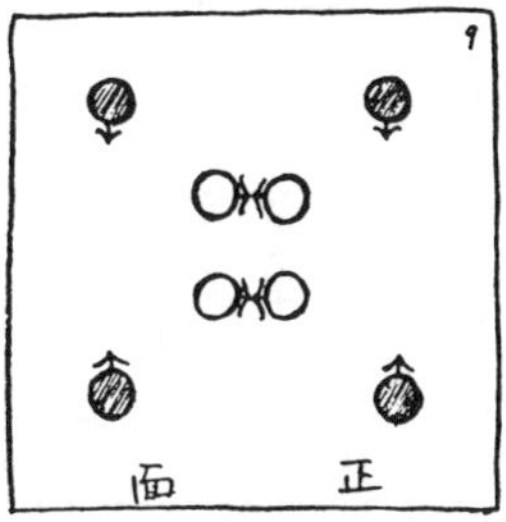

ふのではなく、八人舞獨特の舞の形式が可能であつたことを此度「老丈舞」に見出した。思ふに八人舞の舞樂も、古くは行はれてゐたことであらう。

「老丈舞」は、はじめ八人の少女達が出て、舞一しきりあり、後に老丈が、上佐（小僧）を連れて出てこれにからむ。この老丈が舞の上から言つて何者なのかは、明かであるが、「老丈舞」の名が、韓成俊の舞ふこの老丈に出てゐるにかゝはらず、舞そのものは、明かに前の八人舞が主たるべきは言ふまでもない。初日にはこの八人舞を完全に演じたが、二日目には、時間を切り詰める必要があつた故か、はじめの大切な部分を大部分省略して、老丈が出るすぐ前の一節から演じたに過ぎなかつた。私の記録は二日目にとつたので、これが大凡の心覺えに過ぎなくなつたのは遺憾であるが、型そのものには間違ひはない積りである。卽ちこれは次の如くであつた。

はじめ第七圖のやうに互に向ひ合つて舞ふ。次に第八圖のやうになつて舞ふ。次に第九圖のやうに、四人は向ひ合つて四角《すみ》に立ち、中の兩人宛が兩袖をひろげて向ひ合に付き合ふ。次に第十圖のやうに、中に居た四人が離れて四角《すみ》に立ち、先の四角《すみ》の四人が袖をひろげて中に向ひ合に付き合ふ。次に第十一圖のやうに背合せに四人が四角に立ち、中の四人も背合せに付き合ふ。次に第十二圖のやうに、前の裏になる。

次に以上の向ひ合（第九圖より）をもう一度宛繰返す。

次に第十三圖のやうに向ひ合になり、進み出る。互に兩手を肩にかけ合ふ。次にその場に背合せになつて離れ、もう一度向ひ合になり、進み合ひ、兩手を肩にかけ合ふ。次に背合せになり、

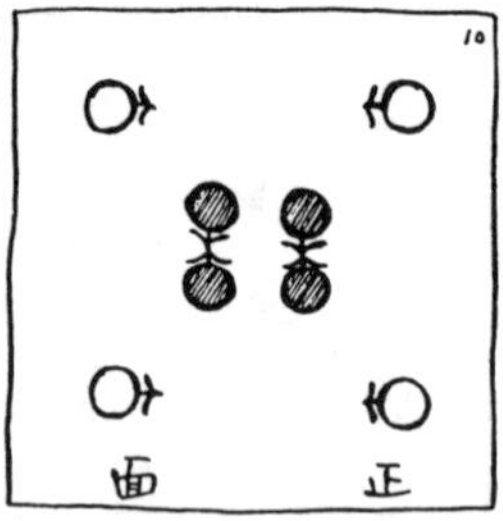

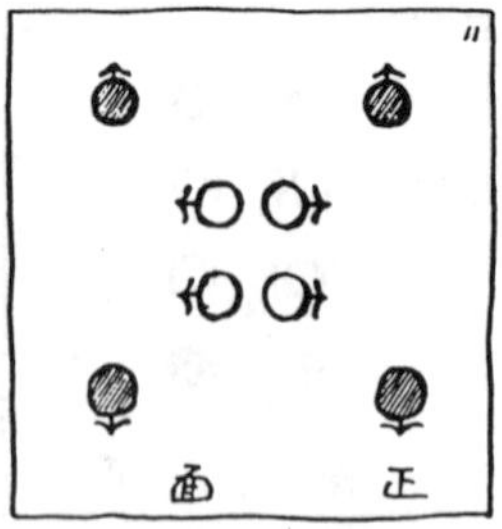

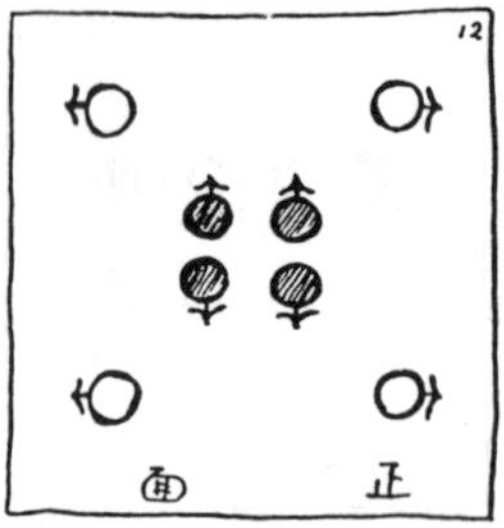

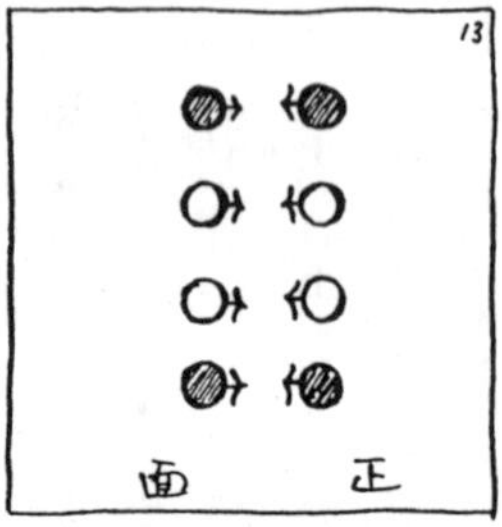

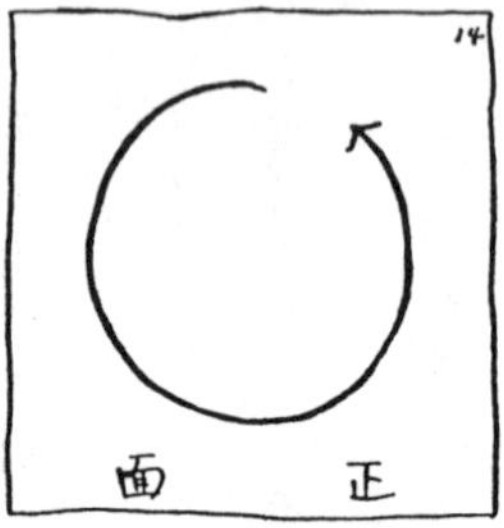

離れて中向になり、第十四圖のやうに逆まはりの大きい輪になり、袖を振りつゝめぐつて入る。互に入れ代ることはなかつた。

老丈は第十三圖の陣形になる直前に出てからみ、舞人達が入つた後もなほ暫く舞ふ。（この老丈と、新野田樂のさいほうなどとを比べてみるとよい。）

默劇風の舞

「閉艮舞」、「太平舞」、「下人舞」等が、默劇風の舞であつた。「太平舞」などは、何かの演劇の一節に相違ない。支那劇などを眞似たものかも知れない。今にして思ふと、支那劇の舞といふものは、やはり舞樂風な舞ひ方をもとゝしてゐるもののやうである。

閉艮舞

「閉艮舞」は一人の女子を二人の男で爭ふといふテーマのもので、女は右せんか左せんかと頗る迷ふ。女ははじめ靴をはかずに出る。1の男が上手に入つて綠色の靴を持つて出てこれにはかせる。下手に入つた2の男が、おくれて出てこれを見て口惜しがり、先のをぬがせて、自分の持つて來た赤い靴をはかせる。1の男が又出て女を連れて行き、舞臺の上手に共にすまふ。2の男はこれを見て自暴《やけ》酒を飲む。女に近寄らうとすると、1の男は繪模樣のある扇をあざやかに開いてこれを屏風にする。2の男が遂に去らうとすると女は悲しんで後を追ひ、袖をひかへる。男はこれを振り切る。女は嗚咽する。2の男は驚いてこれをなだめすかし、遂に女を得て引いて行かうとする。早目の樂になる。1の男が近寄つてきて女を誘ふ。女は又も、うつかりとこれに靡かうとするのを、2の男はその間に割り込み、遂に女を連れて去る。科《しぐさ》といふよりはゆるやかな舞を主としたものであつた。舞の名の閑良といふのは、この女を得た男の名である。

下人舞

はじめ下人とその女とが出て舞つてゐると、生員が出て女に色目を使ふ。生員の妻が出てこれを妬く。この四人が入り交つての舞である。

太平舞

「太平舞」は、あれだけでは何のことか解らない。王と天冠の王妃と侍女二人とが出て、重々しく舞ふ。何かの悲劇のカタストロフイらしい。

農樂舞と田樂舞と

もう一つおもしろい發見は、最後に演ぜられた「農樂舞」であつた。先にその舞ひ方を誌してみる。

下手より一同が行列をつくつて出る。その行列は「農者天下之大本」と誌した赤地の旗を持つたものを先頭に、銅鑼を持つ者、太鼓を持つ者、一の鼓程の大きさの鼓を首に下げたもの、太鼓を持つ者、チャルメラを吹く者、次に舞人が八人であるが、この舞人の內、前の四人は、頂に玉をつけて、これをくる〱まはすことが出來る様に仕掛をした陣笠風の笠を冠り、後の四人が、僧帽様の帽子につくり花をつけた言はゞ花笠を冠る。この二組の者は、冠りもののみならず、裝束にも小異がある。さうして皆々はタンブリン程の大きさの紙張りの太鼓と桴とを持つ。

これが下手から出て逆まはりに一まはりし、樂人たちは舞臺の後に一列に並び、舞人たちも先づ一列にならぶ。後から道化が一人出る。これより舞人達は、逆まはりの輪にめぐり、兩列に分れ、向ひ合になり、背合せになり、入れかはり合ひ、その場にめぐり、順まはりの輪にめぐる等の色々の振がある。始終紙張りの太鼓を叩きつつ振がある。

この舞人達の舞が一通り終ると、兩列は上手下手の左右に分れてよろしく太鼓を打ちつゝ振がある。時に鼓方と太鼓方とがその兩列の中に出るが、後に道化一人も交つて色々に道化た振がある。これが終ると銅鑼を持つた男が出て、銅鑼を打ちつゝ帽子につけた仕掛の羽束を色々に振り分けて曲がある。これがなか〳〵見事であつた。次に同じく帽子につけた仕掛で、紙輪をくるくると水車のやうに廻すものが出て、縦輪に、又横輪にと、大いに曲振りをやつて喝采を博す。

これが農樂舞でなく、田樂舞と呼ばれてゐたら、成程と覺つた人も餘程多かつたらうと思ふ。内地で田樂と呼ばれてゐるものには色々あるが、こゝで言ふのは、そのうちの花笠舞、所謂田樂躍（平泉、王子、那智等で演じてゐるもの）のことである。卽ちさゝらを持つた者が三人或は四人、紙張りの太鼓を持つた者が同じく三人或は四人、他にシテテイや銅鈸子などと呼ばれる者がつく。この紙張りの太鼓方とさゝら方とは色々の組合せをなして踊り、最後にはこのシテテイや銅鈸子などによる餘興的な舞が色々ある。

「農樂舞」が、この田樂躍と相通ずるもののあることは明かである。兩者が偶然にこれ程よく似るといふことは、先づあり得ないからである。

たゞ、田樂躍の方が、舞の規律がはつきりしてゐるのに、農樂舞の方は大いに變化してゐる。永く民間に傳へられてきたからであらう。しかし、田樂躍終へての後の色々の餘興的な舞が、こゝには如何にもにぎ〳〵とまだ演ぜられてゐる。これは少くとも、シテテイや銅鈸子たちの雜藝花やかな頃の田樂躍の面影をなほ色濃く傳へてゐるものと云つてよいであらう。思ひがけない發見であつた。

註 本項は、戰前私がはじめて韓國（當時朝鮮）の舞踊に接した折の記録である。觀察が必ずしも正しいと言へない箇所もあるが、そのまま參考になる節もあるので、敢て朱筆を加へず存錄した。

（「旅と傳說」十三ノ九、昭15・9）

第二篇　臺　灣

一、臺灣の藝能

臺灣の高雄市において、第一回の東亞藝術節が企畫され、實施された。第一回とあつて、先ず中國、韓國、日本の各種藝術を展示あるいは競演し、回を重ねるにつれて、互の文化交流の實もあげ得ればといふのであつた。私も招ぜられて參上した。

三地門パイワン族の舞踊

高雄に着いた翌二十四日、公演は夜だからといふので（八重山や韓國の舞臺稽古のことが氣にはなつたが）、鍋島氏のおすすめで、鍋島氏とは十八年の付合ひといふ黃居離氏に案内され、車で高雄から東方に約四十キロの山中に入つた三地門にパイワン族の集落を訪ねた。はじめ、高倉の物置などのある、石に彫刻した塀を前面にたて、門を閉じた留守の家に行き當つたが、これは酋長の別宅であつた。酋長陳俄安氏を本宅に訪ねる。石や木に人の像や蛇などを彫刻したものが家の内外に澤山あつた。突然の訪問ではあつたが、快く人を集めて歌もうたひ、踊もお目にかけませうといふ。夫人の陳阿修さんも奔走してくれた。

いはゆる山地同胞（高砂族）には、タイヤル（泰雅）、サイセット（賽夏）、ブヌン（布農）、ルカイ（魯凱）、ピングプク（平埔）、ツォウ（鄒）、パイワン（排灣）、アミ（阿美）、ポユマ（卑馬）、ヤミ（雅美）の十種族あり、人口二十三萬、言葉も皆ちがふといふ。大方は日本語も通用する。この山地同胞には、以前首狩りの習俗があつた。粟祭などに他集

268. 高倉の物置も見える三地門酋長別宅周邊

269. パイワン族の彫刻（浮彫）

270.　三地門パイワン族の踊
(一人おきに前方で手をとり合ふ。花嫁その他のものが別れを惜んで踊りながらウーと泣くときは麻布で顔をかくす。)

271.　同上（隣同士手をとり合ふ）

落の人間の首を神にささげて、當年の豐作を感謝し、且つ來る年の豐穰を祈るのである。一番先に首狩りをやめたのは、阿里山麓のものであつた。百數十年前、淸の時代といふが、吳鳳と呼ばれる信望厚かつた通事あり、その首を誤つて切つたことがきつかけといふ。三地門の人たちも、首切りを日常茶飯事のように話してゐた。

祭には粟祭の外にも船祭、飛魚の祭、新築祝ひ、嫁とりの祝ひ等があるが、粟祭が最大で、一番樂しいといふ。このとき首を供物にして歌と踊がある。日本の九州の神樂で、猪の首を供物にするのと同じことのやうである。又、嫁もらひのときも、人々集まつて同じく歌と踊がある。このときは夜を徹し、これが一週間から十日程もつづく。

踊は、眞中に頭目が石の椅子などに腰を下し、足を組んで煙草を吸ひ、あるいは酒をいただいてゐる。そのまはりを女衆が圍み、更にその外まはりを男衆が圍む。そして歌ひながら互に手をとり合ひ、順まはりの輪にめぐる。手のとり方に二通りあり、一人置いた隣の人と手をとり合ふ場合と、すぐ隣の人ととり合ふ場合とである（寫眞參照）。踊といふのもこれだけのことで、何れの折も同じである。ただ、歌はれる歌が色々ある。その折々の歌である。

手をとり合ふといふことは、日本の古い舞踊には滅多にないことであるが、八重山の與那國島、新城島、小濱島の巻踊では隣同士互に手をとり合ふ。これは注意に價することである。後で見た烏來の踊にもこの二通りの同様に手をとり合ふことがあつた。なお烏來では、一人おいて隣同士が手を前でとり合はず、後でとり合つてもゐた。成程と思つた。山地同胞の踊には、この手をとり合ふことがほぼ行き亘つてゐるといふ。

しかし、烏來には他の要素の踊もあつた。綾竹様の竹を持つての踊やいはゆるバンブーダンスなど。このバンブーダンスには、竹を井桁にもして同時に竹を開き閉ぢし、その上で踊るといふ一段複雜な工夫もあつた。いつ頃、どこからとり入れたのであらう。

さて三地門であるが、花嫁その他のものが別れを惜しんで踊りながら「ウー」と泣くときは麻布で顔をかくす。歌は静かなよい歌であつた。ここには又、アイヌでいふムックリ、ここでは「ロボー」と稱する口琴がある。使用法もアイヌのと全く同じである。鳴らし様で、やはり相手に思ふことを傳へることができるといふ。

272. 屏東媽祖廟の神懸り

媽祖廟の神懸り

三地門からの歸り、屏東の「慈鳳宮、天上聖母」と額の打つてある媽祖廟で偶然神懸りを見た。車の中から、ふと人だかりがあり、人々の頭の上に劍の穗先が光つてゐるのを見て、舞を舞つてゐるのかと、車を止め降りてみたが人垣で見えない。そこで正面はいかがかと廟內に入つてみると、太柱の側に卓あり、今や額に汗した中年の者がこの卓を叩いてしきりに何かをわめいてゐるのであつた。側に問ふ人がゐて、ものを問ふてゐる。寫眞を一枚とつた。その人が退くと入れ代りに又一人。これは額に血を流している。側の者がふつと水をかける。同じく卓を叩いて夢中の狀態で問者に答えてゐる。腕章をつけたカメラマンらしいものが寫眞を一枚とる。私も又一枚。參拜の人たちは線香を上げ、正面に向つて禮拜してゐる。しばらくして廟內は閑散となつた。表に御輿が一臺据ゑられてゐた。同行の黄さんによると、黄さんは小さいときから幾度かこの神懸りを見てゐるが、實際に劍で自らの額を傷つける。しかし水をかけてもらふと血もなくなり、その傷あとも消え、これが不思議であるといふ。本人は無論夢中なのである。

道教では又、火渡りなども行つてゐる。「火谷越」といふ。炭火をおこし、先づ御輿をかついでその上を渡る。その後を信者たちも渡る。

孔子廟の祭り

臺南市は臺灣の舊都である。道幅も高雄市のやうに廣くはなく、繁華な所では家々の看板が縱長に林立してゐて、それが却つて落付いたたたずまひを見せてゐる。人口約六十二萬。十六世紀のはじめ、漢民族が對岸の福建省から移住してきて、ここに臺灣の歴史がひらける。然るに一六二四年、オランダ人が渡來して植民地政策がとられ、一六六一年鹿耳門にひそかに上陸した鄭成功がオランダ人を追拂ひ、臺南を都としたが、一六八三年清朝を明の世にかへさうとして破れ、臺南も清朝の手に歸して、以來二百十二年その首府であつた。

臺南に着いたのは四月二十五日の晝近くであつた。小館で廣東料理の晝食の後、孔子廟を訪ねる。孔子廟は臺灣の五つの都市にあるが、ここのが最も古く、鄭成功上陸後間もない一六六六年に建てられてゐる。その祭りも古風のままで且つ盛大といふ。祭りは九月二十八日、雅樂があり、佾《いつ》舞その他が舞はれる。孔子廟の祭りは曾て韓國のを見たが出來れば今年、こちらのも拜見したいと念願してゐる。

鹿耳門の聖母廟

臺南市安南區城東里土城にこのほど新築された鹿耳門聖母廟は、中國建築の粋をこらした廣壯豪華な建物である。民族英雄として崇められてゐる鄭成功上陸の地の聖母古廟を今の地に移して再建したもの、古廟は今ない。一部未完成といふが、この建物を建てるに際しては巨額の費用が忽ちに集まつたといふ。その安座鎮殿大典が一昨年、中華民國七十年辛酉十二月三日に行はれてをり、その祭りの模様を寫眞で見ても、大變な人出であつた。信仰深い人たちが多いのである。

聖母は俗稱媽祖、本尊は媽祖觀音とも呼ばれ、海の女神である。航海安全、豐漁が第一に祈られる。特に漁師たちの信仰が厚い。その本家と言はれてゐるのは臺中の西南の鹿港の天后宮、規模の大きいのは臺中と臺南の中ほどにある北港の朝天宮といふ。媽祖の誕生日は舊暦の三月二十三日、今年はその日が新暦の五月五日に當る。少し早いが、その誕生を祝つて歌を奉納しようと、先ず八重山の皆さん、五王殿前に並んで歌ふ。

若船ディラバ、勞働の歌（山バレーユンタ、古見の浦のブナレーマ、安里屋ユンタ）

次に韓國、

農耕豐年の歌、アリラン

境内がひろく、食物を賣る屋臺店が澤山出てゐた。ここの食堂で晝食をとり、しばしやすみ、後、鄭成功記念館を訪れる。境内に像あり、道路を隔ててオランダ占領時代の唯一の遺物、城壁の一部なども見た。

南管の人たちとの交歡會

鹿耳門媽祖廟を訪れた夕、六時より、臺南市立中正圖書館南區分館で、南管の人たちに來ていただき、交歡會が開かれた。南管の人たちは遲く出席したが、その前、味噌汁付き夕食弁當の後、八重山のマヤーユンタ、韓國の「蔡肖」

といふ長くのべる曲を最初に、日韓交々歌、民謠を出した。そのうち韓國側から「枯すすき」や「十九の春」なども出た。やがて南管の人たち到着。南管は唐代から宋代に亘つて宮廷で傳承されてゐた音樂といふ。拍板を頂點に、八の字に開いて左方に琵琶、三絃、右方に洞簫（尺八）、二絃（胡弓）、以上がもとといふが、此度はこれらに雙音、打ち鑼、横笛、木魚、四つ竹等が加はつた。パストラル風な靜かなよい音樂であつた。澤山演奏して下さりたいらしかつたが、遺憾ながら時間の都合で、お聽き出來たのは、感謝公主、奏明君、孟子母、孫不肖等の諸曲であつた。歌は拍板の女性がうたふ。九時三十五分おひらきになる。

南管のレパートリーは二百曲ほどといふ。指（套曲とも）、譜（請《清イ》奏譜とも）、曲（散曲、唱曲等とも）の三種に分れ、譜は器樂のみであるが、他は抒情あるいは敍事的な歌がうたはれる。そしてこの南管は、南管戲劇の伴奏ともなる。南管や南管戲劇は、媽祖廟の祭りなどに演奏される。この「南管の儀式」がまた注目に價するといふ。安產の神である保安宮（土地神）、學問の神として祀られてゐるソロバンの發明者關羽の廟行天宮等の祭りにも、歌仔《かっ》劇や人形芝居の小屋がたつ。見學の價値ありといふ。（なほ南管に對して北管もあり、これはかしましい音樂であるといへば、神懸り音樂の脈を直接引いてゐようか。）

戲劇

戲劇といへば、臺北において、四月三十日、國軍文藝活動中心において、海光國劇隊演出の京劇「柴桑關」を、五月一日には又同所において、西北同鄉聯誼會の秦腔劇の特別公演があつて、招待券を得て觀劇することができた。出しものは「打沙鍋」、「女起解」、「二進宮」、「斷橋」の四曲「斷橋」に白娘娘に扮して出た馬靜亭さんは著名な俳優といふ。秦腔劇は京劇ほど華やかではないが、詞白を主とする靜かな劇であつた。京劇も秦腔劇も、舞臺裝置など古風なままで、椅子や卓を置く程度であつた。

中國文化大學における文化祭公演

中國文化大學は、陽明山に至る途中、華崗といふ丘の上にある。四月二十九日午後三時半そこを訪ねる。風がやや强かつたが、いつもこれ位は吹くといふ。宮殿式の美しい建物、その藝術學院へ。この藝術學院には、美術、音樂、舞踊、演劇の四科がある。副校長莊本立教授にお目にかかり、四、五十名の學生と、八重山の人たちの前に、スライドを用ひて、日本の民俗藝能と八重山舞踊についてお話をする。臺灣師範大學音樂研究所の許常惠教授は鍋島氏とは昵懇の間柄であり、通譯をして下さる。大學の食堂で、副校長と膳を並べて夕食を御馳走になつた後、六時半より講堂において、文化祭の催しとしての學生達による音樂を聽き、舞踊を見る。舞踊は二曲、「鐵の扇の踊」と「羽の扇の踊」。前者は女子三人、武技をもとにした民間舞踊、後者は女子大生による宮廷舞踊派の踊。何れも中國舞踊の特色をよく出した美しい踊であつた。

「鐵の扇」は、開くときバラッといふ大きい音がする。この扇は、後に訪れた烏來で賣つてゐたが、鍋島氏が買つて下さつた。臺灣竹の漆を塗つた太い骨、これの片側に絹布が張つてある。左右親骨二本の外十一本の子骨。親骨の長さが三十一・五センチ、絹布の天地十九センチ、開いた左右最長が六十センチ、重さが丁度百グラムである。これらの踊は、先生が居て、藝術學院で教えてゐるといふ。その先生に逢つて話を聞きたかつたが、すぐといふわけには行かなかつた。又、踊の師匠は町にも居るといふ。その人にも逢ひたかつたが、都合で改めて打合せの上訪問することとした。昨年の中國大陸旅行の際、最も見たくて果さなかつた舞踊であり、北京や長安の古都の周邊の農村などに、もし正月にいらつしやれば幾らも見られますよと教えられてゐたものと多分同じ脈のものであつた。

273.　鐵の扇の踊（中國文化大學學生所演）

274.　羽の扇の踊（同上）

韓國、八重山側の舞踊が引つづき紹介された。此度は「東萊野遊」を最初に「鶴舞」は中程に入れて、八重山の古典舞踊は三曲、最後の「夜遊び」には、莊副校長や有志にも客席から舞臺に上つてモーヤーを踊つてもらつた。彌勒節が濟んで、私が代表で花束を頂戴し、挨拶のことばも述べた。

烏來へ

四月三十日、韓國、八重山の人たちは歸途につく。翌五月一日、黄さん運轉、鍋島氏に案内されて臺北の南二十七キロの所にある烏來を訪ねる。メーデーの休日とあつて、人も車も混み合つてゐた。車の終點からトロッコに乘り、二十五キロの距離を走つたところが八十三メートルの白糸の瀧のかかる岩山の對岸。其處の山地文化村歌舞場のある土產物屋にしばし休み、胴に刻畫のある小太鼓を一つ求め、やがて十一時四十分より歌舞場でタイヤル族の踊を見る。その曲目は、プログラムによると、

迎賓舞、站在高崗上、竹竿舞（いはゆるバンブーダンス）、招神舞、精神舞、豐收舞、烏來五鳳、獨唱烏來追情、

口琴と古代結婚儀式、皆んなで一緒に踊りませう

伴奏は下手《しもて》で一人が棒を二本持ち、立つたままトン〳〵と床を叩いて拍子をとる。上手でマンドリンと鉦を鳴らす。もとは棒二本の拍子のみであつたといふ。踊にも新しい要素が入つてゐるが、ともかく面白く見た。古い要素は、他と比べることによつて容易にとり出し得るであらう。

鍋島氏が八十五歲になる日本名を武田シマと名乘るタイヤル族のラワ小母さんを呼びよせて下さる。ラワさんは入墨をしていた。普通は十七、八歲で入墨をする慣はしであるがラワさんは十六歲でしてもらつたといふ。タイヤル語で「ルグー」といふ口琴が演奏できるといふのであつたが、ルグーを持參してゐなかつたので、近くのその從弟の家

を訪ねた。新しい立派な家であつた。ルグーはつくりもムックリとほとんど同じである。私も借りて鳴らしてみた。

なほ、旅行中屢々臺灣の東南沖に浮ぶ蘭嶼《ランユィ》の島の話を聞いた。周圍約三十七キロの小さい島であるが、島には蘭の自生が多いのでその名があるといふ。八重山の波照間島で「南波《ハィ》照間」とあこがれて舟出した人たちがおちついたのはここではなかつたかともいはれてゐる。人口約二千七百、大多數が雅美《ヤミ》族である。そしてここには色々の變つた踊があるといふ。その一つ、垂髪を前後に振り分ける踊もある由。アイヌにあり、パキスタンにもあつたあの特殊な踊が、また一つここにもあつたのかと驚くが、是非實見したいと思ふ。

烏來訪問の翌五月二日、十日間に亘る臺灣の旅を終へたのであるが、この朝迎へを受けて許教授の國立臺灣師範大學に至り、視聽覺教室で、大學院の學生たちに、日本と八重山、とくに臺灣と隣り合ふ與那國島の信仰や藝能について、同じくスライドを用ひ、許教授の通譯で約一時間半話をした。

臺灣の印象の一端を述べれば、皆さんおおらかで、人なつこく、十日を通じて不思議な所に來ているやうであつた。中國大陸的な祭り、あるいは山地の祭り、各種の藝能、それらが昔のままにそつと傳へられてゐるやうに思へた。その藝能方面の調査はまだ十分には行はれてゐないやうに思ふ。一應納得の行くまで幾度でも來て調べて見たいやうな衝動に驅られながらも、鍋島氏、許教授、河村氏に見送られて、臺灣を辭した。

（「藝能」25―7、昭58・7）

二、蘭嶼《ランユイ》の島の歌舞

臺北にて

昭和五十八年九月二十五日(日曜)十時三十分、アジア航空FG二〇一便にて成田より臺北へ。宮尾慈良氏、鍋島吉朗氏と共に發つ。現地時間十二時四十五分臺北着、交流協會臺北事務所主任森川博文氏が迎へて下さる。三普大飯店に投宿。宮尾氏は友人宅へ。この夜六時半より、臺北事務所總務部長、野崎光明氏より晩餐に招待される。十人がテーブルを圍む。

九月二十六日、九時十五分、迎へを受けて行政院文化建設委員會へ。新しい立派な建物の中にあつた。その會議室にて、十時から、スライドを交へて講演。三十人出席。題「沖繩の島々の信仰と藝能」。カセットテープにコピーした沖繩民謠三曲も披露する。國立臺灣師範大學音樂研究所教授、許常惠氏通譯して下さる。特にこちらでは、要望により、文化財保護行政について觸れる。そしてそれらの總てについて誌した「文化財保護實務必携」(第一法規、昭53)及び「民俗文化財の手びき」(同上、昭54)の二册、二組を呈上。十二時まで、正味二時間、あと質問三十分。質問のうち、林衡道氏の、「琉球宮廷が册封使たちを半年餘も滯在させ、待遇するなど、相當富裕であつたのではないか。琉球の帆船が近海で活躍していたことがなかつたかどうか」との御意見は、まだあまり調べられてゐないことであり、示唆に富むものであつた。莊本立氏よりも色々お話があつたうち、茣座の上で踊るといふことに關しては存じよりをくはしく述べた。十二時三十分散會。それより近くの飯店に案内され、委員會主任、陳奇祿氏の御招待にて晝餐、十二人出席。皆さん和氣藹々としてまことに樂しかつた。二時散會。

それより私のみ、劉枝萬氏に案内されて、タクシーにて二十數分、南港の中央研究院へ。月曜で休みのところもあつたが二つの研究所に案内される。考古室と少數民族室と。甚だ興味深かつた。この少數民族室で、はじめて、蘭嶼にミカリヤグといふ歌垣風の行事があることを、蘭嶼を調査されたことのある研究員の方より承る。

臺南孔子廟祭

九月二十七日午後四時發、列車にて臺南へ。八時十分着、赤嶺大飯店に泊る。この夜、許教授の部屋で、精進のため（以前はやはり精進のことがやかましかつたといふ）この宿に宿泊されてゐた樂人倪永震氏より、許氏が連れてこられた大學院生八人と共に、翌朝の孔子廟祭につき大略を伺ふ。十一時になる。明朝は三時半出發といふ。

九月二十八日朝三時にモーニングコール。四時近くタクシーで出かける。孔子廟祭。本廟隣の明倫堂で既に樂の音がひびいてゐた。本廟大成殿の內部には、中央に牛、その右に豚、左に羊のまるのままの生贄《いけにへ》が供へてあつた。その左右に色々の奉納物あり。正五時、門入口の大太鼓を打鳴らし、人々門より入つて會場に居並ぶと、式次第あつて祭りがはじまる。爆竹が盛に鳴らされる。

右の太鼓は三通鼓と呼ばれ、三度目のものであつた。卽ち「迎神」以前太鼓を百三回、三度に分けて打つ。第一回は起きよといふ合圖、二回目は仕度を終へよといふ合圖、三度目が行列して中に入つて待つやうにといふのである。こういふ制度はここのみといふ。

その式次第は、

275. 六佾の舞

276. 孔子廟祭

迎神、初獻、亞獻、終獻、撤饌、送神、望燎

であつた。「迎神」は孔子の靈を招くこと。初獻から終獻の間、廟前において、少年たちによる六佾の舞がある。舞人は右手に羽のついた鉾、左手に筒を持つ。周の時代、佾舞は少年達であつたが、後大人になり、更に少年達にかへしたといふ。「迎神」から「送神」まで雅樂が演奏されるのであるが、よく整つたよい音樂であつた。最後の「望燎」が、雅樂とはがらりと趣の異なつたいはゆる俗樂である。

以上テープに收める。ほの明るくなつた正六時、太鼓が鳴つて祭りは終る。爆竹が響き渡る。中天に半缺けの月。門は開かれて、一般の參拜者たちがどつと入つてくる。生贄の牛の毛を一本でも引抜かうと爭ふ。この毛は惡魔除けになると信ぜられてゐる。昨夜の倪氏があとでその毛を引拔いてきて分けて下さつた。

臺北の孔子廟祭には、莊本立氏などが骨を折られて、明代の雅樂を樂譜により復活、立派に演奏されてゐるといふが、こちらは淸代のものを人から人に受繼いで、そのまま演奏されてゐるといふ。しかし今は七十歳以上の年寄りが多くなり、若い人の補充難で困つてゐるといふ。

佾舞は韓國のものに比べ、振も多く、やはり六人宛六列に、その場で振してゐた。それが三列宛中向に、觀音開きに振することもあつた。とくに興味深い傳承は、その舞の手は、歌につれて文字をあらはすといふ。三つの區切あり、それぞれ、

豫懷明德　玉振金聲　生民未有　展也大成　俎豆千古　春秋上丁　淸酒旣載　其香始升（初獻）

等、三十二箇の文字が朗唱される。振が文字をあらはすといふのは、他に何處にもない獨特のものである。さすがに文字の國と思ふ。

祭の歸り、とある店で、倪氏に朝食を御馳走になる。珍しい臺灣食であつた。

南管、福州・麻豆鎭の音樂

午後三時半、南管の祭場へ。大通りに面した「砦航素食館」とある店屋の二階。飾付色々あり。主神は十四世紀の郎君爺といふ。南管の祭りは春秋日を定めて行ふ。今年は孔子廟祭の午後からとしていただいたといふ。四時十分より廟の前で南管樂が奏せられる。その音樂は、宮廷の雅樂に對して、民間の音樂といふ趣が濃い。演奏の樂器は、曲によつて出入があつたが、いつも五片の拍板を頂點にして、兩側に、四つ竹、小さい金《かね》二つ、胡弓、ちゃるめら、琵琶、尺八、三絃、鉦、チン〳〵金等が用ゐられた。演奏曲は「梅花」を最初に、

金爐寶篆　孟郎君　太子遊午門　晝堂結彩　燈花開透　望明月到只處　別離金鑾　恨怨家

などが次々に演奏された。一應曲が終り、祭場を片付けて夕餐になる。後から後からと大變な御馳走である。我々のテーブルは、アメリカの教授夫妻、ベトナム老夫妻と娘と、フランスの教授、臺灣、日本と、國際色が豊かであつた。私の右隣に許教授、その右隣が南管の歌姫、私の左隣がまた南管一番と云はれてゐる歌姫、以上十人。（宮尾氏は二十七日に臺北に着き、以後我々と行を共にした舞踊家の須藤武子さんが、疲勞したといふので送つて宿に戻り、この夕餐には參加しなかつた）。食事後（階下にも大勢の人達が招ばれてきてゐた）、夜半まで客演があるといふ。

八時四十五分頃、お迎へを受けて、車で他の場所へ。福州出身の人たちの集りで、ここもお祭り、正面に臨時に本尊、三田都元帥の像を安置し、その前に首長を中心に、左右に童子の大きい首を飾り、その前で福州音樂を演奏する。大體南管風。こちらは本尊の方を背に、狼串と呼ばれる右手で叩く鼓を頂點にして、樂人たち左右に並ぶ。用ゐられた樂器は、大鑼、小鑼、鈸（大鈸）、小鈸、横笛（二把）、竪笛（二把）、胡琴（兩把）等であつた。約一時間。演奏曲は、

一枝花、花唱、柳嬌音、雁來鴻、叶歡儘等であつた。やはり拍子がよく、美しい音樂であつた。

九月二十九日、十二時半過ぎ、臺南家政學院へ。綠の多い、氣持のよい短期大學であつた。廣い大きい講堂で一時

277. 南管

278. 福州樂

279. 北管

半より三時十分まで講演。音樂、舞踊科の女子學生一年より五年までの約六百名、前一列に招待者、前晩のアメリカ教授夫妻も見える。講堂は廣かつたが、不思議に話しにくいことはなかつた。

音樂科主任の蔡順美さんは美しい人であつた。日本語も達者で、校內を案內して下さる。先程の學生たち、早速稽古着に着がえて、バレーのレッスンをしてゐたが、教室に入つて行くと、皆拍手をして迎へてくれた。圖書室、資料室も完備してゐた。

しばらく休息し、四時五分前、辭して校外の村へ。二十七キロのところ、約三十分で痲豆《マト》鎭へ。先ず南勢里、代天府(道教關係)、關帝廟を訪れ、廟前で演奏してゐた北管を聞き、廟の後にかかつてゐた十八地獄のカラクリを見る。今年の七月に訪れた鹿兒島縣の知覽や加世田の水カラクリと、機構がそつくりであつた。ただ動力源は電氣である。色々の場面あり、實物大の人形で、首が動き、又移動もする。

後、夕まけて步いて町中に至り、店屋で臺灣料理の夕食(おいしかつた)の後、迎へを受けて巷口里、辦公處の廟に至り、ここで南管の流れといふ音樂を聞く。「太平清歌簿」と題する部厚の樂譜・歌詞を傳へてをり、百六十五曲が誌してあつた。やはり拍板を頂點にして、樂人たち左右に並ぶ。拍板は廟の方に向く。

相思引、心頭傷悲、娘子(月英)、心中悲怨、因送哥嫂、萬壽無彊(歌なし、音樂のみ)、蘇武牧羊、百家春、王昭君等次々と、羨ましいばかりに音樂を伴奏によい歌がでる。「王昭君」は殊にも美しく、感動した。これらのメロディーをオーケストラに編曲したら、また素晴らしいものが出來ようなどと考える。今、二絃の胡弓を引いてをられる八十八歲の叟は、子供の頃からこの樂に關與してこられたといふ。

その後演じてもらつた音樂に合はせての踊は、卽興的な、自然發生的な、又、コミカルなものであつた。秧歌戲、或は秧歌舞とも言ふ。車鼓、牛犂、太平歌など、六つ七つの踊がある。村に住んでゐる人たちは、農家のもの半分以

280. 麻豆鎮楽

281. 秧歌舞

上あり、夜になると集つて演ずるといふ。男と女との踊で、男は敲仔と呼ばれる四つ竹、女は扇をとり、音樂に合はせて、日本關東の萬作踊の粉屋踊風に踊る。もともとエロチックなもので、田植の動作より變つたものといふ。秧歌戯の名ある所以であらう。昔は正月十五日から毎晩のやうにかういふ踊を、集落競爭で演じて樂しんだといふ。大正八年コレラ發生のとき以來、この遊びは見られなくなつた。今はどこにも行はれてゐない。

樂しい夕であつた。遠い道を、車で送られて歸る。

高雄にて

九月三十日十時、タクシーで約一時間、高雄へ。國賓大飯店が宿所であつた。交流協會高雄事務所へ電話するに、チーフ不在であり、とくに來ても來なくてもよいといふので失禮することとする。大統百貨公司で晝食。夜は須藤さんの知人、陳長輝氏より、(福州料理店滿員につき)上海料理を、許氏ともども御馳走になる。にはかであり、宮尾氏外出中のため一座せず。

十月一日午後三時より、洪建全音響圖書館にて講演、小さい部屋、用意の椅子は十七人分、滿席。交流協會出張所から高橋操主任外二人見える。造形美術研究所の莊世和氏も見える。二時間丁度。(途中プロジェクター故障して、スライド途中よりの分は、殘り全部の話の後になる。錄音の歌は準備の六曲全部を聞いてもらふ。)この夜九時、徐瀛洲氏臺北より到着、蘭嶼を案内して下さるためである。ビデオのカメラマン賴氏を伴つて來られた。賴さんは、蘭嶼出身で、弟さんが島で店を開いてゐる。列車が途中故障して、到着が一時間半おくれたといふ。

282. イラライの集落

283. 高倉の小屋

蘭嶼の島

十月二日午後一時に五分前、高雄發。二十人乘りの飛行機で蘭嶼に向ふ。丁度三十分で着く。蘭嶼別館《ランユイホテル》投宿。これより十月五日午前八時四十五分、八人乘りのセスナ機でこの島を離陸するまで、この島で、この島の歌舞について調査、ビデオ一巻にも收める。これについては徐瀛洲氏、又、島の廖株氏に一方ならぬ御協力を得た。ここに銘記して感謝の意を表する。

蘭嶼の島は周圍約三十七キロ、面積四十六平方キロ、全島殆ど雅美《ヤミ》族が居住しており、六つの村落をなし、人口は約千九百九十六（一九二七年頃、中央研究院民族學研究所調による）である。臺灣山地民族（高砂族）とも異なつて、フィリピン系ではないかと言はれてゐる。七月の季節に押寄せる飛魚を漁し、水芋或は薩摩芋を栽培してこれを常食としてをり、島外との交易は殆どない。食糧はありあまつて豊かであり、島に貧富の差なく、皆平等の生活をしてゐる。薩摩芋などは收穫の後再び植ゑて、それがすぐ育つ。私も晝にイララライの村で大きい芋を御馳走になつたが、それ一つで食べきれなかつた。着るものも殆どいらない。男の老人は今も褌一つの裸體で過してゐる。女子も、最近までは、胸と腰のまはりを被ふスカートをまとふに過ぎなかつた。但し、踊衣裳には美しいものがある。

軒の低い家に住んでをり（これは颱風のせいか）高倉の涼亭も同じく屋根は低く、腰を下すか、寝ころばねばならぬ。自ら土器をつくり、それで魚を煮、芋を煮、肉を煮る。壺を作つてそれに水を汲む。各家に二十位の土器がある。水は湧き水があつて、水量もゆたかである。電氣がついたのは、つい一年前であつた。月の形で日を知るといふ。

ここの大きい祭りは、家を新築したときと舟を作つたときとである。六村落の人達が集つて、宵より夜明けまで、歌をうたつて祝ふ。その歌については、前以て打合はせておく。

284. 漁から戻つて舟を陸上に引上げる

285. 舟は舟倉へ（左の小舎）

神の觀念はあまりなく、ただ神は天におはすと何となく考へてをり、この神を地上に迎へるといふことはない。アニミズム風の信仰もない。ただ、アニトと呼ばれる魔物の存在を信じ、護身の小刀を肩からかけてゐる人を時折見かける。氣の毒なのは、煙草による汚染が島中にひろがつてゐることで、我々が行くと煙草をくれ、と寄つてきてせがむ。小學、中學は島にあるが、高等學校になると島から出なければならない。島の海岸は至るところ溶岩の地肌を見せており、奇岩が海岸のそちこちにある。大きい玉石がごろごろしてゐる。島の中央、森林帶は原始林をなし、リウガン、ネム、シダなどが多い。

286. 海岸にそそりたつ奇岩

蘭嶼の踊

踊は月のよい晩などに隨時、春から秋にかけて、海岸や廣場などで催される。冬はあまり行はれない。十八、九歳、二十歳位から、女子のみが踊り、男子は見にくる。その踊る場所も、晝踊るといふことは我々に要請された時以外にはない。いつもの場所ではない。いつもの場所を我々には教へてくれない。徐氏の言を借りて云へば、それはタブーとされてゐるからである。この踊は、やはり男女が結ばれる機會ともなつてゐる。昔は苧麻《ちょま》の糸で機を織つた。或はミカリヤグを催すこともあると、それらも男女が結ばれる機會となつた。

此度の踊は、徐氏に選んでいただいて、二つの村落のを見た。イモロド（紅頭）村のと、イララライ（朗島）村のとである。踊はどこのも大體同じですよと言はれてゐるにかかはらず、この兩者には異なつた踊が色々あつた。

イモロドには、古式の踊が十二あるといふので、それを廖氏にタイプしてもらつたが、それによると次の如くである。

一、Karakaraid a ganam（足を交差する踊）
二、totoen a ganam（足を上下する踊）
三、aliososen a ganam（順逆にまはる踊）
四、valikawag a ganam（輪を持つ踊）
五、totoen do valikawag a ganam（輪を持ち上下する）
六、toklain do valikawag a ganam（輪を持ち、足を曲げる踊）
七、valachingi ya ganam（髮の毛を長くし、上下する踊）
八、aliososen a valachingi ya ganam（髮の毛を長くし、上下し、まはる踊）
九、inosnos a valachingi ya ganam（まはつて髮の毛を下げる踊）
十、toklain a iersad a ganam（足を曲げて坐る踊）
十一、ligaligan a valachingi ya ganam（髮の毛を長くし、頭を左右にまげる踊）
十二、rarowa mi valachingi（二人で、髮の毛を長くして左右にまげる）

以上の踊の名稱は、踊の振から來ている。識者が稱してゐるのか、或は一般にもさう呼ばれてゐるのかは不明であつたが、イラライでも同様の呼び方をしてゐる。

a ganam は「の踊」の意。この十二の踊を通して、totoen（足を上下する）が二度、aliososen（順逆にまはる）も二度、valikawag（輪）が三度、toklain（足を曲げる）が二度、valachingi（髪の毛を長くする）が五度出てゐる。さうした基本の振を適宜組合はせてゐるのである。又、互に手をとり合ふことも基本の振になつてゐる。

これらはあとで、十一人のイモロド村の女性たちに、海邊で踊つてもらつた。順不同や繰返し、やりなほしなどもあつたが、ビデオに寫し出されたものを參考に、實際に見た振を、繰返しを省いて誌してみると、次の如くである。

1 (イ)十一人が輪になり、一人おいて隣の人と後《うしろ》で手をとり合ひ、右足を左方に千鳥に（交差するやうに）寄せてはすぐ戻し、次に左足を右方に千鳥に寄せては戻す。

(ロ)手を取り合つたまま、右、左の踏みかへ足で逆（時計の針の廻る方を順、その逆を逆とする）にめぐる。自然體が左右する。歌の間繰返す。（先の一に當る）

(ハ)そのまま、その場に膝を屈して體を上下する。（先の二に當る）

(ニ)そのまま兩足を揃へ、横跳びに逆にめぐり、順にめぐり返す。又少し逆にめぐつて止めとする。（先の三に當る）

○以上を、手を隣同士普通にとり合つても繰返す。手のとり方を、今は專らこのやうにしてゐるらしいが、先のが古風なのであらう。イラライでは今も先のやうにのみ演じてゐる。

2 (イ)輪をすぼめ、右手を右隣の人の肩にかけ、左手は中に、金輪（直徑約四十五センチほど、以前は蔓草の輪であつたといふ）を持ち合ふ。足はその場に自然に開いたまま。その場で上體を左右にゆする。（先の四に當る）

(ロ)兩手で輪を持ち合ひ、その場に膝を屈して體を上下。（先の五に當る）

287. イモロドの踊　逆順に回つてはしやがむ踊

(ハ)次に、右隣の人の肩に右手をかけ、右、左夫々の踏みかへ足で逆にめぐる。

3　二列横隊になり、向き合ひ、隣同士腕を組み合ひ、髪を上下に振る（先の七に當る。この踊は二度繰返されたが、はじめは上下十八回、後は四十三回に及んだ。なほ八の振はなかつた。九も八も同様と思はれる）

4　1の(イ)同様、手を取り合ひ足を千鳥にその場に送り足し、逆に踏みかへ足でめぐつてしやがみ、立つてその場に千鳥に送り足し、順に同じくめぐつてしやがむ。これを順逆四度半繰返す。實際には坐るのであるが、玉石の上なのでしやがむにとどめたといふ。（先の十に當る）

5　輪になり、手を隣同士普通にとつたままその場で髪を左右に振る。（十四回。先の十一に當る）

6　(イ)三人出て（實際は二人といふ）手をとり合ひ、自然に踏みはだかつたまま、その場に髪を左右に振る。（十三回。先の十二に當る）

(ロ)手を離し、両手を胸に組んで同じく。（十二回）

288.　イモロドの踊　後で手を組む踊

なほ、場所をかへ、旅宿の前の廣い所で踊つてもらつた「新しい踊」（中華民國になつてから作つたといふ）といふのは左の如くであつた。

1　(イ)二列向き合ひ、長い棹を持ち、これをその場で上下。（歌の間、上下約百二十回つづけた）

(ロ)次に左足前、右足後にして、棹を前後にゆる。（舟を漕ぐやうな振、四十回續ける）

(ハ)兩足を揃へ、跳ぶやうにしながら棹を上下する。そのまま前に、後に、前にと移動、又、そのまま、逆に、順に、百五十度角位づつ移動。

2　(イ)輪をすぼめ、金輪を中に兩手でとり、束に立ち、こごんでその場に輪を上下。（上下百八十八回繰返した）

(ロ)そのまま兩足を揃へ、跳びつつ逆に、順にめぐり、少し逆にめぐつて止めとする。

(ハ)左手で中の輪をとり、右手は隣の人の肩にあて、右、左夫々の踏みかへ足で逆にめぐる。（古式舞踊の2の(ハ)に當る）

289. イモロドの踊 髪振り踊

3

(イ)二列縦隊、中に棹を持ち、これを上下しつつ（外の手は振る）出る。棹をとつたまま逆に一めぐりし、止つて足踏みと棹の上下をつづける。棹を下す。

(ロ)手拍子を打ちつつ、向つて右の列は順まはりに、左の列はその外を逆まはりにめぐり、後方で順まはりの組は外、逆まはりの組は内にめぐつて出て新たな二列になり、又、棹をとり、中向きに両手に棹をとつて左右し、次いで上下する。

(ハ)棹を置いて、縦の両列の一同、こちらから向つて右方を向き、體操風に、左足前、右足を後にして、体を曲げて両手を下し、次に體を起して上體をそらすやうにし、両手の肘を曲げて左右にし、——この二動作を十一度繰返し、これを逆まはりの次の座に向いて同じくし、又、次々と向いて一まはり同じにする。

(ニ)又棹をとり、両列中向に両手で持ち合ひ、左右、次に上下し、次に向をかへ、縦隊になり、棹を

290. 同、髮を振り上げる

中の手にとり、これを上下しつつ一まはりして退場。

蘭嶼の島の踊は、自然發生的なものが固定したのではなく（それを要素にしてゐることは申すまでもないが）、構成され、組合はされた振より成る。民國となつて後つくられた踊、觀光用に仕組まれた踊などを見てもわかるやうに、この基本の振の組合はせにより、又、工夫によつて、幾らでも踊の創作が可能である。手を取り合ふことは、山地民族一般の振のやうであるが、これはどこから來てゐるのであらうか。又、髮をといて上下、或は左右に振る特殊の振の出所は？（この振が、アイヌにも、パキスタンにも、又薩南の口の島にもあることは、前述の通りである）。

踊子たちは、踊りながら歌を合唱する。その歌は澤山あつて、拍子が合へば、どの歌をうたつてもよい。その歌は、抒情歌が多いやうである。

○私の金棒、それを使つたときこはれた、すみません、貴郎の作つたものを。

かまいません、また作ることが出來るから、心配せぬやうに。

○櫂もロープも準備した。道具も集めてある。しかし魚をとることができない。病氣でとることができない。

○私は小さい島に行かうと思つたが、行きたくない。風が強いと嫌で、行きたくない。

○私は大きな聲で歌をうたつて、皆さんを呼ぶ。呼んで私の心は喜んでゐる。皆さん來るのが好き。

右のやうに、大體卽興歌である。しかしこれらは以前から傳へられてゐる歌の短いものに屬する。

○わるい言葉が私につかないやうに。山の雪が消えるやうに、惡い言葉がなくなるやうに。

かういふ祈りの歌もある。

その歌の歌ひ方は、朗讀調を幾らも出ない、長々と伸べる、古風なものであつた。三音階といふ。村によつて節まはしが少しづつちがふ。卽ち、固定の仕方が違つてきてゐるのである。といふことは、もとは自由に伸べて歌つてゐたものと思はれる。

イラライでは三十人が參加してくれた。殆どこの村全戸の女たちといふ。頭に赤の髮巻、頸飾りを幾筋も下げて盛装して集つてきた。やはり美しい踊であつた。踊は十あり、世話役の人に書き出してもらつたところによると左の如くである。

一、カラカライズ　ダ　ガナム（足が千鳥になる踊）

二、トトウヌ　カリオス　オスシヤ（上下に足を上げる）

三、ミチマガヨ　カノミリソウズ　トアバクナ（かがみ、上下）

四、オモテウク（上下して逆にまはる）

五、カロワロワチイ（列が蛇のやうにうねる）

六、ミトクライ（足をまげる）
七、マガナムド　カワラス　ナマノクロス（竹棹を持ち、舟を漕ぐやうにまげる）
八、シロシロロ（丸い輪）
九、オパオパグウス（肩をこする）
十、バラチギイヤマリモソモヲ（圍んで髪を上下する）

實際の踊は左の如くであつた。

1 (イ)三十人が輪になり、一人おいて隣の人と後で手をとり合ひ、右足を左方に千鳥に寄せてはすぐ戻し、次に左足を同様。（右の一に當り、イモロド村の1の(イ)に同じ）

(ロ)そのまま膝を屈して體を上下する。（右の二に當り、イモロド村の1の(ハ)に同じ）

(ハ)そのまま兩足を揃へ、膝を屈して逆にめぐり、順にめぐり返す。（イモロド村の1の(ニ)に當る）

2 (イ)帽子をかぶり、一枚板のしょいこを背負ひ、隣同士普通に手を取り合ひ、これを前上、後下に振りつつ（上のときは右足前）、向つて左手奥のたまりから出て、左足を左方に一歩、右送り足、その右足をすぐ一歩進め、左足を右足後につけ、すぐ一歩進め、といつた足どりで、上體を僅かにこごめ、おこしつつ、順にめぐり、逆にめぐり大きく蛇行する（卽ちヂグザグに。右の五に當る）。

(ロ)次にそのまま順めぐりに輪に卷く。渦卷になる。次に踏みかへ足で逆にめぐつて輪を解く。

(ハ)同じく手を取り合ひ、左足左方に、右送り足(この時兩膝を屈す)、手は一歩毎に上下しつつ、順まはりに同様渦に卷き、そのまま逆にまはりかへて輪をほぐす。

3 (イ)笠や背負ひをとつて出て二列になり、場内をやや速足で夫々順逆色々にめぐる。

291. イラライの踊

(ロ)さて二重の輪になり、互に手を取り合ふ。内の輪は順まはりに、外の輪は逆まはりに、夫々の踏みかへ足でめぐる。

4
(イ)イモロド村「新しい踊」の1の(イ)と同じ。
(ロ)次に棹を上下しながら両足を跳ぶやうにして前後にかへ足。
(ハ)又その場で棹を上下。續いて両足揃へて跳びはねながら上下。
(ニ)その場で棹を上下。次に両足揃へて跳びはねつつ、こちらから見て右寄り、左寄り、又右寄りに移動。
(ホ)又、その場に立つて棹を上下し、両足揃へて跳びはねつつ、こちらに移動、又後に移動し返す。

5
(イ)二組に分れ夫々蔓草を巻いた輪を中にとつて、こごんでその場に上下。(イモロド村「新しい踊」の2の(イ)に同じ)
(ロ)同じくしてゐるうち、ひよいと、一歩逆まはりに跳び、同じくして、ひよいと順まはりに跳び、又

292. イラララライの踊　帽子と一枚板の背負子《しよいこ》をつけて踊る

293. 同、渦に巻いて固まる

294. イラララライの踊　二列向い合に（搖船舞とも）

同じくしてひよいと逆まはりに跳ぶ。

(ハ)そのまま両足を揃へ、跳ぶやうにして順にめぐり、同じく逆にめぐり返し、少し順にめぐつて止めとする。（イモロド村「新しい踊」の2の(ロ)に當るが、順逆のめぐりが逆順）

6

(イ)二列横隊になり、隣同士手をとり合ひ、もしくは両手を前にし、正面向に髪を上下に振る。

(ロ)二列向ひ合になり、同じく。（イモロド村古式舞踊の3に當る）

(ハ)二重の輪になり、中向に、中の輪は互に手をとり合ひ、外の輪は両手を腰にあて、その場に、両膝を屈しつつ、髪を上下に振る。

(ニ)再び二列は横隊に、向ひ合ひ、両手は前に、両膝を屈して髪を上下に振ること三十四回。

7

(イ)同じく二列向ひ合ひ、二人づつ両手を組み、右、左と足を交互に前に出し、引くこと七回。

(ロ)輕く禮し、そのまま踏みかへ足で進んで二列入代り、返つてもとに戻り、

295. イラララライの髪振り踊

㈧又入代り、もとに戻る。

注意されたのは、渦巻になる踊があつたことである。八重山の巻踊、奄美の濱踊とも同じである。この特殊な踊り方は、互にどう關連してゐるのであらうか。夫々の工夫なのであらうか。

最後に日本の盆踊であると云つて、五曲六曲踊つた。「ヤートナーソレヨイ〳〵」から、「兵隊さんのおかげです」まで、夫々手拍子を打ちつつ逆まはりに大きく一つ輪にまはる。

今日では男の踊も作つて何かの折に踊つてゐるが、以前は男の踊は、母屋の新築祝に、家の主が一人で、歌につれて踊る以外にはなかつた。この踊のこともタブーで、人には語らない。なほ、男女で踊る踊はない。

ミカリヤグ

この島に、ミカリヤグといふ行事がある。ミは行ふといふ意の動詞、カリヤグは手を叩くことといふ。作業場を新築した折や（作業場新築はこの程二ヵ所にあつた。いつもは一年に二つあるかなしといふ。）飛魚の漁が終つた後（漁の期間には行はない）、或は女たちの踊の濟んだ後などに、何れも夜、十八、九歳からの男女のものが、年寄りも交へて、作業場に集り、もとは奥に女たち、手前に男たちと二組に分れ、今は交り合つて坐し、樂《らく》にかまへて、歌をうたふ。その歌のメロディーはやはり朗讀調を幾らも出てゐない。その歌詞は殆どバラッド調のもののやうである。八重山のバラッド調古謡と甚だよく似ていることに氣付いた。

女が歌を出すと、やがて手拍子を交えて皆々合唱する。次に男が歌を出し、皆々が合唱する。合唱するところを見ると、それらの歌は皆々がよく知つてゐるわけである。この歌唱は、宵から夜明けまでつづく。そして「朝の歌」を歌つて解散する。

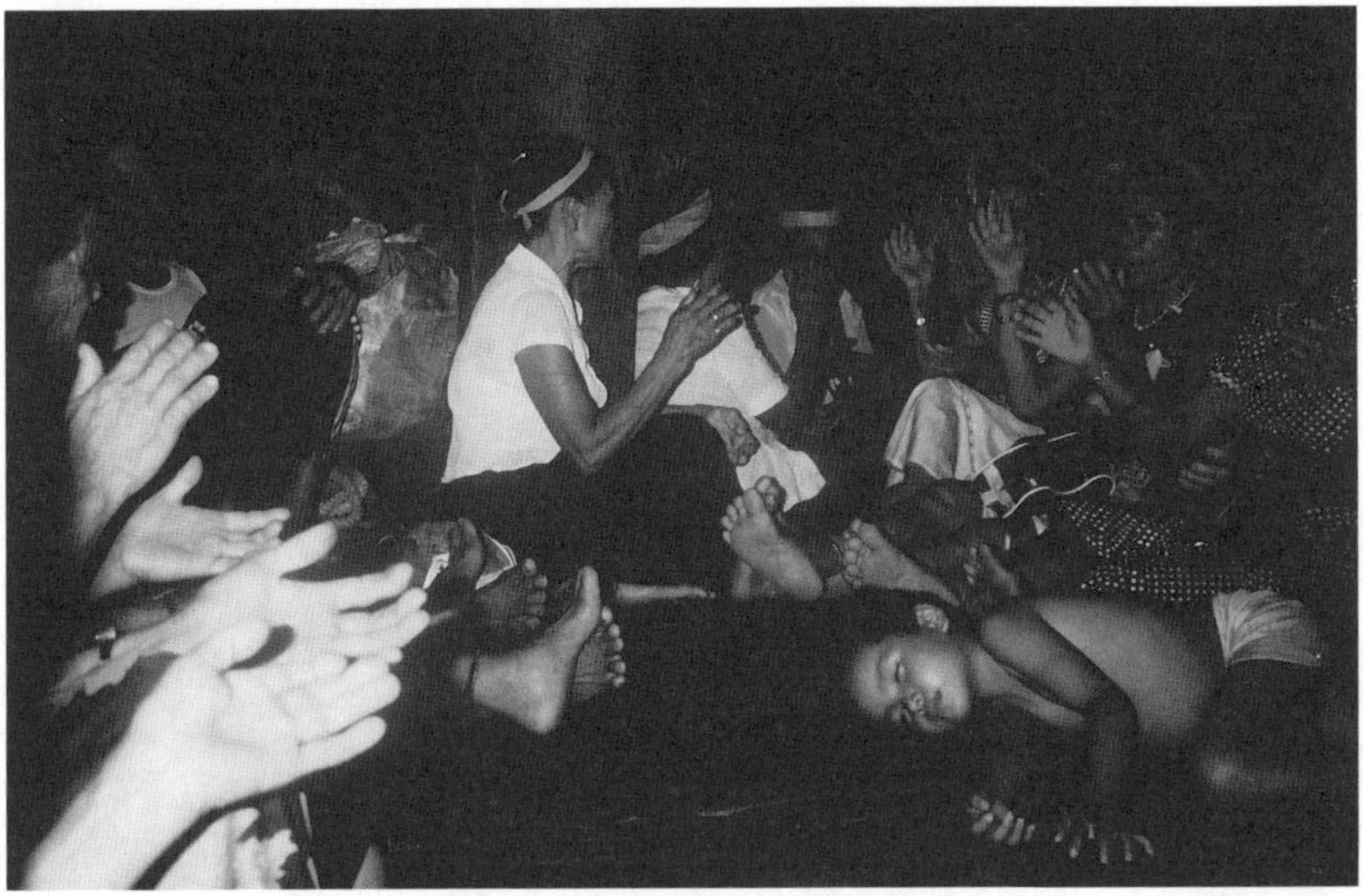

296.　イモロドのミカリヤグ

このミカリヤグも、男女相知る機會になつてゐる。（昔は男女の仲が公に認められるのは、このミカリヤグのときのみであつたともいふ）

イモロド村でこのミカリヤグも演じてもらつた。三十人ほどの人たちが作業場の中に入りこみ、電燈一つのもとで、樂にすまひ、歌をうたつてくれた。約一時間、ここ邊でといふところで、朝の歌になり、男の發聲、はじめからの手拍子で皆々合唱、おひらきとなつた。名殘り惜しさうであつた。

歌を歌ふ機會はまた、母屋の新築祝ひや舟祝ひにもある。この折は各村の重だつた人たちを招待する。その人たちは歌がうたへなければならない。さういふ歌がこの島にはおびただしく傳へられてゐる。

（調査の機會を與へて下さつた交流協會に厚く御禮を申し上げる。）

（「藝能」、昭58・12）

第三篇　中國・インド

一、中國の少數民族

中國少數民族の生活・信仰・藝能等を調査しようといふ目的を以て、日本民俗藝能學會の會員、有志の人たち十五名が、昭和五十六年四月一日より十九日まで、海南島及び雲南省の西雙版納《シーサンパンナ》を中心に旅行して參りました。これは會員萩原秀三郎氏の細心の企畫と熱心な勸誘のお蔭でした。此度の第一の收穫は、リー族、ミャオ族、タイ族、サニ族、チノー族、ハニ族、サメ族等の少數民族の人たちとぢかに接觸し、何げないながら夫々に心からの親しみを覺えたことでした。その衣食住の様式は、我々と若干異なつていてもその質素で素朴な生活、文明を次々ととり入れながら明るく日々を送つている様子は、我々の農山村のそれとあまり變りはありません。信仰は文化革命で悉く破壊されましたが、二十年の空白を經て、古習俗の戻つてよい主なものは戻りつつあるやうに感ぜられました。

297.　雲南省石林　跳月坪

298.　雲南省西雙版納《シーサンパンナ》

娘たちは日本の娘たちと殆ど同じ顔をしてゐました。日本の着物を着せて銀座あたりを歩かせたら、恐らく見分けがつかないでせう。接した限りに於て、皆可愛い顔をしてゐました。道路工事や畑仕事に携つてゐるのも男女とも若い人が多いやうでした。歌や音樂は中國風のものと、日本のメロディーに大變似たものと兩方行はれてをり、舞踊も古色を帶びた、日本のそれにすぐ通ずるものと、中國風に洗練されたものと兩方が夫々に行はれてゐました。海南島ミャオ族の舊三月三日の盤古舞や、西雙版納のタイ族の正月祭の即興踊などはまことに古色蒼然たるものでした。對歌と呼ばれる日本の歌垣によく似た行事もポツ／＼復活してゐました。沖繩に於ける野《もう》遊びや宮古島のくいちゃ踊、いわき・相馬のやっちき踊などのやうに、この對歌で知り合つた同士が結婚する場合が多かつたやうでした。むしろその目的のためにその行事が續けられてきたやうでした。

此度の旅行ではなほ多くのことを學びました。日本の民族の一部はこちらから來てゐるのではないかといふ説も頷かれました。今後ともこの人たちのことは、折に觸れ、思ひ出しては頭からしばし離れないでありませう。

（日本民俗藝能學會、昭56・6・30）

附記　同行の鈴木正崇氏著『中国南部少数民族誌』（昭和六十年、三和書房）に、此度の海南島・雲南旅行の精細な採訪記が綴られてゐる。

299.　海南島挪莊，黎《リー》族の娘たちの「機織舞」

300　實際にいざり機で機織る女性

301. **少數民族の歌舞**
(西雙版納《シーサパンナ》景洪《チンホン》にて)

302. 撒尼《サニ》族の娘たちの月琴弾奏と踊（石林）

303.　撒尼族の虎舞（撒尼族の村、五棵樹）

304.　同上　獅子頭（昭56.4）

二、彝《イ》族、納西《ナシ》族の歌舞

海南島や雲南省へは、私も交通が可能になつた殆ど最初の、昭和五十六年四月に旅行し、雲南奥地の西雙版納《シーサンパンナ》では、舊正月の潑水節《はつすいせつ》（水掛祭）にも出くはし、彼地の娘たちと水をかけ合つたり、その娘たちの家に招待されたりもした。

305.　潑水節《はつすいせつ》の娘たち

ビルマ、タイ、ラオスの國境近く、各種の古風な民俗や踊も見た。彝《イ》族、傣《タイ》族、哈尼《ハニ》族、撒尼《サニ》族、苗《ミャオ》族、黎《リー》族等の人たちとも接した。何れも非常に人懐《なつ》こく、日本人と顔もよく似てゐる。

昭和五十九年九月には、藝術祭特別公演の第八回日本民謡まつりに、雲南民族藝術團の人たち八人を招き、彝《イ》族、傣《タイ》族の音樂、歌舞を鑑賞したが、偶々この間拜見した、文化廳傳統文化課技官、星野紘氏が現地で寫されたビデオはまた、思ひがけずも、それらとは異

306.　撥水節の踊

307.　撥水節に集ふ娘たち

308. 潑水節の鼓打ち

309. 同、ドラ打ち

310. 雲南省楚雄、彝《イ》族の打歌（星野紘氏撮影）

なつた珍しいものであつた。といふのは、舞臺化されてゐないと思はれる踊や、なまの歌が、極く自然に收録されてゐたからである。

中でも彝族の踊に、日本の盆踊とそつくりのものがあつた。焚火を圍み、銘々が逆まはりに、手ぶりよろしくあつて、歌に合はせ、まはつてまはりかへしつゝ踊つてゆく。幾つか振を變へても踊つたが、中に手拍子を打つのもあつた。しまひに男女が二人づつ向ひ合ひになつたり、或は女同士手をとり合つて踊つたりもした。太刀を持つもの二人も交つていたが、アイヌのリムセを思ひおこした。又、笛を吹く者も居たが、笛は歌の切れ目切れ目に吹く。盆踊風の踊は、實は以前、印度ニューデリーのサンギード・ナタック・アカデミーで見せてもらつた同所撮影のフィルムの中にもあつて、意外な思ひをしたことがあつた。

納西《ナシ》族の歌舞ははじめから互に手をとり合ひ、一列になり、歌ひながらやがて順まはりの輪になる。その手のとり方は、沖縄八重山の與那國島や新城《アラグスク》、波照間などの

311. 雲南省麗江納西族の打歌（星野紘氏撮影）

島々の巻《まき》踊のとも同じであつた。それはつい昨年見た飛驒山中荘川村、河合村、朝日村などの盆踊の一曲ともそつくりであつた。河合村では、この手をとり合ふ踊を「モウセツ」と呼んでゐる。この間寫眞を整理してゐたら、アイヌにも與那國島そつくりの手をとり合ふ踊があることに氣付いた。

日本の古い踊には、互に手をとり合ふものはないとばかり思つてゐたが、たゞ、昭和三十七年十月、第十三回全國民俗藝能大會に上京した岩手縣水澤市附近にひろく行はれてゐる「ざっざか踊」は、田植後のサナブリなどによく踊られるといふが、「違《ちが》ひ踊」の名もあり、二人宛組になり、向ひ合ひに踊り、互に入れ違いざまに手をすつととり合ふ。戻りざまにまた手をとる。これは珍しいと思つた。越中五箇山にも大勢が輪になり、肩に手をかけたり手をとり合つたりする踊があると聞き、それを京都地區大會の舞臺稽古の折、とくに實演してもらつたことがあるが、それは歌垣風の催しの歌舞であつた。しかしこれらは甚だ稀なものと思つてゐた。

西洋のフォークダンスなどでは、手をとり合ふことはむしろ普通のやうであるが、その手のとり樣が東洋のは特色がある。大勢が一つ輪になり、とり合つた手を上下、或は前後にふる。一人おきに後に或は胸前に手をとり合ふこともある。臺灣の山地民族から蘭嶼《ランユイ》の島にかけて、そしてこれは中國、トルコの方にまでひろまつてゐる。

男女が手をとり合ふといふことは決して通常のことではないであらう。無言の意味があつた筈である。又、大勢で手をとり合ふのは一つの型である。型を通じて間接的に意味を傳へやうとしてゐるものの如くである。

少數民族の間には、必ずのやうに聲よき人も居て、民間の歌を傳承してゐる。對歌、跳月などと呼ばれる歌のかけ合や踊もあるが、譚歌《バラッド》風の語りものも、天地創造談をはじめ、世話ものに至るまで色々あるやうである。その一端も星野氏のビデオには收錄されてゐた。譚歌は日本にあつては記紀、萬葉に僅かにあり、中世は平曲に筋を引くやうな語り物を別とすれば、放下《ほうか》歌や太鼓踊歌に見るやうな斷片的な、或は小篇以外は記錄も傳承もなかつた。然るに沖繩の宮古、八重山方面には、この譚歌が數多く傳へられてゐる。そして海上を蘭嶼の島にも及んでいる。一方、アイヌにはまたユーカラ、オイナ、サコロペ等をはじめ、おびただしい譚歌を傳へてゐる。民間傳承の物語や譚歌は殆ど世界的と云つてよいであらうが、それらの悉皆收錄も望まれる。これらを大觀するとき、それぞれの民族の生きざまも如實に感得されるやうに思ふのである。

（昭62・9稿）

三、中國泉州の小正月

昭和六十二年二月九日（舊曆正月十二日）から十七日までの九日間、元宵（小正月）を中心に、中國福建省の泉州、廈門《アモイ》、並にその周邊を旅行した。添乗員とも九人の一行であつた。泉州、廈門は、ともに臺灣の眞向ひにある唐代から榮えた海上交易都市である。

開元寺奉納の燈籠

『朝野僉載《ちょうやせんさい》』によると、唐の睿宗《えいそう》先天二年（七一三年、日本では奈良朝の中頃）長安に踏歌《とうか》が行はれてゐた。

正月十五、六夜、京師《けいし》（長安）の安福門外に燈輪を作り、高さ二十丈、衣《おおい》は錦綺《きんき》を以てし、飾は金玉を以てす。五萬盞の燈を燃やし、之を簇《あつ》むる花樹の如し。宮女千數百、羅綺《らき》を著、錦繡《きんしう》を曳き、珠翠《しゆすい》を輝かし、香粉を施こす。長安の少女婦人千餘人をすぐつて簡《えら》び、燈輪下に於て踏歌三日夜、歡樂の極未だ之あらず。

といふ。卽ち、元宵、上元の夜三日間、燈輪のもとで踏歌がまことに花やかに行はれたことを誌してゐる。

唐人の踏歌は、我國に於ても行はれてゐた。この記事よりも二十年ほど早く、『日本書紀』持統天皇七年（六九三）正月十六日の條に、「漢人《あやひと》等踏歌を奏《つかまつ》る」とあるのが、日本のたしかな文獻では最も早く、尤も『本朝事始』には、それよりも十八年早い天武天皇三年（六七五）正月に、詔して男女の別なく闇夜に踏歌せしむとある。踏歌は「手を連ねて歌ひ、地を蹋《ふ》んで以て節と爲す」といふことのやうである。

312. 開元寺奉納の燈籠（6葉）

この踏歌は、歌垣風の習俗とはちがふと最近まで言はれてゐたが、歌垣も宮廷に於て儀式化されたやうに、踏歌も早くから堂上方によつて、踏歌節會などと呼ばれて年中行事化されてしまつたが、もとはやはり漢人たちの歌垣であつたやうである。素朴な形の踏歌は今も、少數民族の對歌や跳月などと同様、漢人の間に行はれてゐると聞く。

『朝野僉載』のきらびやかな記事は、八世紀はじめのことであるのだが、この元宵に燈籠を飾ることは、當時長安、洛陽等に於て行はれてゐた習俗であつた。それがやがて江南にもひろまり、清代には北京においても行はれ、中華人民共和國になると北方や北京では既にすたれて、おくれて傳はつた江南から南方に殘り、今日では福建省の福州、廈《あ》門《もい》、漳《しょう》州、そして泉州等で行はれてゐるといふ。

かういふ連想があつたので、日中旅行社から、芳賀日出男氏團長で、泉州、廈門の旅を企畫したがいかがと勸められたときにはふと心動いて、踏歌は今はないとしても、元宵の燈籠がどのやうに出るのか一應見ておきたいものと、出かけたのであつた。

泉州ではこの元宵節を十年ぶりに盛大に催すといふ便りもとどいてゐた。旅程は九日間で香港に一泊、泉州に五泊、廈門に二泊した。

泉州に到着した二月十日（舊曆正月十三日）の夕、早速燈籠が上がるといふ古刹開元寺に行つてみた。開元寺も唐代の創建といふ。境内の東西には、鎭國塔《ちんこくとう》、仁壽塔《にんじゅとう》と呼ばれる當時の石造、八角の五重の塔も聳えてゐた。

この寺の正面ステージ、兩側の回廊、後側の廊下にも澤山の燈籠が上つてゐた。置燈籠、吊燈籠、そして飾り燈籠、回り燈籠など色々。兎年とあつて、兎のデザインのものも數種あつた。色美しく、人形の配置もよく、手の込んだこまかい細工も種々あり、見事なものであつた。今は町中《なか》には飾らない。寺に奉納の形をとつてゐるといふ。しかし町では赤い丸提燈を軒端に下げてゐる家もある。店屋では小提燈を賣つてをり、一、二、子供がその小提燈をさげて町を歩いてゐるのも見かけた。昔はよく子供たちが町を持つて歩いたといふ。

注意されたのは、この燈籠はまさしく日本にまで傳はつてきてゐると思はれることである。水からくりのある鹿兒島縣知覧町の、七月九日の豊玉姫神社祭に、六月燈と稱して燈籠が上がる。素朴なものだが、そして奉納は元宵ではないが、中國元宵の燈籠と共通のものがあるやうに思はれる。

十一日夕は後述の龍舞、獅子舞のコンクールを見たのだが、翌十二日夜にも開元寺を訪れた。大勢の燈籠見物の人たちでにぎはつてゐた。その翌十三日の朝にも訪ね、寺を見學。付近の海外交通博物館にも行き、館長であり、泉州歴史研究會副會長の王連茂氏より元宵の食物のこと、燈籠のこと、獅子舞のことなどについて聞く。(通譯は現地旅行社付の呉爲强氏)。このとき館長さんに、獅子は悪魔を拂ふといふ信仰は今もあるのですかと質問したところそれは全く無いといふことであつた。

この交通博物館には、珍しくも出土の、宋時代の大きな古船も陳列してあつた。

王氏のお話に出た「元宵」という名の團子を、この日の晝食にたまたま飯店で御馳走になつた。「湯圓《とうえん》」ともいふ。湯はスープ、圓は團子である。落花生と胡麻《ごま》を砂糖で味つけしたものを糯米《もちごめ》の粉で包む。更に水をつけながら粉をまぶしつけて直徑約三センチの白い玉にする。これを熱湯に入れ蜜をかけて食べるのである。元宵に限つて作るが

313. 鹿兒島縣知覧町の六月燈奉納廻り燈籠

晝食時に、先ず祖先に供へ、蓮の花の許でいただく習はしといふ。何と風流なことであらう。その飯店の名も「泉州荷香《かこう》酒家」。その天井には美しい花燈籠が一つ下っていた。湯圓はなかなか美味しかった。

元宵には町に獅子舞や拍胸《むねうち》や高脚《たかあし》舞などがあるとのことであつたが、何もなかつた。むしろ町はひつそりとしてゐる感じであつた。ただ十一日、泉州の人民體育場で、――そこには階段式の觀覧席が周圍にあつた――龍舞と獅子舞のコンクールがあつた。集まるもの付近から十二團體、それぞれ六團體づつで、一團體について十分と制限されてゐたらしく、演技は途中休憩も幕間もなしで、七時半から九時半まで、二時間に及んだ。

龍舞と獅子舞

龍舞にもなつてゐる龍は、中國では信仰が厚いやうである。寺社ではその屋根にも、沖繩の獅子《シーサー》のやうに、龍の作りものが載つてをり、屋根のはしの曲線の飾りも、龍の尾に象つてゐるのではないかと思はれる。開元寺の燈籠にも龍の作りものが出てゐたし、お墓の飾りにもこれのあるのがあつた。日本の出雲、石見の荒神の蛇綱、そして殆ど全國的にも行はれてゐる行事の蛇綱と、それの變化と思はれる綱引の綱や、注連繩、茅の輪などについても思ひを致さないわけにはいかなかつた。

龍舞の舞はし方は何處のも大體同じであつた。棒の先に玉をつけたものを持つたものが龍を先導する。逆まはりに大きく幾まはりかくねらせる。龍は十人前後の人の持つ棒によつて支へられる。玉持は差上げられた胴をくぐることも、下げられた胴を跳び越すこともある。これは長崎や横濱華僑街のものとも同様である。

珍しかつたのは、安溪香山《あんけいこうざん》の龍舞で、玉持一人、龍持九人、それに色々の付物が出た。これは同じく棒の先に色々の作りものをつけたもので、人頭をもつた龜、魚、大きな海老《えび》、蠍《さそり》、黑の渦巻の榮螺《さざえ》――その中に人形をひそませ、

314. 安渓香山の龍舞

糸を引いて蓋をあけると出てくる——渦巻模様の平貝など。付物はすべて女性が持つ。これらは龍に添つてまはる。多武峯《とうのみね》延年に出る「走りもの」を思はせる。泉州鯉城區及び德化からの龍舞はすべて女性が演じてゐた。鯉城區のは龍の口から花火を吹いた。又、惠安《けいあん》東南街からのは、南北二ヵ所で火炎の輪をくぐつた。

315. 安溪香山龍舞の付物

獅子舞にはさすがに目覚ましいものがあつた。獅子はすべて縫包《ぬいぐる》み風、二人立。最初に出たのは晋江のもので二頭、獅子あやし一人。この獅子あやしが色々の曲藝《アクロバット》をする。宙返り、逆立、くるくると返つて跳んで行つたり、獅子を

316.　晋江の獅子舞

跳び越したり。又、獅子自身にも古風な曲藝があつて、背ころびをしたり、肩繼ぎ卽ち前立が後立の肩に乘つて高くなつたりする。場の中央に机を重ねて置き、その上に上つたりもする。素晴らしい演技であつた。

鯉城區の獅子は一頭で、五色の毛。獅子あやしは女性であつた。獅子はしきりに前足を舐めたり體を舐めたりし

317. 晋江の獅子舞

318. 晋江獅子舞の囃し方

319.　永春の獅子舞

た。日本の獅子と同じである。轉《ころ》びも打つ。机の上にも上る。

南安水頭《なんあんすいとう》の獅子は三頭。但し主として舞ふのは一頭で、他の二頭は添え獅子。ちよつと引込んではまた出たりする。獅子あやしは一人。主の獅子はやはり坐して蚤《のみ》とりをしたり、足を伸して舐めたりする。鞠を前方に置き、それにじやれたりもする。肩繼ぎをすることもある。あやしが獅子の上に乗りもする。机の上に上り、肩繼ぎをした背にも乗り、背の上で逆立もする。これも見事な獅子であつた。

南安柳城のは頭《かしら》がひどく大きい。目と口に電氣が仕掛けてある。口から火を吐く。あやしはすつぽりと童子の面を冠る。鞠を棒先に糸で吊して持つ。獅子は轉びを打つたり、後立がその場に逆立をしたりする。やはり机に上り、肩繼ぎをして高くもなる。

永春の獅子には、獅子あやしの外に刺股《さすまた》二、棒二、太刀、長刀など六人のいはゆる棒使いが出た。これらも獅子あやしの筈であるが、一とき獅子と戰ふさまを

320. 南安柳城の獅子舞

演ずる。獅子はやはり轉びを打つ。後立が逆立もする。あやしには例によつて色々の曲藝がある。

伎樂の獅子には大した藝はなかつたやうであるが、信西古樂圖の獅子には、肩繼ぎをして高くなつてゐるのがある（新羅狛）。また獅子あやしは獅子兒風ではなく（尤も南安柳城の面をつけたあやしには幾らかそれと通ずるもののあることを感ずるが）、曲藝が結びついてゐるのは一つの展開なのであらう。日本では沖縄のも含めて、この種の獅子あやしにはあまりお目にかからない。

なほ獅子自身の曲藝は日本にもそのまま傳承されてゐる。しかし獅子の梯子上りなどは（一人立になり、幣や劍をとつて舞ふ太神樂の舞などと共に）日本での工夫であらう。曲藝獅子は、伎樂・舞樂系といふよりは、多分は中國民間より日本民間に直接傳へた散樂《さんがく》系ではなかつたかと思ふ。

（以上「自然と文化」昭62・12）

崇《すう》武《ぶ》鎭《ちん》の古城祭

泉州市の東、半島の突端にある崇武鎭において、古城建設六百年祭のパレードがあるといふので、二月十二日（舊正月十五日）、早起きをして見に行く。

バスのタイヤが破れてゐたとて、修理に時間がかかり、七時出發が一時間おくれて、崇武鎭人民政府に着いたのが九時過。パレードも何かと一時間おくれてゐた。案内されて、文化宮廣場へ。「文化站《たん》」の二階に招ぜられて見下す。廣場に大勢の人々集まる。參加二千人といふが、見物の人とも、はるかそれ以上、廣場を埋めて集まつてゐた。二階より降りて集まつた人々の中に入り、適宜寫眞を寫す。益々混んでくる。時に十時十五分。

子供たち、京劇風の衣裳をつけ、化粧をしてゐる。芝居もやるのと聞いてみたが、仕度だけのやうである。いはゆる假裝行列なのである。嬉嬉として花を持つた少女たち、タンバリンを持つた子供の一團、南音の人たち、揃ひのとんがり笠をつけた一團も居た。これは少數民族かと思つたらさうでは

321.　崇武鎭の古城祭　パレードの出發を待つ人たち

医疗室

322
崇武鎮の古城祭
パレードの人々

なく、漢民族と言つてゐたが、皆同じ服裝で、そのまま勞働にも從ふといふ。赤い旗、元宵の燈籠をかつぐ人たち、それを手に持つた人たち、燈籠にはやはり種々の意匠や飾りのものがあつた。丸い花輪を打振り、樂隊を先頭にして踊りつつ入場する子供たち、それらを圍んで見る人たちなどで廣場はもう一ぱいであつた。

十時半少し前、正面で祝辭があり、各所で爆竹を鳴らす。又、祝辭が長々とあり、十時四十五分、いよいよバンドを先頭に、次に城の大きく長い作りものをかついだ人たち、あと適宜といふことで、行列が繰り出す。城壁に添つた道二キロ半のパレードである。長々と續いた行列を見送つて一人ホウとしてゐる所へ役場の人たちが見えて、先まはりするから車に乘れといふ。その車で案內され、古城中程へ先まはりして、望樓の二階に上り、城壁の方を見渡す。

行列が一列、二列になつて、狹い道をこちらに來る。折れて眞下を通つて行く。寫眞には少々不向きなので下に降り、戶をあけてもらつたが、あとは戶がぴしやりと閉じて、中に戾れない。先程の車も去つてゐる樣子。寫眞をとりつつ、行列に交つて、列の前になり、後になりしつつ、城壁道を皆と一緖にパレードする。城壁の銃眼から見るすぐ下は海邊、倭寇を防ぐための城壁でもあつたかと、途中で逢つた芳賀日出男氏は仰言る。その城壁にもよじ上つて、人々はパレードを迎へてゐる。民家の所に來ると、屋上から大勢の人がパレードを迎へてゐる。いつか城壁はなくなつて町に入る。せまい通りをパレードは行く。兩側に迎へてゐる鈴なりの人々。このパレードがこんなに關心を呼んでゐるのかと驚く。そして本當に素朴な人たち……感動に似たものを覺える。町の中央あたりでパレードは自然解散になつた。午後一時。迎へに出ていた役所の人たちに案內されて役所へ。晝を御馳走になる。葡萄酒が出る。ついいただく。少し醉ふ。書を一筆書かせられる。何やら醉筆をふるふ。皆で街を散步し、又バスにゆられて戾つたのは四時であつた。

偶人劇

二月十三日午後七時半過より、「木偶劇團劇場」で偶人劇を見る。二階が博物館になつてゐて、指人形の古い頭などが陳列されてあつた。偶人劇の分布圖もあり、レパートリーの書出しもあつた。ここも他の博物館同様撮影禁止で、レパートリーを書寫す。

武王伐紂（十齣）、十八國（同上）、觀音修業（同上）、五馬破曹（十六齣）、子龍巡江（同上）

など、四十二本とある。

この催しは、我々の貸切の筈であつたが、駐在外交官一行についでに見せてあげてくれといふので承知をし、大勢になる。出しものは孫悟空の活躍する「火焰山」。昨年であつたか、大阪に呼ばれて公演したといふ。

操りは素晴らしかつた。三十數本の糸を使ふマリオネットだが、下からも兩手に三、四本づつの差金につけた人形を糸も引いて操る。蝶や魚がひらひらと動く効果は後者による。手摺のところに白の横幕があり、これに時々せりふがスライドで寫る。音樂は木偶劇專用のもの。

人形の起りは漢時代からだが、泉州のは宋時代といふ。この流のは、泉州を中心に、福建省に多く分布してゐる。この劇團は一九二〇年からで、六十七年の歴史をもつ。國の保護を受けてをり、常設ではないが、稽古は怠らないらしい。三百五十元（日本圓で約一萬四、五千圓）を出せば、いつでも臨時に演じてもらへるといふ。

人形にはこまかい機構も備はつてゐた。せりふを言ふときロが動く。目も動く。首を切るとその首が飛んでゆく。侍女が茶を持つてでるが、その茶を手から落とす。水晶宮で魚がひらひらと泳いでゐるが、それがふつと女に變はる。など、約一時間。舞臺裏も見せてもらふ。

323. 糸で操られる人形

325. 差し金をつけ、糸を引いても操る

324. 天井より操る

福建省一帶、北方の田舎にまで多くあるといふ偶人劇の、田舎の方ではどのやうに演じてゐるのか、その一、二をなほ見たいものと思ふ。

南音・高甲劇

二月十四日（舊十七日）は朝八時二十分出發、晋江縣石湖村へ。北宋に建てられたといふ石造の六勝塔の建つ海邊へ。荒涼たる所。この塔は泉州港へ行く人の目印にもなつているといふ。泉州開元寺の鎮國塔、仁壽塔なども同じく八角で、やはり全面に浮彫がある。屋根下の蟇股《かえるまた》風の石組も纖細である。內部の梯子を上つて各層に行くことが出來るといふので上るほどに、たうたう頂上の屋根にまで上つてしまふ。やはり若い人數人も上つていた。屋根から見ると遠くまで一望のもとに見渡せる。

塔を下り、やがて遊びに來てゐた村の子供たちと前後しながら、可憐な野の花の咲く石だむ

326.　六勝塔

327. 南 音

道を、人家ある方に行き、大きな井戸のある洗濯場に出る。古廟あり、「釵《さい》心古廟」と額打つ。ここでも海苔や若布を干してゐた。至る所石材が置いてある。皆花崗岩である。

畑の中に墓もぽつりぽつり見かけたが、とある一際大きい墓の所に車をとめる。華僑の墓といふ。ここばかりは造りに彩色が施してあつた。眞中に大きい龜。周圍に正面をあけて圍ひをし、その圍ひ左右に龜を畫く。後にもやや小形の墓がある。それらの墓も沖繩のと同樣、女性の門を模《かたど》つているやうである。

やがて石獅鎭に至る。人口は八萬三千。元宵の休みで戻つてきてゐた人々も、もう歸るといふので、緣者たちに見送られバスに乗り込み、やがて一臺々々と發つて行く。バス停の哀愁とにぎはひ。「華僑大廈」で晝食。後、摩尼教菜庵を訪ねる。「華嚴法界」と額打つた御佛をまつる大華嚴寺。小憩の後出發。安平橋附近に差しかかると、何のせいか、珍しく車がたてこんでゐた。バスを降りる。バスは我々を降ろしたまま いつか大まはりして、新橋を渡り安平

328. 高甲劇

橋の向ふ側に行つてしまつたといふ。我々は徒歩でこの安平橋を渡らねばならなかつた。五里橋とも呼ばれてゐるが、長さ二・五キロの長い長い石橋であつた。

　四時四十五分、鄭成功の墓に詣でる。鄭成功は、「國性爺合戰」の主人公である。「重修民族英雄鄭成功陵墓碑記」とある碑が立つてゐる。境内は疎林の岡で、廣々としてゐた。夕暮近く戻り、しかし宿には行かずに、泉州市のとある横町に入り、畫家の陳懷華氏宅に案内される。ここで夕食を御馳走になる。元宵のチマキもいただく。稽古に來てゐた南音專門學校師弟の演奏による南音を聽く。特に演奏して下さつたのである。「望明月」「連昇三級」「阿娘《あじよう》听嫺」など四曲。五板の拍子を中央にして、向つて左が琵琶と三絃、右が尺八に胡弓。拍子の人が歌もうたふ。

　七時半、演奏濟んで、陳家に御厚意を謝し、急いで劇場へ。高甲劇を見る。座席數六百ほどの小劇場。正面プロセニアム上の横幕に、「泉州市一九八七年元宵節文藝晩會」とあつた。劇は途中から。後の方に掛けたが、せりふがよく通る。仕草もせりふもテキパキとしてゐた。振が舞踊的であるのが特色である。單なる舞踊より、物語性があるだけに、仕草、振が何かとゆたかである。一幕終つたところで休憩になり、仲間の人たちは、休みたいとあつて歸つたが、芳賀父子と私はなほ殘る。前の空いた席に移る。休憩後のは一段と高甲劇の特色が出てゐて興味深かつた。

（「鰐陵」復刊30、昭63・1）

四、インド舞踊の印象

日印協會、東洋音樂學會、榊原舞踊學園主催の會に参加し、昭和四十七年一月十五日から十五日間、インドを旅した。こんどのインド旅行で最も深い感動を覺えたのは、一月廿一日、コチンで船遊びの後、六時二十分、太陽が海の方、島の上に沈むのを見とゞけて、ケララ・ファインアーツホールを訪れようとした際であつた。

豫定の時間より少々遲れたのであつたが、我々が二臺のバスから下りた途端アッと驚いたのは、頭に赤と白の生花でつくつた花輪を巻き、額に赤い星、耳輪、赤の袖なし衣裳に白のサリー、白のスカートといつた盛裝の若い乙女たちが大勢、ホールの入口の兩側に立並び、銀の盆の上に椰子の實の燈火をのせて持ち、我々を迎へてくれてゐたことである。盆の上にはまた、花と米がのせてあつて、我々が通るときそれを撒き散らす。何とすばらしい歡迎の仕方であらう。美しく、ロマンティックで、主催者の心の暖かさもじーんと感ぜられる。アンデルセンの「繪なき繪本」の第一話に、インドの乙女が遠くはなれた戀人の上を思つて、ガンジス川に燈火を流す話があつたが、それをゆくりなくも思ひおこした。聞けば我々の到着がおくれたため、油を一度つぎ足したといふ。この夜も、こゝのホールで美しい舞姫たちのカタカリやオリエンタルダンスを見せてもらつた。

その夜は宿に戻つて、食堂でおそい食事をしたが、そこではまた、バンドの演奏に合せて髪長い乙女が、桃色のスーツに素脛に白靴下をうがち、壇上のマイクで歌つてゐた。にぎやかな歌。その歌が終ると、次に鉢巻、額に赤星、黑のちやん〳〵に薄桃色の下着、白のスカート、素足の青年の踊手が出て、早拍子の奏樂に合せて、北インドバング

329. 椰子の燈火で我々を歓迎

ラーの踊を踊つた。順にその場にもまはり、また同じく順に小まはりもする概してはげしい踊であつた。次に肌に薄《うす》衣《ぎぬ》をつけた垂れ髪の乙女が出て、その薄衣もとりのけ、局所のみをかくして、ストリップダンスを踊つた。日本のストリップダンスは未だ見たことがなかつたが、これははげしくも美しい、よく出來た踊であつた。決して出鱈目のものではない。私は感動したまゝ、食事を終へて部屋に戻つた。

インドのいはゆるステージダンスは、何れも寺院、もしくは民間のものが、一段洗練されたもののやうである。北インド一帯に行はれてゐたカタック、南インド地方のバラタナティアム、西南地方のカタカリ、東インドマニプール地方のマニプリダンスなど、幸ひその何れをも各所で見ることができた。

カタック、バラタナティアム、カタカリは、實は同じ構成の踊であつた。一つの長い古典の物語歌に合せて舞踊を展開して行く。その歌には、表情、物眞似の振を伴ふ。言はゞ日本の地唄舞の如くである。たゞ、地唄舞とちがふのは、その長い物語歌を、パラグラフ毎に切つて、そこに太鼓の拍子による、それ自身には別に意味のない、足拍子をしきりに踏むはげしい踊を挿入してゐることである。日本の能に、それ自身では何の意味もない舞（序の舞、中の舞、急の舞など）を、（能では物語と關連づけて）適當の箇所に挿入するにも一寸似てゐる。その挿入の踊は、テンポが早く、きまり〳〵にまことに美しいポーズをつくる。それが千變萬化と云つてよいほどに、あらゆる美しい型が工夫されてゐる。インドの舞踊の久しい傳統が偲ばれる。

物語の部分は靜かに、情緒深く、そのあはひ〳〵には息をもつかせずはげしく美しく躍動的に、餘情を搖曳させて

330.　カタック（小柴はるみ氏撮影）

331.　バラタナティアム

踊が展開して行く。――インドの古い彫像の中に、この美しい極り〳〵の姿態を數多く見るが、舞踊家がこの古彫刻の姿態をとり入れてゐるのではなく、恐らく古くからの型があつて、それが石にも刻まれてきたのであらう。これなら一晩でも二晩でも三晩でも、物語の世界にひたりながら見つゞけて行くことができるであらうと思はれた。

ボンベイ總領事館内の小ホールで見せてもらつたモヒニアツタムは、南方ケララ州の踊で、榊原歸逸氏の解説によると、バラタナティアムとカタカリとの間の形といふが、その構成はやはり同じであつた。カナクレーレーと呼ばれる美しい舞姫が踊つてくれたが、その表情は一段と近代的にリアルで豊かであつた。何と美しいのであらうと、思はず深く歎息したのであるが、翌日の晝食に、偶々席を並べたのを幸ひ、あの踊は新曲であつたのかと尋ねてみると、そのテクニックは古來のものであるが、あのやうに構成編曲したのは私です、といふことであつた。なほこの舞姫は、モヒニアツタムを廿四曲、カタカリを十八話《ストーリー》演ずることができるといふことであつた。

カタカリは略装でも踊られるが、正しくは極彩色のメーキャップをし、カラフルな衣裳をつけた役々のものが出て、劇的に踊を展開する。我々はこれを、一月二十日の夜、コチン郊外のファクト・オーデイトリアムで見ることができた。

このオーデイトリアムの舞臺は、間口三間、奥行三間半もあつたらうか。後には黒幕を張る。このカタカリは、曾て日本の國立劇場で催された明治百年記念藝術祭のアジア民族藝能祭で見て、大いに驚いたことがあつた。それは舞臺後の大幕の前に更に小幕を用ゐたが、この小幕は、登場人物の効果的な押し出しのためのもので、後見がその兩端を持つてこれを上下し、不用になると引く。その用ゐ方が、日本の備中神樂（こちらでは幕を張つたまゝにしておく）のそれと全く同じであつたからである。これは果して偶然の一致なのであらうか。コチンの小舍でもこの不思議な思ひを禁ずることができなかつた。ところがそれだけではなかつた。又一つ意表外であつたのは、天井に三尺に六尺ほど

332. 備中神樂の小幕

333. カタカリの小幕

の天蓋を下げてゐたことである。あれは何かと尋ねたところ、Canopy《キャノピー》といふ。何のために下げるかは語らなかつた。天蓋を下げることは、備中神樂に限らず、日本の殆ど全土の神樂に及んでゐることである。日本では、神勸請につながる大事なものとしてゐるが、このカタカリのはなくともよささうに思はれる。しかし、カタカリはもと寺院で行はれたと云へば、やはり佛寺道場莊嚴の名殘りなのであらうか。それにしても、この二つの特殊なものゝ類似には、目を見張らざるを得なかつた。カタカリの扮裝には京劇を思はせるものがあつた。メーキャップの色により、やはり善玉惡玉を區別してゐる。このカタカリの起源は、解説書によると、二千年以前に泝るといふ。マニプリダンスは、寺院の舞踊といふのではなく、民間に行はれてゐたいはゆる民俗舞踊であつたのだが、タゴールなどの主唱により、舞臺舞踊に洗練させたものといふ。以上のものとは異つて、太鼓踊、ソードダンス、スティツクダンス、楯のをどりなど、個々のものが色々あつた。

例年一月廿六日の獨立記念日に行はれる各地の民俗舞踊を中央に集めての大會が、今年はパキスタンとの戰爭直後といふので、軍事パレードに變つてゐたが、幸ひ、ニューデリーのサンギード・ナタック・アカデミーで、影繪や人形操りを含む各地の民俗舞踊の映畫を澤山見せていたゞくことができた。フォークダンス、トライブダンス、リリヂヤスダンスなど、色々の名で呼ばれてゐるが、これの中にも意外に日本の踊によく似たものがあつた。先づ互に手をとることなしに踊る輪踊があつたが、これなどは、日本の人が傳へた盆踊ですと云つても誰もあやしまないであらう。又、太鼓踊が色々あつた。背中に樣々のつくりものを背負ふ、そんな特殊な點も日本のものによく似てゐた。無論、カラフルな民族衣裳をつけた個々の、日本のとは趣のちがふ踊も多かつたのであるが。

（東芝「インド音樂舞踊の旅」、昭48）

五、東洋の舞踊

インドの舞踊と日本の舞踊

昨年（昭和四十七年）一月、インドを訪れて數々の音樂を聞き舞踊を見學したが、私にとつては思ひもかけなかつたことが明かになつた。我々が見學した舞踊は、いはゆる古典舞踊のカタック（Kathak）、バラタナティアム（Bharata Natyam）、カタカリ（Kathakali）、モヒニアツタム（Mohini Atam）、マニプリダンス（Dance of Manipur）、それに映畫で見せてもらつた數々のフォークダンス、トライバルダンス、リリヂャスダンスなどであつた。

明かになつたことといふのは、いはゆる民俗舞踊を別として、寺院に傳はつた古典舞踊と云はれるものは、一口に言つて、物語を舞踊の形式で傳へてゐるものであるといふことである。たとへばラーマーヤナ（Ramayana）とかマハーバーラタ（Mahabharata）とかの古い物語が、たゞ語り手によつて語られるのではなく、その語りに合せて振をし、又、踊を挿入して、感動を一層深くしようとしてゐる。卽ち、語る者は別に居て、伴奏に合せて語つてゐるが、表面に立つのは舞踊者で、宛も舞踊者が自ら語るが如くに花やかに演じてゐるのである。

その振――仕草――は美しく舞踊化されてゐる。ムードラ（Mudras）と呼ばれる印にも似た手眞似指眞似も、手先の振が一段と技巧化された形のものであつた。

しかし、その語りは、さうした振で一貫してゐるのではない。先づ一節を語り終へると、そこにはげしい、手で打

334. インドの舞姿彫像（5世紀）

335. 同（12, 3世紀）

つ太鼓の拍子となり、口《くち》唱歌が唱へられ、それに合せて一しきり、美しい早間な踊を踊る。踊が切れると、次の節の語りとなり、演者は振に戻る。次に又踊になり、この語り、踊を交互に繰返して行く。聴き、見る人にとつては、美しい踊を間々に挟みながら物語の展開を楽しむのである。

（右振の部分をヌルティヤ（nrtya）、踊の部分をヌルッタ（nrtta）と呼んでゐる。）

振は言葉に宛てるもの故、前後同じではない。また踊も、毎度同じ手振を繰返すのではなく、毎度夫々に工夫が積まれてゐて、足拍子も盛に踏み、次々と、あらゆる美しい形をつくり出す。そこにはまことに堪能に價するものがある。

物語り及び踊の拍子をとるものは、各地によつて色々であるが、ムリダンガム、シュッダ・マッダラム、チェンダなどと呼ばれる胴長の太鼓であり、これにチェンガラ、イラタラム、ターラムなどの銅鑼や銅鈸子様のものが加はり、なほドローン（持續音）用の絃樂器がつく。バ

336. インドの舞姿彫像（12，3 世紀）

337. 同（13 世紀）

ンスリと呼ばれる横笛が吹かれることもある。

語りが始まる前の祈り、例へば、バラタナティアムのアラリップ（Alarippu）、モヒニアッタムのソルカッタ（Sol-katta）、或は音樂の調子を一通り試みるジャティス・ヴァラナム（Jatis varanam）などは物眞似にはならない。はじめから終まで純粋の踊の手で踊られる。また、これは近代のものであらうが、短い抒情詩、或は敍事詩に合せるものもあつて、これには踊の挿入はなく、總てが振から成つてゐる。——この後者は、正に日本の地唄舞や歌舞伎踊とも全く同じものではなかつたか。

長い物語の一節毎に挿入される踊の手振は、別に意味を持たないいはゆる亂舞脈のものがインド風に美しく洗練されたものであつた。その踊のポーズ、或は語りの振は、古代の石にも刻みつけられてゐるところを見るに、これは古く、既に洗練されてゐたものゝやうである。

インドのフォークダンス、トライバルダンス、リリヂャスダンス等の中には、日本の、色々の依代を背負ふ太鼓踊や、輪になつて、互に手をとり合ふことなしに踊る盆踊などに酷似したものがある。かういふ類似は一體何を語つてゐるのであらうか。同じ東洋人の仕組みになる偶然の一致なのであらうか。尤もインドには種族が多いだけに舞踊も様々のものを傳へてゐる。「駒踊」など、日本の岩手、秋田邊のによく似たものもあつた。但し「駒踊」については、古く舞樂に「駒舞」があつたことを念頭に置かねばならぬ。

カタカリ

インド古典舞踊のうち特にカタカリについて考へてみたい。コチン郊外、ケララ・カラマンダラムのカタカリ研究所で、カタカリを一夜見せてもらつた。このカタカリは、後、カラクシエトラ音樂舞踊學院でも、そのデモンストレーションを見ることができたが、そのテクニックはバラタナティアムなどのとも全く同じであつた。ただ、バラタナティアムとカタカリとの相違は、正に日本の幸若舞と能との相違と同様であつた。卽ち、前者の、言はゞ語り手役のものが、踊りつゝ語るに對し、後者は、能とも全く同様、その物語の中に出てくる人物に假裝して出て、皆で語りをはこぶといふのであつた。

その舞臺の天井に、天蓋《キヤノピイ》が下つてゐたのも一奇であつた。日本に於ける舞臺に用ひた天蓋の早い例は、「常陸風土記」及び「太平記」二十七、貞和五年六月十一日の京都四條河原に於ける棧敷崩れの田樂の描寫の中に見えるもので、「樂屋ノ幕ニハ纐纈ヲ張、天蓋ノ幕ハ金襴ナレバ、片々ト風ニ散滿シテ、炎ヲ揚ルニ不レ異」とある。佛の頭上に天蓋を下げるやうに、舞臺の上にも天蓋を設へること、偶々インド、日本、同じに考へが進められたのであつたらうか。それとも一方が他方を摸したのであらうか。尤も天蓋を下げることは舞樂にもあつた。(1)

カタカリの源流は二世紀を下らない時期まで泝り得るといふ。しかし今日の形になつたのは四百年足らず前のことのやうである。それは棧敷崩れの能のあつた後、我が觀阿彌、世阿彌の時代よりも二世紀ほどおくれてゐる。

338. カタカリのメーキャップ　京劇の隈取りに似ている

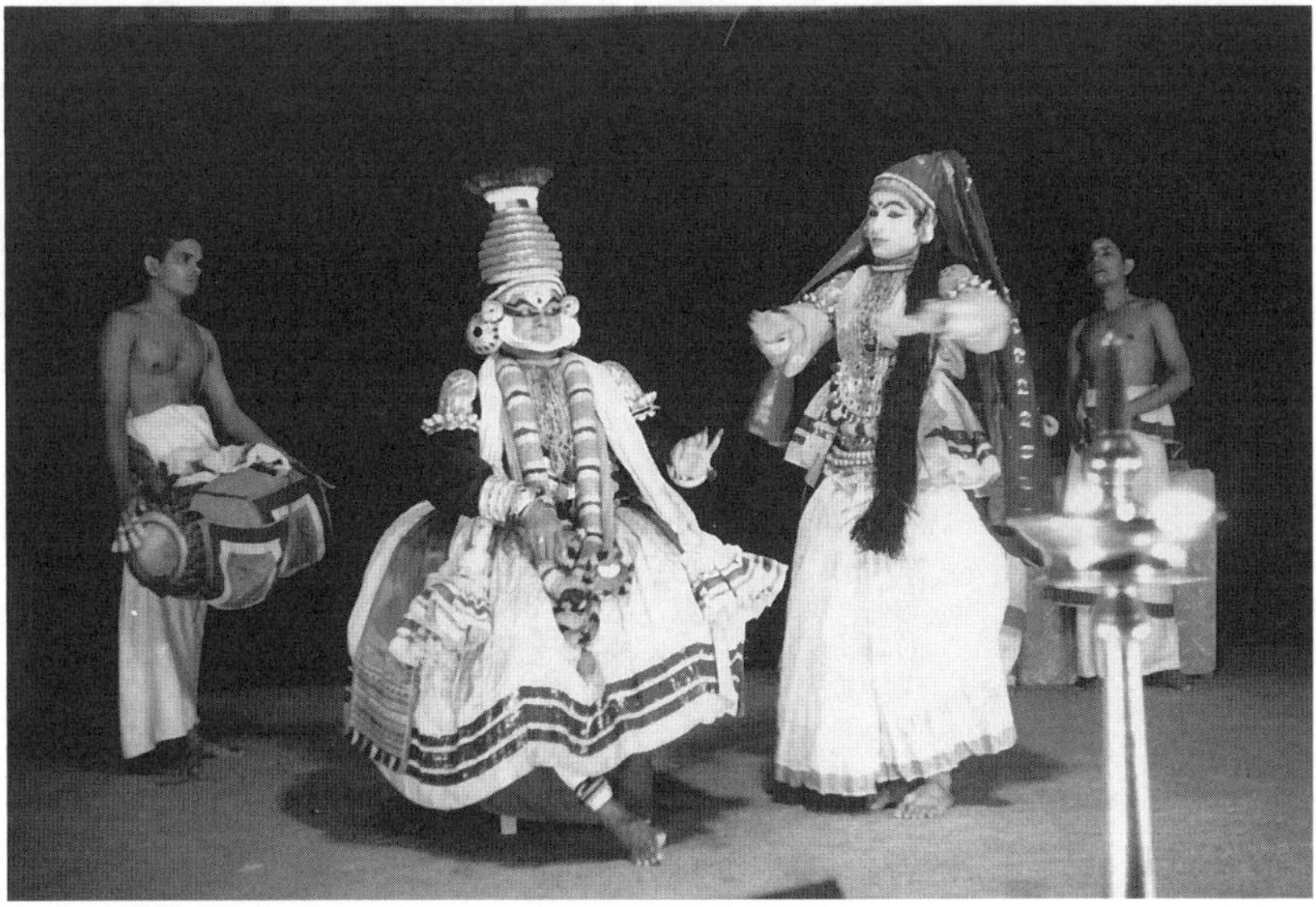

339. カタカリ

カタカリの假裝は、善玉惡玉風に、人物の性格をメーキャップによつて色分けしてゐる。中國の京劇などの人物の隈取りに甚だ似てゐる。兩者に關連がないとは言へないであらうが、どちらがどちらに影響したものであつたらうか。我が歌舞伎の隈取りについても、これらとの比較の上に考へることによつて、日本のものの創意がはつきりすることになる。

タイ・インドネシアの舞踊

タイやインドネシアの舞踊もインドのと同様、いはゆる古典舞踊は、ラーマーヤナなどの物語を舞踊化したものであつた。その舞踊化の仕方はインドのとは異つて、言はゞ一貫した舞踊劇の形をとつてゐる。それはカタカリ風と云つてもよい。但し、舞臺化が一層進んで、物語の運び方も一段と寫實的である。その扮裝なども、夫々の國ぶりに從つて工夫をこらしてゐる。伴奏の音樂も、單に拍子をとるのを主にするのではなく、樂器の數も多くし、情緒を助ける役をになはせてゐる。なほ、インドのも同様であるが、物語が長いので、全篇を演ずるには幾日もかゝるといふ。顯著な展開を夫々に遂げてはゐるが、これらは何れもインド舞踊がもとであつたと思ふ。かうした所謂古典舞踊の外に、やはり夫々にフォークダンスがあつて、祭りや催しをにぎやかにしてゐる。それらも亂舞形式のものが、各様に固定してゐるものと見られる。

南方に尻振ダンスなどが多いのも、舞踊發生の源初的なものが、そのまゝ固定して殘つてゐるのである。

中國・韓國の舞踊

インドの舞踊が、ヒマラヤの山脈を越えて、中國、韓國、日本にも入つてきてゐることは日本に林邑樂が傳へられてゐることを以てしても充分考へられよう。

中國は、民族移動が再々で、今日は周邊に僅かに古いものが殘つたに過ぎないと言はれてゐるが、例へば日本に今に傳へられてゐる舞樂なども、大陸の樂舞のかゝる邊境に殘つた一種と考へてよいであらう。その舞樂と、インドの舞踊とを對比してみると、舞樂は、言はゞ物語に伴ふ物眞似の部分を捨てゝ、純粹の舞踊の部分がとり上げられ、テンポもゆるくなり、美しい音樂の伴奏によつて、個々に整へられるに至つた形と見ることができる。

インドにも假面の舞踊があり、タイやインドネシヤにもあるが、それが西藏あたりの假面舞踊とどうつながるのか、舞樂との關連は、など、これらの興味ある問題も、インドの、また特に西藏の假面劇がどのやうなものか、自分の目でたしかめてみないうちは、語ることができない。

韓國の樂舞には、これまでの私の狹い見聞によつてみても、洗練された古風なものが色々殘つてゐる。戰前の李王家に傳へた雅樂は、大部分が今日國立の國樂院に殘つてゐる模様で、心強い限りである。國樂院の雅樂は、やがて見學の機會があると思ふが、それを別にして、民間の舞踊には少くとも二通りのものがある。一は、例へばシャーマンの舞踊のやうな、亂舞脈のもの、他は舞樂くづしの美しい舞である。

沖繩の舞踊

沖繩の舞踊に、南方系、或は大陸系のものの影響はないのかとよく問はれる。或る人は、インドネシヤの踊は、そのまゝ沖繩の踊ではないかとまで言はれる。尤も、兩者は決して似てゐないと斷言するインドネシヤ通の人もゐる。

沖繩の舞踊には三通りのものがあると思ふ。一は、古く民族と共に渡つたかと思はれる亂舞脈のもの、二は、恐らく中世の念佛僧たちが幾流れにも傳へたらうと思はれる風流系のもの、三がいはゆる宮廷舞踊で、これは日本本土の古歌舞伎踊が柱となつてゐる。卽ち、大方が、日本本土のものを夫々の時代に傳へたものと云つてよい。

たゞ、南島踊《ハイノシマ》と呼ばれる棒踊などは、南方から來たのでその名があるといふが、成程この踊は、サモア島にもあり、しかし、九州にも、關東・奥羽にもある。又、彌勒《みろく》は安南から、赤また黑また面も、安南や中國から迎へたといふ。獅子舞も、姿は本土のものよりは大陸のものに近く、但し十二段などある舞の內容は、本土風である。「打花鼓《タフアク》」などは、中國の芝居の一節を、沖繩の芝居のものが傳へたのであつた。

明、淸の樂も一時は行はれたが、沖繩の三線樂にどれ程の影響を與へたであらうか。今は殆ど絕えて、たゞ「路次樂」などに僅かに名殘をとゞめてゐるに過ぎない。

要するに、南方の踊も、大陸の樂舞も、沖繩に於ては個々の傳承に止つて、それが一流をなすには至らなかつた。しかし、洗練された沖繩の本土系舞踊が、全くインドネシヤや、中國・韓國のものと似てゐないだらうか。否、似てをればこそ人々も首をかしげるのである。然らば何れの點が似てゐるのであらうか。

西洋舞踊の、概して高く〳〵と爪立ち、跳びはね、腰を持上げられてまで空中に飛躍しようとするに對して、東洋の舞踊は、腰を一段と落し、腰を据ゑて舞踏する優雅な、おちついた、纎細な舞踊の方針がその特色であると思ふ。その東洋同士共通の特色が、先づ互の類似を感じさせてゐるのではないだらうか。それ故、それは單にインドネシヤと沖繩との類似に止るのではなく、韓國のとも、中國のとも、又、日本本土のとも同樣の筈である。たゞ物眞似の振の進んだ歌舞伎舞踊や、インド古典の舞踊と亂舞脈の振が固定し、洗練された形の沖繩やインドネシヤの個々の舞踊とは、當然異つた感じを受けるであらう。又、異つた樣式のものと云つてよいであらう。

なほ、沖繩舞踊に、ガマクを入れるといふことがある。ガマクとは腰まはり、或は腰のことで、右にガマクを入れると云へば腰を折つて右方に體を傾けることである。これが特色ある沖繩舞踊の、特に女踊の美しい品のもとをなしてゐるのであるが、實はこの右、左にガマクを入れることは、本土の古歌舞伎踊の特色ある振の一つでもあつた。又、古歌舞伎踊以前の風流踊にも見られるものである。そしてこれは、彦根屏風などにも描かれてゐるやうに、慶長前後の伊達者の日常生活に於ける品でもあつた。これも實は日本、沖縄以外にも、自然に仕組まれた形として、インドのは最も原初的に、時に深く、時にほのかに、又、ビルマやタイやインドネシヤにも、或はほのかに、或は顯著にそれが見受けられる。——ついこの間見た十六ミリ映畫、インドアッサム地方の農耕儀禮 Kherai (Philippe Parrain 作、一九七〇年) の中に出てくる大勢の女たちのはげしい亂舞脈のリリヂャスダンスなども、始終左右にガマクを入れる殊にも美しい踊であつた。

夫々の國にはまた、夫々の鄕土色、民族色の濃い舞踊も當然生れ、行はれてきたのである。

附記

挿入の彫像の寫眞はすべて、"Classical Indian Dance in Literature and the Arts" by Kapila vatsyayan, Sangeet Natak Akademi, 1968 版に依る。

註(1)古く大阪四天王寺の舞樂を傳へたといふ山形市山寺、立石寺の林家舞樂に於て、今も寒河江市慈恩寺の慈恩寺で演ずるときは、舞臺の四方に龍頭の幡を立てる外、中央に天蓋を下げ、その下で舞が舞はれる。四天王寺聖靈會の舞樂法要には、今も四方に巨大な貝の華を立てるが、昔は中央にも蓋《きぬがさ》を下げたのではなかつたらうか。

(「演劇學」15、昭49・3)

あとがき

九十四歳の誕生日を迎へるこの三月に、最後の第二十巻を刊行できますことを、まことに有難く思ひます。

永きに亘る研究生活の總まとめも、これで區切りがつくことになります。

本著作集の出版に當りましては、特に、錦正社社長の中藤政文氏と、早稲田大學事業部の新井正氏に、永い間大変お世話になりました。心から厚く御禮申し上げます。

これまでに、どれ程多くの方々にお世話になりましたことか、御支援、御協力、御教示を賜った皆々様に厚く御禮申し上げます。

平成十二年彌生

著者識

本田安次著作集　日本の傳統藝能
第二十卷　日本の祭り
アイヌの藝能
アジア採訪

平成十二年三月十八日　印刷
平成十二年三月三十日　發行

定價　本體二〇、〇〇〇圓
（稅別）

著者　本《ほん》田《だ》安《やす》次《じ》
發行者　中藤政文

發行所　錦正社
郵便番號　一〇一－〇〇五四
東京都千代田區神田錦町一－四－五
電話　〇三－三二九一－七〇一〇
電送　〇三－三二九一－〇一七〇
振替　〇〇一三〇－四－一三六五三五

落丁・亂丁本はお取替へいたします

ISBN4-7646-0520-1

装幀者　吉野史門

製版印刷　株式會社 早稲田大學印刷所

本扉・見返用紙　山田商会株式會社

本文用紙　北越製紙株式會社

圖版製版印刷　廣橋精版印刷株式會社

表紙クロス　東洋クロス株式會社

製本　山田製本印刷株式會社

製函　有限會社 第二高田紙器工業所